HISTOIRE DE DÉOLS

ET DE

CHATEAUROUX

HISTOIRE DE DÉOLS

ET DE

CHATEAUROUX

PAR

LE DR FAUCONNEAU-DUFRESNE

ANCIEN SECRÉTAIRE GÉNÉRAL DE LA SOCIÉTÉ DU BERRY ;
INSPECTEUR POUR L'INDRE, DE LA SOCIÉTÉ FRANÇAISE D'ARCHÉOLOGIE ;
MEMBRE DU CONSEIL MUNICIPAL ;
CHEVALIER DE LA LÉGION D'HONNEUR.

TOME PREMIER

CHATEAUROUX

A. NURET ET FILS, ÉDITEURS

72, RUE GRANDE, 72

Décembre 1873

CHATEAUROUX — TYPOGRAPHIE ET STÉRÉOTYPIE A. NURET ET FILS.

A M. DE LA TRAMBLAIS

ANCIEN SOUS-PRÉFET DU BLANC

CHEVALIER DE LA LÉGION-D'HONNEUR

Très-cher et vénérable ami,

A qui pourrais-je dédier mon livre, si ce n'est à vous ?

Vos savantes publications, vos communications si intéressantes à la Société du Berry, m'ont donné le goût d'étudier notre histoire locale, et vous m'avez encouragé dans le projet que je formais d'en réunir les matériaux pour en faire un traité.

Vous m'avez généreusement abandonné les notes que vous aviez recueillies et qui n'ont pu entrer dans le cadre de vos *Esquisses pittoresques* ; vous m'avez donné les plus utiles indications et vous avez poussé l'obligeance jusqu'à prendre la peine de revoir toutes mes épreuves d'imprimerie. Je me trouve ainsi à l'abri d'une foule d'erreurs que j'aurais pu commettre.

Permettez-moi donc de vous en témoigner publiquement ma profonde reconnaissance et de vous réitérer l'assurance de mon inviolable attachement.

FAUCONNEAU-DUFRESNE.

PRÉFACE

Je commencerai par répondre aux personnes qui, en parcourant les livraisons de cet ouvrage, s'étonnaient de n'y trouver que des choses connues, premièrement, que l'histoire ne s'invente pas, et, en second lieu, que je n'aspire qu'à un titre, celui de *vulgarisateur*.

Je ne puis prétendre, en effet, au titre d'historien. Ayant habité, pendant cinquante ans, Paris, où j'ai étudié et exercé la médecine, je ne l'ai quitté qu'en 1867, et ce n'est que depuis mon retour dans ma ville natale, par suite de circonstances de famille, que, pour continuer mes habitudes laborieuses, je me suis mis à recueillir et à rédiger tout ce qui se rapporte à l'histoire de Déols et de Châteauroux.

Déjà, en 1869, j'avais adressé sur ce sujet, au concours académique de Poitiers, un manuscrit fait à la hâte, qui y a obtenu une mention honorable [1];

---

[1] Voici en quels termes la mention honorable a été présentée :
« Cette liste d'honneur, que je parcours rapidement, a écrit le rapporteur, sera close, lorsque j'aurai consacré quelques lignes à un dernier ouvrage, l'*Histoire de Châteauroux*, par M. le docteur Fauconneau-Dufresne. Ce livre, qui compte plus de cinq cents pages, nous a été envoyé manuscrit par l'auteur, que l'annonce du concours est venue surprendre lorsqu'il recueillait encore les matériaux qu'il rassemble avec

mais, depuis, mes recherches se sont beaucoup étendues, et il m'est possible aujourd'hui d'offrir à mes compatriotes, une histoire assez complète de notre ville, histoire qui n'a d'autre mérite que l'ordre dans lequel elle est présentée.

Toutefois, on me rendra, j'espère, cette justice que je n'ai négligé aucun moyen d'information. J'ai sollicité le concours de toutes les personnes qui étaient en position de me fournir des documents. A la tête de celles-ci, je m'empresse de placer M. Théodore Hubert, ancien élève de l'école des Chartes, archiviste en chef du département de l'Indre, qui m'a indiqué, avec le plus grand zèle, les pièces qui pouvaient me concerner dans le grand et précieux dépôt confié à ses soins et dont il publie l'*inventaire sommaire* avec tant d'exactitude et d'intelligence.

M. l'abbé Damourette, chercheur infatigable, a

<small>une consciencieuse patience depuis de longues années. Pressé par le temps, il s'est mis à rédiger en toute hâte des notes très-considérables, fruit de ses laborieuses études, regrettant de se dessaisir de son œuvre avant d'avoir pu y mettre la dernière main. Des traces de précipitation nombreuses se remarquent, en effet, dans ce livre qui n'a pas reçu sa forme définitive, mais qui est déjà, dans son état actuel, fort utile pour bien connaître le passé et le présent de Châteauroux. En corrigeant quelques négligences échappées à une composition trop rapide, en abrégeant certains détails, le livre de M. Fauconneau-Dufresne, sera une de ces bonnes monographies qui attestent l'érudit consciencieux et le citoyen ami de son pays. Les éloges que le jury décerne à ce travail, qui ne trahit pas une main septuagénaire, seront, nous l'espérons, pour le docteur Fauconneau, un encouragement et une première récompense. »</small>

bien voulu me fournir des renseignements de toutes sortes, et M. Guillard, ancien agent voyer d'Issoudun, dont j'ai fait la connaissance aux archives de la Préfecture, où il travaillait assidûment, a eu l'obligeance de relever pour moi, dans plusieurs dossiers, des notes intéressantes.

C'est grâce à ces savants bibliophiles que j'ai pu connaître la curieuse transaction passée entre Guillaume Ier de Chauvigny et les bourgeois de Châteauroux. Je n'omettrai pas de dire que je dois à l'amitié de mon confrère, le docteur A. Chereau, de l'avoir fait relever aux archives nationales.

Comment ne témoignerais-je pas une gratitude toute particulière à mon jeune ami, M. Ulrich Richard-Desaix, qui m'a apporté spontanément tout ce qu'il possédait sur l'objet de mes études ? C'est lui qui m'a communiqué, entre autres pièces rares, celle relative à la donation du duché de Châteauroux à la marquise de La Tournelle. Il m'a confié, de plus, les portraits de sa riche collection, représentant les personnages qui figurent dans l'histoire de Déols et de Châteauroux.

Je fais ici mes remerciements aux divers habitants de notre ville qui, soit à ma demande, soit d'eux-mêmes, ont bien voulu me faire connaître des papiers qui se trouvaient dans les archives de leurs familles. Enfin, c'est un devoir pour moi de déclarer que, pour les renseignements dont j'avais besoin, j'ai trouvé, auprès des chefs des administrations, toute l'obligeance possible.

Dans cette énumération, je n'oublierai pas mon habile éditeur, M. Jules Nuret, qui a mis tous ses soins à la correction et à l'impression de mon travail.

Je ne dissimulerai pas la crainte que j'éprouve, en raison de la longueur de mon œuvre. On ne manquera pas de me reprocher d'avoir été trop minutieux. Quoi, dira-t-on, deux volumes pour une ville aussi peu importante et aussi peu ancienne que Châteauroux ! Sans doute, il y a trop à lire pour ceux qui se bornent à la surperficie ; mais les personnes qui voudront connaître à fond nos richesses historiques, celles qui auront à cœur de suivre l'évolution et les progrès de notre cité et qui désireront constater son état actuel, ne m'en voudront pas des détails dans lesquels je suis entré. Les renseignements sur son état ancien m'ont tellement fait défaut, malgré mes inquisitions multipliées, que je me suis cru obligé, sinon pour mes contemporains, au moins pour les générations qui suivront, d'énumérer tout ce qui est sous nos yeux.

La matière générale, cependant, est bien loin d'être épuisée. On ne recommencera pas assurément de sitôt un livre de la nature de celui que je publie en ce moment, mais les hommes laborieux, qui auront la patience de scruter nos archives, y rencontreront encore les éléments de centaines et de milliers de mémoires.

On trouvera, dans le cours de cet ouvrage, la citation des sources que j'ai plus ou moins mises à contribution ; mais je ne puis me dispenser d'établir ici que ces sources ont été principalement les écrits de La Thaumassière, de MM. Raynal, De La Tramblais, et Grillon des Chapelles. Je ne crains pas d'avouer que j'ai copié, dans les œuvres de ces éminents auteurs, des pages entières qu'il m'eût été difficile d'analyser.

Ce premier volume contient, avec l'histoire de Déols, l'histoire politique de Châteauroux. Le second volume sera consacré à l'histoire économique, commerciale et industrielle de cette ville.

Châteauroux, 1er décembre 1873.

HISTOIRE
DE DÉOLS ET DE CHATEAUROUX

CONSIDÉRATIONS PRÉLIMINAIRES

Qu'était, dans les premiers temps, le pays où se trouvent aujourd'hui Déols et Châteauroux ? On l'ignore.

La Gaule ne commence à figurer dans l'histoire qu'au VI° siècle avant l'ère chrétienne. On voit, à cette époque, des bandes gauloises se porter en Germanie, en Italie, en Grèce, en Asie. Les plus célèbres furent celles des Bituriges, qui formaient une des parties les plus puissantes de la Confédération des *Galls* ou *Celtes*. Bellovèse et Sigovèse, neveux d'Ambigat, leur roi, conduisirent des hordes conquérantes jusque sur les bords du Danube et du Pô.

Les Romains, à leur tour, voulurent s'emparer des Gaules. Mais ce ne fut que 59 ans avant Jésus-Christ que César put en réaliser la conquête. C'est ce guerrier-historien qui nous a particulièrement fait connaître tout ce qui concerne notre ancienne patrie.

Nous formions la Gaule proprement dite, *Gallia*

transalpina, contrée renfermée entre le Rhin, les Alpes, les Pyrénées, la Méditerranée et l'Océan. Cette Gaule était habitée par des peuples de quatre races différentes : les Celtes ou Galls, les Germains (Kymris ou Cimbres, Belges et Volques), les Ibères ou Ligures, et des Grecs (Massiliotes et leurs colonies). A cette époque, la Gaule contenait un grand nombre de peuples et de villes.

La *Gaule celtique*, centre du pays, était comprise entre le Rhône, la Garonne, l'Océan, la Seine, la Marne et une partie du Rhin ; et, dans cette Gaule, nous appartenions à l'*Aquitaine première*, qui avait pour capitale *Avaricum* (Bourges).

Le siége de cette ville par César a été un des événements les plus mémorables de notre histoire primitive. Dans cette affreuse catastrophe, cette malheureuse cité eut ses habitants presque tous massacrés : de quarante mille, à peine huit cents survécurent.

D'après le récit de César, elle n'avait que des maisons de planches et de claies, couvertes de paille. Issoudun, Levroux, Buzançais, Argenton, Déols existaient alors, mais n'étaient que de pauvres agglomérations ; elles furent livrées aux flammes.

Pendant la domination romaine, les villes se rebâtirent, des écoles s'ouvrirent. César, après avoir soumis le pays, s'efforça de le civiliser. Il en fut de même d'Auguste, son successeur, qui comprit les Bituriges dans l'Aquitaine, dont Lyon fut la capitale. Chaque peuple avait son rang: les Bituriges étaient dits *libres* ou *autonomes*.

La langue de ces Gaulois était le celtique ou gaélique, conservé jusqu'à nos jours dans la basse Bretagne.

La religion principale était le druidisme. Les Druides étaient partagés en trois classes : les *Druides* proprement dits ou prêtres, qui furent, dans l'origine, en possession du pouvoir suprême ; les *Eubages,* devins et sacrificateurs ; et les *Bardes,* qui chantaient les hymnes divins et les exploits des héros. — Ils croyaient à l'immortalité de l'âme et à la métempsycose. Ils n'avaient pas de temples, mais ils se réunissaient dans de sombres forêts, et, à certains jours, cueillaient, en grande cérémonie, le *gui* sacré sur un chêne antique. Dans les grandes calamités, ils immolaient des victimes humaines. Les *dolmens* et les *menhirs,* pierres énormes, sont regardés comme les autels où se consommaient les sacrifices.

Les Druides étaient, en même temps, médecins, physiciens, astronomes. Des Druidesses prédisaient aussi l'avenir et consultaient les entrailles des victimes. Les pratiques de cette religion avaient cessé au VIe siècle de notre ère.

La nation était constituée par une puissante corporation de prêtres et de nobles guerriers, autour desquels se groupaient des espèces de classes et une population agreste de serfs.

Les Gaulois avaient plusieurs femmes, qu'ils traitaient souvent comme des esclaves.

Ils étaient grands et blonds. Ils marchaient au combat en poussant de grands cris. Leurs vêtements nationaux consistaient dans la saie *(sagum)* et les pantalons *(braciæ)*. Leurs armes étaient l'*angon*, sorte de javelot, et les gais *(gœsum)*, espèce de pieu. Leurs sabres étaient de cuivre.

Ils habitaient dans des cavernes, des souterrains, des huttes faites de branches d'arbres, de roseaux et de chaume, réunis par de l'argile.

A la suite des Romains, tout est obscurité dans les Gaules. On ne sait comment la monarchie française s'y est établie, si c'est sous Clovis ou avant lui. Ce prince et ses prédécesseurs étaient-ils de véritables rois ou des chefs d'aventuriers, connus sous le nom de Francs? Ceux-ci vivaient-ils dans l'égalité démocratique ou reconnaissaient-ils une prééminence aristocratique? Les *Leudes* formaient-ils une classe politique? Le trône de ces rois ou chefs était-il héréditaire? Les Gaulois furent-ils ou non réduits par eux en servitude? etc. Toutes ces questions sont aujourd'hui insolubles.

C'est au cinquième siècle que commence la *période mérovingienne*. Pharamond, qu'on dit le premier des rois de cette période, aurait passé le Rhin vers l'an 419. Clovis, qui en est le héros, commença son règne en 481 et mourut en 511. Childéric III, le dernier roi de cette période, mourut vers 755. Cette période dura 331 ans et donna 22 rois.

La *période carlovingienne* vint après; Pépin le Bref en fut le premier roi. Charlemagne, ce grand souverain, lui donna son nom. Il fut couronné roi en 768 et mourut en 814. Louis V fut le dernier roi de cette période; il mourut en 987. La période carlovingienne a duré 256 ans et fourni onze rois ; c'est sous elle que le jour commence à se manifester sur notre histoire locale.

Charlemagne avait étendu au loin les frontières françaises; son royaume comprenait la France, l'Allemagne et l'Italie. Le partage politique, admis alors entre les enfants, divisa cette puissance. Charles le Gros réunit un instant sur sa tête tous les états de son aïeul ; mais, dépourvu de force et de génie, son trône s'écroula et ses débris formèrent des états séparés. Cette dissémination produisit l'indépendance partielle, l'anarchie, le SYSTÈME FÉODAL. La monarchie française ne fut plus qu'une confédération tumultueuse, qui ne conserva des rois que par habitude, et par le besoin de résister aux Normands qui ravageaient le pays.

Les Carlovingiens avilis, incapables désormais de se faire obéir et d'accorder protection, ne montrant plus que des états sans pouvoir, devaient nécessairement disparaître devant le plus puissant et le plus habile des vassaux. C'est ce qui arriva sous *Hugues Capet*, qui commença la *troisième dynastie*.

L'histoire des seigneurs de Déols prend véritablement naissance sous le *régime féodal* qui régnait en France. La masse du peuple, soumise au patronage des seigneurs, se partageait alors en deux catégories: 1° les *vassaux* qui tenaient la terre à condition de service militaire ; ceux-là étaient devenus les *nobles;* 2° les *colons* qui tenaient la terre à condition de cens, de redevances et de corvées ; ceux-là étaient les *vilains*, les *roturiers*, les *sujets*.

La féodalité reconnaissait deux principes, la terre et l'épée, la richesse et la force, desquels tout relève, auxquels tout se rapporte, qui s'unissent et s'identifient, puisqu'il faut posséder la terre pour avoir le droit d'user de l'épée, et que la possession de la terre impose ce devoir pour le suzerain et au nom du suzerain dont relève la terre.

L'ordre social n'était autre chose qu'une hiérarchie de terres possédées par des guerriers relevant les uns des autres à divers degrés et formant une chaîne, qui part de la tourelle du simple gentilhomme pour remonter jusqu'au donjon royal. Le vassal devait au seigneur la *fiance*, la *justice* et le *service*, c'est-à-dire qu'il devait l'assister de ses conseils, siéger à son tribunal, monter à cheval pour le suivre à la guerre. Il devait encore l'*estage*, c'est-à-dire la garde du château du suzerain tant de jours par an. Il était tenu à une aide en argent au seigneur pour la chevalerie de son fils, pour le mariage de sa fille aînée, pour le paiement de sa rançon s'il était pris à la guerre. — Le seigneur, de son côté, devait au vassal aide et protection si le fief était attaqué: la défense de la personne était réciproquement obligatoire entre eux.

Le seigneur perdait son droit de suzeraineté, s'il attentait à l'honneur de la femme ou de la fille du vassal; s'il levait le bâton sur le vassal; s'il lui déniait justice ou secours: dans ces divers cas, le vassal avait droit de retirer son hommage en gardant le fief, et de faire la guerre au seigneur. — Le vassal, d'autre part, perdait son fief, s'il ne le *desservait* pas, c'est-à-dire s'il n'en remplissait pas les devoirs, ou s'il **attentait** à la personne du seigneur ou de quelqu'un des siens ; dans ces cas, le seigneur avait droit de confiscation. La clef de voûte de l'édifice était la royauté. La hiérarchie féodale embrassait toute terre : point de terre sans seigneur ; point de seigneur qui ne reçût et ne rendît les services de l'épée. Il n'y avait point de partage entre le fils et la fille, point entre l'aîné et le puîné. Le droit d'aînesse sortait spontanément de la constitution féodale. Cependant, s'il y avait plusieurs fiefs, chaque fils pouvait en avoir un pour ne pas diminuer le nombre des guerriers.

Dans l'idéal de la féodalité, tout ce qui ne faisait point partie de la hiérarchie militaire était comme non avenu et restait en dehors de la société politique. Chaque seigneur, hors de chez lui, était un membre de l'ordre général, comme supérieur ou inférieur ; mais chez lui c'était un souverain absolu. Le sujet devait être *taillable et corvéable à merci ;* il n'avait aucun droit ; il ne pouvait ni se marier, ni changer de demeure, ni transmettre son pécule, sans la permission de son maître.

Cependant cette hiérarchie féodale était loin d'être constituée systématiquement ; il y régnait, au contraire, une grande confusion. Les fiefs étaient si bien enchevêtrés que beaucoup de seigneurs étaient mutuellement vassaux les uns des autres, que tel baron tenait la terre de plusieurs suzerains et pouvait être requis à la fois du service militaire par deux chefs ennemis.

Parmi les seigneurs, les moindres étaient les pires. La tyrannie devenait plus brutale et plus insensée à mesure que se resserrait le cercle de son action. Les petits *sires* érigeaient en lois héréditaires leurs fantaisies les plus iniques et les plus absurdes.

Le clergé, sans accepter tous les principes de la féodalité, était trop engagé lui-même dans ce système pour combattre les abus dont il profitait. Il ne continuait pas, contre le servage, la noble mission qu'il avait remplie contre l'esclavage. Dans un grand nombre de cités, la protection municipale exercée par les évêques s'était transformée en seigneurie : les abbés devinrent seigneurs des villages, des bourgs et même des villes formées autour de leurs monastères. Seulement la position des serfs d'église paraissait moins humiliante que celle des autres serfs, parce qu'ils étaient censés appartenir non à un homme et à une terre, mais à Dieu et aux saints.

Pendant tout le dixième et le onzième siècles, la féodalité se développa et vécut sans lois écrites. Elle ne devint *droit écrit* qu'à la fin du onzième et jusqu'au milieu du treizième.

La France était divisée en seigneuries plus ou moins puissantes. Les rois de France, ne possédant que l'Isle-de-France, avaient des rivaux très-redoutables. Les seigneurs un peu éloignés du théâtre des événements qui se passaient dans la domination des rois de France, ne virent dans l'élévation de Hugues Capet, à la fin du X° siècle, et dans les troubles qui la suivirent, qu'une occasion de se rendre plus indépendants encore de la couronne.

L'approche de l'an *mille* avait mis tout le monde dans l'inquiétude. A la suite, on éleva des basiliques, on enrichit les couvents. Le développement religieux coïncida avec les progrès du pouvoir ecclésiastique. Le fameux couvent de Cluny, en Mâconnais, fondé en l'an 910, par Guillaume, duc d'Aquitaine, et par Bernon, remplit la terre d'innombrables congrégations. Ce fut à cette même époque, que notre *Ebbes le Noble*, émule de Guillaume, jeta les fondements du monastère de Déols.

L'ambition et l'avidité des seigneurs troublaient continuellement la France entière. Il s'y joignait l'intolérance religieuse ; aussi l'établissement de la trêve de Dieu fut un grand bienfait. Après Hugues Capet, les règnes de Robert, de Henri et de Philippe furent on ne peut plus agités. La chevalerie s'établit. La descente des Normands en Angleterre, en 1066, fut un des grands événements de cette époque. Les tentatives pour l'établissement des communes, la guerre des investitures devinrent l'occasion des plus grandes calamités. La première croisade, prêchée par Pierre l'Ermite, entraîna, en 1096, des masses immenses vers l'Orient.

Ce fut Louis le Gros qui, vers la fin du XI° siècle, commença la monarchie féodale. Le mouvement pour l'établissement des communes se continua. Le droit coutumier commença à se produire.

Ebbes le Noble, comme les autres seigneurs, avait

sans doute profité des troubles de la France et de la chute de Charles le Gros pour augmenter sa puissance. Il avait obéi à la tendance de l'époque en allant visiter les lieux saints et en fondant à son retour une abbaye. Ses successeurs se plurent à enrichir les églises et les couvents, et plusieurs d'entr'eux allèrent se prosterner sur le tombeau du Christ.

La ville de Châteauroux, dont le commencement a eu lieu au dixième siècle, procédait *essentiellement* d'une autre ville bien plus ancienne, appelée Déols, et qui était située, à peu de distance, sur la rive opposée de l'Indre.

Pour cette raison, il nous est impossible de ne pas commencer par une histoire succincte de cette importante et curieuse localité.

Cette histoire formera la PREMIÈRE PARTIE de notre travail. Dans la SECONDE PARTIE, nous nous occuperons, avec plus de détails, de l'histoire de Châteauroux.

PREMIÈRE PARTIE

HISTOIRE DE DÉOLS ET DE SON ABBAYE

On a vu, dans les considérations préliminaires, le nom de Déols prononcé avec celui de quelques autres localités environnantes, et nous venons de dire que Châteauroux en procédait essentiellement. Nous ne pourrions donc tracer, d'une manière intelligible, l'histoire de cette ville, sans la faire précéder par celle de Déols, car leurs rapports ont été des plus intéressants et des plus importants.

Pour cette première histoire, nous avons à faire connaître l'origine de Déols, Léocade et sa descendance, à chercher à relier la suite des temps à travers les obscurités de la barbarie ; puis nous étudierons la maison de Déols, la fondation de la célèbre abbaye de cette cité, la série de ses abbés, et nous terminerons par l'examen de ses richesses et de ses priviléges, ainsi que de sa situation aux diverses époques. Il ne sera pas, en outre, sans un véritable intérêt de joindre à l'histoire de l'abbaye une notice sur la ville elle-même de Déols, en raison de leurs constantes relations.

Il nous faudra consacrer neuf chapitres pour parcourir ce sujet de nos recherches. Un chapitre supplémentaire concernera l'abbaye de Saint-Gildas.

CHAPITRE PREMIER

HISTOIRE LÉGENDAIRE DE DÉOLS. (¹)

Déols, après la domination romaine, dut prendre une certaine importance, puisqu'il s'y trouvait un atelier monétaire. Ses premiers temps, toutefois, sont tout à fait inconnus et ne sont arrivés jusqu'à nous que sous forme légendaire. Il faut prendre les légendes pour ce qu'elles valent ; mais elles éclairent l'histoire ; sous ce rapport, nous ne croyons pas devoir négliger celle qui fut découverte, le 2 octobre 1610, sous un autel de l'église de Déols, avec d'autres papiers relatifs à la fondation de l'abbaye, que Charles de Laubépine, chancelier du roi, abbé commendataire, ainsi qu'il se qualifie, fit inventorier séance tenante. Onze ans plus tard, le prieur claustral en délivrait une copie notariée et dûment certifiée au prince de Condé, devenu duc de Châteauroux et prince de Déols. Cette pittoresque tradition, recueillie sur parchemin, est assez originale pour mériter d'être conservée.

---

(1) Autrement dit Bourg-Dieu ou le Bourg-Dieux, Bourc de Dious, Deurys, terre déoloise, loyse, louayse. En latin, Doli, Dolum, Burgidolum, Vicus Dolensis, Cænobium seu Monasterium Dolense, sive Burgium Dolense, Dolensis vicus, Biturigum in Biturigibus.

Légende de Denis Gaulois. — « L'an 218, Denis Gaulois possédoit le canton de la Gaule, en partie les terres de Dieux et celles de Déols ; il avoit aussi le canton de Roux. Il étoit fils de Denis Gaulois et de Jeanne de Dieux.

» En l'année 196, ils firent bâtir une chapelle, qu'ils dédièrent à Sainte-Marie de Déols ; puis ils firent bâtir une autre chapelle, sur les bords de la rivière d'Indre, près leur luant ou châtel, où ils faisoient leur résidence avec Denis, leur fils. Ils la nommèrent Saint-Denis en Gaule ; ils firent venir des moines pour dire des oraisons à la louange du Seigneur.

» Après quelque temps, la mère de Denis Gaulois vint à mourir ; elle fut enterrée dans la chapelle de Sainte-Marie de Déols. Son père l'ayant suivie de près fut enterré dans la même chapelle.

» Denis Gaulois étant resté seul avec les amis de sa maison, continua de faire valloir les mêmes cantons que ses père et mère lui avoient laissés.

» Il fit vœu de jamais ne se marier. Il éleva dans son luant quantité d'animaux féroces qui sembloient à des licornes, mais sans cornes ; dangereux envers les habitants de ces cantons, mais non envers lui, il les avoit élevés de jeunesse et leur faisoit faire le labour de ses terres ; il les montoit comme des chevaux. Ces animaux multiplièrent un grand nombre d'animaux dont grande partie se retirèrent dans les forêts ; et ces cantons sont plantés en bois jusqu'à la rivière d'Indre, qui sépare les cantons de Dieux, Déols, Roux et Saint-Denis, tous situés en la gauche du Berry.

» Il étoit regardé par ses gens et habitants comme un grand homme, ainsi qu'il l'étoit véritablement de sagesse et de conduite. Il étoit d'une taille des plus avantageuses, ayant six pieds deux pouces de hauteur. De son côté, il aimoit beaucoup ses gens ; il ne leur demandoit jamais rien, si non de lui aider à chasser dans ses forêts, six fois en l'an, ses bêtes féroces. Il cueilloit des grains en abondance et tiroit du jus de tous les fruits qu'il récoltoit. Ses habitants faisoient comme lui ; il alloit les voir souvent, surtout ceux du canton de Roux, qui est à six traits d'arc de son luant, situé sur une éminence d'un côté où la rivière d'Indre passe ; de l'autre, une belle forêt, abondante en toutes choses. Il n'avoit pour toute compagnie avec lui, chaque fois, que quatre siens amis avec leurs arcs, pour faire la chasse.

» Il avoit déjà cent dix années, lorsqu'une troupe de gens, à lui inconnus, vint dans ses cantons pour les détruire ; mais il fut averti et rassembla ses habitants. Il rencontra ses ennemis près du canton de Déols, où il les occit tous et emporta avec lui leur butin qui étoit très-considérable.

» C'étoit une troupe d'Anglois (1), gens pervertis, sans loi ni religion. Il distribua à tous ses habitants tout ce qu'il avoit gagné sur eux, avec bien d'autres monnoies qu'il avoit fait frapper à son nom.

» Quelques jours après, les chaleurs devinrent si grandes que les animaux des bois venoient par bandes dans ses cantons, où ils causoient un grand dommage. Il fut obligé, par l'avis de ses amis, de faire faire un souterrain près son luant et la chapelle de Saint-Denis, du côté de la galerne, pour s'y loger l'été avec ses animaux et ses domestiques.

» Il étoit beau de voir la conduite des susdits animaux ; comme ils entroient et sortoient dudit caveau pour aller pâturer et faire ce qu'ils avoient besoin, et comment le bonhomme les rappeloit. L'on a vu, disoit-il, les bêtes se dévorer entre elles et manger les hommes, et moi je fais ce que je veux d'elles.

» Il avoit cent onze ans. En ce temps-là, les terres de ses cantons vinrent stériles, bois sans pousser feuilles. Les habitants mouroient faute de vivres. Il leur donna grande partie des grains qu'il avoit cueillis, pour les faire subsister. Il étoit fort étonné ; mais il le fut davantage, lorsque les animaux de

(1) Britanni de Bituricâ a Gothis expulsi sunt, multis apud dolensum vicum perempti. (Grég. Turon. Hist. lib. 2, cap. 18.)

ses forêts ne trouvant plus de quoi vivre, firent un tel ravage dans ses cantons, malgré le secours de ses habitants qu'il conduisoit pour les détruire, que, tout bien armés qu'ils étoient, ils manquoient à tout dévorer, hommes, femmes, bestiaux.....

» Denis Gaulois croyoit pour lors que Dieu ne le connaissoit plus. Il dit à ses habitants : J'ai fait mon devoir comme j'ai cru devoir le faire et je vous ai dit de faire comme moi ; les moines n'ont jamais manqué dans mes chapelles ; s'il y a quelques uns d'entre eux qui n'aient pas fait leur devoir, qu'ils me le disent; mais comme aucun ne lui répondit, si non que de lui dire : Nous avons suivi ce que vous nous avez ordonné ; pour lors ils ne savoit que penser ; il poussoit de longs soupirs vers le ciel à chaque moment et demandoit à Dieu du secours.

» Enfin, il vint à lui un homme qu'il ne connaissoit point, qui lui dit : Père, vous êtes en peine ; les animaux vous font la guerre; c'est que Dieu veut vous donner un successeur ; il est à Bourges ; il a beaucoup de monde avec lui ; c'est un grand chasseur; il se nomme Léocade ; il faut le demander. — Il résolut d'y aller lui-même avec deux de ses amis. Il monta sur un de ses animaux qu'il avoit apprivoisés, et laissa les autres à la garde de ses gens.

» En entrant dans Bourges, beaucoup de peuple s'assembla pour le voir ; on étoit surpris à la vue d'un vieillard de telle hauteur, monté sur un animal ennemi des hommes. On lui demanda qui il étoit, d'où il venoit, où il vouloit aller : Je viens de la Gaule (1) ; je m'appelle Denis Gaulois; j'ai cent onze ans passés ; je suis monté sur un animal que j'ai élevé avec quarante autres qui sont en mon Juant ; je cherche Léocade et ses gens, pour chasser dans mes cantons ; je suis parent de votre patriarche Ursin. — On le conduisit alors devant

---

(1) Dans cette légende, la Gaule était le territoire qui s'étendait autour de Déols, sur les deux rives de l'Indre.

le patriarche. Après avoir conversé ensemble, il le connut pour son parent et le logea avec ses amis.

» Le patriarche fit venir Léocade, qui promit de suivre le père Gaulois; mais, après sa mort, il vouloit avoir ses biens; il lui dit : Je le veux, mais il faut vous faire baptiser. — Il fit refus, disant : Je n'ai quitté mon pays pour cela. — Cependant le patriarche et le bon vieillard le firent consentir, et en passèrent acte que Léocade apporta lui-même aux habitants de ces cantons, pour leur faire voir qu'il avoit reçu le sacrement de baptême avec son fils Ludre et sa famille, tous des mains du patriarche Ursin, en l'église de saint Etienne. Avant que de partir, Léocade fut nommé gouverneur de la Gaule, en présence du seigneur Gaulois, qui y consentit. Ils firent leurs adieux au patriarche, qui, en les quittant, leur dit : Dieu soit avec vous; ne vous quittez pas; ne vous lassez point de bâtir des temples; secourez les affligés. — Ils partirent ensuite et prirent leur route vers le canton de Déols.

» En approchant du canton de Déols, les autres animaux qui étoient restés au luant du seigneur Gaulois le sentirent arriver; ils furent au devant de lui; lui faisant caresses comme s'ils avoient su parler. Léocade et ses gens ne laissèrent pas d'avoir peur : mais le bonhomme leur ayant parlé, les fit tous connoître.

» Léocade et sa femme étant donc arrivés au luant du seigneur Gaulois, demeurèrent quelque temps dans ce luant. Leurs gens étoient logés dans le canton de Dieux. Tous les jours Denis Gaulois menoit Léocade, Ludre et ses gens chasser les bêtes féroces et en tuèrent beaucoup. Avant que de partir, ils furent dans la chapelle entendre la prière que faisoient les moines; ensuite ils montèrent sur chacun de ces animaux, à la faveur des quels ils en tuèrent beaucoup d'autres, surtout dans le canton de Roux.

» Il arriva un jour que Ludre se trouva malade; il pria Léocade de le changer de canton, parce que les chaleurs des bois le feroient mourir. Léocade n'ayant que ce fils, pria instamment le seigneur Gaulois de lui donner un autre canton : à quoi reprit le bonhomme : — Cherchez, vous êtes maître ; si vous n'avez pas de trésor, prenez dans mon luant ce qu'il vous faut ; mais ne vous écartez pas de moi bien loin.

» Alors Léocade fit bâtir un châtel entre Dieux et Déols, sur une petite montagne, où il n'y avoit qu'une prairie à passer entre son châtel et celui du seigneur Gaulois.

» Un jour Ludre dit à son père qu'il falloit se ressouvenir que le patriarche Ursin leur avoit dit de bâtir des temples ; Léocade ne différa pas. Il fit bâtir une église qu'il dédia à saint Étienne et fit dire les prières par un des moines de la chapelle de Sainte-Marie, auquel il donna de grosses sommes ; il donna, en outre, de l'argent à plusieurs habitants pour bâtir autour.

» Après quoi, il pria le patriarche Ursin de venir prêcher dans son canton, ce qu'il fit, et plusieurs rentrèrent dans la loi de Dieu ; il les baptiza. Il allait souvent avec Léocade voir le père Gaulois.

» Avant que de retourner à Bourges, le patriarche Ursin recommanda au père Gaulois de penser souvent à la loi de Dieu ; il lui répondit qu'il ne l'oublieroit jamais.

» Le même jour, au soir, Denis Gaulois fut à l'oraison ; étant à genoux, les bras croisés, il mourut après l'oraison. Le religieux voulut lui parler, mais il fut surpris de voir son seigneur mort. Il en avertit Léocade qui vint avec sa famille et ses gens ; il le fit enterrer dans le même endroit. Il fut fort regretté de tous les habitants de ses cantons.

» Léocade, Ludre et ses gens eurent bien de la peine à contenir les animaux du défunt : ils pleuroient leur maître et vouloient entrer dans la chapelle.

» Léocade fut héritier de tous les biens de Denis Gaulois ; mais il ne garda pas longtemps les animaux, qui moururent bientôt après leur maître.

» Ensuite Léocade écrivit à Rome et marqua son aventure à quelques sénateurs romains ; il leur disoit : Quoi que vous m'ayez nommé gouverneur de la Gaule, il m'a fallu l'être aussi des habitants de Bourges et des cantons. Je fais actuellement ma demeure dans le canton de Déols ; j'ai fait bâtir des temples ; je me suis fait baptizer, ainsi que ma famille et mes gens ; j'observe la loi de Dieu et je la fais observer à tous ceux de mes cantons ; je suis nommé prince de Déols, gouverneur de la Gaule en Berry. »

Telle est la légende de Denis Gaulois, qui se trouve en tête de la pièce intitulée : *Petite chronique et généalogie des seigneurs qui ont possédé les terres de Déols et Châteauroux, depuis l'an 218 jusqu'en 900, et depuis l'an 900 jusqu'à l'an 1620, et les dons qu'ils ont faits.*

Passons à l'histoire de Léocade, ou du moins à ce que les traditions et les documents plus ou moins authentiques nous apprennent de lui.

CHAPITRE DEUXIÈME

LÉOCADE ET SA DESCENDANCE

L'histoire de Léocade et de sa descendance est entourée de beaucoup d'obscurités et mêlée à des récits légendaires. Après l'avoir exposée, nous la ferons suivre de quelques réflexions sur ces époques.

§ 1ᵉʳ. — Léocade.

D'après Jean de La Gogue, prieur de Saint-Gildas, en son histoire manuscrite des princes de Déols, Léocade *(Leocadius),* noble sénateur romain, de la parenté de l'empereur Claude, descendu de la ligne de Troye, aurait été ordonné, environ l'an 42 de l'empire d'Auguste, gouverneur des parties de Bourgogne, Lyonnais et Berry. Ce seigneur, se plaisant davantage en cette dernière, y aurait fait bâtir un superbe palais, au lieu dit de Dieux ou Déols, proche la rivière d'Indre, en pays fertile et agréable, garni de toutes les choses nécessaires à la vie.

Si l'on ne peut pas dire avec La Thaumassière, que Léocade fut le fondateur de Déols, ce lieu aurait été au moins régénéré par lui. Il devint comme la capitale du Bas-Berry, le séjour du proconsul lui ayant donné un grand développement.

De son côté, Grégoire de Tours, qui se dit de la famille de Léocade (1), écrit, dans son histoire des Francs, que ce personnage eut pour aïeul Vectius Epagathe, martyrisé à Lyon avec saint Pothin. D'après le T. R. P. Ambroise de Bergerac, ce serait une erreur : Léocade, au contraire, serait l'aïeul de Vectius Epagathe, dont le sacrifice s'accomplit en l'an 40 de notre ère. Les actes de saint Ursin, rapportés et savamment discutés par M. l'abbé Faillon, tendraient à prouver que Léocade, saint Ursin et saint Martial auraient vécu au premier siècle, dans lequel les chrétiens, sous l'empire de Claude, jouirent d'une grande liberté.

Quelle était l'origine de Léocade ? Il était d'origine patricienne, selon le P. de Bergerac. Son père était Lucius Capriolus, qui, en qualité de proconsul, le précéda dans le gouvernement des Aquitaines et de la Gaule lyonnaise. Bien qu'issu d'une famille gallo-romaine, on croit qu'il naquit à Rome, puisque, dès sa plus tendre enfance, il avait vécu dans la familiarité de Drusus, fils de Claude Tibère, dont il partageait les jeux et les leçons.

(1) Léocade aurait été le bisaïeul maternel de Grégoire de Tours. Florent, son père, d'une famille sénatoriale d'Auvergne, était fils de Georges et de Léocadie, petite-fille de Léocadius, sénateur de la cité de Bourges.. (Vie de Grégoire de Tours, par Lévêque de la Ravallière; Mémoires de l'Académie des inscript. et belles lettres, tom. XXVI, 598.

Léocade, à peine âgé de 24 ans et ayant fait ses premières armes, se maria avec une fille du nom de Suzanne, très-heureusement douée, fille de Manilius Armillus, frère lui-même de Lucius Capriolus, père de Léocade. Manilius Armillus avait été longtemps lieutenant du proconsul des Gaules, dans la province de Berry. Cette charge était une des plus lucratives de l'empire romain, et l'on peut supposer que Manilius avait dû se créer une grande fortune, dont allait profiter Léocade en épousant sa cousine.

Investi d'un gouvernement où il possédait déjà de grandes richesses, Léocade, selon la tradition, avait trois magnifiques palais, l'un à Lyon, un autre à Limoges et un troisième à Bourges. En eut-il un quatrième à Déols, ou cette résidence ne fut-elle qu'une somptueuse villa, soit acquise par le don de Denis Gaulois, soit choisie en raison de l'agrément du site?

Ce fut à cette époque, selon l'opinion la plus accréditée, que *saint Ursin* fut envoyé dans les Gaules par saint Clément, ainsi que saint Pierre l'avait ordonné. Il se dirigea sur *Avaricum*, capitale des Bituriges, avec un disciple dit Just; mais celui-ci ne put y parvenir étant mort à trois lieues de là: saint Ursin le fit ensevelir dans le lieu où il succomba.

Lorsque saint Ursin fut arrivé dans cette ville, il chercha une maison pour se loger, et après peu de jours il commença à prêcher. Ses prédications le firent d'abord persécuter. Il fut obligé de se retirer pour un temps, et s'arrêta aux environs de Bourges dans un lieu appelé *Cochage*, aujourd'hui la *chapelle Saint-*

Ursin; mais une réaction en sa faveur n'ayant pas tardé à se produire, il rentra dans Bourges et l'on accourut à ses prédications.

Léocade gouvernait avec sagesse et tolérance. Il ne souffrait pas qu'on fût cruel envers les chrétiens qui se soumettaient à son autorité. Il leur concéda même de vastes communs qui se trouvaient sur le côté méridional de la ville. Ce fut dans ce lieu, préablement nettoyé et purifié, qui devint l'église Saint-Hippolyte et enfin l'oratoire, que fut déposé le sang du protomartyr Étienne, lequel avait été rapporté d'Orient.

L'assemblée des fidèles continuait à s'augmenter. L'enceinte ne suffisait plus pour entendre les prédications et recevoir le sacrement du baptême. Comme on supposait que Léocade avait de bons sentiments pour la religion nouvelle, on eut la pensée de demander au gouverneur le palais lui-même pour édifier un temple où serait reçue la multitude.

Saint Ursin dut se rendre, avec quelques notables, à Lyon, qui était la résidence habituelle de Léocade. Les habitants se cotisèrent pour se procurer un vase d'argent et nombre de pièces d'or.

Aussitôt arrivé, saint Ursin demanda et obtint une audience : « Qui êtes-vous, d'où venez-vous ? lui dit Léocade. — Je suis, répondit le saint évêque, le disciple du très-puissant Seigneur Jésus-Christ. Je suis chrétien et l'on me nomme Ursin. » Ursin exposa à Léocade le saint mystère de la foi, et comment il était envoyé à Bourges pour y prêcher la parole de Dieu. Il ajouta qu'il avait recueilli le précieux sang de saint

Étienne, premier martyr, et qu'un grand nombre d'habitants s'étaient déjà convertis à la foi de Jésus-Christ.

« Quelle est la faveur que vous sollicitez, reprit Léocade ? — Si vous daignez vous rendre à nos désirs, vous ferez don du palais que vous possédez à Bourges pour le transformer en une basilique chrétienne et y déposer les reliques du très-saint martyr Étienne. »

Le prince, ému de la simplicité de l'homme de Dieu, reçut sa demande et répondit sans aucune hésitation : « Si la maison que je possède était digne d'un tel usage, je ne refuserais pas de la donner. Plût a Dieu que mon palais devînt un lieu de prières ! »

A ces mots, saint Ursin et ceux qui l'accompagnaient se jetèrent aux pieds de Léocade, protestant que la maison était assez belle pour devenir une église, et ils lui offrirent 300 écus d'or sur un plat d'argent. Léocade accepta seulement trois des pièces, en signe d'amitié, et rendit le surplus, sans doute pour se conformer, dit M. Raynal, à cette fiction du droit romain qui dissimulait la donation sous la forme d'une vente.

Le saint évêque adressa ensuite au proconsul une fervente exhortation pour qu'il embrassât la foi chrétienne et reçût le baptême.

« Retournez maintenant à Bourges, dit Léocade à saint Ursin, disposez de mon palais comme vous l'entendrez. Pour moi, lorsque l'occasion s'en présentera, j'irai vous y voir et je profiterai de vos pieux entretiens. »

Plein de reconnaissance pour Léocade, saint Ursin

retourna à Bourges, où il fut accueilli avec un religieux enthousiasme par les chrétiens impatients de connaître le résultat de ses démarches. Leur joie fut grande en apprenant le bienveillant accueil fait au saint évêque.

Aux calendes d'octobre suivantes, saint Ursin procédait à la purification du nouveau sanctuaire et le consacrait à Dieu sous l'invocation de saint Étienne. Un autre oratoire fut placé sous le vocable de Sainte-Marie. La tradition en fait le berceau de l'antique abbaye de Notre-Dame-de-Sales. Le premier local fut converti en baptistère.

L'immense et magnifique cathédrale, que l'on admire aujourd'hui, a été fondée sur l'emplacement consacré d'abord à l'église Saint-Étienne.

Peu après, Léocade arrivait à Bourges. Saint Ursin courut à sa rencontre. Dans une série d'entretiens, il l'instruisit des augustes mystères de la religion et lui montra le chemin de la foi. L'illustre sénateur quitta l'idolâtrie et reçut le sacrement du baptême, avec son fils Lusor ou Ludre, par les mains de saint Ursin, dans le temple qui avait été établi dans son palais.

D'autres historiens nous apprennent que Léocade avait encore un fils, du nom de Caremusel *(Caremusellus)*, qui, aussi bien que sa mère Suzanne et sa sœur Valérie, demeurèrent encore attachés à l'idolâtrie. Ces deux illustres dames reçurent plus tard le baptême, à Limoges, des mains de saint Martial. D'après des traditions du Limousin, Valérie aurait acheté, au prix de son sang, la conversion de son amant, le duc de Trêves *(Julius Silanus)*.

La plupart des habitants imitèrent l'exemple du pieux proconsul, et embrassèrent publiquement le christianisme.

Léocade amena saint Ursin avec lui pour prêcher l'évangile aux habitants de Déols, qu'il convertit à la foi catholique, comme il avait fait de ceux de Bourges. De là s'établit un foyer fécond d'où la religion chrétienne rayonna dans tout le Bas-Berry. La conversion de Léocade avait eu le plus grand retentissement.

Ce prince édifia en son palais une église consacrée à saint Étienne et à saint Saturnin, et une autre à la gloire de la mère de Jésus. Il fit don, en faveur du nouveau culte de plusieurs domaines et lui abandonna les demeures qu'il possédait dans tout le pays des Bituriges, lesquelles devinrent, par les soins du zélé patriarche, autant d'églises en l'honneur de saint Étienne. Les chrétiens, dans toute l'étendue de son gouvernement, goûtèrent une paix profonde, et la prédication de l'évangile y jouit d'une grande liberté.

— Léocade fit de grandes aumônes aux pauvres. Il secourait les malades et les engageait à mourir dans la grâce de Dieu.

Malgré toutes ses bonnes intentions, il y avait dans ses cantons plusieurs idolâtres qu'il ne put d'abord convertir ; mais, dit la tradition, Dieu les fit bientôt changer.

Se voyant dans un âge avancé, il dit à Ludre, son

fils : Il faut que je pense à la mort ; il faut m'y préparer. Je vais faire faire un tombeau pour me mettre, après que Dieu aura disposé de moi. — Ludre lui répondit : La loi vous le commande ainsi qu'à moi.

Léocade fit venir d'Italie, un tombeau de marbre blanc, *ex marmore pario mirabiliter exculptum,* selon l'expression de Grégoire de Tours, sur lequel il fit graver sa figure, celle de son fils Ludre et autres de ses amis, montés sur des animaux comme ceux dont ils se servaient du temps du seigneur Gaulois, faisant chasse contre d'autres animaux. Ce tombeau fut placé derrière l'autel Saint-Étienne, du côté droit.

Saint Ursin voyant qu'il ne pourrait suffire pour distribuer le sacrement et la parole de Dieu, pria Léocade de convoquer les grands de la cité de Bourges, afin de lui désigner un coopérateur. On jeta les yeux sur Ludre en raison de sa pureté et innocence, et il fut élu évêque. Saint Ursin le consacra, l'oignit des saintes huiles, et lui fit prendre des vêtements blancs qu'il dût garder pendant huit jours. Mais il fut pris de maladie. Voyant sa fin approcher, il fit appeler saint Ursin et demanda à être enseveli dans le sépulcre préparé pour son père. Léocade y consentit, et Ludre mourut dans la grâce de Dieu, après avoir fait de grands prodiges.

Léocade disait : « Mon fils tient la place que je comptais occuper ; peut-être qu'il le mérite mieux que moi. Quel plaisir ne dois-je pas en ressentir ! J'ai connu quelque chose de grand en lui. Lorsque Cordian, notre allié, était à la chasse avec nous, Ludre se trouvant au milieu de plusieurs bêtes féroces, de son regard, les fit retirer. Je dis en moi-même alors, mon fils vous êtes grand!»

N'ayant plus qu'une fille, il lui avait dit: «Ma fille, mes jours s'avancent; ils sont bien comptés; il faut bientôt paraître devant l'Être-Suprême; je veux vous marier à Cordian. — Elle lui répondit: « Vous êtes mon père.» — Le mariage eut lieu l'an 260. Tous les habitants s'en réjouirent, parce que, sans ce mariage, les Romains, après la mort de Léocade, seraient venus s'emparer de leurs cantons.

Léocade ne tarda pas à mourir. Son corps fut déposé dans un autre tombeau placé dans la chapelle opposée. Il fut suivi de tous les habitants du canton qui pleuraient leur bon seigneur.

Le jour de son trépas, disent les chroniques religieuses, de grands prodiges se passèrent, comme à celui de son fils. Des phénomènes descendirent sur son châtel. Il n'y eut pas de nuit. Il y avait un pauvre, qui n'avait jamais vu la lumière, étant né aveugle; il priait Dieu et Léocade. Près de lui se trouvaient plusieurs libertins sans religion, sans foi, sans mœurs, qui lui dirent: « Tu pries Léocade, dis-lui donc qu'il te fasse voir. » Cela fut bientôt exécuté; l'aveugle vit la lumière. Mais ces malheureux furent punis sur le champ; les uns devinrent aveugles, d'autres eurent le col tourné; ils hurlaient comme des chiens. Ils demandèrent pardon à Léocade et suivirent son corps jusqu'à la chapelle. Les moines de Sainte-Marie, Saint-Denis et Saint-Étienne, entendant leurs cris, vinrent pour les voir; ils leur firent promettre de changer de vie. Ils le promirent, excepté l'un d'entre eux qui, ne voulant pas se rendre, mourut sur le champ comme un enragé ; le diable l'emporta. Les autres furent soulagés, mais ils ne vécurent pas longtemps ; ils étaient au nombre de trente et moururent dans la grâce de Dieu.

Ludre et Léocade furent mis l'un et l'autre au nombre des saints, l'église voulant, d'ailleurs, reconnaître leur zèle pour le nouveau culte (1).

Saint Ursin mourut lui-même plus que centenaire, après avoir gouverné, pendant 27 ans, l'église qu'il avait fondée.

D'après le P. Ambroise de Bergerac, Léocade

---

(1) L'ancien chapitre de la métropole de Bourges reconnaissait Léocade pour son premier fondateur, parce qu'après avoir donné son propre palais, il voulut encore pourvoir aux frais du culte. Pour perpétuer le souvenir de ses libéralités, le grand sceau du chapitre représenta saint Léocade assis et nimbé, tenant une fleur dans la main. Au seizième siècle, vers l'an 1575, le chapitre voulut refaire le sceau et ordonna d'y graver Léocade, ainsi qu'il était anciennement. La gravure fut faite par Jacques Augier, orfèvre, qui reçut 15 livres 7 sols. — Il existe, sous le portique de la métropole de Bourges, un magnifique bas-relief, richement sculpté, où est représenté le baptême de Léocade et de son fils Lusor, par saint Ursin.

Dans un volume du Bréviaire gallican, édité sous Mgr. Frédéric-Jérôme de Roye de la Rochefoucauld, en 1734, les offices de saint Léocade et de saint Ludre sont fixés au rit semi-double, sous la rubrique du 10 novembre, et, dans un autre volume de 1636, on fait seulement mémoire de Léocade et de saint Ludre le 3 novembre.

L'archidiocèse de Bourges, revenu à la liturgie romaine, fixe, dans le nouveau propre du diocèse, approuvé par Rome, la fête de saint Ludre au 10 novembre et celle de Léocade au 14me jour du même mois.

serait mort sur un champ de bataille, en Germanie, sans qu'il puisse dire la date de l'expédition et de la mort. Sa dépouille mortelle aurait été transportée à Déols.

Le tombeau de Léocade fut beaucoup plus simple que celui de son fils Ludre. Ce n'était qu'un sarcophage en pierre.

§ II. — Descendance de Léocade.

D'après ces légendes ou ces traditions, *Cordian* aurait succédé à Léocade.

L'an 270, il fit faire des murs pour enfermer son canton de Déols; il bâtit une ville et fit passer la rivière de l'Indre près de ses murs, de crainte que les Romains ne lui vinssent faire quelque dispute, ce qu'ils firent. Ils lui écrivirent en ces termes : « Nous avons appris la mort de Léocade; vous avez épousé sa fille et vous avez ses biens; on vous fera la guerre. »

Il leur fit réponse : « Je vous ai déjà fait savoir que j'ai changé de loi; je veux la suivre; venez; je vous attends. » — Il n'y manquèrent pas.

L'an suivant, Posthumius était gouverneur des Gaules. Il envoya contre Cordian une grosse bataille, commandée par un allié de l'empereur Aurelian Probus; mais Cordian était sur ses gardes, et, sachant son arrivée, il la laissa avancer. Avec les habitants de ses cantons, du premier choc, il la défit en partie. Le commandant fut tué l'un des premiers; le reste prit la fuite et s'en retourna.

Ensuite, Cordian fit chanter des hymnes à la

louange du Très-Haut, puis écrivit à Rome, aux sénateurs : « On a voulu me faire la guerre, mais Dieu m'a défendu. Votre armée est défaite et son commandant est mort ; je l'ai fait enterrer au pied de mon châtel ; j'ai fait mettre sous sa tête plusieurs monnaies que ses gens avaient sur eux ; elles portaient le nom et le portrait de plusieurs empereurs. J'ai fait enterrer ses gens sur les bords du fossé de ma ville. » — Cordian, par la suite, augmenta sa ville de plus en plus.

Son fils, parvenu à l'âge de 30 ans, se maria à une fille du canton de Dieux, d'illustre famille, d'où sortit un fils qui fut nommé Salomon ; il en eut plusieurs autres enfants qui ne vécurent pas longtemps. Cordian et sa femme moururent vers l'an 340 ; ils furent enterrés dans la chapelle de Sainte-Marie.

Le fils de Cordian se nommait *Lambert*. Il vécut longtemps. Il fit bâtir sur l'Indre un moulin qu'il nomma l'*Arrogat*. Il mourut en 395 ; sa femme le suivit de près ; ils furent enterrés dans la même chapelle.

Salomon se maria à la fille du brave seigneur *Elibaudin Galas*, surnommé *le roi*. Ils eurent deux fils et deux filles ; l'une de ces filles mourut fort jeune et l'autre fut mariée au seigneur du *Verger ;* aussi il y avait le château de son nom dans un bois à peu de distance de Déols ; elle mourut sans enfants.

Ses deux fils, l'un nommé *Raoul* et l'autre *Lambert*, second du nom, se marièrent à deux filles d'un noble citoyen de Bourges. Raoul se tua étant tombé de cheval à une chasse avec son frère. La mère de Raoul mourut au même instant qu'elle apprit sa mort, et Salomon suivit de près ; il mourut l'an 446 (1).

De Lambert est issu *Laune* Ier, qui fut élevé dans les cantons de Roux ; Lambert et sa femme allaient le voir souvent. Il y demeura jusqu'à l'âge de 10 ans ; ensuite il le firent venir auprès d'eux, et, à l'âge de 17 ans, il fut marié à une fille de Bretagne, issue d'un seigneur nommé *Aubesse*.

Laune Ier eut trois fils. Deux moururent en combattant. Il ne resta que l'aîné qui se nommait *Aubesse*. L'an 520, Aubesse se maria à la veuve de son second frère.

L'an 546, la femme d'Aubesse accoucha d'un fils qui fut nommé *Elibaudin*, qui, l'an 568, succéda à Aubesse.

Il fit construire un pont pour aller au canton de Roux. Il mourut l'an 639, et laissa pour successeurs deux fils : l'un nommé *Aubesse,* deuxième du nom, et l'autre *Denis*, qui possédèrent les terres de Déols et les autres cantons pendant longtemps. Ils se marièrent ; l'un n'avait qu'un fils et l'autre aucun ; ils moururent l'an 728.

---

(1) D'après le P. de La Gogue, lorsque Charlemagne voulut aller en Espagne, il manda les seigneurs de son royaume. Parmi ceux-ci était Lambert, prince de Déols, lequel lui amena 2,000 hommes à cheval. — Dans la chronique du même auteur, on trouve que, sous le roi Louis, fils de Charlemagne, le prince de Déols, Lambert, avec les seigneurs du temps, joua un rôle important dans les guerres intestines qui eurent lieu.

Denis, fils d'Aubesse, lui succéda et mourut l'an 780. *Raoul,* son petit-fils, n'avait que 30 ans, quand il mourut l'an 850. Il laissa pour successeur *Lambert,* troisième du nom, son fils unique, qui posséda tous ses biens jusqu'à l'an 875.

Laune II lui succéda.

§ III. — Réflexions sur ces époques.

Tels sont, dit M. Raynal, les récits accueillis et répétés par la foi naïve de nos pères, et où il se mêle beaucoup d'erreurs à quelques faits historiques.

Ces récits, dont nous avons conservé les termes, laissent planer des doutes sur la vie de Léocade. Était-il Romain ou Gaulois? Gouvernait-il pour les empereurs ou pour son propre compte? A-t-il fondé Déols? Y a-t-il été appelé par Denis Gaulois ou n'y a-t-il été attiré que par l'agrément du site? Bien plus, les historiens et le clergé ne sont pas d'accord sur le siècle où il vivait.

M. Grillon des Chapelles pense que Léocade était Gaulois. Au IIIe siècle, écrit-il, les barbares attaquaient les Gaules et l'anarchie régnait dans Rome. Depuis l'édit de Caracalla, qui avait accordé à tous les hommes libres le titre de citoyen romain, les sénateurs de la Gaule avaient dû reprendre leur indépendance. A cette époque, chaque état était organisé à l'instar de

Rome. Les Bituriges avaient leur Sénat et Léocade pouvait en être le chef ou le prince. On lui donne la qualité de noble sénateur, de prince sénateur des Gaules. Après la conquête de ce pays, les chefs gaulois qui s'étaient soumis étaient acceptés comme importants.

Déols existait avant l'arrivée de Léocade ; mais, comme nous l'avons dit, ce n'était qu'une faible et pauvre agglomération. Léocade aurait seulement régénéré le pays en renversant les idoles, et y aurait fait bâtir le palais qui fut longtemps le siége de la principauté.

Quant à l'origine de la possession, on ne peut guère attacher d'importance à la légende de Denis Gaulois. Suivant Jean de La Gogue, le pays de Déols était agréable et fertile, très-propre au plaisir de la chasse et garni de toutes les choses nécessaires à la vie de l'homme. La principauté était sans doute très-considérable et l'on ne saurait, pour ce temps-là, en assigner les limites ; elle s'appelait terre déoloise et son chef-lieu principal était Déols. En considération de Léocade, plusieurs seigneurs l'habitèrent et bâtirent leurs maisons en lieux voisins de son palais.

Il serait difficile de douter que Léocade ait eu le gouvernement de la Gaule lyonnaise et aquitanique et qu'il ait accordé la maison qu'il avait à Bourges au saint apôtre du Berry pour y construire un temple en l'honneur du premier martyr saint Étienne.

On a remarqué dans les légendes et traditions, les

dates les plus contradictoires. C'est ainsi qu'il est dit que Léocade fut ordonné gouverneur des parties de Bourgogne, Lyonnais et Berry, vers l'an 42, sous l'empire d'Auguste, tandis que cet empereur était mort l'an 14 ; — que Cordian épousa, en 260, la fille de Léocade, ce qui donnerait à celui-ci une existence de plus de 200 ans ; etc.

L'apostolat de saint Ursin porte lui-même également des dates diverses. Les uns le placent au premier siècle, tandis que d'autres le ramènent au troisième. Cette dernière opinion est celle de La Thaumassière, et elle est adoptée par M. Raynal.

Le clergé du diocèse de Bourges presque en entier a pris aujourd'hui parti contre l'opinion de ces deux historiens. Voici, à ce sujet, des renseignements puisés dans la discussion à laquelle s'est livré Just Veillat, dans sa légende de saint Ursin, patron du Berry.

Jusqu'à la fin du XVIe siècle, on admettait généralement, avec les antiques légendes de nos diocèses, que la foi avait été introduite dans les Gaules par une mission d'évêques directement ordonnés à Rome par saint Pierre ou tout au moins par saint Clément, un de ses disciples et successeurs immédiats, qui occupa le siége apostolique, selon ceux-ci en l'an 67 après saint Lin, selon ceux-là en l'an 91 après saint Anaclet.

Lefèvre, précepteur de Louis XIII, nia le premier, malgré la version d'Hilduin et le bréviaire de Paris, que le patron de cette ville fût le juge de l'aréopage d'Athènes, converti par saint Paul, et que sa mission, comme celle des autres évêques, pût remonter au prince des apôtres. Il fut suivi par plusieurs historiens ou hagiographes, dont toute l'argumentation repose sur le fameux passage de Grégoire de Tours, qui place ces missions sous l'empire de Decius seulement, c'est-à-dire vers l'an 250.

Ce sentiment, qui menaçait les plus anciennes et les plus chères croyances des principales églises de France, devait être vivement combattu, et donna lieu, en effet, dans le cours des XVII° et XVIII° siècles, à de longues et savantes controverses entre les *Grégoriens* et les *Aréopagitiques*.

Il ne nous appartient pas de décider ni même de discuter cette question. Nous laisserons à d'autres le soin de rechercher si M. l'abbé Faillon a produit des raisons suffisantes en faveur de l'opinion des Aréopagitiques, dans son ouvrage intitulé: *Monuments inédits sur l'apostolat de sainte Marie-Madeleine*, et s'il en a été de même de la discussion qui a eu lieu de la part de M. Arbelot, chanoine honoraire de Limoges, et de M. l'abbé de Lutho, vicaire général de Bourges.

Nous avons d'autant moins de parti à prendre, que nous avons déclaré que l'histoire de Léocade était entourée d'obscurités.

D'après ce qui a été dit sur les descendants de Léocade, on a pu juger que la confusion est encore plus grande en ce qui les concerne.

Que s'est-il passé au juste du premier ou du troisième siècle, jusqu'au dixième, où la lumière commence à se faire sur l'histoire de Déols? On l'ignore presque absolument, ainsi qu'on va en voir les causes dans le chapitre suivant.

CHAPITRE TROISIÈME.

SIÈCLES DE BARBARIE.

On a vu, dans les *Considérations préliminaires*, que César, après avoir soumis les Gaules, s'était efforcé de les civiliser, et qu'il en fut de même d'Auguste, son successeur. Mais, lorsque le pouvoir romain s'affaissa, lorsque surtout Constantin, au IVe siècle, eut transporté à Byzance le siége de l'empire, la Gaule devint la proie des barbares. Julien, qui y fut envoyé comme gouverneur, repoussa les Germains ; plus tard Aétius, dans une grande bataille, tailla en pièces les Francs ; mais les uns et les autres ne tardèrent pas à reparaître. La monarchie des Wisigoths s'était fondée dans la Gaule méridionale. Enfin, au VIe siècle, les Romains achevèrent de perdre la Gaule par les victoires de Clovis et le royaume de France se fonda. Mais ce royaume fut déchiré par les enfants de ce souverain. L'ambitieuse et cruelle Frédégonde, femme de Chilpéric 1er, mit la France en combustion en ne cessant d'exciter des guerres entre les princes français.

Au milieu du VIIe siècle, la maison de Clovis

tomba dans une faiblesse déplorable. De fréquentes minorités avaient donné l'occasion de jeter les princes dans une mollesse dont ils ne sortaient point étant majeurs. De là, cette longue suite de rois fainéants qui laissaient le pouvoir aux mains des maires du palais.

Enfin parut Charlemagne, qui rétablit un pouvoir protecteur devant lequel tout fléchit. Non-seulement il posséda la France entière, presque toute la Germanie, la moitié de l'Italie, une partie de l'Espagne, mais il devint encore l'arbitre de tout l'occident. Pendant la période carlovingienne et avant, l'Aquitaine éprouva diverses vicissitudes : tantôt royaume, tantôt province ou duché, le *Bas-Berry* en fit presque toujours partie.

Pendant ces six siècles d'envahissements et de troubles, les peuplades barbares se signalèrent par une antipathie profonde pour les cités gallo-romaines, dont les mœurs, relativement raffinées, faisaient contraste avec leur rudesse. Elles pillaient ces villes, leur imposaient des tributs, en se gardant d'y séjourner. Elles s'établissaient, avec leurs troupeaux et leurs esclaves, dans des lieux à leur convenance.

La province du Berry fut particulièrement au pouvoir des Wisigoths, dont la domination était moins âpre et moins oppressive, moins intelligente aussi que celle des Francs. Les Wisigoths se façonnèrent mieux aux mœurs, aux lois et aux arts des Gallo-romains.

Ce fut surtout sous le fer impitoyable des sauvages

compagnons de Clovis et de ses successeurs que tout fut saccagé et détruit.

Au milieu de ces bouleversements et des incendies, tous les documents de l'histoire furent anéantis. Les traditions elles-mêmes se perdirent. C'est ainsi que, depuis Léocade jusqu'au X⁰ siècle, le cours de notre histoire locale est suspendu et que nous n'avons pu en recueillir que quelques apparences fugitives et dénuées de sûreté chronologique.

CHAPITRE QUATRIÈME.

MAISON DE DÉOLS.

Ce n'est qu'au commencement du X⁰ siècle qu'apparaît un peu de lumière. On reconnaît alors la maison de Déols : obscure d'abord, elle s'affirme bientôt dans la personne, dans la grande figure d'Ebbes le Noble. Nous conformant à La Thaumassière et à M. Grillon des Chapelles, nous ferons commencer la maison de Déols à Laune, bien qu'on ignore absolument quand il prit et quitta la terre déoloise.

§ I. — Laune.

(... — ...)

Les historiens disent seulement que Laune occupa la principauté de Déols vers l'an 900 ; qu'il eut pour frère Géronce, 52⁰ archevêque de Bourges ; que sa femme, dont la famille est inconnue, se nommait Arsendis, et qu'il fut le père d'Ebbes et de Laune, 53⁰ archevêque.

§ II. — Ebbes dit le Noble.

(....—935.)

ROIS CONTEMPORAINS.

Eudes, élu............	887-898	Raoul, élu............	923-936
Charles le Simple.....	898-923		

On ignore en quelle année Ebbes succéda à son père. Il fut témoin de la chute de Charles le Gros, qui réunit un instant, dans ses faibles mains, tout l'empire de Charlemagne, définitivement démembré en 888. Charles le Simple, frère de Louis III et de Carloman, enfant supplanté par Charles le Gros, ne reçut pas encore la couronne. Elle fut alors décernée à Eudes, et ce ne fut que dix ans après, en 898, que le dernier fils de Louis le Bègue, monta sur un trône chancelant. — Pendant la vie d'Ebbes, Guillaume le Pieux, Guillaume le Jeune et Raymond III, de Toulouse, étaient ducs d'Aquitaine.

Ebbes, dit le P. de La Gogue, pour ne pas s'engager dans les troubles et les factions qui déchiraient la France pendant la minorité de Charles le Simple, entreprit le voyage de Jérusalem. Il visita les lieux saints avec Guillaume, comte d'Auvergne et duc de Guyenne, et avec Giraud, père de saint Giraud, d'Aurillac.

Animé de l'esprit du temps, Guillaume avait érigé, en 910, au retour de son voyage en Palestine, l'abbaye de Cluny. Ce fut dans les mêmes sentiments que son émule, Ebbes, qui l'avait accompagné, jeta, en 917, les fondements du monastère de Déols, auquel il voulut remettre le salut de son âme. Cette fondation eut lieu de concert avec sa femme Hildegarde.

Vers cette même année, Ebbes recevait Daocius, abbé de Saint-Gildas de Ruis, en Bretagne, lequel, avec ses religieux et de précieuses reliques, fuyait les dévastations des Normands.

Ebbes était d'autant plus porté vers les idées religieuses que les archevêques de Bourges, Géronce et Laune, étaient, ainsi qu'on l'a vu, ses oncle et frère.

Après la mort de Guillaume le Jeune, en 927, Ebbes, devenu le vassal direct du roi Raoul, alla aussitôt le trouver et obtint de lui la confirmation de la charte primitive. Or, Raoul avait été couronné en haine de la dynastie franque, et, plus tard, les descendants d'Ebbes se trouvèrent parmi les vassaux les plus dévoués des ducs d'Aquitaine.

Vers cette époque, des bandes normandes ravagèrent la Bretagne, l'Anjou, le Maine et la Touraine. Les seigneurs, pour se préserver de leurs attaques, s'étaient fortifiés pour défendre leurs territoires, et ces mesures, qui assuraient quelque protection au pays, avaient favorisé l'établissement du régime féodal.

En 935, une autre invasion vint menacer le Berry. C'était les Madgyars, peuplades d'origine finnoise, qui avaient récemment occupé la Hongrie. Elles arrivaient par cette voie antique et toujours suivie, qui passait à Estrées. Les religieux de ce monastère se hâtèrent de prendre la fuite, en emportant leurs précieuses reliques qu'ils allèrent déposer au château de Loches.

Les habitants du Berry et de la Touraine s'armèrent à la hâte et placèrent à leur tête le seigneur de Déols. Le prince Ebbes, rassembla ses vassaux et se mit en état de repousser ces barbares. Une grande quantité de gens d'armes, à pied et à cheval, arbalétriers et archers, étaient avec lui. Il marcha au devant des envahisseurs et les ayant atteints sur les confins de ses terres, il remporta une victoire signalée près de Châtillon-sur-Indre. S'étant mis ensuite à les poursuivre, il les atteignit de nouveau vers Loches, puis auprès d'Orléans. Là, il leur livra une grande bataille où beaucoup d'entre eux périrent. Après qu'ils eurent repassé la Loire, il envoya des agents pour apprendre au roi de France le résultat de ses attaques et lui offrir son aide pour achever leur destruction. Mais, après avoir fait des merveilles de courage, il avait reçu, au sein de la victoire, un coup de lance qui devint mortel. On le transporta à Orléans où il mourut.

A son lit de mort, il recommanda à son fils Raoul, qui devait lui succéder, les abbayes de Déols et de Saint-Gildas, en l'engageant à achever ce dernier monastère. Il parla, rapporte-t-on, en ces termes à son fils Raoul :

« Je t'adjure et te prie, avec la plus grande instance, d'achever le monastère que j'ai commencé de bâtir en l'honneur du sauveur du monde et de saint Gildas, avec les officines nécessaires aux pères ; d'y placer convenablement les reliquaires apportés de Bretagne; d'installer avec honneur le saint abbé Daocius et ses compagnons ; et de leur donner, sur tes biens et revenus, autant qu'il leur faudra pour servir Dieu en paix, sans murmures et sans plaintes. »

Il dit ensuite à saint Géronce, son oncle, et à l'archidiacre Laune, son frère : « Toi, seigneur archevêque, mon père selon l'esprit, et toi, mon frère selon la chair, vous savez que j'ai confié à la garde du Saint-Siége apostolique le monastère fondé par moi dans le château de Déols, de telle sorte que l'église romaine seule a sur lui la plénitude de juridiction. Mais le monastère que j'ai commencé en faveur de saint Gildas, je le livre à votre propre autorité et à celle de vos successeurs, afin que vous et eux l'enrichissiez de larges priviléges, que vous le défendiez avec le bouclier de la justice, et que vous l'entouriez, comme votre propre demeure, de vos faveurs, conseils et bienfaits. » (1).

Ebbes fut enseveli dans l'église de Saint-Aignan à Orléans. — Après ses obsèques, son fils, le très-illustre prince Raoul, retourna dans ses terres avec ses barons et s'occupa de mettre à exécution les dernières volontés de son père.

Sous le prince Ebbes, la seigneurie déoloise était

---

(1) D'après M. de Montalembert (Hist. des moines d'Occident), ces religieux ne suivaient pas la règle de saint Benoit, mais celle de saint Colomban ; plus tard il fut décrété, dans les conciles réunis avec l'approbation du Pape, que les couvents seraient mis sous la règle de saint Benoit.

devenue très-considérable. Elle s'étendait depuis la rivière du Cher jusqu'à la Gartempe et l'Anglin. L'auteur de la *Translation de saint Gildas* appelle Ebbes, prince très-noble et très-glorieux : *gloriosus princeps, nobilis Ebbo, maximam partem pagi bituricensis sub ditione sua tenebat, siquidem a Caro fluvio, usque ad Vertempam et Engliam potentissime principabatur*. Il avait sous lui un grand nombre de vassaux qui lui faisaient foi et hommage de fiefs de très-grande valeur.

CHAPITRE CINQUIÈME.

FONDATION DE L'ABBAYE DE DÉOLS.

On a vu, dans le chapitre précédent, qu'Ebbes le Noble, à son retour de Jérusalem, avait jeté, dans l'enceinte de son propre palais, les fondements du monastère de Déols et que cet acte avait eu lieu en 917. On vient d'y voir aussi ses recommandations à son oncle et à son frère.

Ce fut le 21 septembre de cette année 917, en l'an vingt-deuxième du règne de Charles le Simple, qu'eut lieu la cérémonie de la fondation. Ebbes avait convoqué à Bourges une nombreuse assemblée de seigneurs et de prélats. Le vieux Guillaume, duc de Guyenne, s'y rendit avec son cortége de feudataires, et les évêques de Limoges et de Clermont (Turpion et Arnold), et un autre évêque (Hildebert) dont le siége est inconnu, vinrent assister l'archevêque et donner plus d'éclat à cet acte mémorable.

En l'absence de son chancelier, Guillaume ordonna que la Charte serait inscrite en latin par le diacre Gerlamon. Tout se passa en public, avec les formes et la solennité de langage usitées alors.

Voici la teneur de l'acte qui fut dressé dans cette assemblée :

« Tous ceux qui réfléchissent savent que Dieu, en dispensant
» les richesses, veut qu'elles méritent à ceux qui les possèdent
» passagèrement, s'ils en usent bien, d'éternelles récompenses ;
» ce qu'exprime cette parole divine : *Les richesses de l'homme*
» *sont le rachat de son âme*. Moi donc, Ebbes, touché de la vo-
» lonté de Dieu et voulant pourvoir à mon salut, quand j'en ai
» la puissance, j'ai tenu pour agréable et même pour néces-
» saire, de consacrer au bien de mon âme une partie des choses
» qui m'ont été conférées temporellement, afin qu'au jour su-
» prême du jugement, je ne sois pas accusé d'avoir tout dé-
» pensé pour les soins du corps, et que plutôt, lorsque la mort
» m'aura tout enlevé, j'aie à me réjouir de m'être réservé
» quelque chose et de m'être fait des amis parmi les pauvres
» de Dieu... Je veux donc que des hommes, assemblés sous la
» profession monastique, soient entretenus à mes frais, dans
» l'espérance que, si je ne puis moi-même mépriser les choses
» temporelles, cependant, par les mérites de ces contempteurs
» du monde, que je regarde comme des justes, la récompense
» des justes me sera aussi accordée.

» C'est pourquoi je fais savoir à tous ceux qui vivent dans
» l'unité de la foi et qui attendent la miséricorde du Christ, et
» à ceux qui leur succèderont, jusqu'à la consommation des
» siècles, que, par amour pour Dieu et pour Jésus-Christ, notre
» Sauveur, je donne les choses qui m'appartiennent, dans le
» territoire du Berry, à la bienheureuse Marie et aux saints
» apôtres, Pierre et Paul, c'est à savoir..., etc.

» Quiconque, libre, serf ou affranchi, voudra donner son
» bien aux moines, pourra le faire sans empêchement.

» Qu'à partir de ce jour, dit-il ensuite, les moines ne soient
» soumis ni à nous ni aux nôtres, ni à la majesté royale, ni
» au joug d'une puissance mondaine ! qu'aucun prince sécu-
» lier, aucun comte, aucun évêque, pas même le pontife

FONDATION DE L'ABBAYE DE DÉOLS. 49

» romain, j'en appelle à témoin Dieu et tous les saints et
» le jour terrible du jugement, ne puisse détourner, dimi-
» nuer, échanger, donner en bénéfice les choses des serviteurs
» de Dieu, ni constituer sur eux contre leur volonté l'auto-
» rité de quelque prélat! qu'ils soient exempts de tout tribut,
» de tout impôt! Et pour que de tels abus soient plus étroite-
» ment interdits, je vous conjure, ô saints apôtres, Pierre et
» Paul, et toi, ô pontife des pontifes, de séparer de la commu-
» nion de la sainte Église, de priver de la vie éternelle les
» spoliateurs des biens que je vous donne d'un cœur joyeux
» et content! Soyez les tuteurs de ce lieu et des serviteurs de
» Dieu qui l'habite!

» Que tous ceux qui porteront quelque atteinte à leurs
» droits encourent aussitôt la colère de Dieu tout puissant!
» que Dieu les enlève de la terre des vivants, efface leur nom
» du livre de la vie et leur inflige le sort de Dathan et d'A-
» biron, que la terre a engloutis, que l'enfer a reçus ; ou
» du traître Judas condamné à d'éternels supplices ; qu'ils
» soient traités comme Héliodore et Antiochus !... comme
» les autres sacriléges qui ont osé porter la main sur le trésor
» de la maison du Seigneur! Que le portier de la monarchie
» des églises, assisté par saint Paul, leur ferme à jamais l'en-
» trée du Paradis !...

» Et selon la loi du monde, qu'ils soient contraints par la
» puissance judiciaire à payer mille livres d'or à ceux qu'ils
» auront injustement attaqués, et que leurs criminelles ten-
» tatives demeurent sans effet. »

« Telles étaient les imprécations, dit M. Raynal, qui
accompagnaient alors ces actes en faveur des monastères ou des églises ; et à la liberté exagérée qu'on s'efforçait de leur assurer, au respect qu'on voulait concilier à leurs possessions et à leurs droits, à toutes les
garanties dont on cherchait à entourer les donations,

par la publicité, par la présence de témoins considérables et nombreux, par une sorte de luxe dans les anathèmes prononcés contre ceux qui abuseraient de la force et dépouilleraient les établissements religieux, on comprend à quelles atteintes ces établissements devaient être exposés. »

Suivait la longue énumération des dons qui formèrent la dot de la nouvelle abbaye. Ce sont les chapelles de Notre-Dame et de Saint-Martin, à Déols, la chapelle de Sainte-Marie, quinze maisons, la chapelle et les moulins de Saint-Denis, les deux moulins de la Rochette, la chapelle et le moulin de Saint-Germain, à Déols, un grand nombre de terres, la chapelle bâtie par les moines bretons lorsqu'ils l'auront délaissée.... On ne peut énumérer ici tous les biens compris dans la donation d'Ebbes. Il suffit d'indiquer qu'ils étaient situés dans les vigueries de Brives, de Veuil, de Bouges et dans une autre nommée *Andriacensis;* cette dernière était au bord de l'Indre; elle comprenait un lieu nommé *Valentiacum*, qui est Valençay-le-Bas, près Châteauroux.

Tous ces dons, Ebbes, de l'aveu d'Hildegarde, sa femme, les fait d'abord pour l'amour de Dieu, puis pour le salut de l'âme de Guillaume son seigneur, de son père et de sa mère, de sa femme et de lui-même, de leurs frères et sœurs, de leurs neveux, de leurs parents des deux sexes, des fidèles attachés à leur service, pour la durée de la religion catholique, pour les orthodoxes présents, passés et futurs. Il les fait, afin qu'un monastère régulier, sous la règle de saint

Benoît, soit élevé à Déols, et à la condition qu'il sera dirigé par l'abbé Bernon, aussi longtemps qu'il vivra. Les moines auront, après sa mort, le droit de lui choisir un successeur.

Le duc Guillaume et sa femme Ingelberge voulurent donner à la nouvelle abbaye une preuve de leur sympathie, en lui concédant ce qu'ils possédaient dans une villa surnommée le Mesnil *(in villa Masnilio).*

La piété des fidèles accrut de siècle en siècle les richesses de l'abbaye, dont aucune loi ne gênait l'accumulation.

On voit tout l'avenir de cette abbaye de Déols dans l'acte qui l'institue. Son indépendance de l'autorité civile devait faire naître de longues querelles avec les seigneurs dont les ancêtres avaient été ses fondateurs ; de même son indépendance de l'autorité épiscopale, malgré l'approbation de l'archevêque Géronce, devait donner lieu à une lutte incessante contre les prétentions de l'archevêché. Bien qu'elle ne relevât pas du Saint-Siége, l'abbaye devait s'y soumettre, car le besoin de l'appui de Rome, contre les envahissements plus ou moins redoutables des voisins, était nécessaire et compensait les exigences peut-être quelquefois abusives d'un supérieur éloigné.

Ebbes, par un autre acte passé en son château de Déols, l'an cinq du roi Raoul, ce qui revient à l'année 927 de l'ère chrétienne, ajouta encore à ses premiers bienfaits en faveur de l'abbaye. Après avoir bâti l'église, l'abbaye et le monastère, il en mit lui-même Bernon et ses religieux en possession et il leur donna les plus grosses métairies de la Champagne du Bas-Berry, *Bracioulx, Villemartin, Chamois, le Vergier* et plusieurs autres, jusqu'au nombre de quinze.

Raoul Ier, fils d'Ebbes le Noble, pour ne point incommoder les religieux dans leurs pieux exercices, et ayant probablement aussi besoin d'une demeure plus vaste et plus à l'abri des attaques de ses voisins et des barbares, jeta, sur la rive opposée de l'Indre, les fondements d'un autre château. Il le plaça sur un monticule à un kilomètre de Déols. Ce château s'appelle encore de son nom (Château-Raoul, d'où Châteauroux).

Il donna, à son tour, le château de Déols à Dieu, aux bienheureux apôtres Pierre et Paul, et aux moines, en perpétuelle possession.

Déols cessa dès lors d'être le séjour des seigneurs de ce nom.

CHAPITRE SIXIÈME.

SÉRIE DES ABBÉS DE DÉOLS.

Nous l'avons déjà dit : les relations, les querelles qui ont eu lieu entre l'abbaye de Déols et les seigneurs de Châteauroux nous font une obligation de présenter une esquisse des actes accomplis par la série des abbés qui ont gouverné cette célèbre abbaye. Depuis Bernon qui fut institué le premier en 917, jusqu'à De Piau, mort en 1623, c'est-à-dire pendant 706 ans. on compte environ trente-sept abbés. Nous disons environ, parce qu'il y a des doutes sur un certain nombre d'entre eux.

§ Ier — Bernon, premier abbé de Déols.

(917-926).

PAPE CONTEMPORAIN

Jean X............... 916-928.

ROI DE FRANCE.	SEIGNEUR DE DÉOLS.
Charles III le Simple... 898-923	Ebbes le Noble....... 900-935

A l'époque où le prince Ebbes voulut fonder l'abbaye de Déols, il existait un abbé célèbre par sa piété et son talent à diriger les monastères : c'était Bernon. Il avait fondé et doté de son bien l'abbaye de Gigny, au diocèse de Lyon. Il avait réformé l'abbaye de La Baume, près Lons-le-Saulnier. Quelques années après, il avait été désigné, à Bourges même, par Guillaume le Pieux, pour être le premier abbé de Cluny. Il gouvernait l'abbaye de Massay, et son influence était si étendue qu'on a pu le surnommer le *père des monastères d'Aquitaine*. Bernon était de ces fortes natures, faites, dans le conflit des passions, pour la lutte et pour la victoire. Il fut aussi le patron de tous les cénobites de son temps.

D'une des plus nobles familles du comté de Bourgogne, élevé à la cour de Pépin et de Charlemagne, il prit du monde un dégoût que, dans ces temps barbares, devaient aisément éprouver les âmes généreuses. Déterminé à le fuir, il se choisit une retraite dans le monastère de Gigny.

Dans l'œuvre de Cluny, Bernon eut pour auxiliaire le moine Hugues, qu'il emprunta au monastère de Saint-Martin d'Autun, renommé pour la régularité de ses observances. Hugues, ayant déjà concouru à la réforme de La Baume, on peut croire qu'il fut également le coopérateur de Bernon dans la fondation de l'abbaye de Déols.

Bien que, d'après la règle primitive, un abbé ne pût avoir sous sa direction qu'une seule communauté, les exceptions à cette loi dataient presque de l'origine des institutions monastiques, et n'ont pas cessé d'être nombreuses quoique rarement justifiées.

D'après la règle de saint Benoît, chaque monastère ne devait se composer que de douze moines. Il est probable que, comme à Cluny, la communauté de Déols ne dépassa pas d'abord ce nombre.

La chronique de l'abbaye apprend qu'elle fut consacrée en 920.

A l'époque de sa mort, Bernon venait de disposer de sept monastères qui le reconnaissaient pour chef. Gigny, La Baume, Éthic et La Celle étaient attribués à l'abbé Gui ou Vidou, et Cluny, Massay et Déols à un autre de ses disciples qui ne lui était pas moins cher.

Ce partage entre ses disciples eut lieu par son testament qui date de 926. Se sentant près de sa fin, il fit venir à Cluny les évêques du voisinage, et, en présence des moines réunis, il se déclara humblement indigne des honneurs et du pouvoir dont on lui avait imposé le fardeau. Il insista auprès de ceux qui l'écoutaient sur l'importance de ne point laisser vacants et exposés à l'usurpation des seigneurs, les pieux établissements que la mort allait ravir à sa sollicitude, et, proposant de ne pas attendre que son influence et ses bonnes intentions fussent, avec ses dépouilles, enfouies dans la tombe, il fit approuver le choix qu'il avait fait de Gui et d'Eudes, et le partage qu'il leur attribuait de son autorité expirante.

Il mourut le 13 janvier 927. — Il a été compté parmi les saints de l'ordre de Saint-Benoît.

§ II. — **Eudes ou saint Odon.**

(926-942)

PAPES CONTEMPORAINS.

Jean X	914-928	Jean XI	931-936
Léon VI	928-929	Léon VII	936-939
Étienne VII	929-931	Étienne VIII	939-942

ROIS DE FRANCE.

Charles III le Simple en prison depuis 923.	898-929	Raoul, élu	923-936
		Louis d'Outre-mer	936-954

SEIGNEURS DE DÉOLS.

Ebbes le Noble	900-935	Raoul Ier	936-954

 Eudes, écolâtre de Cluny, eut, par la désignation de Bernon et après sa mort, le gouvernement des abbayes de Cluny, de Massay et de Déols. Élevé à la cour du roi d'Aquitaine, dont son père était le favori, Eudes, musicien, poète, orateur, avait, à 19 ans, obtenu un des canonicats du chapitre de Tours. A l'âge de 30 ans, il résignait ses bénéfices pour entrer dans l'ordre de Saint-Benoît, où il fut disciple fervent et plus tard réformateur.

 Il fut abbé de Déols sous le prince Ebbes et sous son fils le prince Raoul.

 Ce fut dans les premiers temps de la direction d'Eudes que le Berry fut menacé par les bandes madgyares et que le valeureux Ebbes trouva la mort, après les avoir repoussées.

 Comme Bernon, il ne paraît pas avoir beaucoup résidé à Déols. Abbés l'un et l'autre de plusieurs monastères, ils avaient, dans chaque maison, sous leur haute direction, un vicaire qui remplissait les fonctions abbatiales. Il semble que, depuis 936, il ne quitta guère l'Italie, ou du moins qu'il y fit plusieurs voyages.

L'abbé Eudes demanda à Louis d'Outre-mer une confirmation semblable à celle qu'Ebbes avait obtenue du roi Raoul. « Le diplôme, sans date, qui nous a été conservé, a cela de remarquable, dit M. Raynal, qu'on y décide, en faveur des moines, d'après la loi romaine, expressément citée, une difficulté relative à Vouillon, qu'un certain Gérard avait d'abord attribué au monastère de Déols et qu'il avait donné ensuite à une autre église. C'est que le clergé avait conservé l'usage du droit romain, qui, modifié et transformé suivant ses besoins, forma la base du droit canonique. »

L'année de sa mort, en 942, Eudes voulut revoir Tours, où il avait passé sa jeunesse. Il y arriva le jour de la Saint-Martin et fut l'objet d'une véritable ovation populaire. Mais le jour de l'octave de la fête, il s'élevait, disent les chroniques, de la gloire passagère de ce monde à celle dont il jouira toujours.

Du temps d'Eudes, les moines oubliaient déjà les règles de leur institut et ne se conformaient pas à la sévérité du costume qui leur était prescrit. Eudes lui-même raconte, dans un de ses ouvrages, que le moine Gauzlin, étant mort, fut couché dans son cercueil avec un capuchon bleu. Alors, un moine de Solignac, dans le Limousin, eut une vision : Gauzlin lui apparut se prosternant, son capuchon bleu sur la tête, devant un abbé vénérable par ses cheveux blancs. C'était saint Benoît lui-même, le père des monastères d'Occident. Il ne voulut pas reconnaître Gauzlin pour un de ses enfants, et il fallut que celui-ci allât demander, en tremblant, un autre capuchon, avant de reparaître devant saint Benoît.

§ III. — Frobert *(Frobertus)*

(942-951)

PAPES CONTEMPORAINS.

Étienne VIII......... 939-942	Agapet II............. 946-955
Martin III............ 942-946	

ROI CONTEMPORAIN.	SEIGNEUR DE DÉOLS.
Louis d'Outre-mer..... 936-954	Raoul Ier le Large...... 935-952

Ce ne fut que pendant la direction de l'abbé Frobert que Raoul Ier se transporta définitivement au château Raoul. Ce prince fit rétablir et augmenta les bâtiments de l'abbaye, qui avaient été endommagés par de nouvelles invasions.

A cette époque, la vie et l'habit monastiques étaient tellement vénérés que des prélats se faisaient aggréger aux communautés régulières et en portaient le vêtement pour se sanctifier.

Les abbés de Déols, après le départ du prince Raoul, commencèrent à se décorer aussi du titre de princes, quoiqu'ils semblent n'y avoir eu aucun droit.

§ IV. — **Raynard.**
(951-968)

PAPES CONTEMPORAINS.

Agapet II	946-955	Benoît V	964
Jean XII	956-963	Jean XIII	965-972
Léon VIII	962-965		

ROIS DE FRANCE.		SEIGNEURS DE CHATEAUROUX.	
Louis d'Outre-mer	936-954	Raoul Ier	935-952
Lothaire	954-986	Raoul II	952-1012

La vie de cet abbé n'a laissé aucun souvenir. Il ne pouvait manquer de vivre en bonne intelligence, conséquemment sans bruit, avec les seigneurs de Châteauroux, si ardents bienfaiteurs de l'abbaye.

§ V. — **Ranulph** *(Ranulphus)*.
(968-970)

PAPE CONTEMPORAIN.

Jean XIII.......................... 965-972

ROI DE FRANCE.		SEIGNEUR DE CHATEAUROUX.	
Lothaire	954-986	Raoul II	952-1012

La direction de cet abbé, qui n'a duré que deux ans, n'a laissé non plus aucun souvenir.

§ VI. — **Dacbert.**
(970-978)

PAPES CONTEMPORAINS.

Jean XIII	965-972	Donus II	974
Benoît VI	972-974	Benoît VII	975-982

ROI DE FRANCE.		SEIGNEUR DE CHATEAUROUX.	
Lothaire	954-986	Raoul II	952-1012

On regarde assez communément ce Dacbert comme

étant le même que l'archevêque de Bourges de ce nom. Cette opinion, toutefois, est combattue par M. Raynal qui, pour ne pas l'admettre, s'appuie particulièrement sur ce que les abbés de Déols de cette époque étaient tous Aquitains, au lieu que l'archevêque *Dagbert* ou Dacbert se montra dévoué à la cause des Capétiens. — Il est difficile aussi de mettre d'accord les dates que l'on donne aux dignités archiépiscopale et abbatiale de Dacbert, qui, d'après les annales de Déols, aurait occupé de 970 à 978, tandis que l'archevêque Dacbert, suivant La Thaumassière, a tenu le siége de 1004 à 1016. — Si l'archevêque et l'abbé sont un même personnage, Dacbert est sans contredit un des pères les plus illustres de la communauté de Déols. Il joue, en 990, un grand rôle au concile de Soissons, et use noblement de son influence auprès de la dynastie nouvelle.

§ VII. — Roch *(de Roccho)*.
(970-990)

PAPES CONTEMPORAINS.

Benoît VII	975-983	Jean XVI	985-996
Jean XIV	983-984		

ROIS DE FRANCE.

Lothaire	954-986	Hugues Capet	987-996
Louis V	986-987		

SEIGNEUR DE CHATEAUROUX.

Raoul II................ 952-1012

Rien à noter non plus sur cet abbé. On remarque qu'il dirigeait l'abbaye pendant la révolution qui consomma l'établissement de la monarchie féodale. Le pouvoir du roi ne fut pas peut-être plus étendu, mais il fut moins contesté. Les seigneurs eurent un chef auquel on avait recours contre leurs usurpations et leurs violences. Le clergé séculier et le clergé régulier cherchèrent et trouvèrent un appui, suivant les circonstances, tantôt auprès du trône, tantôt auprès du Saint-Siége.

§ VIII. — **Hugues** *(Hugo).*

(990-997)

PAPES CONTEMPORAINS.

Jean XVI............ 985-996 | Grégoire V........... 996-999

ROIS DE FRANCE.

Hugues Capet........ 987-996 | Robert.............. 996-1010

BARON DE CHATEAUROUX.

Raoul II.............. 952-1012

En 991 et 992, sous Raoul II, Hugues fit reconstruire de fond en comble le monastère de Déols, dont la fondation ne remontait qu'à 74 ans. Les nouvelles constructions furent plus vastes et mieux entendues. L'abbaye avait eu à souffrir des guerres qui ne cessaient d'infester le pays.

Pendant l'administration de l'abbé Hugues, des événements considérables se passèrent. Une peste effroyable désolait le centre de la France. La frayeur faisait accourir aux églises et augmentait l'influence de leurs ministres. Les seigneurs, pour détourner la colère céleste, jurèrent la *trève* ou la *paix de Dieu*.

Elle consistait principalement à déposer les armes depuis l'Avent jusqu'à l'Épiphanie, et depuis le dimanche de la Quinquagésime jusqu'à la Pentecôte ; et, dans chaque semaine du reste de l'année, depuis le mercredi soir jusqu'au lundi matin. En outre, certains lieux et certaines personnes devaient toujours, dans les guerres, rester à l'abri de leurs maux.

Cette trêve ou paix se jurait avec une solennité qui en assurait, autant que possible, l'observation. Lorsqu'un conseil provincial l'avait adoptée, un diacre en donnait communication au peuple. Après avoir lu l'évangile, il montait en chaire et prononçait contre les infracteurs la malédiction suivante : « Nous ex-
» communions tous les chevaliers de cet évêché qui
» ne voudraient pas s'engager à la paix et à la justice,
» comme leurs évêques l'exigent d'eux. Qu'ils soient
» maudits eux et ceux qui les aident à faire le mal ;
» que leurs armes soient maudites, ainsi que leurs
» chevaux ; qu'ils soient relégués avec Caïn le fratri-
» cide, avec le traître Judas, avec Dathan et Abiron !...
» Et de même que ces flambeaux s'éteignent à vos
» yeux, que leur joie s'éteigne à l'aspect des saints
» cierges !... etc. »

Les évêques voulaient profiter des bonnes dispositions de Hugues Capet pour se faire réintégrer dans leurs droits. Ce qui se passa au conseil de Saint-Denis et à l'occasion de ce concile, montre à quels excès se portaient laïques et religieux. Il s'agissait d'ôter à des usurpateurs séculiers et écclésiastiques des dîmes dont ils s'étaient emparés. La proposition qui en fut faite au concile offusqua si fort les moines qu'ils se soulevèrent avec leurs serfs et mirent les évêques dans la nécessité de s'évader. L'archevêque de Sens, en fuyant comme les autres, reçut un coup de cognée entre les épaules et eut peine à échapper à la mort.

§ IX. — Eumène. *(Eumenius).*
Richard. — Herbert (1). — Bernard. — Ingelbald ou Ingelbode.
(997-1031).

PAPES CONTEMPORAINS.

Grégoire V............	997-999	Benoît IX............	1033-1044
Silvestre II............	999-1003	Grégoire VI..........	1044-1046
Jean XVII............	1003	Clément II..........	1046-1047
Jean XVIII...........	1003-1009	Benoît IX............	1047-1048
Serge IV	1009-1012	Damase II..........	1048
Benoît VIII..........	1012-1024	Léon IX.............	1048-1054
Jean XIX............	1024-1033		

ROIS DE FRANCE.

Robert..............	996-1031	Henri Ier..........	1031-1060

BARONS DE CHATEAUROUX.

Raoul II.............	952-1012	Raoul III...........	1037-1055
Eudes l'Ancien......	1012-1037		

Dans ce nombre d'abbés, deux restent inconnus. Eumène, le premier, est annoté de cette manière par la chronique de Déols : 1013. *Eumène, d'heureuse mémoire.* Cette année est probablement celle de sa mort. Sous cet abbé, il faut noter la lutte des moines avec les évêques. Plus tard, les papes, mécontents des

---

(1) La *Gallia Christiana* inscrit, après l'abbé Eumène, un *Herbertus*, un *Bernardus*, dont la chronique de Déols ne fait pas mention.

évêques, qui ne les reconnaissaient pas, prirent le parti des moines.

Parmi les abbés qui ne sont pas nommés dans la chronique doivent être nécessairement placés : *Richard*, qui accompagna Eudes l'Ancien dans son pèlerinage à Jérusalem, et *Herbert*, qui assista au concile de Bourges en 1031, concile où il fut décidé que les moines pouvaient quitter un monastère relâché pour passer à un plus régulier.

Le règne de Raoul II, dit le Chauve, baron de Châteauroux, vit se succéder au moins six abbés.

A cette époque, il n'y avait d'écoles que dans les monastères, et l'on doit à ceux-ci la conservation du dernier foyer des lumières. L'abbaye de Déols avait sans doute comme les autres son écolâtre et ses élèves ; mais jamais l'éclat de son enseignement et ses travaux ne paraissent avoir ajouté à celui tout matériel qu'elle devait à ses richesses.

La terreur de la fin du monde tendait, à cette époque, à enrichir les couvents, dont les biens, d'ailleurs, ne pouvaient manquer de prendre un accroissement énorme et rapide, puisque les moines, qui héritaient toujours, n'avaient pas d'autres héritiers que leur communauté. L'élan de piété qui se manifestait fit surgir de tous côtés de nouvelles églises et de nouveaux monastères. On suppose que ce fut à cette époque qu'on commença la magnifique basilique bysantine, dont il ne reste debout que ce qu'il faut, dit M. Grillon des Chapelles, pour attester le vandalisme moderne.

La nouvelle église qui avait été déjà dédiée le fut de nouveau le 24 janvier 1021 ; peut-être ne fut-elle complètement achevée que vers le commencement du XII° siècle, lorsque le pape Pascal II en vint faire la solennelle consécration. Ne fallait-il pas un siècle au moins pour achever ces œuvres gigantesques ? On avait déployé tant de magnificence dans cette construction que les chroniques du temps n'hésitent pas à appeler l'abbaye de Déols la *plus belle perle de la couronne du Berry.*

Nous ne devons pas ici passer sous silence l'ordre de Vallombreuse, fondé en 1039, parce qu'il introduit dans la vie monastique une révolution à laquelle tous les disciples de saint Benoît et notamment les religieux de Déols participèrent. Saint *Jean Gualbert* fit recevoir dans son monastère, outre les moines, des laïques qui menaient la même vie, mais qui n'en portaient pas l'habit, et qui furent l'origine de la distinction entre les frères *lais* ou *convers*, presque tous illettrés et chargés exclusivement des travaux pénibles, et les *moines de chœur*, qui étaient clercs ou propres à le devenir.

§ X. — **Raymond.** — **Pierre.** (1)

(1051-1072)

PAPES CONTEMPORAINS.

Léon IX............	1048-1054	Nicolas II...........	1058-1061
Victor II............	1055-1057	Alexandre II.......	1061-1073
Étienne IX.........	1057-1058		

(1) Après Raymond, la *Gallia christiana* inscrit un abbé du nom de Petrus, d'après la chronique de Maillezais.

ROIS DE FRANCE.

Henri Ier...........	-1031-1060	Philippe Ier.........	1060-1108

BARONS DE CHATEAUROUX.

Raoul III..........	1037-1055	Raoul V...........	1058-1096
Raoul IV..........	1055-1058		

Les dons arrivaient toujours à l'abbaye de Déols. En 1054, elle recevait le prieuré de Magnac. En 1057, Gersende, princesse de Déols, tante de Raoul l'Enfant, donnait aux religieux la moitié de ce qu'elle avait en dîmes, serfs, offrandes et autres appartenances de l'église de Brion, qui lui avaient été donnés en mariage. Ces prieurés et ces églises qui devenaient la propriété des monastères, et qui, par là, étaient plus ou moins soustraits à l'autorité diocésaine, ne pouvaient manquer d'être une cause permanente de contestations entre le clergé séculier et le clergé régulier, et d'aider à l'anarchie qui avait tant de raison d'être.

Il y eut, en 1063, jugement du concile de Rome en faveur de l'abbé de Déols contre l'évêque de Nantes ; mais la nature du litige n'est pas connue.

Cette même année, Pierre Damien, cardinal d'Ostie, fut envoyé en France par Alexandre II, pour fixer la juridiction de plusieurs évêques. Il eut la plus grande influence sur toutes les affaires de l'église. Il avait été entraîné, par une vocation irrésistible, dans la carrière qu'il devait illustrer par ses vertus et ses éminentes qualités. Ses écrits sont le témoignage des désordres qu'il combattit avec zèle, mais qu'il ne pouvait faire entièrement disparaître. Peut-être aussi nuisit-il à la réforme par la rigueur de ses réprimandes et de ses pratiques. Entre autres dévotions, celle des *flagellants* lui paraissait des plus méritoires et il disait : S'il est permis de se donner cinquante coups de discipline, pourquoi ne s'en donnerait pas cent? Ce qui, fait émettre cette réflexion à un auteur ecclésiastique : A ce compte, la perfection serait de se corriger jusqu'à en mourir.

§ XI. — **Guormond** ou **Wormond**.
(1078-1083)

PAPES CONTEMPORAINS.

Alexandre II........	1061-1073	Grégoire VII........	1073-1085

ROI DE FRANCE.		BARON DE CHATEAUROUX.	
Philippe Ier........	1060-1108	Raoul V........	1058-1096

L'église, à l'époque de cet abbé, était arrivée au plus haut degré de sa puissance. La papauté se crut au moment de réaliser cette hiérarchie suprême dont elle voulait être le sommet. Grégoire VII voyait tout et veillait à tout. En 1078, il avait nommé abbé de Déols, Wormond, archevêque de Vienne. Mais Raoul-Thibaut, seigneur de Châteauroux, et les seigneurs du voisinage (Eudes, d'Issoudun ; Ebbes, de Charenton et de La Châtre ; Humbaut, de Vierzon et de Mehun ; Everard, d'Argenton; Boson, de Cluis; Girard, de Linières ; Adelard, de Châteaumeillant, et d'autres encore) voulurent intervenir en faveur de l'élu Gautier et chassèrent Wormond de l'abbaye.

Il faut entendre comment le grand pape traite ces révoltés :

» Grégoire, évêque et serviteur des serviteurs de Dieu, à
» Raoul, Eudes, Ebbes, Humbaut, Everard, Boson, Giraud,
» Adelard et autres princes du pays de Berry, salut et béné-
» diction apostolique, s'ils obéissent *(si obedierint)*.

» Nous sommes étonné de la témérité et de l'insolente
» présomption avec lesquelles vous avez osé vous conduire
» contre tout droit, contre l'excommunication apostolique, au
» sujet de l'abbaye de Déols, que jusque-là vous aviez eue sous
» votre tutelle, en rejetant, au grand péril de vos âmes et de
» vos corps, celui que, d'après la volonté de Dieu, nous avons
» consacré abbé. Nous avons déposé sans retour l'usurpateur
» Gautier; nous avons interdit à lui et à ses fauteurs les
» choses de l'Église, sous peine d'excommunication; nous
» avons concédé ou plutôt rendu l'abbaye à Wormond, notre
» frère, archevêque de Vienne ; nous vous avertissons donc et
» vous ordonnons, par l'autorité apostolique, de repousser loin
» de vous l'usurpateur, et d'obéir, d'une âme sincère et d'un
» cœur pur, à Wormond, votre abbé canonique ; que si vous
» êtes rebelles à Dieu et à saint Pierre, le premier dimanche
» de la Pentecôte, l'excommunication sera prononcée contre
» vous et contre les moines de Déols, à Valence, en présence
» de notre légat Hugues, évêque de Die. Si, au contraire, vous
» prêtez aide et assistance à votre père spirituel, notre frère
» Wormond, vous obtiendrez la grâce de Dieu et de saint
» Pierre.

» Toi, surtout, Raoul, à qui en tout ceci Dieu a donné plus
» de puissance qu'à tous les autres, nous te prions et t'enjoi-
» gnons de le rétablir sans dol, sans arrière-pensée, dans son
» abbaye, et oubliant toute colère et toute haine, de t'attacher
» à lui comme un fils dévoué, et ainsi tu recevras de celui à
» qui été donnée la puissance de lier et de délier, la rémission
» de tes péchés.

» Donné à Rome, le XIII des calendes d'avril, deuxième indic-
» tion. »

En même temps, Grégoire écrivait aux moines de Déols, pour leur enjoindre d'obéir à Wormond et de se trouver à Valence le premier dimanche après la Pentecôte pour donner satisfaction à Hugues de Die, en menaçant, s'ils y manquaient, de confirmer l'excommunication prononcée contre eux.

L'envoi fréquent des légats fut un des moyens qu'employait Rome pour étendre au loin son empire. Telle était l'autorité de ces agens dévoués au Saint-Siége qu'elle éclipsait celle des métropolitains eux-mêmes.

Un autre abbé du nom de Gansène est indiqué ; mais on ne sait rien sur son compte, pas même la date du commencement et de la fin de son pouvoir. On voit quelque part Gantère-Aldebert, archevêque de Bourges. Les noms de cette époque sont écrits si diversement qu'il est possible que Gansène et Gantère soient le même prénom, et que Gansène et Aldebert doivent se confondre et former ce Gantère-Aldebert, archevêque de Bourges.

Toutefois, en 1086, entre la fin indiquée du règne de Wormond et le commencement de celui d'Aldebert, on pense qu'il y eut un concile dans l'abbaye de Déols, où se rassemblèrent un grand nombre de prélats et d'abbés. Hugues de Die, et Aimé, évêque d'Oléron, plus tard archevêque de Bordeaux, tous deux légats du Saint-Siége, multipliaient ces conciles. C'était avec les appels au Saint-Siége, qui devenaient plus fréquents de jour en jour, avec l'indépendance accordée à certains monastères ou chapitres, que Rome prenait sous son autorité immédiate, autant d'attaques portées au pouvoir des métropolitains et des évêques. Dans ce concile de Déols, le légat, Aimé, excommunia l'archevêque de Tours, à l'occasion d'une querelle avec les moines de Marmoutier.

§ XII. — Aldebert.

(1087-1097)

PAPES CONTEMPORAINS.

Grégoire VII	1073-1085	Urbain II	1088-1099
Victor III	1086-1087		

ROI DE FRANCE.

Philippe Ier.................. 1060-1108.

BARONS DE CHATEAUROUX.

Raoul V.......... 1058-1096 | Raoul VI.......... 1096-1135

La chronique nous apprend que l'abbé Aldebert fit son entrée à Déols en 1087.

Dans le XIe siècle, les corps du clergé firent de grands progrès. A l'année 1089, on peut rattacher la création du chapitre de Miseray, dans la seigneurie de Buzançais, et à l'année 1091, celle de Fontgombaud, par Pierre de l'Étoile.

L'année 1092, l'abbé Aldebert fut promu à l'archevêché de Bourges, sans quitter son riche bénéfice abbatial. Il ne paraît pas que, cette fois, le cumul de ces deux dignités ait donné lieu à aucune réclamation. M. Raynal croit qu'il eut pour but, et il eut momentanément pour effet, de faire cesser le conflit perpétuel entre l'archevêché et le monastère toujours prétendant à l'indépendance.

L'abbé Aldebert était frère du seigneur de Montmorillon ; il avait été moine à la Chaise-Dieu avant d'être abbé de Déols. Il fut le compagnon assidu du pape Urbain II dans son voyage en France, et l'assista dans les conciles de Clermont et de Limoges.

§ XIII. — Gérald ou Giraut.

(1097-1099)

PAPE CONTEMPORAIN.

Urbain II.................. 1088-1099

ROI DE FRANCE.	BARON DE CHATEAUROUX.
Philippe 1er........ 1060-1108	Raoul VI........... 1096-1135.

Pendant les deux années de la direction de l'abbé Giraut, on ne signale rien qui le concerne, méritant d'être rapporté.

§ XIV. — Hugues II.

(1099-1102)

PAPES CONTEMPORAINS.	ROI DE FRANCE.
Urbain II.......... 1088-1099	Philippe Ier........ 1060-1108
	BARON DE CHATEAUROUX.
Pascal II.......... 1099-1118	Raoul VI........... 1096-1135

L'année où Hugues II prit la direction de l'abbaye de Déols fut celle de la prise de Jérusalem par les Croisés, après cinq mois de siége. — Depuis l'an 1000, les édifices religieux continuaient à s'élever, et c'était l'époque où se finissait la construction de l'abbaye de

Déols. De cette ère datent aussi bien des ordres monastiques, qui, tout en conservant pour base l'institut de saint Benoît, se distinguèrent par des costumes divers, par des pratiques difficiles, par une rivalité violente et tracassière. L'introduction de longues psalmodies et de dévotions compliquées apporta dans ces ordres un notable changement, car le travail en devint presque impossible.

§ XV. — Jean II de Poitiers *(de Pictaviâ)*.
(1102-1138)

PAPES CONTEMPORAINS.

Pascal II............	1099-1118	Honorius II.........	1124-1130
Gelase II............	1118-1119	Innocent II.........	1130-1143
Calixte II...........	1119-1124		

ROIS DE FRANCE.

Philippe Ier.........	1060-1108	Louis VII...........	1137-1180
Louis VI............	1108-1137		

BARONS DE CHATEAUROUX.

Raoul VI............	1096-1135	Ebbes II............	1135-1160

Il y a beaucoup d'incertitudes dans les dates. Avant l'abbé Jean II, il paraît y avoir eu Jean Ier, sans que les années entre la prélature d'Hugue II et de Jean II cessent de se suivre. On trouve encore, dans la *Gallia christiana* et d'autres auteurs, des différences chronologiques très-grandes sur l'époque des règnes de Jean II et de Gerbert ou Girbert que nous plaçons après Jean II.

Le pape Paschal II était à Déols en 1106, avec l'évêque de Plaisance, et Léger, archevêque de Bourges.

Il consacra l'église qui venait d'être achevée. L'autel de Marie fut consacré par l'évêque de Plaisance, celui de saint André par l'archevêque de Bourges, et celui des apôtres Pierre et Paul, par le pape en personne.

L'année suivante, l'abbé Jean accompagnait le Saint Père dans une cérémonie qui fit grande sensation dans tout le Berry : c'était sa visite solennelle à la Charité, dont Eudes Arpin, vicomte de Bourges, était prieur. Ce seigneur, après avoir vendu la vicomté pour les frais de son expédition de terre sainte, et après avoir eu plus de gloire que de succès en Orient, vint terminer sa vie dans les pratiques de la foi, à laquelle il l'avait dévouée.

A l'année 1116, il faut rapporter la présence de *Robert d'Arbrissel* à Déols. Ce fut dans le chapitre des moines qu'il prononça son dernier sermon. Robert d'Arbrissel, moine breton, se fit tellement remarquer par son éloquence, que le pape Urbain II, après l'avoir entendu à Angers, lui conféra le titre de *prédicateur apostolique*. Une foule d'hommes, et de femmes surtout, entraînés par le charme de sa parole, étaient toujours à sa suite ; mais la familiarité dont il usait avec ses disciples ne fut pas trouvée assez discrète vis-à-vis du sexe féminin que passionnaient particulièrement ses instructions religieuses. Les femmes alors étaient traitées avec le peu d'égards que le sentiment de la force inspire souvent pour une créature plus faible. Elles trouvèrent un défenseur dans Robert d'Arbrissel, qui, *en fixant dans les solitudes de Fontevrault ses tabernacles* ouverts aux deux sexes, soumit les hommes à l'empire des femmes, et donna à celles-ci la mission de prier, tandis que les hommes, *leurs serviteurs perpétuels*, devaient être occupés à la culture et à l'assainissement des terres. L'ordre de Fontevrault est toujours resté soumis en entier à une abbesse supérieure générale. Il avait, dans le Bas-Berry les prieurés de Jarzay, près Levroux, et de Longefont, sur la Creuse.

A l'approche de la mort, la voix de Robert d'Arbrissel était devenue encore plus douce et plus tendre. Après avoir prêché, il termina un différend entre Fontevrault et les moines de Déols. De là, s'étant rendu au prieuré d'Orsan, il y mourut. — On prétend que l'église de Meobec-en-Brenne possède la seule représentation iconographique connue de Robert d'Arbrissel.

En 1135, Raoul le Vieux, baron de Châteauroux, avant de mourir, fit don, à l'abbaye du bourg de Déols, depuis la croix de l'église Sainte-Marie jusqu'au Moulin de Salles, avec toutes les coutumes sur les hommes qui l'habitaient.

§ XVI. — Gerbert ou Girbert

(1138-1153)

PAPES CONTEMPORAINS.

Innocent II	1130-1143	Luce II	1144-1145
Célestin II	1143-1144	Eugène III	1145-1153

ROI DE FRANCE.		BARON DE CHATEAUROUX.	
Louis VII	1137-1180	Ebbes II	1135-1160

Ce fut sous la prélature de Gerbert, en 1139, qu'eut lieu la condamnation d'Arnaud de Bresse. Cet Italien, disciple d'Abélard, avait tiré de la doctrine de son maître des conséquences qui durent augmenter le repentir de cet imprudent novateur. Arnaud ébranla le trône pontifical, et, pendant dix ans que dura sa puissance, la démocratie, avec lui souveraine, fit l'usage qu'elle ne manque jamais de tirer de son triomphe : elle avilit l'autorité, pilla et persécuta les riches et augmenta sa propre misère. Lasse enfin de son libérateur, elle le chassa et applaudit à l'empereur Barberousse qui le livra au préfet de Rome pour expier sur un bûcher ses dangereuses erreurs. Son supplice n'eut lieu qu'en 1153. — Ce personnage n'a de rapport avec l'abbaye de Déols qu'en raison du contre-coup que les abbayes en général avaient éprouvé de telles doctrines.

L'abbaye de Déols posséda alors le seul savant peut-être dont elle puisse citer le souvenir, dans le moine *Hervé*, non moins recommandable par sa piété que par ses ouvrages. Les principaux sont une *Explication du livre de la hiérarchie des anges*, un *Commentaire sur le prophète Isaïe*, sur les *Lamentations de Jérémie*, une *Explication de la dernière partie d'Ézéchiel*, un *Commentaire sur le Deutéronome et l'Ecclésiaste*, sur *les Livres des Juges et de Ruth*, sur *les Épitres de saint Paul*, sur *les Petits prophètes*, sur *les Leçons des évangiles et sur les cantiques*, sur *certaines diversités de l'Écriture sainte*, sur *les Miracles opérés dans l'église du monastère de Déols*, sur *le Livre de la cène*, etc. Il fut prieur de l'abbaye, il vécut près de 50 ans, et mourut par suite de ses grandes austérités.

Il y eut, en 1145, touchant la chapelle de La Rochelle, entre les abbés de Déols et de Cluny, un différend qui fut jugé par une bulle du pape Eugène III.

§ XVII. — Girard Morail.

(1153-1176)

PAPES CONTEMPORAINS.

Anastase IV	1153-1154	Alexandre III	1159-1181
Adrien IV	1154-1159		

ROI DE FRANCE.

Louis VII................ 1137-1180.

BARONS DE CHATEAUROUX.

Ebbes II............ 1135-1160 | Raoul VII........... 1060-1176

Le pape Alexandre III passa, en 1162, (¹) tout le

(1) La chronique de Déols fixe ce séjour à l'an 1160 ; mais il y a erreur, car Alexandre III fuyant Frédéric Barberousse était à Gênes le 21 janvier 1162, le 11 avril à Montpellier où, au mois de juin, il reçut les envoyés de Thomas Becket qui lui demandait le pallium ; par Alais, Mende, Le Puy, il vint à Clermont où était le 11 août. M. Desplanque indique une lettre par laquelle C..., archidiacre de Châteauroux, entretient Louis VII, roi de France, de la prochaine arrivée du pape Alexandre III au Puy. Elle est de 1162, imprimée dans Duchesne (*Historiens de France*, t. IV, p. 741). Pendant les conférences que Louis VII et Barberousse eurent à St-Jean de Losne, le pape Alexandre s'était retiré au monastère du Bourg Dieu, près Châteauroux. Le roi d'Angleterre vint lui rendre visite et y resta trois jours. (*Rorbacher*, Hist. de l'Église).

1167. Les cardinaux Guillaume et Othon, légats du pape, chargés de régler le débat entre Thomas Becket, archevêque de Cantorbéry et Henri II, roi d'Angleterre, viennent à Châteauroux. Hubert Crivelli, archidiacre de Bourges, qui fut depuis le pape Urbain III, vint les y trouver pour défendre la cause de Thomas Becket. (Raynal T. II, p. 41.)

mois de septembre à l'abbaye de Déols, avec l'évêque d'Ostie. — Le 5 des Ides de ce mois, il y consacra l'autel du crucifix en l'honneur de saint Côme, et, ce même jour, l'évêque d'Ostie consacra l'autel de sainte Marie-Madeleine en l'honneur de saint Jacques, de saint Étienne et de sainte Cécile.

En 1163, l'archevêque de Bourges, Pierre de la Chastre, eut de vives discussions avec les moines de Déols : « Ils veulent, disait-il, nous ravir nos droits ; ils ne craignent pas de persécuter et de troubler l'église de Bourges. » — La cause de ces différends, qui se renouvelèrent souvent, était toujours l'indépendance dont jouissait l'abbaye.

Henri II, roi d'Angleterre, duc de Guyenne par son mariage avec Éléonore, se trouva à l'abbaye de Déols avec le pape Alexandre III. Le roi se jeta aux pieds du souverain pontife. Celui-ci le releva et le serra dans ses bras ; il voulut le faire placer sur un pliant à son côté, ce que le prince refusa en s'asseyant par terre avec ses barons.

On ne sait comment placer, dans la liste des abbés de Déols, Étienne de La Chapelle, archevêque de Bourges de 1171 à 1175. Il n'est pas certain qu'il gouverna l'abbaye.

§ XVIII. — Jean de la Roche ou de la Rocque (*de Rocca*).

(1176-1184)

PAPES CONTEMPORAINS.

Alexandre III....... 1159-1181 | Luce III............ 1181-1186

ROIS DE FRANCE.

Louis VII............ 1137-1180 | Philippe-Auguste.... 1180-1223

BARONS DE CHATEAUROUX.

Raoul VII.......... 1160-1176 | Denise de Déols..... (...-...)

Girard Morail, qui cessa d'être abbé de Déols en 1176, vécut jusqu'en 1186. Ce fut son abbdication qui lui fit élire un successeur dans la personne de Jean de la Roche.

Dans l'année de son avénement, mourut le dernier seigneur de la maison de Déols.

§ XIX. — Gérard d'Épineuil *(de Spinolio).*

(1184-1190)

PAPES CONTEMPORAINS.

Luce III............	1151-1185	Clément III.........	1187-1191
Urbain III..........	1185-1187	Célestin III.........	1191-1198
Grégoire VIII.......	1187		

ROI DE FRANCE.

Philippe-Auguste............... 1180-1223

BARON DE CHATEAUROUX.

Denise de Déols (sous la tutelle du roi d'Angleterre Henri II).

L'an 1187, l'abbaye de Déols fut, suivant l'expression de la chronique, visitée par des miracles. Ces miracles ont eu une trop grande célébrité locale pour qu'on puisse s'empêcher de les raconter avec quelques détails.

Pendant le siége de Châteauroux par Philippe-Auguste, siége dont la narration trouvera sa place dans la deuxième partie de cet ouvrage, Henri II, Richard Cœur-de-Lion, comte de Poitiers, et Jean Sans-Terre, ses fils, arrivèrent pour le faire lever. Ils amenaient avec eux une troupe nombreuse de *routiers* ou *cottereaux*. Ces hommes se répandirent dans les environs. Ils avaient occupé Déols, et les historiens anglais et français racontent ainsi le miracle qui s'y serait alors passé, en frappant vivement les esprits.

Un jour, deux cottereaux jouaient aux dés devant l'église dédiée à Notre-Dame ou dans le vestibule de cette église. L'un deux, toujours maltraité par le sort, se mit à blasphémer le nom de Dieu et celui de la Vierge, puis saisit une pierre et la lança avec force contre la statue de Jésus et de sa mère. La pierre atteignit le bras de l'Enfant-Dieu et le brisa. Le sang jaillit aussitôt de la statue et le morceau détaché tomba à terre tout ensanglanté. A cet aspect, le coupable perdit l'esprit et mourut le même jour [1].

Jean Sans-Terre et Adhémar, vicomte de Limoges,

---

[1] La tradition s'est évertuée à perpétuer ce miracle, en vers comme en prose. Voici ce qu'on trouve écrit en bas de deux tableaux placés dans l'église de Déols et qui le représentent :

> Miles ut amplexæ videt inter brachia natum
> Virginis effigiem, mox fremit, ore furens.
> Tumque petit saxo natum, itque ex marmore sanguis,
> Nec mora dum lædit, corruit exanimis.

> Ce soldat emporté voulant blesser la mère,
> Le fils reçut le coup, il en sortit du sang.
> Ce coup fit un écho dans le sein de son père,
> Qui, pour venger son fils, fit mourir ce méchant.

qui survinrent en cet instant, ramassèrent, avec un grand respect, le bras de l'enfant. Le roi Henri II l'emporta en Angleterrre comme une précieuse relique, dit la chronique de Déols, et, en faveur du miracle, fonda une église sous le vocable de Notre-Dame de Redaine.

La tradition raconte que quelques années après, le dernier jour de juin 1191, la sainte image, auprès de laquelle se faisaient, chaque jour, de nombreux prodiges, se remua comme si elle voulait changer de place et quitter ce lieu profané. Les moines la transportèrent alors dans l'intérieur de l'église. Plus tard encore une élégante chapelle de style ogival, qu'on appela la *chapelle des miracles*, fut construite au lieu même où la statue était d'abord placée. Les voûtes en étaient peintes de couleurs vives ; sur leurs clefs brillaient les armoiries des seigneurs qui avaient contribué à cette pieuse fondation. Un religieux conservait le sang miraculeux. Des tapisseries, des tableaux, chargés d'inscriptions, reproduisaient la mémorable scène du cottereau (1).

Cependant les hommes d'armes se racontaient avec terreur l'événement qui venait de s'accomplir. Philippe-Auguste, qui avait aussi auprès de lui une

---

(1) La *foire des miracles*, qui se tient à Déols le 31 mai de chaque année, a pris son origine de la fête (*feria* et en basse latinité *foiria*) instituée pour ces miracles. — Il ne restait plus de la statue que d'informes débris, déposés dans l'église Saint-Étienne de Déols. M. le curé Chagnon les a réunis et ils sont en vénération sur l'autel de la chapelle de Saint-Léocade, recouverts de vêtements.

troupe de cottereaux, se hâta de les renvoyer comme des auxiliaires réprouvés par le ciel, puis se prépara à combattre.

Lorsque Philippe-Auguste se rendit maître de Châteauroux, Florentius, son sénéchal au dit lieu, voulut, comme il en avait reçu l'ordre, faire transporter au château toutes les richesses du bourg et de l'abbaye de Déols; mais les miracles le firent solliciter et obtenir un édit qui déclara, au contraire, inviolable ce lieu si cher à la mère de Jésus.

Ces manifestations de la protection céleste ne suffisaient cependant pas pour mettre les propriétés de l'abbaye de Déols à l'abri des folles entreprises des impies. Un jeune seigneur, nommé Raoul, que l'on suppose être un fils d'Ebbes VI, seigneur de Charenton, après avoir pillé un grand nombre de bourgs sur la rive droite du Cher, ne craignit pas de s'emparer de la Celle-Bruère, Braize et Épineuil, trois prieurés qui dépendaient de Déols.

§ XX. — Raoul du Puy (de Podio)

(1196-1211)

PAPES CONTEMPORAINS.

Célestin III......... 1191-1198 | Innocent III......... 1198-1216

ROI DE FRANCE.

Philippe-Auguste............ 1180-1223.

BARONS DE CHATEAUROUX.

Denise de Déols et André de Chauvigny..... 1189-1202.

Une bulle d'Innocent III, en 1199, avait pour but

de régler la juridiction de l'archevêque de Bourges et de l'abbé de Déols.

La chronique de Déols nous apprend que l'un des clochers de l'abbaye tomba en 1210, le jour de la fête de saint Pierre, sans faire aucun mal, et que l'an 1211 l'abbé du Puy mourut près de Saint-Léonard, en se rendant à Rome.

L'an 1202 mourut le mari de Denise de Déols, André de Chauvigny, guerrier illustre, dont nous raconterons la vie avec détail. La bonne intelligence qui avait régné entre l'abbaye et les barons de Châteauroux de la maison de Déols, ses patrons et ses bienfaiteurs, finit en même temps que cette maison. Nous verrons les débats qui eurent lieu entre l'abbaye et ce brave chevalier.

De nouveaux ordres monastiques continuèrent à s'élever à la fin du XII° siècle et au commencement du XIII°. La juridiction ecclésiastique éprouvait de grands changements par la continuation des empiétements réciproques des clergés régulier et séculier l'un sur l'autre, par le mélange de plus en plus confus du spirituel et du temporel, et par l'extension de l'autorité du pape au préjudice des évêques. Les agents les plus actifs de l'omnipotence romaine étaient toujours les légats, tant ceux *a latere* que ceux qui résidaient sur les lieux et avaient la légation par privilége de leur siége ou par commission spéciale. L'archevêque de Bourges, Henri de Sully, qui mourut en 1199, était légat du pape pour toute la province de Berry, excepté pour l'abbaye de Déols.

§ XXI. — Jean II de la Roche ou de la Rocque *(de rocca)*.

(....-1253)

PAPES CONTEMPORAINS.

Innocent III.........	1198-1216	Célestin IV..........	1241-1243
Honorius III........	1216-1227	Innocent IV.........	1243-1254
Grégoire IX.........	1227-1241		

ROIS DE FRANCE.

Philippe-Auguste....	1180-1223	Louis IX............	1226-1270
Louis VIII..........	1223-1226		

BARONS DE CHATEAUROUX.

Guillaume Ier........	1202-1233	Guillaume II........	1233-1271

Le règne de cet abbé paraît avoir été de 42 ans, s'il a succédé directement au précédent, ce dont M. des Chapelles paraît douter, car, dans sa précision pour les dates, il n'indique pas celle de son élévation à la dignité abbatiale.

Comme Pierre de La Chastre, Guillaume de Cros (tous deux archevêques de Bourges), eut de longs démêlés avec l'abbaye de Déols. Les excommunications prononcées par l'archevêque étaient méprisées ; on célébrait le service divin dans les églises interdites. Il y avait bien d'autres griefs : on percevait les deniers de la Pentecôte, offrande annuelle que les églises devaient à l'archevêché ; on usurpait les maisons-Dieu, léproseries et chapelles, dont il avait la disposition ; des prédications multipliées persuadaient au peuple que tous ceux qui étaient ensevelis dans le cimetière de l'abbaye seraient sauvés, ce qui causait aux églises voisines un grand préjudice ; et, de son côté, l'abbé se plaignait des empiétements de l'archevêque sur ses droits, si souvent garantis par le pape, et, surtout, il lui reprochait d'avoir contraint les bourgeois de Déols, qui ne dépendaient féodalement que du monastère, à prêter entre ses mains serment de le suivre, c'est-à-dire de s'acquitter du service militaire.

Innocent III, saisi de ces contestations, les régla par une bulle de 1213 ; mais elles devaient se renouveler et se traduire en scènes violentes et en collisions scandaleuses.

Le concile de Latran de 1215 ordonna que les abbés ou prieurs qui n'étaient point accoutumés de tenir des chapitres généraux, en tiendraient tous les trois ans. Il défendit d'inventer des ordres nouveaux, de peur que la trop grande diversité n'apportât la confusion dans l'Église. Malgré les prescriptions de ce concile, saint Dominique fonda l'année suivante, 1216, l'ordre des frères prêcheurs. (1)

En 1221, mourut Denise de Déols. Elle ne fut pas inhumée en l'église de l'abbaye. Guillaume, son fils, qui avait bâti l'église des franciscains de Châteauroux, choisit sa sépulture dans ce couvent plus modeste et plus humble que celui de la noble abbaye, si peu reconnaissante des richesses qu'elle devait à la géné-

---

(1) 1220. Décembre. Supplique adressée au pape Honorius III par André de Chauvigny, seigneur de Levroux, pour obtenir la confirmation d'un accord qu'il vient de passer avec l'abbaye de Déols, touchant la justice et la liberté des bourgs de Déols, du Mesnil, de Rouvres et du Plessis (original en parchemin aux archives de l'empire.)

rosité de ses aïeux. — Parmi les concessions que firent désormais les barons de Châteauroux aux moines de Déols, on est porté à croire qu'il y en eut peu de purement spontanées.

En 1223, année où l'abbaye fut honorée de la visite du pape Honorius III, Guillaume accorda aux religieux la suite de leurs hommes et femmes en toutes ses terres, excepté en celle d'Aigurande.

Les chapitres et abbés du Berry écrivirent, en 1228, à Grégoire IX, pour se plaindre de l'inobservation de la *commune* et de la *trève*. On a vu (p. 62) ce qu'était la trève de Dieu. La commune était le serment prêté, formant une vaste association entre les hommes de toutes les classes, prêts à se lever à la voix de leur père spirituel. La trève et la commune remontaient à la prélature de l'archevêque Dacbert. Du temps de Simon de Sully, archevêque de 1218 à 1235, il y eut un soulèvement général contre le seigneur de Bourbon, qui refusait de s'y soumettre, et ce fut à cette occasion que les clergés séculier et régulier du Berry s'adressèrent à Grégoire IX.

En 1234, le pape Grégoire IX est obligé d'écrire aux évêques. « Nous avons appris que les monastères de votre province sont extrêmement déchus, et comme nous ne voulons pas nous rendre coupable de ce relâchement, nous avons assigné des visiteurs à ceux qui dépendent immédiatement de l'Église romaine, pour les réformes, tant au chef qu'aux membres; c'est pourquoi nous vous enjoignons de visiter aussi de votre côté... » Quant aux monastères dépendant immédiatement de Rome, le pape leur donna, pour visiteurs, des abbés principalement de Citeaux et de Prémontré, qui procédèrent avec tant de dureté, qu'ils obligèrent plusieurs religieux d'appeler à Rome, et cette visite produisit plus de désordre que de réforme.

La visite, ordonnée en 1234, ayant donc produit peu d'effet, le concile de Cognac tenta, en 1238, de réformer divers abus persistants chez les moines et les chanoines réguliers.

La chronique de Déols mentionne qu'en 1240, Guillaume II de Chauvigny reçut sa terre des mains de saint Louis, et elle rappelle, à l'année 1247, la consécration de l'autel des bienheureux apôtres Pierre et Paul par le cardinal légat Odon ou Eudes de Châteauroux.

§ XXII. — Jean du Mont *(de Monte.)*
(1253-1282)

PAPES CONTEMPORAINS.

Innocent IV	1243-1254	Innocent V	1276-....
Alexandre IV	1254-1261	Adrien V	1276-....
Urbain IV	1261-1264	Jean XX ou XXI	1276-1277
Clément IV	1265-1268	Nicolas III	1277-1280
Grégoire X	1271-1276	Martin IV	1281-1285

ROIS DE FRANCE.

Louis IX	1226-1270	Philippe III	1270-1285

BARONS DE CHATEAUROUX.

Guillaume II de Chauvigny........ 1233-1271.
Guillaume III.................. 1271-1322.

Pendant les 29 ans de la prélature de Jean du Mont, il se passa une série d'événements qui, sans concerner particulièrement l'abbaye de Déols n'en avaient pas moins d'influence sur sa constitution.

Une bulle du 21 novembre 1254 manifeste de nouveau la rivalité qui existait depuis longtemps entre le clergé séculier et le clergé régulier, en interdisant à celui-ci de recevoir dans les églises, les dimanches et fêtes, les paroissiens d'autrui. Cette bulle d'Innocent IV fut, il est vrai, révoquée par Alexandre IV, son successeur.

Une querelle bien plus vive était celle de l'Université contre les ordres mendiants et particulièrement les Dominicains ou frères prêcheurs. Ceux-ci avaient été admis, comme par hasard, à faire partie de ce corps illustre. Ils voulurent y être maîtres, et l'Université, qui tenta de les exclure, fut excommuniée. Girard d'Abbeville et Guillaume de Saint-Amour prirent la plume pour elle. Saint Thomas d'Aquin et saint Bonaventure usèrent de la leur non moins habile, et de leur influence auprès du Saint-Siége. Le pape Alexandre IV condamna le livre de Saint-Amour *(les Périls des derniers temps);* mais il fut obligé ensuite d'absoudre son auteur.

En définitive, les frères prêcheurs furent, en 1260, admis dans l'Université, à la condition qu'ils y tiendraient le dernier rang, lorsqu'ils seraient appelés aux actes publics. Ce triomphe des ordres mendiants, dit M. des Chapelles, ne doit pas être passé sous silence dans la biographie d'un de ces vieux monastères resté, non pas très-fidèle peut-être, mais soumis à la règle universelle de saint Benoît.

Le concile de Lyon voulut en 1274, s'opposer à la création continuelle de nouveaux ordres religieux, et, par une contradiction commune, il confirma lui-même celui des *Servites* ou serviteurs de la Vierge. Le pape confirma aussi l'ordre des *Célestins*, dont l'origine remontait à 1254.

La rivalité constatée par la bulle de 1254 était loin d'avoir cessé en 1281, car les prélats, au mois de décembre de cette année, s'assemblèrent deux fois à Paris et requirent l'Université de se joindre à eux contre les frères mendiants, qui prétendaient pouvoir administrer la pénitence en vertu de leurs priviléges, sans être tenus de demander la permission des évêques et des curés. Une bulle du 10 janvier suivant confirma aux frères mineurs le pouvoir de prêcher et d'entendre les confessions, mais le pape y mettait cette restriction : « Nous voulons que ceux qui se confesseront à ces frères soient tenus de se confesser à leurs curés au moins une fois l'année, suivant l'ordonnance du quatrième concile de Latran.»

§ XXIII. — Evrard de Nozerolles.
(1282-1294)

PAPES CONTEMPORAINS.

Martin IV	1281-1285	Célestin V	1294
Honorius IV	1285-1287	Boniface VIII	1294-1303
Nicolas IV	1288-1292		

ROIS DE FRANCE.

Philippe III	1270-1285	Philippe IV	1285-1314

BARON DE CHATEAUROUX.

Guillaume III.................... 1271-1322

Du temps d'Évrard de Nozerolles, c'était Célestin V

qui occupait le trône pontifical. A cette époque encore, l'émulation animait les princes de l'Église et les religieux illustres pour la fondation d'ordres nouveaux. Ce pape, qui était l'auteur de l'institut des *Célestins*, profita de son passage au pouvoir pour favoriser la congrégation qu'il avait formée. Il l'exempta de toute juridiction ordinaire, lui permit de recevoir des religieux des autres ordres, sans permettre aux membres de cette congrégation privilégiée de passer dans une autre. Ainsi le progrès d'un ordre nouveau était souvent le signal de la décadence d'un autre. On comprend que les bénédictins primitifs avaient un grand désavantage sur tous ces moines de création récente dont le nom servait à la gloire d'un réformateur en crédit.

§ XXIV. — Jean d'Yvernaut (*de Hibernali*).

(1294-1308)

PAPES CONTEMPORAINS.

Boniface VIII	1294-1303	Clément V	1305-1334
Benoît XI	1303-1304		

ROI DE FRANCE.		BARON DE CHATEAUROUX.	
Philippe IV	1285-1314	Guillaume III	1285-1314

En 1295, le fils de Robert d'Artois, premier seigneur de Mehun, fit son testament à l'abbaye de Déols, ou, comme on lit dans l'acte même, à l'abbaye de *Bourc-de-Dious*.

Les ordres mendiants formaient à l'Église de Rome une milice redoutable, mais leur puissance ne grandissait pas sans acquérir de nouveaux ennemis. En

1296, une bulle réprimait les excès des *fratricelles* ou petits frères. Apostats de divers ordres religieux, tant hommes que femmes, ils prêchaient, se vantaient de donner le saint-esprit et de remettre les péchés, proscrivaient le travail des mains et attaquaient l'autorité de la tiare.

Les conciles échouaient contre les désordres toujours habiles à renaître. Celui de Lisieux, en 1299, signalait l'oubli que des membres du clergé faisaient de leurs devoirs en se montrant l'épée au côté et vêtus d'habits mondains.

Plus que jamais la discorde éclate, à cette époque, entre les pouvoirs spirituel et temporel. Le clergé de France prend le parti du trône contre Rome, et, en 1303, les chapitres et les monastères du Berry adhèrent à l'appel au futur concile que Philippe-le-Bel opposait aux prétentions de Boniface VIII.

Le pape Clément V, accompagné de treize cardinaux et d'évêques, abbés et chevaliers, visita, en 1306, l'abbaye de Déols et y demeura deux mois.

Les annates sont établies, d'abord en Angleterre, où le pape s'approprie ouvertement les revenus de la première année de tous les bénéfices (évêchés, abbayes, prieurés, prébendes, cures) qui vaqueraient de là à deux ans.

§ XXV. — Guillaume de Ceris.
(1308-1325)

PAPES CONTEMPORAINS.

Clément V.......... 1305-1314 | Jean XXII.......... 1316-1334

ROIS DE FRANCE.

Philippe IV	1285-1314	Philippe V	1316-1322
Louis X	1314-1316	Charles IV	1322-1328
Jean Ier	1316		

BARONS DE CHATEAUROUX.

Guillaume III	1271-1322	André II	1322-1356

Nous verrons, en son lieu, que Guillaume de Chauvigny, qui mourut en 1322, avait plaidé contre l'abbaye de Déols. Cependant toutes les églises de ses terres furent comblées de ses dons.

A la mort de Guillaume de Ceris, qui eut lieu en 1325, on élut Hugues de Genetines, qui n'occupa pas, le pape ayant fait réserve et pourvu Geoffroy de Ceris. — On trouve dans les chartes les droits établis; mais les temps où ils sont vraiment exercés sont plus difficiles à découvrir. A quelle époque l'abbaye de Déols, qui avait été déclarée par son fondateur indépendante de tous pouvoirs civils et ecclésiastiques, jouit-elle, en effet, de tous ses priviléges? c'est ce qu'on ne saurait déterminer.

Pendant le gouvernement de Guillaume de Ceris, les nouveaux ordres qui avaient élevé contre les anciens un si grand antagonisme, ne furent pas longtemps à l'abri des discordes intestines. Deux partis, celui des *spirituels* et celui des *frères de la communauté* divisaient profondément les franciscains. Le pape Clément V essaya de les réunir par sa constitution de 1312.

§ XXVI. — Geoffroy de Céris.

(1325-....)

Pendant plus d'un siècle, entre Geoffroy de Ceris et Simon de Ceris, la chronique de Déols présente une lacune regrettable. La *Gallia christiana,* à son tour, ne parle pas des abbés suivants : Simon de Ceris, Evrard de Léron, Louis de Comborn, Jean Loube et Georges d'Amboise.

Notons ici un fait qui, se rapportant aux bénédictins en général, concerne ceux de Déols : l'an 1336, une bulle de Benoît XII réforma les *moines noirs* et tous les autres bénédictins. Elle confirmait l'ordonnance du concile de Latran, touchant la tenue des chapitres généraux trisannuels.

A cette époque, le Berry était dévasté par des bandes de routiers au service du roi. En 1437, Rodrigue de Villandrado, l'un de leurs chefs, était à Déols. C'est peut-être ce qui explique le peu de renseignements qui nous sont restés sur les abbés de ce temps-là.

§ XXVII. — Hugues de Cros et Robert.

Hugues de Cros et Robert sont négligés par la chronique de Déols, mais sont mentionnés par la *Gallia christiana.* Hugues de Cros a cette annotation : *præfuit 35 annis;* mais on n'indique ni la date de son élévation, ni celle de sa mort. — Robert *(Robertus)* est suivi de ces mots : *Præfuit duobus annis.*

§ XXVIII. — Simon de Ceris.

(....-1459)

Simon de Ceris prit part au fameux concile de Bourges de 1438, qui, d'accord avec le concile de Bâle, décréta des réformes impuissantes contre celle qui, le siècle suivant, devait désoler l'église.

A la mort de l'abbé Simon, deux abbés furent élus, Évrard de Léron, et Hugues Fumée, abbé de Beaulieu; mais le premier occupa par la retraite de l'autre.

Nous verrons, dans la seconde partie de cette histoire, les querelles de l'abbé Simon de Ceris avec Guy III de Chauvigny, baron de Châteauroux. (1)

---

(1) Pendant les prélatures de Geoffroy de Céris, d'Hugues de Cros et Robert, et de Simon de Ceris, on trouve les contemporains suivants :

PAPES

Benoît XII..........	1334-1342	Grégoire XII........	1406-1409
Clément VI.........	1342-1352	Alexandre V........	1409-1410
Innocent VI.........	1352-1362	Jean XXIII..........	1410-1415
Urbain V............	1362-1370	Martin V............	1417-1431
Grégoire XI.........	1370-1378	Eugène IV..........	1431-1447
Urbain VI...........	1378-1389	Nicolas V...........	1447-1455
Boniface IX.........	1389-1404	Calixte III..........	1455-1458
Innocent VII........	1404-1406	Pie II...............	1458-1464

ROIS DE FRANCE.

Charles IV..........	1322-1328	Charles V...........	1364-1380
Philippe VI.........	1328-1350	Charles VI..........	1380-1422
Jean II..............	1350-1364	Charles VII.........	1422-1461

BARONS DE CHATEAUROUX.

André II de Chauvigny	1322-1356	Guy II..............	1359-1422
Guy Ier.............	1356-1359	Guy III.............	1422-1482

§ XXIX. — Evrard de Léron.

(1459-1476)

PAPES CONTEMPORAINS.

Pie II............	1458-1464	Sixte IV...........	1471-1484
Paul II............	1464-1471		

ROIS DE FRANCE.

Charles VII........	1422-1461	Louis XI...........	1461-1483

BARON DE CHATEAUROUX.

Guy III................. 1422-1482

L'abbaye de Déols n'avait pas seulement des démêlés avec ses seigneurs. L'an 1469, elle eut de très-graves affaires avec l'archevêque de Bourges. Des lettres apostoliques avaient accordé à Jean-Cœur le droit de visite, même sur les personnes et les communautés exemptes. Il se rendit donc à Déols et vit venir à sa rencontre le frère de l'abbé, accompagné d'une foule de moines et de séculiers armés de bâtons, lui enjoignant de livrer la croix qu'il faisait porter devant lui, suivant l'usage. *Sa ceste croix! Sa ceste croix!* criait-on avec fureur; et les actes se joignant aux paroles, on s'empara de la croix et du bâton d'argent qui la supportait.

L'archevêque se plaignit à son chapitre et annonça qu'il allait porter plainte, tant auprès du pape qu'auprès du parlement. Mais on assoupit l'affaire, qui soulevait des questions de privilége fort délicates, et qu'aucune des parties n'osait soumettre à une solution douteuse. La croix fut rendue et la paix ainsi rétablie. (1)

En 1465, avait lieu la guerre de la *Praguerie*. Louis XI, venant de Saint-Aignan, se présenta devant Vierzon, Issoudun, Déols, qui lui ouvrirent leurs portes. (2)

§ XXX. — Louis de Comborn.

(1476-1482)

PAPE CONTEMPORAIN.

Sixte IV.............. 1471-1484

ROI DE FRANCE.	BARON DE CHATEAUROUX.
Louis XI........... 1461-1483	Guy III............. 1422-1482

Sous cette prélature, nous avons à noter une bulle de 1478, par laquelle Sixte IV défend aux religieux mendiants d'attenter sur les droits des curés au sujet de la confession pascale. Si elle est étrangère à l'abbaye de Déols, elle montre la continuation de cette guerre, plus ou moins vive, mais jamais éteinte, entre les différentes branches du clergé.

Louis de Comborn était protonotaire du siége apostolique.

§ XXXI. — Jean Lobe ou Loube

(1481-1501)

PAPES CONTEMPORAINS.

Sixte IV............ 1471-1484	Alexandre VI....... 1492-1503
Innocent VIII....... 1484-1492	

---

(1) Il est peut-être bon de rappeler que cet archevêque était le fils du célèbre Jacques-Cœur et que la chute de ce dernier avait eu lieu en 1453.

(2) Raynal, t. III p. 102.

ROIS DE FRANCE.	BARONS DE CHATEAUROUX.
Louis XI............ 1461-1483	Guy III............ 1422-1482
Charles VIII........ 1483-1498	François............ 1482-1490
Louis XII.......... 1498-1515	André III.......... 1490-1502

Cet abbé paraît avoir appartenu à la famille des Loube, seigneurs de Romefort, de la Gâtevine, etc. Il était prieur de Saulgé.

Il fut le dernier abbé qui dut sa dignité à l'élection. Depuis, l'abbaye fut donnée en commende.

Notons qu'en 1485, le 8 juillet, Jean de Bourbon, évêque du Puy, fit une fondation afin qu'une messe fût célébrée chaque jour et qu'un cierge brûlât jour et nuit, dans la chapelle des miracles, à l'abbaye de Déols.

Charles VIII, en partant pour son expédition d'Italie, en 1494, et sans doute dans le but d'attirer sur ses armes la bénédiction du ciel, songea à réformer les abus religieux. Il écrivit de Lyon à l'archevêque de Bourges « qu'il était dûment informé que, en son diocèse, *tant à l'église cathédrale, collégiale, paroissiale, qu'ès abbayes, prieurés, monastères, maladreries, hôpitaux et autres lieux, l'honneur du service divin était très-mal gardé, célébré, solennisé par gens de vie dissolue, non lettrés, ni entendant leurs offices.* » Il prescrivit donc, pour l'acquit de sa conscience, une foule de mesures diverses sur le service divin... Enfin, il se mit à réglementer l'Église dans ce qu'elle a toujours eu de plus indépendant de la puissance temporelle.

Si l'impiété et les abus renaissaient toujours, toujours aussi et simultanément l'Église se régénérait par de nouveaux apôtres relevant avec courage le drapeau de la foi. Ce fut sous le règne de ce même Charles VIII qu'un vénérable abbé de Chezal-Benoît, Pierre Dumas, conçut le projet de réformer non-seulement l'abbaye qu'il gouvernait, mais encore toutes celles de l'ordre de Saint-Benoît qui voudraient s'unir à elle. Il rédigea, en 1488, des statuts, sortes de commentaires sur la règle, où il empruntait de nombreuses dispositions à l'institut de Sainte-Justine. Il avait reconnu que l'élection des abbés pour leur vie tout entière entraînait de graves inconvénients, et il établit que, dorénavant, ils ne recevraient de pouvoirs que pour trois années, et, comme remède au vice de la propriété, il ordonnait que ni l'abbé ni les religieux n'auraient de revenus à aucun titre.

Approuvée par le roi et le pape, et secondée par l'appui de Jeanne de France, duchesse de Berry, la réforme de Pierre Dumas fit de rapides progrès. Le pape Léon X accorda de grands priviléges à la nouvelle congrégation. Mais l'indépendance des élections fut bien loin d'être respectée, et la réforme, à peine en vigueur, était déjà violée par ses plus déterminés protecteurs. La congrégation de Chezal-Benoît finit par être unie, en 1636, à celle de Saint-Maur, dont elle forma la sixième province.

Quant à l'abbaye de Déols, trop haut placée pour accepter des modèles, elle ne trouve jamais en elle assez d'énergie et de ferveur pour donner d'utiles exemples.

§ XXXII. — René ou Renaut de Prie

(1501-1516)

PAPES CONTEMPORAINS.

Alexandre VI........ 1492-1503 | Jules II........... 1503-1513
Pie III............. 1503 | Léon X............ 1513-1521

ROIS ED FRANCE.

Louis XII........... 1498-1515 | François Ier........ 1515-1547

BARONS DE CHATEAUROUX.

André III........... 1490-1502 | Jean d'Aumont...... 1502
Hardouin de Maillé.. 1502-1524 |

La chronique de Déols se borne aux mentions suivantes, en parlant du temps de l'administration de cet abbé :

« 1501. Mort de l'abbé Loubet ; — présentation de René de Prie, évêque de Bayeux, promu depuis au cardinalat, en 1506, sous Jules II. — 1502, mort d'André de Chauvigny, troisième et dernier du nom. »

§ XXXIII. — Adrien Gouffier.

(1516-1523)

PAPES CONTEMPORAINS.

Léon X............. 1513-1521 | Adrien VI.......... 1522-1523

ROI DE FRANCE.

François Ier............. 1515-1547

SEIGNEURS DE CHATEAUROUX.

Hardouin de Maillé
de Latour-Landry.. 1502-1524 | Jean d'Aumont...... 1502-....

La commende, qui avait déjà fait Réné de Prie

abbé de Déols, lui donna un successeur dans la personne d'Adrien Gouffier, dit le cardinal de Boisi. Il fut encore élu, mais par ordre du roi. Son *joyeux avénement* n'eut lieu qu'en 1520.

Ce prélat était le troisième fils de Guillaume, sieur de Boisi, de Bonnivet, etc., d'une noble et ancienne famille du Poitou, et frère du grand-maître et du trop célèbre amiral de Bonnivet. La faveur de ses frères servit à son élévation. Il porta d'abord le titre de protonotaire de Boisi. Il fut évêque de Coutances en 1509. Il eut ensuite l'évêché d'Albi et divers bénéfices considérables, en particulier celui de l'abbaye de Déols. Le roi François Ier demanda pour lui le chapeau de cardinal au pape Léon X, à la conférence de Bologne, et ce pontife le lui accorda dans un consistoire tenu le 14 décembre 1515. On lui procura, en 1519, la qualité de légat de France. Il était déjà grand aumônier.

Il mourut au château de Villedieu-sur-Indre, le 24 juillet de l'an 1523. *(Moréri.)*

§ XXXIV. — Jacques Loubbe.
(1513-1523)

PAPE CONTEMPORAIN.	ROI DE FRANCE.
Adrien VI......... 1522-1523	François Ier......... 1515-1547

A la mort d'Adrien Gouffier fut élu Jacques Loubbe. A la manière dont la chronique de Déols mentionne cette élection, il semble que le pouvoir royal dédaigna cette fois d'intervenir. On ne dit rien de cette prélature.

§ XXXV. — Georges d'Amboise.

(1523-1550)

PAPES CONTEMPORAINS.

Clément VII........	1523-1534	Jules III............	1550-1555
Paul III............	1534-1549		

ROI DE FRANCE.

Henri II................ 1547-1555

SEIGNEURS DE CHATEAUROUX.

Jean de la Tour..... 1524-1564 | Pierre d'Aumont........... -1550

Après Jacques Loubbe furent appliquées, sans hésitation, les nouvelles lois introduites ou reconnues par le concordat de 1515, dont le premier titre abolit les élections des évêques, abbés et prieurs conventuels, et accorde au pape le droit de pourvoir aux vacances sur la nomination du roi. Il y eut bien quelques exceptions en faveur des abbayes chefs d'ordre; mais l'abbaye de Déols n'étant point dans cette catégorie, il suffit de dire quelle fut la règle.

On distingua donc les abbés chefs d'ordre ou particuliers, les abbés réguliers ou séculiers, les abbés titulaires ou commendataires. Les derniers bénéficiaires de l'abbaye de Déols ne la tinrent qu'en commende.

Les chroniques relatives à Déols sont tellement laconiques et obscures, qu'il serait impossible de déterminer l'influence à laquelle la plupart des dignitaires de l'abbaye durent leur crosse abbatiale. Elle constituait une assez belle dot pour exciter la convoitise des prélats les mieux posés à la cour. Plusieurs grands personnages s'étaient déjà fait gratifier de cette superbe sinécure, et, après Jacques Loubbe, Georges d'Amboise fut tout prêt à s'en accommoder.

Georges d'Amboise, dit le Jeune, neveu du ministre de Louis XII, avait été nommé, en 1510, à l'archevêché de Rouen, lorsqu'il fut pourvu de l'abbaye de Déols. Il devint cardinal en 1546. C'était un homme distingué ; mais le nom qu'il portait était déjà trop illustre pour qu'il pût, par son mérite, ajouter à son éclat. Les actes de sa vie sont restés étrangers au domaine mitré, dont les revenus alimentaient son luxe plus ou moins charitable.

De son temps naissaient les capucins et les récollets, enfants posthumes de saint François, ennemis, comme leurs aînés, de l'ancien monachisme. Mais un ordre nouveau, bien plus redoutable que tous les mendiants, et qui devait consommer la ruine de l'abbaye de Déols, les Jésuites, encore mal accueillis en France, commençaient à remplir de leur nom l'église, qu'ils aspiraient à dominer.

Suivant M. Raynal, lorsque le cardinal de Tournon fut transféré de l'archevêché de Bourges à celui d'Auch, il aurait été question, pour le remplacer, de Jacques Leroy, abbé de Déols. Peut-être Jacques Leroy n'était-il alors que prieur claustral de cette abbaye ; M. des Chapelles pense qu'il y a erreur dans le titre d'abbé qu'on lui donne, que Georges d'Amboise resta abbé de Déols jusqu'à sa mort, arrivée en 1550, et que Jacques Leroy ne fut, au contraire, revêtu de la mitre déoloise qu'alors qu'il était déjà, depuis longtemps, archevêque de Bourges.

C'est à Georges d'Amboise que se termine la chronique de Déols.

§ XXXVI. — Jacques ou Jacob Leroy.
(1550-1572)

PAPES CONTEMPORAINS

Jules III......	1550-1555	Pie IV......	1559-1565
Marcel II......	1555	Pie V......	1566-1572
Paul IV......	1555-1559	Grégoire XIII......	1572-1585

ROIS DE FRANCE.

Henri II......	1547-1559	Charles IX......	1560-1574
François II......	1559-1560		

SEIGNEURS DE CHATEAUROUX.

Jean de la Tour.....	1524-1564	Pierre d'Aumont.....	1550
François de la Tour..	1564-1598	Jean II d'Aumont...	1550-1595

Jacques Leroy, archevêque de Bourges, devint abbé de Déols, après la mort de Georges d'Amboise.

Du temps de Jacques Leroy, René Duplessis, de la maison de Richelieu, était infirmier du monastère.

A la première entrée des abbés dans l'abbaye, le seigneur de Varennes (près Lourouer-les-Bois) était tenu de faire le service de la maréchaussée auprès de leurs personnes et dans la ville de Déols : « A cause de ce, ledit seigneur de Varennes-le-Maréchal doit avoir

---

(1) Robert II, cardinal Lenoncourt ne fut que nominal ; il permuta avec Jacques Leroy.

la monture dudit seigneur abbé, sur laquelle il est monté en faisant ladite entrée, ensemble la chappe, chappeau et le greolon (la crosse), avec ses esperons dorez, et aussy, à cause de ladite maréchaussée, ledit sieur prend sur toutes les nouvelles mariées dudit lieu de Déols un plat de viande garni, etc. » Jacques Leroy racheta le premier de ces droits, en 1552, dudit seigneur de Varennes, moyennant quarante livres (1).

Le concile de Trente s'efforça de régulariser l'état des ordres religieux, de sanctionner, dans quelques constitutions, des infractions reconnues nécessaires, et de rétablir une discipline qui permit de répondre aux violentes attaques des sectes soi-disant réformées. Mais toute la sagesse du Saint-Siège ne pouvait plus ramener les dissidents. Les passions ambitieuses des grands, ayant trouvé dans la religion prétexte à se satisfaire, ne devaient plus s'éteindre que dans le sang de plusieurs générations.

Le désordre de Vassy, entre les gens du duc de Guise et les Calvinistes qui les avaient insultés, fut, en 1562, le signal des guerres civiles. Des bandes parcoururent la province ; les églises furent pillées, les reliques brûlées. Dans cette première guerre, où Bourges et Issoudun jouèrent un grand rôle, l'abbaye de Déols ne paraît avoir eu à souffrir que des inquiétudes, qui n'épargnèrent en France ni un lieu, ni un individu protestant ou catholique.

(1) Terrier de Déols, 1558.

Mais la guerre civile de 1567 lui fut très-funeste. Au mois de novembre, les réformés pénétrèrent dans l'abbaye. L'église fut pillée, saccagée, brûlée, ainsi que plusieurs bâtiments et logis des religieux. Les livres, les ornements, les reliques furent réduits en cendres. Les statues des saints furent mutilées, les cloches fondues. Le service divin cessa.

D'après un procès-verbal de cet incendie, portant déclaration de ses causes et des dommages qu'il a occasionnés, les moines accusent leur abbé, Jacques Leroy, d'avoir pris les fruits et revenus de l'abbaye, et de s'être retiré, pour sa sûreté, en la ville de Bourges.

Deux ans après (1569), le Bourg-Dieu fut pris de nouveau par les Huguenots, ayant à leur tête le capitaine Briquemaut. Il n'est sorte d'excès qui n'aient été signalés dans ces temps d'affreuses discordes. Tout ce qui paraissait tenir au culte de la religion romaine éprouva la fureur, devenue rage et férocité, des troupes des novateurs. Elles démolirent les églises, détruisirent de fond en comble les monastères, passèrent au fil de l'épée les prêtres, les religieux, et jusqu'aux religieuses que les derniers outrages sauvaient à peine de la mort. De Thou rapporte que ce Briquemaut prenait plaisir à mutiler les prêtres qu'il avait massacrés, et qu'il s'était fait de leurs oreilles un collier qu'il portait comme une parure (1).

(1) Briquemaut, fait prisonnier à Paris, à l'époque de la Saint-Barthélemy, fut condamné à être pendu, comme atteint et convaincu de toutes les horreurs reprochées aux calvinistes.

Cependant Châteauroux tenait pour la cause royale, et, après la bataille de Moncontour, gagnée par le duc d'Anjou (Henri III) sur les calvinistes, commandés par Coligny, le jeune Montluc put venir à Déols lever des compagnies au nom du roi. Le capitaine protestant Gournay, qui se retirait du Poitou sur Sancerre et la Loire, se présenta à Déols, en se faisant croire bien accompagné, et détermina l'officier catholique à se retirer précipitamment. Les garnisons de Châteauroux et de Déols se harcelèrent alors par de continuelles escarmouches (¹) mais la position n'étant plus tenable pour les protestants, ils furent heureux d'être dégagés par le capitaine de Guerchy et de pouvoir prendre le chemin de La Charité où ils étaient plus en force.

La quatrième guerre, occasionnée, en 1572, par le massacre de la saint Barthelémy, n'eut pas dans le bas Berry de grands retentissements.

Ce fut en cette année que mourut Jacques Leroy. On ne sait point au juste quel usage il fit de sa commende de Déols ; mais il eut, comme archevêque de Bourges, bien des démêlés avec son clergé, et le parlement eut souvent à intervenir. Ce prélat reste convaincu, par les arrêts, d'avoir fort exagéré les droits du sceau, multiplié abusivement les amendes et dilapidé les biens de son église.

(1) On remarque, sur le chemin de La Rochette, près du pont de Déols, des murailles crénelées, qui pourraient bien se rapporter à cette époque, et avoir été une défense de Déols contre Châteauroux.

§ XXXVII. — De Piau.

(1572-1623)

PAPES CONTEMPORAINS.

Pie V.............	1565-1572	Innocent IX........	1591
Grégoire XIII.......	1572-1585	Clément VIII.......	1592-1605
Sixte V.............	1585-1590	Léon XI............	1605
Urbain VII.........	1590	Paul V.............	1605-1621
Grégoire XIV.......	1590-1591	Grégoire XV........	1621-1623

ROIS DE FRANCE.

Charles IX.........	1560-1574	Henri IV...........	1589-1610
Henri III..........	1574-1589	Louis XIII.........	1610-1643

SEIGNEURS DE CHATEAUROUX.

François de La Tour.	1564-1598	Jean d'Aumont......	1550-1595
Charles de La Tour..	1598-1605	Antoine d'Aumont...	1595-1612
Jean II de La Tour.	1605-1613	Henri II de Condé...	1613-1646

On ne saurait attacher aucun souvenir spécial à l'administration de De Piau, malgré sa longue prélature.

La cinquième guerre civile, celle commencée en 1574, n'avait guère atteint nos campagnes ; mais l'édit de pacification de 1576, qui irrita les catholiques, donna lieu à la ligue ou sainte union, dont les maux prolongés ne devaient épargner aucune partie de la France.

Il y avait trois partis : celui du roi, celui de la ligue, et le parti politique ou des malcontents. Le duc d'Alençon, devenu duc de Berry, était hésitant entre tous ; mais, après sa mort, arrivée en 1584 (¹), le gou-

---

(1) Cette année 1584, le 5 décembre, un tremblement de terre se t ressentir à Déols.

verneur, M. de La Chastre, se déclara pour le parti de Guise ou de la ligue, ce qui fit que le roi révoqua, au mois d'avril 1589, ses pouvoirs de gouverneur du Berry, et commit à sa place le sieur de La Grange, seigneur d'Arquian, fils du sieur de La Grange de Montigny, en le chargeant de réunir les gentilshommes de la province pour courir sus au sieur de La Chastre et à ses adhérents. Ce ne fut, dans toute la province, que continuels engagements entre les bandes des différents partis, prises de petites villes fortifiées et de châteaux.

A la fin de mars 1589, d'Arquian s'empara pour le roi des villes de Châteauroux, Déols et La Châtre [1].

Dans le mois suivant, ces places, ainsi que celles de Guéret, Charost, etc., furent perdues et reprises alternativement. Le parti des réformés semblait avoir l'avantage. Mais au mois de juillet, la ville d'Issoudun lui fut enlevée, et, à la suite de l'assassinat de Henri III, les royalistes, après bien des vicissitudes, purent avoir plus de confiance dans leurs forces.

En 1590, Châteauroux appartenait toujours au roi. Ce fut en vain que M. de La Chastre vint y mettre le siége. Il ne put prendre que l'abbaye de Saint-Gildas et fut obligé d'aller au secours de Charost.

Montigny, après avoir été repoussé de Déols en y perdant une compagnie tout entière, y revint avec de nouvelles forces et s'en empara après douze jours

[1] Histoire de Sancerre, par Poupard, liv. II, p. 283.

de résistance. Le duc de Guise marchait au secours des assiégés.

C'est ici qu'il faut placer la lettre de Henri IV à Gabrielle d'Estrées : « M. de Guise est arrivé à Orléans avec des forces pour secourir le Bourg-Dieu... Je monte à cheval tout à cette heure pour aller secourir Montigny et espère que, par ma diligence, je regagneray l'avance que mes ennemis ont plus que moy... Je vous baise un million de fois les mains. — Henry. »

Les monastères, dans ces temps malheureux, étaient possédés par des gentilshommes qui n'étaient pas même prêtres, (1) par des femmes, par des hérétiques. Les paroisses n'avaient guère plus de ministres que les abbayes d'abbés et de moines. Il ne paraît pas cependant que jamais Déols en ait été réduit à cet état. Sa situation dans la partie de la France la plus soumise à l'autorité royale dut mettre l'abbaye à l'abri d'une partie des excès qui désolaient d'autres monastères. On pouvait encore déposer librement ses offrandes aux pieds de la bonne dame du Bourg-Dieu. En effet, François de La Tour, seigneur de Châteauroux, s'étant trouvé en grand péril avec son fils dans la traversée que fit le duc de Berry, de Boulogne en

---

(1) On trouve, à la date de 1594, un bail des revenus de l'abbaye de Déols. Le roi l'avait donnée à M. de Montigny, son lieutenant et gouverneur aux comtés de Blois et Vendômois. Voir le texte du bail dans la *Notice sur l'abbaye de Déols* par M. Grillon des Chapelles, p. 320.

A la date du 8 janvier 1597, existe un mandement du trésorier de France au bureau de Bourges, touchant l'imposition de 91 écus 2/3, à laquelle était assujettie l'élection de Châteauroux, pour la subsistance de l'armée conduite par M. de Montigny au siège de Déols.

Angleterre, le 31 octobre 1581, fit vœu à Notre-Dame de Déols que, s'ils en échappaient, il ferait peindre un vaisseau, en action de grâces de leur délivrance, ce qu'il put exécuter ; et nous trouvons aussi que, en 1594, l'abbaye de Déols donnait encore aux cordeliers de Châteauroux, pour la prédication de la parole de Dieu, qu'ils devaient faire aux avents, carêmes, dimanches et fêtes annuelles en l'église de ladite abbaye, quatre poinçons de vin pur, et dix-huit septiers de bled, savoir : dix septiers froment, quatre septiers seigle et quatre septiers avoine ; plus la somme de vingt sols par chacun.

Le moment approchait où la conversion de Henri IV, en 1594, allait enfin réunir sous le même drapeau tous les enfants mieux inspirés de la France.

On a lieu de s'étonner d'un règne de cinquante-un ans attribué à De Piau. En effet, quelques historiens placent, dans son intervalle, Jehan Hellius, le cardinal de Guise, frère du Balafré, assassiné à Blois, l'un des plus débauchés de son siècle, Claude de Lorraine, dit le chevalier d'Aumale, colonel-général de l'infanterie des ligueurs, d'odieuse réputation, neveu du précédent, et tué à Saint-Denis, en 1591.

Ici finit la série des abbés de Déols. Nous expliquerons, dans la seconde partie de cet ouvrage, comment Henri II, prince de Condé, parvint à faire séculariser cette abbaye, c'est-à-dire à la faire supprimer par le pape Grégoire XV et à s'emparer de ses biens. Cet acte de spoliation fut consommé en 1622.

§ XXXVIII. — Réflexions sur les abbés de Déols.

Dans cette suite d'abbés, si l'on en excepte les deux premiers, Saint-Bernon et Saint-Odon, on rencontre un assez bon nombre de princes de l'église, quelques noms annonçant une heureuse parenté avec les favoris de plusieurs règnes, mais on chercherait en vain une illustration propre aux titulaires, une renommée que puisse réclamer comme sienne la congrégation de Déols, cette sœur de Cluny, qui n'a jamais lutté avec celle-ci que par ses richesses. Il faut cependant se rappeler ce que nous avons dit (p. 75) du moine Hervé.

En revanche, on y trouve des procès avec les princes de Déols, ces bienfaiteurs si généreux du monastère ; des procès avec les archevêques que les abbés ne voulaient pas reconnaître pour leurs supérieurs. Les religieux de Déols ne furent pas non plus des enfants très-soumis au Saint-Siége ; mais ils le sont devenus lorsqu'ils ont vu que la suzeraineté ultramontaine leur laissait plus de liberté qu'une autorité plus voisine. Dans les querelles de Boniface VIII et de Philippe-le-Bel, ils sont tous gallicans, et, quand ils sont romains, ils calculent leurs intérêts plus qu'ils ne soutiennent leurs principes.

CHAPITRE SEPTIÈME.

RICHESSES DE L'ABBAYE.

Nous avons souvent parlé des richesses de l'abbaye de Déols ; il est temps de les faire connaître. Nous en rapporterons l'énumération d'après le pouillé du diocèse de Bourges.

Dans l'archipréveré (¹) *de Bourges,* les paroisses de Crécy, de Vorly, de Cressy et le prieuré de Cressy.

Dans l'archipréveré d'Argenton, les paroisses de Chasseneuil, de Cuzion, de Crozant, de Saint-Plantaire, de Vigou, de Ciron, de Luzeret, de Ceaulmont, de Bazaiges, de la Chapelle-Barriau, de Gournay, de la Pérouille, de Saint-Civran, d'Orsenne, d'Éguzon, de Pommiers, de Bélâbre, de Celon, de Chaillac, de Baraize, de Malicornay, de Gargilesse, de Dompierre, de Cluis-Dessous ;

Et les prieurés de Chaillac, de Crozant, d'Azérable, de Vigou, de Saint-Laurent de Gargilesse, de Cluis-Dessus et de Cluis-Dessous.

Dans l'archipréveré de La Châtre, les paroisses de Perassay, de Crévant, du Magny, de Châteaumeillant,

_____
(1) Archipréveré ou archiprêtré. C'est l'étendue de la juridiction d'un archiprêtre dans un certain territoire.

de Vigou, de Lourouer, de Sazeray, de Feusines, de Vigoulant, de Mers, de Chassignolles, de Tranzault, de Saint-Martin, de Sainte-Sévère, de Nohant, de Saint-Chartier, de Saint-Pierre-les-Bois, de Sidiailles, de Champillet, de Saint-Janverin, de Rezay, de Vic-Exemplet, de Vic-sur-Saint-Chartier, de Notre-Dame-de-Pouligny, de Saint-Martin-de-Pouligny ;

Et les prieurés de Chassignolles, du Magny, de Sainte-Sévère, de Saint-Chartier, de Saint-Pierre-les-Bois.

Dans l'archiprévéré de Châteauroux, les paroisses de Saint-André-de-Châteauroux, de Saint-Denis-de-Châteauroux, de Saint-Martin de Châteauroux, de Bezagettes, du Bourg-Dieu, de Saint-Étienne-de-Déols, de Montierchaume, de Bommiers, de Diors, de Notz, de Saint-Martin-d'Ardentes, de Saint-Vincent-d'Ardentes, de Villers, de Saint-Août, de Neuvy-Pailloux, de Maron, de Vouillon, de Planche, d'Ambrault, d'Arthon, de Mosnay, de Lourouer-les-Bois, de Brion ;

Et les prieurés de Bommiers, de Vouillon, de Neuvy-Pailloux.

Dans l'archiprévéré de Dun-le-Roi, les paroisses d'Orval, de Verneuil, d'Arpheuille, de Meillant, de La Celle-Bruère, de Colombiers, de Faverdines, d'Arcomps, d'Orcenais, de Parnay ;

Et les prieurés de Meillant, de La Celle-Bruère, d'Arcomps.

Dans l'archiprévéré d'Issoudun, les paroisses de Chouday, de Condé en Bommiers, de Brives-l'Aumônerie ;

Et le prieuré de l'Aumônerie de Brives.

Dans l'archipréveré de Graçay, les paroisses de Buxeuil, de Dun-le-Poêlier, de Sainte-Cécile ;

Et les prieurés de Sainte-Cécile, de Columiers.

Dans l'archipréveré d'Hérisson, les paroisses de Saint-Victor, d'Epineuil, de Saint-Vic-de-Floriac, de Saujat ;

Et les prieurés d'Épineuil, de Saint-Vic-de-Floriac.

Dans l'archipréveré d'Huriel, les paroisses d'Huriel-en-Bourbonnais, d'Oulches, de Vedun, de Prat-de-Culan, de Saint-Christophe-le-Chaudery, de Mesples, de La Chapelotte, de Saint-Désiré, de Saint-Sauvier, de Neuve-Église, de Saint-Christophe-près-Huriel ;

Et les prieurés de Notre-Dame d'Huriel et de Prat.

Dans l'archipréveré de Levroux, les paroisses de Niherne, de Bretagne, de Chambon, de Saint-Martin-de-Lans, de Baudres ;

Et les prieurés de Rouvre-les-Bois, de Baudres, de Chambrines.

Dans l'archipréveré du Blanc, les paroisses de Saint-Génitour-du-Blanc, de Saint-Ciran-du-Blanc, de Clion, de Saint-Médard, de Murs, de Saint-Etienne du Blanc, de Villiers, de Saint-Ciran-du-Jambot, de Toiselay ;

Et les prieurés de Clion, de Toiselay, de Saint-Génitour, de Saint-Ciran-du-Jambot, d'Arfeuille.

Dans l'archipréveré de Vierzon, Déols n'avait que le prieuré de Jaugy.

L'abbaye de Déols possédait encore des bénéfices

en dehors du diocèse de Bourges, *ad collationem et præsentationem* de l'abbé de Déols.

Le prince Raoul et ses successeurs n'avaient cessé d'ajouter, comme on le verra, aux libéralités d'Ebbes le Noble, et ils avaient été imités par les principaux de leurs vassaux qui s'étaient réunis pour donner aux religieux, par un même acte, de leurs terres et les hommes qu'ils tenaient en servage. Une charte de 1208 rappelle une multitude de dons des nobles hommes de Déols, *dona elemosinæ illustrium virorum dolensium*, faits pour le salut de l'âme des donateurs et de celle de leurs parents.

L'énumération ci-dessus, quoiqu'incomplète, permet de juger quelles étaient les richesses que cette abbaye était parvenue à accumuler. Déols tenait donc un des plus hauts rangs parmi les abbayes. L'antiquité de son origine, son indépendance de toute autorité, une prospérité de plus de sept siècles, la confirmation de ses priviléges par les rois et les papes, lui avaient assuré cette haute position.

« Noble abbaye, dit M. des Chapelles, par son *blason*, par sa longue illustration, et par sa prétention exclusive, puisqu'il fallait, disait-on, être noble de quatre races, pour y faire admettre *ses vœux d'humilité !* »

Il paraît, en effet, par quelques actes capitulaires, qu'on ne recevait, dans le monastère de Déols, que des sujets de noble extraction. On a vu que les abbés prenaient le titre de prince. L'abbaye de Déols avait ses armoiries : elle portait *d'argent à trois fasces de gueules;* son écusson était accosté ou surmonté d'une mitre et d'une crosse.

Les souverains pontifes, dont nous avons constaté les visites, avaient une prédilection marquée pour cette abbaye qu'ils surnommaient la *mamelle de Saint-Pierre*, qualification qui n'était qu'une exagération flatteuse, car la taxe de Rome était fixée à quatre mille florins seulement.

CHAPITRE HUITIÈME.

ÉTAT DE DÉOLS AUX DIVERSES ÉPOQUES.

L'ancienne ville de Déols, placée dans une presqu'île formée par les eaux de l'Indre et de l'Angolin ou Ringoire, entourée de plusieurs côtés par de vastes prairies, était défendue, vers la terre, par de larges fossés. Le palais que les princes de Déols y occupaient était lui-même entouré de fossés particuliers. Déols était alors la capitale du Bas-Berry et de la principauté déoloise. Lorsque cette cité ne fut plus le séjour des princes, son importance, en raison du progrès et des richesses de l'abbaye, se soutint et s'augmenta jusqu'au XVIIme siècle, époque à laquelle les guerres religieuses et sa sécularisation amenèrent sa décadence et sa suppression.

Pour montrer ce qu'était Déols aux diverses époques, nous avons besoin d'employer deux articles. Le premier traitera de son état ancien et le second de son état récent.

ARTICLE PREMIER.
État ancien de Déols.

Cet article va comprendre l'étude de l'abbaye, la fontaine de la cure, les églises, la tour de l'horloge, les rues, places, etc., et les monnaies.

§ I. — Étude de l'Abbaye de Déols.

On a vu qu'Ebbes-le-Noble, en fondant cette abbaye, l'avait largement pourvue de tout ce qui lui était nécessaire, et, en esquissant l'histoire des abbés, nous avons noté que l'abbé Hugues, en 991 et 992, avait fait reprendre, de fond en comble, la première construction, en rendant la nouvelle plus vaste et mieux entendue. Nous avons dit aussi qu'on suppose que la magnifique basilique bysantine, dont on admire encore le dernier vestige, ne fut achevée que vers le commencement du XIIme siècle ; nous avons parlé également de la chute d'un clocher en 1210, et de la fondation de la chapelle des miracles à la fin du XIIme siècle, enfin, du sac et de l'incendie du monastère, en 1567, par les réformés. Examinons maintenant les autres documents que l'on possède sur cette abbaye.

Nicolas de Nicolay [1] constate qu'au XVIme siècle l'abbaye de Déols était belle, d'une grande étendue et bâtie en pierres de taille. « Son temple, dit-il, était somptueux, offrait de très-hautes voûtes. La basilique était composée de trois nefs (n'ayant pas moins de trois cents pieds de longueur). Elle était ornée de quatre grosses tours du côté du septentrion, et sur

---

[1] *Description du Berry et diocèse de Bourges*, écrit en 1567 pour l'usage de Catherine de Médicis, par Nicolas de Nicolay, dauphinois, géographe, diplomate et valet de chambre des rois Henri II et Charles IX. Manuscrit de la Bibliothèque nationale édité par M. Advielle.

l'orient d'une cinquième, à l'endroit du chœur, sur laquelle étaient posées les cloches. »

« En ladite abbaye, dit encore Nicolas de Nicolay, sont jusqu'au nombre de dix sépultures, tant d'hommes que de femmes, descendus des princes de Déols, fondateurs et conservateurs de ladite abbaye, et trois d'iceux de la maison de Chauvigny, dont l'un était évêque, le tout avec figures, relevées en pierres, à moitié rompues, et, à sénestre du grand autel, il y a une autre sépulture de cuivre doré, de laquelle, par les guerres des Anglais, ainsi que le disaient les moines, a été emportée la teste. »

Les cloîtres, dortoirs et lieux réguliers étaient vastes.

« Encore en ladite église, sur le milieu de la nef, il y a une figure enlevée en pierre, de dame Denise de Déols, à laquelle faillit le nom de la maison de Déols.

» Derrière le grand autel, y a une autre sépulture (celle de l'abbé Adrien Gouffier, voyez son § page 98), enlevée et taillée au naturel, à laquelle sont escripts ces mots :

» *Cy-gist R^{me} cardinal Gofier, dict de Boisy, en son viuant légat de France, euesque d'Alby, abbé de Fescan, abbé et prince du dict monastère de Déolz, qui trespassa le XXIV juillet M.DXXIII et de son aage le LIVe.*

» Une autre sépulture en ladicte église, à laquelle sont escripts ces mots :

» *Cy-gist messire Loys de Beaujeu, en son viuant*

Seigneur de Montferrant, connestable de France, et fut enseuely en l'an de l'incarnation MCCLXXX, le mercredy deuant St-Michel » (1).

Dans le clos de ladite abbaye était le logis abbatial, assez grand et mal *empoinct*, les réfectoires, infirmerie et les greniers et celliers, ensemble plusieurs autres petites maisons pour loger les officiers ordinaires de ladite abbaye.

On possède un plan à la main, de l'ancienne abbaye de Déols (2). On y constate que la basilique, ainsi que le dit Nicolas de Nicolay, avait quatre clochers à sa partie antérieure. Elle était orientée du nord-est au sud-ouest, orientation différente de celle indiquée par Nicolas de Nicolay. D'après M. Dauvergne, architecte du département, entre les deux lignes de clochers et au-dessus du porche, était la salle capitulaire ; on y accédait par un escalier placé dans une des tours. Il paraîtrait que la cinquième tour était vers l'abside, car il n'y avait pas de transept. Les tableaux qui sont dans l'église Saint-Étienne, et dont nous parlerons dans le paragraphe suivant, représenteraient assez réellement, d'après ces dispositions, l'état de l'ancienne basilique. La chapelle de la

---

(1) Ces tombeaux ont été détruits en 1793, ou enfouis dans les décombres de l'abbaye.

(2) Ce plan a été trouvé par M. l'abbé Damourette dans un paquet de chiffons. Il était dans l'état le plus déplorable. Confié à M. Legrand, agent-voyer en chef, il a été recollé avec soin sur du papier-carton, et, malgré de nombreuses lacunes, on peut reconnaître toutes les parties de l'abbaye. Ce plan ne peut être que postérieur à 1751, puisque le pont actuel y est représenté.

Vierge, ou des miracles, était placée au côté nord-ouest et enclavée dans le monument; un escalier extérieur y conduisait. A droite de l'abside se trouvait la chapelle des abbés.

Non-seulement on appelait cette basilique la plus belle perle de la couronne du Berry, mais encore *l'honneur de la province de Berry*. Elle était, en effet, la plus belle de la province, après la cathédrale de Bourges. Le nom de son architecte est resté inconnu.

La route actuelle d'Issoudun occupe l'emplacement d'une partie de l'abside. Vers ce lieu, dit M. de La Tramblais, sont des voûtes souterraines qui se prolongent sur une grande étendue, et dans lesquelles on remarque des fontaines encaissées dans des bassins de pierre proprement taillée (1).

L'abbaye de Déols, quoiqu'ayant beaucoup souffert des guerres civiles et religieuses, aurait pu encore réparer ses désastres ; mais après la sécularisation, ses religieux étant dispersés, ses richesses passées en d'autres mains, elle devait dépérir.

En 1657, au temps de La Thaumassière, elle ne présentait plus que des ruines, mais magnifiques. Au

---

(1) Nous avons visité tout récemment ces souterrains, dans lesquels on pénètre par la maison d'un sabotier située à gauche de la route. On y descend par un mauvais escalier, puis par un plan incliné. Nous y avons trouvé les deux fontaines. Le souterrain se prolonge sur la gauche, où la voûte est fermée par un mur ; à droite, il se continue sous la route, et s'y trouve obstrué par un éboulement : cet éboulement fut occasionné, il y a une vingtaine d'années, par une voiture pesamment chargée qui y enfonça ses roues. Ces souterrains partaient évidemment de l'abbaye, mais on ne saurait dire où ils avaient leur sortie, si toutefois ils n'étaient que des refuges.

commencement du XVIII^{mo} siècle, elle était tellement abandonnée qu'il fallut une ordonnance de l'intendant de Bourges pour empêcher les charretiers de Châteauroux d'en enlever les pierres.

Un ancien dessin qui a été lithographié, nous montre ce qui existait de l'abbaye de Déols en 1790. La nef était debout dans ses deux tiers, du côté de l'abside. On voyait encore la chapelle des miracles, ainsi que l'escalier qui y conduisait. A droite de cet escalier, était une tour à moitié abattue. Le clocher, qui nous reste, est représenté tel qu'on le voit aujourd'hui. Diverses constructions flanquaient l'église, en particulier deux petites tours. Des fossés remplis d'eau entouraient l'abbaye ; dans ces fossés, il y avait eu un ou deux moulins. Au-delà de l'eau, des voûtes semblaient avoir été les bases de la partie détruite du monument.

L'abbaye résistait cependant à une destruction complète et servait d'ateliers à un brasseur, au commencement de ce siècle ; mais l'an 1830 a été témoin d'un véritable acte de vandalisme, au moment même où l'on venait d'instituer une inspection générale des monuments historiques. « Les pierres, rassemblées par une série de générations, sculptées, ciselées par les artistes de plusieurs âges, admirées et vénérées si longtemps par les fidèles, ont été, s'écrie avec indignation M. des Chapelles, brisées et adjugées en mètres de moellons à d'ignorants bâtisseurs, et se laissent reconnaître dans un grand nombre de maisons voisines. Il n'en reste plus que quelques débris et une tour épargnée... parce qu'elle a servi de jalon aux ingénieurs. » Cette tour résiste à toutes les épreuves du temps ; mais, sous les influences atmosphériques, des pierres se détachent ; des plantes qu'on y laisse pousser disjoignent les assises. Si l'inspection des monuments historiques, de qui elle dépend à présent, ne lui attribue pas quelques fonds pour son entretien, on finira par la voir s'écrouler.

Dans le jardin de l'orphelinat, dont il sera question à l'un des paragraphes suivants, on reconnaît l'enceinte du cloître. Au fond de l'enclos, ses arcades ogivales sont à moitié enterrées dans une terrasse. La forme des piliers des arcades, dont les amorces existent encore, annoncent que ce cloître était constitué par une double galerie. Il communiquait avec l'église par une porte bysantine, délicatement sculptée. Les détails encore très remarquables de cette architecture annoncent une construction du XIIIme au XIVme siècle. Des lierres séculaires soutiennent, en quelque sorte, tous ces vestiges.

On a conservé, dans le bâtiment de ce même orphelinat, une salle voûtée avec nervures, dans laquelle on remarque un âtre immense. C'était le chauffoir des religieux ; on y constate le caractère architectonique du XVme siècle.

Le clocher qui subsiste encore, était le deuxième de droite du plan indiqué ci-dessus. Sa base est carrée et sa flèche conique. Quatre clochetons, à lanternes et d'une forme élégante, sont appuyés sur les angles de la tour qu'ils masquent. L'étage supérieur ou du beffroi se fait remarquer par une double arcature romane qui existe sur chaque face. Il y a, à l'étage intermédiaire, quatre arcatures fermées, de même hauteur, conséquemment plus étroites. Les deux étages inférieurs n'offrent, comme le supérieur, que deux arcatures. L'élévation totale est de quarante-un mètres. On y admire une quantité de charmantes sculptures qui rappellent les XIme et XIIme siècles. Ce monument est un des plus beaux spécimens de l'architecture romane du centre de la France. — Toutes les constructions sont en pierres qui paraissent provenir des carrières d'Ambrault et de Villemongin.

On peut, dans divers autres endroits, reconnaître des vestiges de l'église abbatiale. Ainsi, dans le jardin de la caserne des gendarmes, on retrouve, dans des celliers, les pilastres de la nef de gauche, et, du côté opposé, les restes du gros mur de l'édifice. On dit que, dans ce jardin, avant qu'il ait été exhaussé de deux mètres, existaient encore les dalles de la grande nef.

On a recueilli pour le musée de l'Hôtel-de-Ville des dessus de portes, des fûts de colonnes, des chapiteaux, des clefs de voûtes, des fragments de statues, des sculptures variées, provenant de l'église et de l'abbaye.

§ II. — Fontaine de l'abbaye de Déols.

La maison occupée aujourd'hui par le respectable curé de Déols, a été construite sur un emplacement qui faisait partie de l'abbaye. Elle en est aujourd'hui séparée par une rue. Dans son jardin est une fontaine des plus remarquables qui était celle dont se servaient les religieux. Ses eaux limpides sont contenues dans un très-grand bassin. Des plantes occupent le fond; de belles scolopendres en ornent les murs, ainsi qu'un lierre dont les tiges énormes et tortueuses, qui pénétrent entre les pierres, indiquent l'antique existence. Les eaux de cette fontaine, après avoir traversé plusieurs jardins, vont se jeter dans l'Indre, près du pont. On y aperçoit quelquefois des poissons, qui y remontent sans doute de la rivière.

§ III. — Églises.

Outre la basilique de l'abbaye, il y avait dans la ville de Déols trois églises : celles de Saint-Étienne, de Saint-Germain et de Sainte-Marie.

I. *Église de Saint-Étienne.* — Sur la place du Palais (peut-être sur l'ancien emplacement du palais de Léocade ou des premiers princes de Déols), se trouve la petite église de Saint-Étienne. Sa forme quadrangulaire semble indiquer qu'elle a été bâtie sur les fondements d'une église latine primitive. On estime qu'elle aurait été construite primitivement par Léocade ou saint Ursin. M. de Cougny, directeur actuel de la Société française d'archéologie, croit reconnaître sur le mur du fond les petits appareils des constructions gallo-romaines. Les cryptes souterraines sont très-anciennes. Les bas côtés ou petites nefs de l'église datent du XVme siècle. Le clocher, qui correspond à la nef de gauche, est de la même époque ; il n'a jamais été terminé.

Cette église est devenue séculière depuis l'extinction de l'abbaye. La cure de Déols était à la nomination du duc de Châteauroux, sur la présentation de l'archevêque de Bourges. Souvent saccagée et même renversée, elle fut relevée par les fidèles. L'une des cloches rappelle le désastre de l'abbaye de Déols, en 1567. Elle fut fondue aux frais des religieux neuf ans après, ainsi que le témoigne l'inscription qui l'entoure :

† *Vox domini superexit aquas, cui gloria soli est : intonat ipse super flumina magna deus.* § *Post deflagrationem hujus tam preclarissimi templi et cenobii fecerunt hanc simphoniam religiosi suis particulatim expensis.* 1576 *mense octobris.*

La petite cloche de Saint-Étienne a été baptisée en 1760.

Quatre tableaux appendus dans l'église Saint-Étienne représentent le miracle de l'année 1187, ainsi que l'aspect général de l'ancienne abbaye. Au-dessous de deux de ces tableaux, sont les vers rapportés en note à la page 79.

Nous devons nous arrêter particulièrement sur les deux cryptes fort curieuses, qui contiennent, l'une le tombeau de saint Ludre et l'autre celui de saint Léocade.

Tombeau de saint Ludre. — Il est placé dans un caveau au-dessous de la chapelle qui est à droite du chœur. On y descend par un escalier pratiqué derrière l'autel. — Le tombeau, comme l'a indiqué Grégoire de Tours et ainsi que nous l'avons dit page 27, est de marbre blanc, riche matière inconnue alors à nos contrées ; ce qui suffit à prouver son illustre origine, et ce qui le rattache, d'une façon irrécusable, à la domination romaine des Gaules.

Il se compose de trois parties : la base, la tombe et le couvercle : La *base*, décorée d'une simple moulure a été brisée, et présente, sur la droite, une large brèche. — La *tombe* proprement dite, est enrichie, dans toute la longueur de la face antérieure, d'un bas-relief ronde-bosse, simulant une chasse. Onze chasseurs, vêtus à la romaine, les uns à cheval, les autres à pied, armés de sabres et d'épieux, poursuivent et terrassent, à l'aide de leurs chiens, des animaux sauvages de toutes sortes, lions, sangliers, loups, cerfs, etc. — Le *couvercle* offre sur la frise des sujets d'un relief beaucoup moins saillant, et dont le travail n'appartient évidemment ni au même auteur ni à la même époque. Le milieu de cette frise est occupé par deux enfants ailés supportant un cartouche carré, sans inscription ; à gauche se voit un repas, à droite une marche de cavaliers et de piétons.

Nous nous abstiendrons de rapporter ici les commentaires variés et contradictoires, également subtils, qui ont été fournis sur ces sculptures ([1]). Il suffira de reproduire ce qu'en dit M. Just Veillat dans la légende de saint Ludre ([2]).

([1]) M. Hercule Robert, d'Argenton, a donné sur ce tombeau de Déols une dissertation dans laquelle il a réfuté les nombreuses erreurs émises sur ce monument par M. Pierquin de Gembloux. (Note des *Esquisses pittoresques*).

([2]) *Pieuses légendes du Berry*.

» Selon les uns, le sarcophage, païen ou chrétien, représente simplement une chasse d'animaux sauvages, avec ses épisodes ordinaires ; la marche des chasseurs gagnant le rendez-vous, la chasse proprement dite et le repas qui suit d'ordinaire les exploits cynégétiques.

» Les autres, adoptant les fabuleux épisodes d'une légende toute locale, ont cru reconnaître le sénateur Léocade en personne, se rendant, avec les siens, à l'invitation de Denis Gaulois, s'asseyant à sa table, et détruisant les bêtes féroces qui infestaient les cantons de Dieux et de Déols.

» Ceux-ci y ont cherché des symboles, des fictions plus ou moins ingénieuses : ainsi ces chasseurs exterminant ces monstres, ne pouvaient-ils pas signifier les chrétiens vainqueurs des passions ? Ce lion qui tombe *(leo cadit)*, ne serait-il pas une traduction, en rébus, du nom de Léocade ? Ceux-là, enfin, prenant un moyen terme, ont exprimé un avis plus approfondi et plus rationnel. Ils admettent, d'abord, que le cercueil a été exécuté par un artiste païen, en vue d'une sépulture païenne, et que ces ornements sont habituels aux monuments funéraires de l'époque, dont on trouve plus d'un spécimen dans nos musées.

» Sur le couvercle, au contraire, ils signalent des traces évidentes du christianisme. Ainsi ils reconnaissent de véritables anges dans les enfants ailés qui supportent le cartouche ; dans la scène de gauche, un repas de communion des fidèles, comme semble le prouver trois pains ou hosties, placés parmi les mets, et sur chacun desquels on croit voir une croix ; enfin, dans la scène de droite, une marche funèbre, où figurerait, conformément à d'autres rites, le cheval non monté du défunt.

» Ceci posé, ils raisonnent ainsi : Léocade, encore païen, préoccupé de sa sépulture, aurait acheté ou fait acheter un tombeau orné de chasses, suivant le goût du temps, et bien digne, par sa richesse, de recevoir les restes d'un si noble personnage. Devenu chrétien, et voyant son fils mourir avant lui, il aurait déposé le corps de celui-ci dans son propre cercueil, dont, en résumé, le sujet n'avait rien d'anti-chrétien, et sur lequel il aurait adapté un couvercle décoré de sculptures postérieures, œuvre d'un autre artiste, et mieux approprié à ses nouvelles croyances. Cette dernière opinion, fort plausible, satisfaisant du même coup la raison et la tradition, paraît avoir généralement prévalu. »

Au VI° siècle, saint Germain, évêque de Paris, vint à Déols, avec un grand nombre de clercs de son église, pour célébrer les vigiles au tombeau de saint Ludre. Voici ce qu'on trouve, au sujet du tombeau et de cette visite, dans le chapitre XCII de la Gloire des confesseurs *(de gloriâ confessorum)* de Grégoire de Tours.

« Le bienheureux saint Ludre, fils du sénateur Léocade, repose à Déols, bourg du diocèse de Bourges. On dit qu'il sortit de ce monde encore vêtu de la robe blanche des Néophytes. Il fut placé sur le pavé de la crypte, dans un sépulcre de marbre de Paros, merveilleusement sculpté.

» Or, il se fit que saint Germain, évêque de la ville de Paris, vint célébrer les veilles auprès de ce tombeau, s'agenouillant à quelque distance sur un escabeau, quand il était besoin. Il advint aussi que, dans une de ces veilles de nuit, tandis qu'on chantait les psaumes, les clercs, fatigués de se tenir debout, cherchèrent quelque repos en s'appuyant sur le sépulcre du saint confesseur ; mais aussitôt le marbre se mit à trembler, comme s'il eut voulu protester contre ce manque de respect. Sur quoi, saint Germain, saisi de frayeur, ordonna aux clercs endormis de se retirer, en s'écriant : « Paresseux, éloignez-vous de ce tombeau, de peur d'offenser le saint de Dieu. » Les clercs se retirèrent et ne sentirent plus le tremblement.

» Je ne puis passer sous silence que le bienheureux saint Ludre apparut une fois à un pauvre homme pour lui ordonner de nettoyer la petite chambre dans laquelle on prétend qu'il avait poussé les premiers cris de l'enfance. Mais comme, malgré deux avis semblables, le pauvre homme ne faisait pas ce qui lui avait été ordonné, le saint lui apparut une troisième fois, disant : « Si tu fais ce que je demande, tu recevras un tiers d'as *(trientem)* pour ton obéissance. » Se levant donc aussitôt, cet homme nettoya et lava la chambre dans laquelle il répandit, en outre, des herbes odoriférantes ; puis il se tint debout attendant l'effet de la promesse, jusqu'à ce qu'ayant vu la pièce de monnaie reluire sur le pavé, il la ramassa et se retira tout joyeux. »

La fête de saint Ludre se célèbre tous les ans, le 4 novembre, dans l'église de Déols.

Il y a encore aujourd'hui, à ce tombeau, une grande dévotion et concours de peuple aux *Bonnes Dames* du 15 août et du 8 septembre. On dit qu'il s'y est fait plusieurs miracles par l'intercession de saint Ludre. A ces deux fêtes, des mères présentent leurs nourrissons à la brèche de la base du tombeau, pour appeler sur eux la bénédiction du saint. D'autres font passer trois fois les enfants par cette brèche, pour les guérir de la fièvre. Il était même d'usage de raper fortement le marbre, afin d'en enlever une poussière que l'on mêlait ensuite à certains breuvages, ce qui était considéré comme un remède souverain. La trace de ces pieuses profanations existe surtout à la partie gauche de la frise. Les fiévreux venaient encore recueillir de cette poudre dans un petit sachet de toile, et, au bout de neuf jours, après l'avoir avalée, par petites doses, ils venaient dévotement déposer leur sachet vide dans la tombe, où l'on en remarquait une grande quantité. Nous avons trouvé récemment, dans cette tombe, quelques sous qu'on venait d'y déposer.

En 1657, La Thaumassière étant à Châteauroux avec Catherinot, visita le tombeau de saint Ludre. Il nota que toutes les figures étaient aussi belles et entières que si elles avaient été faites depuis peu. — On en a cassé plusieurs parties saillantes à l'époque de la révolution de 1789.

Tombeau de Léocade. D'après le P. Jean de La Gogue, le tombeau de Léocade avait été dans une chapelle, à main gauche de la même église Saint-Étienne. La Thaumassière, de son côté, dit qu'étant retourné à Châteauroux, au mois d'octobre 1657, avec M. Bonnansat, on leur fit voir le tombeau de Léocade, qui avait été découvert depuis peu, et où son corps se trouvait tout entier dans son cercueil de pierre, sous une petite voûte qui est à présent ruinée.

Depuis la visite de La Thaumassière, le tombeau subit encore de cruelles vicissitudes. Il disparut de nouveau, on ne sait quand ni comment, mais si complètement que nos auteurs modernes n'en parlent même pas.

Cependant, au mois de janvier 1862, M. l'abbé Chagnon, curé de la paroisse de Déols, guidé par la tradition qui n'avait cessé de donner le nom de *tombeau de Léocade* à une portion depuis longtemps démolie de l'église de cette paroisse, eut la pensée de faire pratiquer des fouilles, qui amenèrent bientôt la découverte de cette importante sépulture, dont l'emplacement et les dispositions se rapportent de tout point à celle qui fut montrée à La Thaumassière.

En effet, le déblai, pratiqué au dehors et à l'extrémité du bas côté gauche de l'église, mit à jour un petit caveau de trois mètres soixante centimètres, sur trois mètres, exactement situé vis-à-vis celui de saint Ludre, et communiquant jadis avec l'intérieur de l'église, par une porte murée et quelques marches très-apparentes.

Au fond du caveau, dont la voûte n'existait plus, se voyaient, à ciel ouvert, sur un pavé raccordé avec des dalles funéraires d'époques différentes, les ruines massives d'une sépulture vide, à murailles droites et carrées, de deux mètres quarante centimètres environ de longueur, près de laquelle on a trouvé les débris de deux petits cercueils d'enfants. (1)

Incomparablement moins riche que son pendant de marbre, pour la matière et le travail, ce sarcophage de simple pierre de taille n'a d'autres ornements qu'un élégant profil, cinq panneaux à moulures sur le devant, et, sur le couvercle à emboîtement, une belle frise courante de rosaces et de feuillages, dont il reste, malheureusement à peine, deux ou trois fragments.

Après cette description donnée par M. J. Veillat, M. Dumoutet, architecte et sculpteur de la cathédrale de Bourges, a envoyé à la société du Berry (à Paris), dont il était membre correspondant, deux feuilles de dessins contenant, la première, le plan et la coupe de la crypte, et, la seconde, la face du tombeau lui-même. Le second dessin est reproduit dans les mémoires de cette société. — Le grand sarcophage étant brisé en partie, on l'a restauré en plaçant dans du mastic les morceaux trouvés dans les décombres.

En sortant de cette crypte, on remarque, à droite, des *ex voto*. Ce sont de grands cierges en bois enduits de cire recouverte de peintures, et maintenus par des supports en fer artistement contourné. Ils sont offerts

---

(1) Ces petits cercueils ont été placés, à gauche, dans le mur de la crypte. On lit cette inscription qui a été encadrée de moulures :

POL PATERNVS
SABINI FILIVS.

par les fidèles qui veulent obtenir quelques grâces de la sainte Vierge de Déols.

II. Église Saint-Germain. « Il y a, dans l'enceinte de la ville de Déols, dit Nicolas de Nicolay, une petite église appelée Saint-Germain, qui est annexée à la cure de Sainte-Marie. Elles peuvent valoir chacune 80 à 100 livres, et sont à la présentation de l'abbé et du prince de Déols. » Piganiol de La Force (1) dit que, de son temps, c'était la seule paroisse. D'après La Thaumassière, Saint-Germain était la paroisse générale de la ville. Il y avait dans cette église une relique que l'on assurait être une partie du crâne de saint Ludre. L'église Saint-Germain était située sur la gauche de l'abside de la basilique ; elle ne paraît pas avoir jamais eu aucun caractère architectural ; elle est aujourd'hui délabrée et sert de granges et d'étables. Sur le côté droit du mur intérieur et à l'entrée de l'édifice, on remarque sur une pierre l'inscription ci-contre :

(1) *Description historique et géographique de la France.*

Cette inscription a été traduite comme il suit par M. Herbet, élève de l'école des Chartes :

P..., touché du regret de la mort de tous les siens, a offert et donné quatre arpents de prés au saint monastère.

III. L'église Sainte-Marie, dite *la Petite,* était voisine du palais ; elle remontait à une haute antiquité. On a vu, dans la légende rapporté au chapitre premier de cet ouvrage, que Denis Gaulois et Jeanne de Dieux, sa femme, firent bâtir une chapelle qu'ils dédièrent à Sainte-Marie de Déols et qu'ils y furent iuhumés. Au temps de La Thaumassière, cette chapelle ne présentait plus que des ruines. On n'en voit plus aujourd'hui aucun vestige. La place qu'elle occupait porte encore le nom de Marie la Petite.

Dans la sacristie de l'église Saint-Étienne, M. le curé Chagnon conserve une pierre que l'on dit venir de l'église de Sainte-Marie et qui porte l'inscription dont nous donnons le *fac simile* à la page suivante. On croit pouvoir la traduire ainsi :

Ici repose en cette étroite demeure Bernucius, clerc, à qui la Parque, en tournant son fuseau, a ravi l'usage de la vie, elle a mêlé ainsi les choses les plus illustres aux plus humbles.

† CLERICVS · BAC · SE · E
PARVA · Q; QVIESCIT · IN · DE
BERNI · CVIS · FVSV · CVI · VOL
VENS · ABSCVLIT · VSVN·
VITE · PAR · CA · NIMIS · CV
SPLENDA · MISCVIT · IMIS..

§ IV. — La Tour de l'Horloge.

La tour dite de l'Horloge est un ouvrage du XIVme siècle. Elle se compose d'un beffroi où est l'horloge et de deux tours latérales. L'arcade du beffroi était la porte de la ville, du côté d'Issoudun. On y remarque encore la rainure de la herse. De petites portes conduisent aux tours qui servent aujourd'hui de prison provisoire. Ces bâtiments ont été récemment réparés. L'écusson qui était au-dessus de l'arcade, du côté de la campagne, a été effacé.

§ V. — Rues, places, etc., existant autrefois dans la ville ou bourg de Déols.

M. de la Tramblais a eu l'obligeance de nous communiquer un relevé de plus de 40 rues ou ruelles, ainsi que des ponts, portes, établissements publics ou privés, maisons ou logis, moulins, existant autrefois à Déols et mentionnés dans les anciens titres. Cette énumération fait juger quelle devait être l'importance de cette cité.

RUES.

Rue des Barrières ;
— de la Chaussée, autrement de Lubetin ;
— de la Chaussée au Pont de l'Horloge ;
— du Cimetière nouveau à l'étang de Marban ;
— de Coings (de la place du Palais à Coings) ;
— des Fossés à Sainte-Marie ;
— du Four banal ;
— de l'Horloge ;
— Rue d'Issoudun ;
— Maistre ;
— de Marban, autrement Coret au moine ou de Biscal ;
— du Montet ;
— du Pont de l'Horloge au Cimetière nouveau entre les deux murailles ;
— de Notre-Dame à Saint-Germain ;
— Pailleuse ;
— du Palais Saint-Étienne à l'église Sainte-Marie.

ÉTAT DE DÉOLS AUX DIVERSES ÉPOQUES.

Rue du Palais Saint-Étienne à la rue de Marban ;
— du Palais à l'étang de Marban ;
— du Pont aux Barbiers au Pont de l'Horloge ;
— du Pont de l'Horloge au Palais ;
— du Pont de l'Horloge à Issoudun ;
— du Pré Grand ;
— du Puits Charlet ;
— de la Regatterie ou Regratterie ;
— de la Rivière aux Fossés de Déols ;
— Saint-Germain ;
— de Saint-Germain au Pont aux Barbiers ;
— Saint-Jean ;
— de la Surrie ou de la Sucrye.

RUELLES.

Ruelle de la Place de la Barrière à la Boucherie ;
— allant à la Place de la Barrière ou à Notre-Dame ;
— de la rue de la Chaussée au Pré Grand ;
— de l'église Saint-Étienne aux Fossés ;
— des Fossés de la ville à Saint-Étienne ;
— de la rue de Lubetin au Cimetière Sainte-Marie et à l'église Saint-Étienne ;
— de la rue Lubetin sur les Fossés de la ville ;
— aux Maçons ;
— de la rue du Montet au grand chemin d'Issoudun ;
— du Palais à la grand'rue de Lubetin ;

Ruelle des Prés Guérins ;
— de la Poste ;
— du Puis Charlet ;
— de la rue Saint-Jean aux moulins Saint-Germain ;
— à Sarrazin, (de la rue de Marban à la rue de Coings) ;
Cul-de-sac de la Boucherie ;

PLACES.

Place de l'Abreuvoir, près la rue Saint-Jean ;
— de la place Barrière (anciennement de l'Escu de France, près la chapelle Notre-Dame ;
— du Four banal ;
— devant l'Hôpital, près la Barrière ;
— du Palais de Saint-Étienne ;
— de la Porcherie.

PONTS.

Pont aux Barbiers ;
— de l'Horloge ;
— Perrin.

PORTES.

Porte de Déols (du côté du Rochat) ;
— de l'Horloge ;
Portail du Pré Grand ;
Fausse Porte (près l'église Saint-Étienne).

BOULEVARD.

Boulevard du Pont de la Porte de l'Horloge.

ÉGLISES.

Église de Notre-Dame de Déols ;
— grande ancienne de Notre-Dame de Déols ;

Église de Saint-Étienne ;
— de Saint-Germain ;
— de Sainte-Marie ;
Chapelle de Notre-Dame (près la place de la Barrière).

ÉTABLISSEMENTS PUBLICS.

L'Hôtel-Dieu ;
L'Ancien Hôtel-Dieu, près la place de la Barrière ;
Le Palais de Saint-Étienne ;
La Seigneurie (maison aux de Boisay) ;
La Conciergerie ;
L'Hôpital Saint-Crespin était auprès de l'abbaye. Les religieux y faisaient de grandes charités et aumônes aux pauvres et aux pèlerins.

MAISONS OU LOGIS (1).

Maison du Croissant ;
— de la Barrière ;
— de la Croix-Blanche ;
— de l'Huilerie ou de la Tuilerie ;
— de Saint-Jean ;
Logis de l'Escu ou de l'Escu de France ;
— des Trois-Rois.

MOULINS.

Moulin de Saint-Germain (en amont) ;
— des Trois-Rois (en aval).

Outre ces rues et établissements, on cite encore les murs dépendant de l'Hôpital, les jardins de l'Hôtel-Dieu, et on fait une mention distincte des fossés de la ville de Déols et des fossés de l'abbaye, de deux faubourgs, etc.

Les divers documents concernant Déols font mention d'une enceinte indiquée par des croix, sans doute pour les limites de la justice. Déols et ses faubourgs avaient, en effet, justice haute, moyenne et basse, et leurs appels ressortissaient à Châteauroux.

A gauche du pont actuel sur l'Indre, en allant de Châteauroux à Déols, était le *pont Perrin*. Dans les basses eaux, on en aperçoit encore les piles. Du côté de Châteauroux, une maçonnerie semble indiquer l'existence d'une culée de ce pont. Du côté de Déols,

(1) Il est probable que les lieux désignés comme *maisons* ou comme *logis* étaient des hôtelleries ou auberges.

on accédait au pont par une porte voûtée qui se remarque encore. La tradition apprend que la justice siégeait dans une salle qu'on trouve encore au-dessus de cette arcade. Le pont Perrin, appelé ainsi sans doute du nom de son auteur, fut entraîné par une inondation en 1740. Il est probable qu'il fut remplacé par un pont de bois, car, auprès des piles en pierre, on voit des pilotis.

Le chemin d'Issoudun à Châteauroux traversait Déols. Il y pénétrait par la porte de la tour de l'horloge et suivait une rue appelée aujourd'hui du Pont Perrin ; elle aboutissait au pont par l'arcade indiquée ci-dessus.

Cette rue est remarquable par l'aspect antique des maisons. Les portes de celles-ci offrent souvent des écussons, et l'une d'elles est surmontée d'une élégante sculpture. Les fenêtres fréquemment cintrées indiquent l'existence ancienne de boutiques.

Vers 1152, une grande partie de Déols fut réduite en cendres.

§ VI. — Monnaies de Déols ou des princes de Déols.

L'étude de l'histoire monétaire peut aussi faire comprendre et apprécier l'importance d'un pays.

On a souvent rencontré les monnaies de Déols sur notre territoire. En défonçant un jardin de ce bourg, près l'église Sainte-Marie, on découvrit une telle quantité de ces monnaies qu'il y en avait, dit-on, plein un panier. Environ 1,800 deniers ont été mis au jour en nivelant une place à Issoudun. On en a trouvé aussi dans un ancien cimetière de la commune de Brion.

Enfin, dans ces derniers temps, en travaillant au déblai du chemin de fer, à environ dix kilomètres de Châteauroux, on a rencontré, au hameau de la Gerbe, un trésor évalué à quinze ou dix-huit mille pièces de monnaies baronnales, sinon davantage, parmi lesquelles se faisaient remarquer, avec plus ou moins d'abondance, des monnaies des seigneurs de Déols.

D'après une note qui a été fournie par M. Émile Barboux, conservateur du musée de Châteauroux, le type des monnaies primitives des princes de la maison de Déols était le monogramme Carolin. Cette empreinte, fort usitée pendant quelques années, dégénéra peu à peu, comme on le voit sur les oboles et les deniers frappés à Issoudun, et finit par être remplacée par l'étoile à cinq pointes. Le musée de Châteauroux possède une obole de Eudes l'ancien, de l'an 1012, parfaitement conservée, et sur laquelle se remarquent les premiers caractères. C'est sous Raoul VI de Déols, en 1160, que nous voyons pour la première fois l'étoile à six pointes. Le musée possède de ce seigneur plusieurs deniers, l'un à cinq, les autres à six pointes.

M. Henri Crochet, dans un travail manuscrit présenté, en 1856, à la *Société du Berry* et qui a eu les honneurs d'un rapport de M. de la Tramblais [1], signale des monnaies ou deniers d'Ebbes II, de Raoul V et de Raoul VI de Déols, ainsi que de Raoul III d'Issoudun. Mais, contrairement à l'assertion de M. Barboux, ce serait Eudes qui aurait adopté, comme signe

---

[1] 4° année, page 241.

distinctif de ses monnaies, une sorte d'étoile évidée à cinq pointes et comme formée d'un seul trait continu, se repliant angulairement sur lui-même.

Plus tard, sous Raoul VI, l'étoile se forma de deux triangles enlacés et présenta dès lors six pointes (1). M. Crochet semble regarder ce signe comme un souvenir traditionnel, comme une marque ou une distinction toute locale. Cette observation, suivant M. de la Tramblais, ne serait peut-être pas exacte, l'étoile à six pointes des monnaies de Déols et d'Issoudun se faisant aussi remarquer sur des monnaies royales ou baronnales étrangères à nos localités, et notamment sur quelques pièces carlovingiennes, parmi lesquelles il cite un sou de Charles-le-Simple. Cette circonstance ne saurait tenir à la suzeraineté de Déols ou de Châteauroux sur Issoudun, puisque l'on remarque les six pointes sur des monnaies au type d'Issoudun, et, en particulier, sur un denier de Guillaume Ier de Chauvigny, portant d'un côté GVILERMVS, et de l'autre EXOLDVNI.

Selon M. H. Crochet, ce serait à partir de ce Guil-

---

(1) On retrouve l'étoile de la monnaie des princes de Déols sur quelques monuments qui appartiennent à l'architecture gauloise. Il serait intéressant, pour notre histoire locale, de rechercher à quelle époque l'étoile fut adoptée pour les monnaies déoloises, et à quels motifs on doit attribuer l'addition d'une pointe à l'étoile primitive.

On vient de découvrir, à La Souterraine, une énorme quantité de deniers féodaux oxydés, collés ensemble par le vert-de-gris, et pesant environ *vingt kilogrammes*. On en a envoyé un certain nombre à M. le docteur Élie de Beaufort, de Saint-Benoît-du-Sault, qui, après les avoir nettoyés, y a reconnu *huit* fois l'étoile de Déols, et autour : DE DOLIω, et de l'autre côté, RADVLFVS. Sur deux il a trouvé ⅁IONISIA ou ⅁IEMISIA, et sur une autre GOSEDVω COM[s], c'est-à-dire Geoffroy, comte de Gien.

laume que disparut sans retour l'étoile de cinq ou six pointes, dite de Déols. Les autres Chauvigny, successeurs de Guillaume, remplacèrent ce signe par leurs armes qui étaient d'argent à cinq fusées et deux demies de gueules, selon La Thaumassière, M. Raynal et les divers auteurs, et d'or aux fusées de gueules, suivant M. le comte Ferdinand de Maussabré, qui appuie son opinion sur des témoignages irrécusables. Les armes de la première race des princes de Déols ne se voient sur aucune de leurs monnaies.

Un Raoul, probablement Raoul-Thibaut, celui qui avait conduit ses vassaux à la Croisade et qui mourut à Antioche, avait pris, sur les monnaies frappées en son nom, le titre de chef de la milice, DVX MILICIE. Un Ebbes, qui ne saurait être qu'Ebbes II, inscrivait sur les siennes ce vieux nom de Déols que n'avait pas encore fait oublier le nom trop récent du Château-Raoul : EBO DE DOLIS.

Le nom de Déols fut maintenu pendant longtemps dans la légende des monnaies déoloises ; mais il cessa d'y figurer à partir du commencement du XIII° siècle, et le nom de Châteauroux lui fut substitué. Doit-on en conclure, ajoute M. de la Tramblais, que les ateliers monétaires de Déols furent transférés dans la ville de Châteauroux, devenue désormais la résidence des princes ?

On trouve, dans la notice de M. Crochet, le dessin d'un denier de Philippe-Auguste, portant, d'un côté REX FILIPUS, et de l'autre DE DOLIS. Cette singulière légende donne à penser que Philippe, pressé par les circonstances, se servit d'un coin des princes de Déols pour battre monnaie à son propre nom.

La fleur de lis, introduite sur les monnaies par Louis VII (1), se montre, d'une manière distincte, sur le denier de Guillaume Ier de Chauvigny et sur la monnaie de Guillaume III de Chauvigny.

L'étude des monnaies déoloises présente une assez grande difficulté : c'est celle de l'attribution qu'on en doit faire aux divers seigneurs qui se sont succédé dans la principauté de Déols ou de Châteauroux. Nous avons, en effet, deux de ces princes du nom d'Ebbe, six ou sept du nom de Raoul; il y a trois André de Chauvigny, trois Guy, trois Guillaume. Ajoutons à ceux-là les seigneurs du même nom, issus de la même maison, qui ont possédé, à titre particulier, les fiefs d'Issoudun, de La Châtre, de Charenton, etc. .On comprend quelle confusion doit résulter de la conformité de tous ces noms, appartenant à des personnages différents et à des temps divers. Et si l'on considère qu'à cette époque les monnaies ne présentaient aucun millésime, que les noms ne sont accompagnés d'aucun nombre ordinal qui puisse leur assigner, comme dans nos monnaies modernes, un rang chronologique, on voit à quelle incertitude on est exposé dans la classification de ces monuments si intéressants pour l'histoire de nos contrées.

Les Chauvigny, à partir de Guillaume II, substituèrent aux premières empreintes les armes de leur famille, c'est-à-dire des fusées.

(1) Le Blanc, *Traité des Monnaies*, page 164.

ARTICLE DEUXIÈME.

État moderne de Déols.

Il nous reste à faire connaître, dans les paragraphes suivants, l'étendue de la commune de Déols, la nature de son sol, ses cultures, ses impositions, les rues du bourg; le pont actuel et les routes qui y aboutissent; la population et ses industries; l'orphelinat; l'usage du feu de la Saint-Jean.

Le bourg de Déols est le chef-lieu d'une commune bornée au midi par l'Indre et à l'ouest par l'Angolin. Cette commune offre une superficie de 3,154 hectares et contient des fermes considérables.

Sa formation géologique appartient à l'étage moyen système oolithique. On y rencontre des pierres lithographiques.

La répartition de sa contenance imposable depuis le dernier relevé du cadastre, qui est de 1835 (ce qui probablement a changé depuis), se trouvait comme il suit :

Terres labourables............	2,300	hectares
Prés et herbages............	373	—
Vignes.....................	314	—
Bois.......................	26	—
Terrains divers en culture......	37	—
Sol des propriétés bâties.......	15	—
Contenance des objets non imposables (routes, places publiques, cours d'eau, etc.)............	89	—
TOTAL.....	3,154	hectares.

Le produit des contributions directes de la commune de Déols, en 1871, a été réparti de la manière suivante :

Contribution foncière...................	16,591 fr.	
— personnelle et mobilière....	6,007	
— portes et fenêtres...........	2,117	
— des patentes..............	4,389	
Total............	29,164 fr.	

Le chiffre total des contributions *indirectes* payées à la régie par les redevables de la commune de Déols, pendant le cours de l'année 1871, s'est élevé à la somme de 6,934 francs.

Si nous prenons la liste des trente plus imposés de la commune, nous trouvons que celui qui paye le plus est porté pour la somme de 938 francs 62 centimes, et que celui qui paye le moins est porté pour la somme de 96 francs 83 centimes.

Il y a, dans la commune de Déols, cinq à six fermes assez considérables, dont les propriétaires payent les plus fortes impositions ; les autres cotes sont supportées par de petits commerçants et des cultivateurs.

Il y avait, dans l'ancien Déols, vingt-sept rues et seize ruelles. On compte aujourd'hui, dans Déols moderne, vingt-huit rues qui ne sont, pour la plupart, que des ruelles.

§ II. — Le pont actuel ; routes qui y aboutissent.

Le pont actuel de Déols a été construit, un peu en amont de l'ancien pont, par Gendrier, ingénieur des ponts et chaussées du Berry, d'après un projet portant la date du 9 septembre 1751. Les piles et les culées reposent sur un grillage établi à environ 3 mètres 50 centimètres en contrebas de l'étiage. Cet ouvrage d'art, paramenté avec de la pierre de taille de Varenne, calcaire fort gélif des environs de Châteauroux, n'a pas résisté longtemps aux intempéries, et, en 1827, toute la partie extérieure était en mauvais état.

Un projet de restauration, comportant la substitution du grès à la pierre calcaire, fut alors dressé par M. l'ingénieur en chef Anselin. Ce projet fut mis à exécution de 1828 à 1835, et les dépenses se sont élevées à 57,000 francs. Le travail a été dirigé de manière à ne pas modifier la forme primitive de l'ouvrage. Cependant les arrière-becs, de forme ogivale, ont été ramenés à des demi-cercles, et la chaussée, alors construite en pavés de blocage avec revers, a été convertie en empierrement et bordée par des demi-caniveaux et des trottoirs. Le pont a un débouché de 58 mètres 50 centimètres de largeur. Il est composé de cinq arches en anse de panier de 11 mètres 70 centimètres de débouché linéaire.

Les routes nationales numéro 20, de Paris à Toulouse, et n° 151 de Poitiers à Avallon, passent par Déols et aboutissent au pont. Elles ont été classées par décret du 16 décembre 1811. La première a été construite antérieurement au XIX° siècle par corvées et par tronçons. La construction de la seconde, entre Issoudun et Déols, remonte au premier empire (1).

Des maisons nouvelles se sont élevées sur le trajet de ces deux routes, tandis que les rues anciennes ont perdu de leur valeur. L'établissement du chemin de fer de Paris à Châteauroux a enlevé à Déols un transit considérable.

§ III. — Population, industries, etc.

Le dernier recensement a donné le résultat suivant :

Population agglomérée	2,235
Population éparse	311
Orphelinat (sœurs et orphelines)	48
Total	2,594

On n'a trouvé qu'un seul protestant qui était récemment venu de l'Alsace-Lorraine.

Cette population, toute ouvrière, est très-active, très-laborieuse. Si elle n'est pas riche, elle n'a pas de pauvres. Elle se livre avec ardeur à la culture de la vigne, des céréales, des légumes et des fruits ; elle va porter ces derniers produits au loin et jusqu'à Guéret. L'élevage des porcs l'occupe surtout ; des paniers de cette viande morte sont continuellement expédiés sur Paris. Le dimanche, les cabarets et les jeux quelconques sont assez suivis, mais dans la se-

---

(1) Notes fournies par M. Ravisy, ingénieur en chef des ponts et chaussées, et par M. Fayet, conducteur principal, chef de bureau.

maine tout le monde travaille. Environ 300 femmes partent, tous les matins, pour aller travailler à la manufacture des tabacs. Un certain nombre d'hommes s'y rendent aussi, ainsi qu'à la manufacture de draps. L'argent qui en est rapporté répand l'aisance générale dans le bourg.

L'école des garçons contient environ 160 élèves, qui payent à l'instituteur 50 centimes de rétribution par mois. L'école des filles est dirigée par les sœurs de l'Orphelinat, dont nous parlerons dans le paragraphe suivant ; le nombre de leurs élèves est un peu inférieur à celui des garçons ; elles payent, aussi par mois, 1 franc et 1 franc 50 centimes suivant l'âge.

Depuis quelques années, on a établi à Déols une brigade de gendarmerie. Une compagnie de pompiers y existe depuis longtemps.

Il y a, dans le bourg, une tuilerie, et quelques petites industries nouvelles, comme une chapellerie et une fabrique d'allumettes chimiques. Le commerce relatif à l'alimentation et aux choses usuelles y abonde.

Il s'y tient, quatre fois par an, des foires assez importantes. On y vend surtout des *aumailles*, c'est-à-dire des bœufs de travail, des bœufs gras et des vaches laitières, ainsi qu'une grande quantité de porcs, peu de moutons, des chevaux et des ânes.

On ne trouve, dans la commune de Déols que le seul moulin de Marban, qui est situé sur l'Angolin.

Nous avons parlé de l'affluence qui se porte à Déols pour les Bonnes-Dames d'août et de septembre.

§ IV. — Orphelinat de Déols.

Au pied du clocher conservé de la célèbre abbaye, on a fondé une institution charitable des plus intéressantes et qui est connue sous le nom de *l'Œuvre de l'Orphelinat de Déols*. C'est une société de patronage pour les orphelines pauvres du département de l'Indre.

La première pensée de cette fondation date de 1843. L'acquisition des terrains, les constructions et le mobilier ont coûté 60,000 francs. La commune, l'État et la bienfaisance publique ont constitué cette somme.

L'institution s'est fait reconnaître par ordonnance royale du 31 août 1846, et elle est devenue établissement d'utilité publique par décret impérial du 10 septembre 1857.

Ne possédant aucun revenu, toutes les ressources sont temporaires et se composent de dons, du produit du travail des enfants, de subventions du département et de l'État. Des loteries ont coutume de combler l'arriéré.

La pension, ressource indispensable, est, depuis 1851, fixée à 100 francs, plus un trousseau de 50 francs.

A partir du 1er janvier 1861, des jeunes filles sourdes-muettes ou aveugles ont été admises. L'instruction leur est donnée par une sœur qui a fait ses études dans une maison spéciale de Paris.

Six sœurs de l'ordre de la Charité du Montoir de Bourges composent le personnel. La supérieure, qui a la direction générale, va, en outre, visiter les malades dans le bourg. Une sœur enseigne les sourdes-muettes et aveugles ; une sœur est chargée d'enseigner et de faire travailler les orphelines ; une autre se consacre à l'asile qui est joint à l'école ; deux autres enfin sont pour l'école des filles du dehors.

L'institut des orphelines compte à présent quarante quatre enfants : une aveugle, sept sourdes-muettes et trente-six orphelines. Chaque enfant coûte environ 250 francs par an.

L'éducation est morale et religieuse. On occupe les élèves aux travaux d'aiguille et aux soins du ménage.

Conformément aux statuts approuvés par le décret, l'œuvre est représentée par un conseil de neuf personnes nommées en assemblée générale des donateurs et souscripteurs. Des dames patronesses, dont le nombre est illimité, veulent bien prêter leur concours au conseil d'administration. Le conseil d'administration et les dames patronesses tiennent séance tous les deux mois. Si une réunion extraordinaire est reconnue utile, M. le président prend l'initiative de la convocation.

M. le sénateur Amédée Thayer a été président du conseil d'administration ; aujourd'hui c'est M. Raoul Charlemagne, ancien maire et ancien député. M. Émile Damourette remplit les fonctions de secrétaire. M. Mayet est trésorier.

Les personnes qui n'assistent pas aux réunions sont passibles d'une amende de 50 centimes. Les amendes forment un fonds de réserve sur lequel il est attribué, toutes les fois qu'il contient une ressource suffissante, une somme de 50 francs à toute jeune fille qui sort de la maison à l'âgé de 21 ans.

Les orphelines ne doivent appartenir qu'au département de l'Indre. Les sourdes-muettes et les aveugles peuvent être nées dans le Cher. Les premières, placées avec le concours du département payent une pension annuelle de 250 francs et un trousseau de 100 francs. Les aveugles payent une pension de 300 francs, un trousseau de 10 francs, plus 50 francs pour leur entretien, parce qu'elles ne peuvent pas s'entretenir elles-mêmes.

Une assez jolie chapelle forme le centre de l'établissement. Les noms des fondateurs et bienfaiteurs y sont inscrits. Le 28 avril, les sœurs font célébrer la fête de l'adoration perpétuelle à leur intention. Voici leurs noms :

MM. Bonnichon, président du tribunal de commerce ; — Bertrand-Boislarge ; — Charlemagne, conseiller d'État ; — l'abbé Damourette, aumônier de l'école des frères ; — Hippolyte Desormeaux ; — Desormeaux, président de la Société de Saint-Vincent de Paul ; — Grillon des Chapelles, père ; — Amador Grillon des Chapelles ; — Muret de Bort, député ; — Ollier, banquier ; — Théodore Patureau ; — Amédée Thayer, sénateur ; — Trumeau, président du tribunal de Commerce ; — Veillat-Mallebay ;

MM^{mes} Anselin ; — Bertrand-Boislarge ; — Claveau ; — Delouche-Pémoret ; — Duchan ; — Édouard

Desjobert ; — J. Duris-Dufresne ; — de Fougères ; — Amador Grillon ; — Mars-Veillat ; — Martin ; — Marchain ; — Henri Patureau ; — Patureau-Miran ; — Rabier-Pingault ; — Just Veillat.

§ V. — Feu de la Saint-Jean.

L'usage du feu de la Saint-Jean continue à être solennellement observé à Déols. La population du bourg, des environs et de Châteauroux a coutume de s'y rendre. Le curé, avec la croix et ses chantres, ainsi que divers membres du clergé, y viennent processionnellement. Le maire en écharpe, le conseil municipal, les jeunes orphelines suivent dans une haie formée par les pompiers. On arrive au son du tambour, alterné avec des chants d'église. Un *Te Deum* est entonné ; puis le curé, le maire, des personnes de distinction admises dans le cortége, mettent le feu avec des cierges. La jeunesse court autour de l'incendie, les vieillards s'y chauffent avec la pensée de guérir leurs rhumatismes, et les jeunes filles, en faisant le tour sept fois, espèrent être mariées dans l'année.

CHAPITRE NEUVIÈME.

DE L'ABBAYE DE SAINT-GILDAS.

L'abbaye de Saint-Gildas n'était séparée du château-Raoul que par la rivière d'Indre. Comme elle avait été créée à la même époque que celle de Déols et qu'elle a été sécularisée en même temps, nous croyons devoir lui consacrer ici un chapitre, attendu qu'elle a eu aussi de grands rapports, malgré sa moindre importance, avec les diverses maisons qui ont régné sur le Bas-Berry.

L'abbaye de Saint-Gildas, disent nos historiens, était de *gros et ample revenu;* son régime était également celui de saint Benoît. Obscure et modeste auprès de la grande abbaye de Déols, elle n'en a pas moins eu une grande importance. Cette importance est attestée par les pièces nombreuses qu'on trouve dans les six volumes des titres du duché de Châteauroux.

Nous allons examiner, dans une suite de paragraphes, son origine, ses possessions, la série de ses abbés, les attaques qu'elle a eu à subir, et, ainsi que pour l'abbaye de Déols, nous renverrons sa sécularisation à l'histoire de la maison de Condé.

§ I. — Origine de l'abbaye de Saint-Gildas.

Saint Gildas était né en Bretagne, vers l'an 494, et il était mort de 570 à 580. Il avait fondé, aux environs de Vannes, le monastère de Ruis, dont Abeilard fut plus tard l'abbé.

Au X° siècle, les Normands, avec des gens d'autres nations, pénétrèrent en Bretagne. Daocius, abbé du monastère de Saint-Gildas de Ruis, convoqua ses frères et leur exposa que ces barbares brûlaient les châteaux et les saints lieux, exterminaient les religieux, violaient les femmes et les vierges. Il leur conseilla de fuir. Les religieux se mirent à préparer litières et sommiers et emportèrent les restes de saint Gildas, leur patron, ceux de Patrice, d'Albain, martyr, de sainte Brigide, de Paterne, évêque de Vannes, et autres, leurs vêtements et leurs livres. Ils passèrent par Rennes d'où tout le monde avait fui, par l'Anjou, la Touraine, et arrivèrent au château de Preuilly. Reposés, ils s'acheminèrent vers le Berry, car en nul autre lieu il n'y avait paix, et ils s'arrêtèrent en la terre où le prince Ebbes tenait sa seigneurie. (De La Gogue.) (1)

Ebbes le Noble fut leur providence terrestre. « Nous sommes fugitifs, lui dit l'abbé de Saint-Gildas ; nous apportons avec nous des reliques précieuses. C'est

---

(1) Dom Lobineau, d'après la vie de saint Gildas, place la fuite des moines à l'an 874 (Hist. de Bretagne.) — La chronique de Tours porte cet événement à l'an 735.

Dieu qui vous les envoie ; accordez leur un asile dans vos terres et laissez-nous prier sur ces vestiges pour vous et pour nous. »

Ebbes, touché de leur sort et pris de vénération pour leur dépôt, rendu plus précieux encore par un calice, celui, prétendaient-ils, dont le Christ s'était servi à la dernière cène, Ebbes leur concéda de suite, dans une forêt qui touchait à Déols, l'ermitage de Sainte-Marie, contenant une ancienne église, deux petits ermitages abandonnés, et leur fournit de quoi y subsister.

Les moines Bretons n'avaient eu d'abord qu'un établissement provisoire ; mais, protégés de plus en plus par le prince de Déols, ils fondèrent bientôt, entre la rive droite du ruisseau de la Ringoire ou Angolin et la rivière d'Indre, l'abbaye de Saint-Sauveur et de Saint-Gildas, que le prince affranchit de tous droits et de coutumes. Il leur accorda aussi la justice dans toute cette presqu'île. On y plaça, avec tout le respect possible, les corps des saints apportés de Bretagne.

On a vu comment, à son lit de mort, Ebbes le Noble recommanda l'abbaye de Saint-Gildas à son fils le prince Raoul et à son oncle Géronce, archevêque de Bourges.

Le prince Raoul, fidèle aux dernières volontés de son père, acheva l'abbaye de Saint-Sauveur et y fit placer le calice sacré de la cène du Seigneur, ainsi que les corps des saints apportés par les Bretons, et beaucoup d'autres reliques.

Peu de temps après, à la demande de Laune, son

frère, qui était encore archidiacre de saint Géronce, Raoul fit transporter à Issoudun la tête et les principaux membres du bienheureux Paterne, évêque de Vannes, afin que le monastère de cette ville fût aussi illustré par ces saintes reliques.

D'autres avantages furent encore accordés par la suite, à l'abbaye de Saint-Gildas. Dans les voyages qu'Eudes, dit l'Ancien, fit en Terre-Sainte, en 1027, ce prince ayant été surpris en mer par une tempête furieuse, crut avoir été préservé du danger par l'intercession des saints qui reposaient et étaient honorés aux l'églises que ses prédécesseurs avaient fondées, ce qui fit qu'étant de retour en son château Raoul, il alla rendre grâces à Dieu en l'abbaye de Saint-Gildas. Il accorda aux religieux de nouveaux privilèges, affranchit le lieu et les personnes qui y demeuraient de tout droit et puissance qu'il y pouvait prétendre, et voulut qu'il n'y fut reconnu autre seigneur que les abbés et religieux. Il leur accorda le droit d'usage dans ses forêts, avec les moulins de Sales et plusieurs autres biens.

En 1128, Raoul VI de Déols, pour faire consacrer l'église de Saint-Gildas par Wulgrin, soixante-deuxième archevêque de Bourges, avait convoqué, pour le jour de l'Annonciation, une grande et solennelle assemblée de prélats.

§ II. — Possessions de l'abbaye de Saint-Gildas.

Cette abbaye possédait entre autres :

1° La seigneurie de la Gravette, située dans la

paroisse de Brives ; cette seigneurie était annexée à l'aumônerie du bourg de Brives ;

2° La seigneurie, le château et la chapelle de Lhôtiers ; la chapelle était desservie par des moines dont l'un portait le titre de prieur ;

3° La seigneurie de Néret, près Châteaumeillant ; les revenus de cette terre féodale étaient affectés à la chantrerie de l'abbaye.

Outre les terres féodales, l'abbaye de Saint-Gildas avait de nombreux prieurés sous sa dépendance. L'abbé nommait les titulaires et touchait les gros fruits :

Ainsi : *prieuré de Saint-Marcel,* près Argenton. Dans l'église de ce prieuré, il y avait plusieurs autels ayant des prêtres pour les desservir ; ils portaient le nom de vicaires : autel de la paroisse, de Notre-Dame de pitié, de Saint-Antoine, de Saint-Jean. L'office de sacristain avait des revenus et des rentes (la sacristinerie) ; la maîtrise des enfants de chœur était aussi dotée.

Prieuré de Saint-Étienne d'Argenton : autel en l'honneur de Notre Seigneur Jésus-Christ, et autel de Saint-Joseph ;

Prieuré du Pin, près Gargilesse ;

Prieuré de Bazaiges ;

Prieuré de Saint-Denis, de Châteauroux ;

Prieuré de Saint-Martin, de Châteauroux ;

Prieuré de Saint-Maur : autel de Sainte-Marthe ;

Prieuré de Bezagettes ;

Prieuré de Velles : autel de Saint-Germain, fondé

en 1528, dans l'église de Velles, par Jules Guzon, clerc tonsuré ;

Prieuré de Saint-Christophe, de Châteauroux ;
Prieuré du Pont-Chrétien, près Saint-Marcel ;
Prieuré de Luant ;
Prieuré de Bouges ;
Prieuré de Villedieu ;
Prieuré de Beddes ;
Prieuré de Saint-Lactencin ;
Prieuré de Mehun-sur-Indre ;
Prieuré de Saint-Blaise, dans Châteauroux.

La chapelle de Notre-Dame-des-Bunes, dans le château d'Argenton, et la chapelle de Saint-Martin-de-Lamps, dépendaient de Saint-Gildas.

L'abbaye de Saint-Gildas, avec ces seigneuries et ces prieurés, possédait encore des domaines, des revenus et des rentes.

Parmi les actes relatifs à l'abbaye de Saint-Gildas, on trouve, en 1178, une concession, par Nicolas, l'un de ses abbés, à Guillaume, abbé de la Prée, de ce qui avait été donné, au premier de ces monastères, pour l'entrée en religion de Sulpice de Charly, à savoir : des biens et rentes et une terre dans le village de Lagny. Les religieux de la Prée s'engagent, en retour, à fournir par année, deux setiers de froment, payables au cloître de Saint-Gildas. *(Copie en papier aux archives de l'Indre, fonds de l'abbaye de la Prée.)*

§ III. — Abbés de Saint-Gildas.

Il est regrettable qu'on ne possède pas la liste

entière des abbés qui dirigèrent l'abbaye de Saint-Gildas. Un petit nombre seulement nous sont connus. Cela tient moins à l'antiquité du monastère qu'à l'incurie des chanoines qui furent substitués aux moines l'an 1623, à la demande du prince Henri II de Bourbon Condé. Il faut reconnaître, cependant, que l'influence du temps et surtout les attaques des hérétiques en ont été la cause principale.

Voici les seuls fragments de cette liste qui aient été conservés :

1° D'Arc ou Daocius, qui fut le fondateur de l'abbaye, et qui, à ce qu'on croit, gouverna en même temps le monastère d'Issoudun ;

2° Durand vint ensuite. Sous sa direction eut lieu la dédicace de l'église de Vouillon, en 1040 ; il y assistait ;

3° Vital apposa sa signature à une charte de restitution d'un petit monastère construit dans le château de Saumur, que Foulques-le-Réchin, après en avoir chassé les moines, rendit à ceux de Saint-Florent et à leur abbé Ségon, en 1067 ;

4° Nicolas était abbé en 1178. Il est question de lui dans la collection des abbés de la Prée ;

5° S... n'est pas désigné autrement dans des lettres de Raoul de Déols pour le monastère de la Prée en 1202 ;

6° Godefroy *(Godefridus)* est nommé en 1206, dans une charte de l'abbaye du Landais, et, la même année, dans des lettres de Raoul d'Issoudun, en faveur de l'abbaye de la Prée ;

7° EMENON, en 1210, est désigné dans une charte de l'abbaye du Landais ;

8° P..., en 1219, transige avec les moines de la Prée pour le domaine de la Gravette *(Gravetta)*. Le même, en 1223, est mentionné dans le cartulaire des archevêques de Bourges ;

9° THÉOBALDE, en 1231, est nommé dans une charte de l'abbaye du Landais ;

10° PIERRE a été l'exécuteur testamentaire de Guillaume de Chauvigny, seigneur de Châteauroux, en 1234. Il est nommé dans un cartulaire de l'abbaye de Saint-Satur ;

11° GUY *(Guido)* fait une transaction, en 1236, avec les moines de la Prée ;

12° GEOFFROY *(Geofridus)* est désigné, en 1263, dans une charte de Notre-Dame de la Prée ;

13° JEAN est abbé en 1409. On parle de lui dans les actes du concile de Pise. Il est désigné parmi les abbés qui envoyèrent à ce concile des procureurs avec des pouvoirs illimités. Il est surnommé Thasuerius, en 1426, dans des lettres données la cinquième année du pontificat de Martin V, qui existaient à la bibliothèque de Chezal-Benoît. Jean paraît encore, en 1429, dans les chartes de l'abbaye du Landais ;

14° THOMAS DE L'EFFE, en 1456, arrente ses biens. Il mourut en 1462, le 9 des calendes de mars. On parle de lui avec éloge dans le nécrologe des frères mineurs de Châteauroux (Cordeliers) ;

15° FRANÇOIS GUÉRIN, en 1512, était en même temps abbé de la Prée et de Saint-Gildas ;

16° Jean II, Niquet, a fondé, en 1561, le collége des Jésuites à Bourges. Il était en même temps abbé de Méobecq ;

17° François de Chennevière, abbé commendataire, répara le palais abbatial détruit par les hérétiques. Il mourut le 26 juillet de l'année 1616.

Ce qui annonce quelle était l'importance de cette abbaye, c'est que son église principale fut consacrée en présence de 16 évêques et de 56 abbés, et qu'un concile y fut tenu à la suite. Le pape Honorius s'était fait représenter à cette assemblée par Gérard, évêque d'Angoulême (1).

§ IV. — Attaques que l'abbaye de Saint-Gildas a eues à subir.

A la fin du moyen âge, l'abbaye de Saint-Gildas occupait un enclos de vingt-deux arpents, ceint de fossés, muni de fortifications, de tourelles et de ponts-levis. Ces moyens multipliés de défense lui permirent, en 1590, de soutenir un véritable siége contre les protestants. Une tradition recueillie par M. Lemaigre, ancien archiviste de la préfecture, rapporte que les moines combattirent vaillamment, mais qu'accablés par le nombre, ils durent se retirer, laissant morts sur la brèche plusieurs de leurs confrères (2).

---

(1) *Chronique de Quimperlé. Mélanges de Baluze*, t. 1ᵉʳ.
(2) *Statistique monumentale de l'Indre,*

En 1589, pendant la campagne de Henri IV pour prendre possession du trône de France, M. de La Chastre tenait pour la ligue ; d'Arquian, l'un des chefs du parti du roi, vint à Châteauroux qui lui était soumis, et se présenta devant Déols qui était occupé par les ligueurs. D'Arquian en fut repoussé ; mais désireux de réparer cet échec, il revint bientôt avec douze cents hommes et six pièces de canon. Il commença par reprendre l'abbaye de Saint-Gildas, et, par de cruelles représailles, il fit pendre, à un noyer, le capitaine Valade et quatre de ses soldats, qui l'avaient défendue [1].

On a vu que, en 1590, au mois de juin, Déols étant au pouvoir des ligueurs et Châteauroux à celui de M. d'Arquian, M. de La Chastre vint assiéger Châteauroux, s'empara de l'abbaye de Saint-Gildas et y laissa garnison ; que d'Arquian reprit l'abbaye de Saint-Gildas, puis assiégea Déols.

§ V. — Vestiges de l'abbaye de Saint-Gildas.

Constatons, pour terminer ce chapitre, ce qui reste de cette abbaye. Les moines dispersés, par suite de sa sécularisation, son enceinte fut successivement envahie, et à son détriment s'augmenta peu à peu le faubourg qui prit le nom de Saint-Christophe. Du côté de la prairie qui touche au Moulin-Neuf, on voit

[1] Raynal, t. 2, p. 188.

encore les traces des fossés qui étaient entourés d'eau et un certain nombre de tours, dépourvues de leurs faîtes en conséquence des ordonnances révolutionnaires, et dont la couverture est taillée en sifflet ou biseau, sans doute parce qu'il était plus économique, pour ceux qui voulaient les utiliser, de les préserver de cette manière des injures du temps.

Auprès des établissements des jardiniers Gaujard, dans la rue dite *du Portail,* on reconnaît les restes de la porte principale du couvent. Les deux piliers de la voûte, celui de droite surtout, sont bien conservés. En dedans, à droite, une sorte de tour, dans la rue de la *Fuie,* était la fuie ou le pigeonnier de l'établissement. Au milieu des maisons du faubourg, on remarque, çà et là, de gros murs qui, évidemment, appartenaient aux différentes parties de l'abbaye. On trouve encore quelques vestiges d'une chapelle appelée de Saint-Eutrope, dans une maison particulière, près de la porte d'entrée. Quant à l'église principale, il n'en existe plus rien aujourd'hui. A sa place, les nombreuses maisons qui ont été bâties l'ont été sans doute avec les matériaux qui en provenaient.

Une petite chapelle dite de *Saint-Marc,* qui est auprès du pont de bois, appartenait au couvent, bien qu'elle en fût séparée. Sa porte du côté de l'Indre, d'un style élégant, paraît appartenir à l'architecture du XV° siècle. Ses ornements mutilés par les projectiles indiquent les attaques qui furent dirigées contre l'abbaye. La position de cette chapelle et celle de sa porte sur le bord même de la rivière rappelle-t-elle le souvenir de quelque événement ancien, par exemple celui de l'arrivée des moines bretons, lesquels, selon la tradition, abordèrent en ce lieu, après avoir remonté la Loire et l'Indre, ou bien ne serait-ce simplement qu'une construction qui, bien que religieuse, aurait été destinée par les moines à établir un tribut pour le passage de l'eau ?

Le nom de Saint-Gildas serait aujourd'hui tout à fait oublié de la population de Châteauroux, s'il n'était conservé à une prairie qui se trouve en face des terrasses du vieux Château-Raoul et de la préfecture, et d'où l'on a coutume, dans les fêtes publiques, de tirer un feu d'artifice. Cependant ceux qui s'occupent de l'histoire du pays trouveront, dans les *terriers* déposés aux archives de la préfecture, un grand nombre de traces de son existence. Outre les possessions que nous avons indiquées, on y remarquera des déclarations de maisons, jardins, etc., situés dans l'enclos de l'abbaye et dans les rues du faubourg, ainsi que d'autres propriétés.

Notons, enfin, qu'une tombe, fort endommagée, trouvée récemment en creusant les fondations d'une maison dans le faubourg de Saint-Christophe, indique, par son inscription, quoique détruite en partie, qu'elle appartenait à l'un des prieurs de l'abbaye de Saint-Gildas. Le lieu où elle a été découverte était à peu près celui qu'occupait l'église. Cette tombe, achetée par la société du musée, a été transportée dans la cour de l'hôtel-de-ville. Sur le couvercle sont tracés la tête et le corps du religieux revêtus du capuchon et de la robe de son ordre. Tout en haut, à droite et à gauche, on remarque les figures du soleil et de la lune, et tout autour règne l'inscription latine, que nous venons de mentionner, et qui peut se traduire ainsi :

*Ici repose N..., prieur du monastère
de Saint-Gildas de Châteauroux,
mort en l'année 1302,
le troisième jour avant les nones de mai;
Qu'il repose en paix !*

DEUXIÈME PARTIE

HISTOIRE DE CHATEAUROUX

Après avoir présenté sur les princes de Déols, sur les abbayes de Déols et de Saint-Gildas, les notions qui nous étaient indispensables pour reconnaître l'origine des seigneurs de Châteauroux, et pour comprendre les rapports nombreux et importants qui ont existé entre les seigneurs et les deux abbayes, nous pouvons entrer franchement dans l'histoire de notre ville.

Cette histoire est bien plus importante que celle de Déols. Déols a beaucoup perdu depuis le départ de ses seigneurs et depuis la sécularisation de son abbaye, tandis que Châteauroux, devenu le séjour des princes souverains, n'a cessé de s'accroître. Le Château-Raoul, place d'une grande importance, a mis sous sa protection la ville qui s'est fondée à ses pieds.

Après l'extinction de la maison de Déols, la maison de Chauvigny lui succéda. La terre fut, dans la suite, acquise par la famille de Condé, et celle-ci, à son tour la céda à Louis XV. Après avoir contribué à l'apanage du comte d'Artois, elle fut vendue en détail à l'époque de la Révolution. Telle est, en quelques mots, notre histoire politique.

Mais Châteauroux, en s'agrandissant, a eu ses monuments, ses établissements religieux, municipaux, hospitaliers, militaires, ceux concernant les diverses administrations, la justice, l'instruction publique, la viabilité, ceux aussi de bienfaisance et de prévoyance, etc.

En même temps, le commerce et l'industrie s'y développaient ; de grandes manufactures s'y sont formées, ainsi que des établissements de finances, d'assurances, etc.; des foires, des marchés, se sont établis ; des hôtels, successivement transformés, ont répondu aux besoins des voyageurs ; enfin, l'octroi est venu apporter à la ville un revenu indispensable.

L'exposition de cette histoire nous oblige donc de constituer trois grandes divisions. Dans la première, nous raconterons l'histoire politique de Châteauroux ; la seconde fera connaître son état économique, et la troisième sera consacrée à son état commercial et industriel. Dans un résumé qui terminera cet ouvrage, nous établirons quels ont été les progrès successifs de la ville et nous formulerons des conclusions sur son avenir.

PREMIÈRE SECTION

HISTOIRE POLITIQUE

L'histoire politique de Châteauroux offre le plus grand intérêt. Nos seigneurs ont puissamment contribué au développement de la ville. Ils ont établi des relations, non-seulement dans tout le Berry et dans les provinces voisines, mais encore dans l'Orient par la part qu'ils ont prise aux Croisades.

Dans cette première section, nous devons faire connaître la fondation de Châteauroux et la série des barons de ce nom, la minorité de Denise de Déols, les seigneurs de la maison de Chauvigny, ceux des maisons de Maillé de Latour-Landry et d'Aumont, les princes de la maison de Condé, l'acquisition par Louis XV et la donation à la duchesse de Châteauroux, l'apanage du comte d'Artois, la Révolution de 1789 et la vente des domaines nationaux, et enfin quels ont été les députés du Berry et en particulier du département de l'Indre qui ont figuré dans la représentation nationale aux diverses époques de notre histoire moderne. Pour parcourir cette longue étude, il ne nous faudra pas moins de neuf chapitres.

CHAPITRE PREMIER.

FONDATION DE CHATEAUROUX ET SUITE DE LA MAISON DE DÉOLS.

La lignée des barons de Châteauroux se compose de neuf princes dont nous allons successivement retracer les règnes, qui durèrent de 935 à 1176, c'est-à-dire 241 années.

§ I. — Raoul Ier, dit le Large, le Généreux, le Libéral.
(935-952)

ROIS CONTEMPORAINS.

Raoul...............	923-936	Louis d'Outre-Mer....	936-954

DUCS D'AQUITAINE.

Raymond III de Toulouse.............	932-950	Guillaume Tête-d'Étoupe, Cte de Poitiers..	950-963

Les moines bénédictins, à qui Raoul venait d'abandonner son palais, ne manquèrent pas de lui prodiguer les épithètes que la reconnaissance leur suggérait.

Le lieu dont ce prince avait fait choix pour se construire une nouvelle résidence, était, comme nous l'avons déjà dit, une éminence de l'autre côté de l'Indre. Le château, placé à deux kilomètres et en vue de Déols, dominait la prairie et commandait le passage de la rivière. Il semblait étendre sa protection sur l'abbaye de Saint-Gildas, située presque en face, et sur la nouvelle ville qui, bientôt après, commença à s'établir sous ses murs (1).

L'enceinte de ce château formait une sorte de triangle irrégulier, dont le plus grand côté présentait, vers la rivière, un front de 120 toises. De larges fossés la défendaient des autres parts, et de hautes murailles, flanquées de fortes tours et de créneaux l'entouraient. Un donjon formidable, construit sur une motte élevée, dans l'angle occidental, était séparé du reste de l'enceinte par un retranchement profond. Tout cet ensemble faisait du nouvel édifice une forteresse presque inexpugnable.

(1) Châteauroux a pris le nom de son fondateur. On disait en latin *Castrum Radulphi* et quelquefois *Castellum Radulphi*, mais la forme française du nom de Raoul ayant subi diverses variations, on écrivit, suivant les époques, *Chastel Raoul* ou *Chasteau Raoulx*. On lit *Chastel Raous* dans un grand nombre de chartes, et même, par contraction, *Chastraous* dans quelques unes. Plus tard, vers le XVIe siècle, on écrivit *Roux* pour *Raoul*, de là Château-Roux. Cela a eu lieu pour plusieurs autres noms de localités, comme Grange-Roux, pour la grange de *Raoul*, etc. — Lorsqu'une nouvelle ville se fut établie sous les murs du château, on désigna plus particulièrement celui-ci sous le nom de *motte de Château-Roux*. Une charte de 1313 est *donnée à la motta de Chastel Raous*. — Afin de mieux se défendre contre les attaques extérieures, on entourait d'un monticule ou d'une motte à talus très-raides le pied du donjon ou de la tour principale des châteaux. De là on appela *motte* le donjon lui-même et ce nom fut employé pour désigner un château, une maison seigneuriale. On fut dès lors dans l'obligation d'ajouter un surnom distinctif, qui était le plus souvent celui du seigneur. (Note de M. de La Tramblais, *Esq. pittoresq.*, petite édit., p. 5).

Ce château, commencé en 935 ne fut terminé qu'en 950. Il devint le siége de la principauté, et les princes de Déols y firent désormais leur résidence.

Raoul ajouta à son titre de prince de Déols celui de *baron de Châteauroux* : cette qualité était la plus éminente de son temps ; « ce qui *équipollait,* écrit La Thaumassière, à ce que la vanité des hommes a depuis inventé de plus illustre », car le mot baron signifiait autant que prince et pair de France. Les plus grands seigneurs ne prenaient pas d'autre titre et les premiers princes du sang de France étaient au nombre des barons. Aussi le continuateur du moine Aymoin, parlant des barons qui allaient outre mer, met en ce nombre les plus grands seigneurs du royaume, et Rigord, historien de Philippe-Auguste, ne donne aucune autre qualité à Eudes, duc de Bourgogne, et à Hervé, comte de Nevers, parce que celle de baron était en ce temps la plus éminente [1].

Il a été déjà mention, à la page 46, de l'étendue de la principauté déoloise. Elle occupait la plus grande partie du département de l'Indre, et tenait, sous sa domination, presque tout le Bas-Berry. Par ses différents côtés, elle touchait aux frontières de la Touraine, de la Marche et du Bourbonnais. Elle comprenait plus de 1700 fiefs.

Raoul n'avait point oublié les recommandations qui lui avaient été faites par son père. Il renchérit même

---

[1] Le mot *baron* paraît venir de *ber* ou *bers*, ce qui, dans les langues romanes, signifiait homme fort, guerrier vaillant, noble, seigneur. (Littré, dictionnaire.)

de libéralités envers les églises, les monastères et les saints lieux. Il acheva le monastère de Saint-Sauveur de Saint-Gildas et augmenta les revenus, les droits, les coutumes et les priviléges qu'Ebbes lui avait déjà attribués. Pour rendre ce lieu plus vénérable, il y fit déposer le calice de la cène, les reliques et les corps des saints Gildas, Patrice et Albain.

Voulant rendre l'église et le monastère du château d'Issoudun plus recommandables, il y fit transporter, de l'avis de Laune, archidiacre de Bourges, son oncle, le chef et le corps de saint Paterne, ainsi que les restes de sainte Brigitte. Il préposa à leur garde l'abbé Daocius, comme il avait fait pour l'église de Saint-Gildas.

Il donna le château de Déols à Dieu, aux bienheureux apôtres Pierre et Paul et aux moines, en perpétuelle possession. Il rétablit les bâtiments, constitua une nombreuse communauté et lui assura une existence opulente. Il obtint du pape Léon VII une bulle en vertu de laquelle l'abbaye de Déols continuait d'être soustraite à la juridiction du roi, du seigneur et de l'archevêque, et qui maintenait les religieux dans le droit d'élire leur abbé. Le roi Louis d'Outre-Mer accorda des lettres renfermant les mêmes conditions [1].

Le seigneur Raoul fonda le prieuré de Villedieu, le dédia à la Sainte-Trinité et le soumit à l'abbaye de Saint-Gildas. Il voulut, en consécration de cette

---

[1] Voir Labbe, D. Bouquet et Bréquigny.

érection, que ce lieu qui, auparavant, s'appelait *Ponthieul* portât à l'avenir le nom de *Villedieu* qui lui est resté depuis.

Robert, seigneur d'Issoudun, en donnant à l'église de Saint-Laurian, de Vatan, la terre de Saint-Hilaire de Jarundelle, fit approuver cette donation par Eudes, son frère, et à cette condition lui abandonna tous ses droits. L'un et l'autre prièrent Raoul, seigneur de Déols, et Adèle, sa femme, qui prend le titre de comtesse, d'apposer leurs seings à la charte même, et d'y faire apposer le sceau de leur cour de justice.

Si les victoires d'Ebbes-le-Noble avaient pu garantir la principauté des invasions des barbares, elle n'en était par moins exposée à d'autres maux, ainsi que les autres pays de la France.

La terre, morcelée entre une foule de seigneurs, qui ne reconnaissaient, en réalité, aucun supérieur, était en proie à toutes les cupidités et à toutes les ambitions. Ils se la disputaient dès qu'un ennemi commun ne les divertissait pas de leurs querelles intestines, qu'ils ne tardaient guère à reprendre.

Soit par héritage, soit par mariage, soit par conquête, les maisons d'Anjou et de Champagne avaient, au milieu de nous, des possessions considérables, et ces grands feudataires entraînaient nos seigneurs dans leurs guerres.

Le Haut-Berry, par la disparition de ses comtes, se confondait de plus en plus avec la France, tandis que le Bas-Berry, indépendant de droit, mais très-voisin de la puissante Aquitaine, se trouvait participer aux affaires de cette province, de manière à en subir les lois et les vicissitudes.

Peu de temps après l'avénement de Raoul, la couronne de France était retournée à la famille de Charlemagne dans la personne de Louis d'Outre-Mer, dont le règne s'étendit de 936 à 954.

On ne sait point, dit M. des Chapelles, à quelle famille appartenait Duode, femme de Raoul; mais nous venons de voir que, dans la donation de Robert, Raoul et Adèle, sa femme, y avaient apposé leurs seings. Adèle et Duode sont-elles la même personne? Raoul aurait-il contracté un second mariage? C'est ce qu'on ne saurait décider.

Raoul, selon la chronique de Déols, mourut en 952. Il n'eut qu'un fils, Raoul-le-Chauve, qui lui succéda.

§ II. — Raoul II, surnommé le Chauve et le Grand.

(952-1012)

ROIS DE FRANCE.		DUCS D'AQUITAINE.	
Louis d'Outre-Mer....	936-954	Guillaume III.........	950-963
Lothaire............	954-986	Guillaume IV, Fier-à-	
Louis V.............	986-987	Bras.............	963-993
Hugues-Capet........	987-996	Guillaume V.........	993-1030
Robert.............	996-1031		

Pendant la longue carrière de Raoul II, carrière qui se prolongea pendant soixante ans, se passèrent de grands événements, sur lesquels il n'eut sans doute aucune influence. Louis d'Outre-Mer mourut deux ans après l'avénement de ce prince, qui vit ensuite les règnes de Lothaire et de Louis V. La seconde dynastie des rois de France s'abîma et celle de Capet surgit. La monarchie fit place au gouvernement fédératif de la baronnie. L'habitude fit conserver le nom de roi, mais ce n'était plus qu'un titre sans pouvoir dont se décora alors le chef de la féodalité. Le roi féodal, souverain, comme baron, dans ses domaines particuliers, n'était comme roi que le suzerain d'autres barons, sous lesquels s'échelonnaient encore plusieurs degrés de seigneurs titrés ou non titrés. L'autorité que lui donnait cette suzeraineté était peu de chose en droit ; en fait, elle était la force qu'elle recevait de sa propre souveraineté. Après l'avénement de Hugues Capet, la souveraineté locale en reçut quelque atteinte. Les barons furent un peu moins libres de se nuire et de s'entre tuer.

Ces considérations générales nous ont paru nécessaires pour montrer quelle pouvait être, à cette époque, la position de nos princes de la maison de Déols. Ils avaient été affranchis de la mouvance des comtes de Bourges qui, d'ailleurs, avaient cessé d'exister ; ils relevaient, pour une partie de leurs terres, des ducs d'Aquitaine, et, vers le XI° siècle, ils semblaient avoir oublié le roi de France et reconnaître ces ducs pour leurs seigneurs dominants.

Ce fut sous le règne de Raoul II, que le monastère de Déols, si nouvellement restauré par Raoul Ier, fut entièrement reconstruit. Les richesses des couvents, ainsi que nous l'avons noté, s'accroissaient immensément à la fin du X° siècle, grâce à l'opinion généralement répandue que la fin du monde approchait. Les moines, toutefois, ne se laissaient pas arrêter par ces terreurs vulgaires. — Raoul II fut lui-même soigneux d'enrichir les monastères fondés par ses pères. Il avait prié Raoul le Large, son père, de donner à l'abbaye de Saint-Gildas la terre d'Écorche-Bœuf avec ses dépendances, consistant en prés, vignes et terres. Enchérissant encore sur cette libéralité, il donna à l'abbaye le moulin et le manoir de Tournesac, ainsi que les Formages. Ces dons furent sans doute le motif qui lui fit donner le surnom de Grand, car ses exploits sont restés inconnus [1].

Hugues Capet, peu après son avénement, vint protéger un châtelain des bords de l'Indre, dont quelques seigneurs poitevins menaçaient le manoir. En 988, après avoir fait sacrer son fils Robert en l'église Sainte-Croix d'Orléans, il traversa de nouveau le Berry, passa à Saint-Genou d'Estrée, où il se déclara protecteur du monastère. Il allait assiéger dans Poitiers son beau-frère Guillaume IV, duc d'Aquitaine et comte de Poitiers, qui refusait de reconnaître son autorité [2].

Raoul II laissa de sa femme Adde une nombreuse postérité :

1° Eudes, surnommé l'Ancien, qui lui succéda ;
2° Lennon de Déols ;
3° Raoul de Déols, surnommé le Fier ;
4° Eudes de Déols, dit le Scabieux ;

[1] Peut-être ne devait-il le nom de grand qu'à une haute taille ?
[2] Raynal, t. I, p. 365.

5° Raoul de Déols ;

6° Ebbes, seigneur de La Châtre, que l'on croit être l'auteur de la maison de La Châtre ;

7° Ildeburge de Déols, mariée à Geoffroy le Noble, vicomte de Bourges. Il est parlé de cette dame dans la charte que son mari fit touchant le rétablissement de l'abbaye de Saint-Ambroix, de Bourges ; elle est aussi nommée dans la charte de Gersende, sa nièce, de 1057.

§ III. — Eudes, dit le Grand et l'Ancien.
(1012-1037)

ROI DE FRANCE.

Robert. . . . . 996-1031 | Henri Ier. 1031-1060

DUCS D'AQUITAINE.

Guillaume V, le Grand. 993-1030 | Guillaume VI, le Gros. 1030-1038

Eudes, pour honorer la mémoire de son père et appeler sur lui-même les bénédictions célestes, fonda en 1022, le chapitre de Saint-Silvain, de Levroux. Dans la charte de fondation, on le voit, assisté d'un grand nombre de feudataires : Dreux de Buzançais, Gerbert de Brenne, Béraut de Dun, Adélard de Châteaumeillant, Yrbert de Barzelle, etc.

Venu solennellement dans l'église de Levroux, bâtie en l'honneur du patron de cette ville, laquelle avait été élevée sur les ruines d'un prétoire gallo-romain ([1]), Eudes la *décora*, suivant l'expression de

---

([1]) Ce prétoire, transformé en forteresse, avait fait place à un édifice religieux, dont le porche latéral de l'église actuelle paraît être le vestige.

la charte, d'un clergé canonial. Les clercs, qu'il y institua en communauté, procédèrent, séance tenante, à l'élection d'un prieur, d'un doyen et d'un chantre. Raoul fut prieur, Gosbert doyen, et Théotbert chantre. L'archevêque Dagbert, présent à la cérémonie, fit remise à la congrégation nouvelle des droits de *synode* et de *parée,* et l'affranchit de la soumission au siége de Bourges.

Les droits de synode se percevaient à certains jours de fête que les clercs étaient sans doute forcés de venir célébrer jadis dans l'église cathédrale. Les droits de parée étaient des redevances dues par chaque église toutes les années paires ([1]).

Pour subvenir aux premiers besoins de ses protégés, Eudes leur abandonna les droits qu'il percevait sur les viandes débitées à Levroux, et le crédit de quarante jours que les bouchers de l'endroit étaient tenus de lui concéder sur les objets de sa consommation.

Le fondateur ne borna pas sa générosité à ces deux articles. Il détacha de son domaine la partie du bourg qui confine à l'église, circonscrivit ce quartier au moyen d'un fossé, et le céda, en pleine propriété, aux chanoines, pour qu'ils y construisissent des cloîtres avec dépendances et des maisons particulières.

Dès lors, il y eut à Levroux deux cités dans une seule: la cité du chapitre qui garda le nom de *Châteauvieux,* en souvenir du prétoire devenu forteresse ; et la

---

[1] Du Cange (aux mots *Synodus et Parreia*).

cité du seigneur qui dépendait de *la Tour de Bonnan* ou grosse tour.

D'après M. Lemaigre, l'ancien et savant archiviste de la préfecture, le chapitre de Levroux, ainsi que les divers seigneurs de cette ville, dans leurs fréquents différends pour droits honorifiques et autres, lorsqu'il s'agissait de citer la fondation du chapitre à l'appui de leurs droits respectifs, avaient adopté l'an 819 comme l'époque de cette fondation, au lieu de l'an 999, pour la charte originale, par une de ces fraudes pieuses en usage alors, quoique contraires à la chronologie historique, mais probablement pratiquées dans le but de rendre les établissements religieux plus respectables.

La même année, mais un peu plus tard, puisque Dagbert était mort, Eudes assista à la restauration du chapitre de Saint-Ursin à Bourges, faite par le vicomte Geoffroy-le-Noble, et Ildeburge, sa femme, sœur d'Eudes [1].

Dès 1018, Eudes exerça les droits des seigneurs d'Issoudun, et s'intitula baron de Châteauroux et d'Issoudun.

Le château d'Argenton avait appartenu à ses ancêtres, mais il était depuis longtemps devenu un fief des vicomtes de Limoges. En 1020, Eudes s'en empara par la ruse et par la force tout à la fois, et en chassa les hommes du vicomte Guy. Il le posséda paisiblement, et le transmit à ses héritiers.

---

[1] Raynal, t. I, p. 428.

Guillaume-le-Grand, comte de Poitiers et duc de Guyenne, dont Eudes paraissait se reconnaître le vassal et dont il était en même temps l'ami, effaçait alors, par sa renommée et la pompe qui l'environnait, la royauté capétienne elle-même. On l'aurait pris, disent les contemporains, pour un roi plutôt que pour un duc. Il cultivait les lettres et protégeait les lettrés. A sa cour arrivaient sans cesse des ambassadeurs des pays les plus lointains. Il échangeait de magnifiques présents avec l'empereur, avec les rois d'Espagne, de Navarre, d'Angleterre, de Danemarck. Ce fut avec lui qu'Eudes fit, en 1024, un voyage à Rome, et il sut inspirer une haute estime à tous les hommes d'élite qui, constamment, accompagnaient le duc. « Si vous passez par le Berry, écrivait au célèbre Fulbert, évêque de Chartres, l'écolâtre de Poitiers, Hildegaire, l'un de ses élèves, conversez amicalement avec Eudes de Déols. Dans notre voyage à Rome, je l'ai trouvé homme de grande sagesse, et j'espère qu'il sera pour vous très-serviable, si vous avez besoin de lui. Il est le vassal très-fidèle et très-familier de notre comte Guillaume. »

Ce voyage de Rome, où l'on allait visiter les seuils des apôtres Pierre et Paul, se faisait communément et sans danger sérieux. Mais celui qu'Eudes entreprit pour visiter les lieux saints fut autrement pénible et périlleux. On était à l'époque des expiations et des aventures. Visiter les lieux saints était l'acte le plus méritoire et le plus éclatant de la vie d'un baron. Guillaume Taillefer, comte d'Angoulême, en 1026, partait pour ce pèlerinage, avec une escorte nombreuse de seigneurs et d'abbés. Eudes se joignit à lui, avec Richard, abbé du monastère de Déols. Ils partirent le premier octobre, et prirent leur route par la Bavière, la Hongrie et l'Esclavonie, récemment converties. Ils y furent bien reçus par le roi Étienne, dit le Saint, chef des Madgyars, qui, en l'an 1000, avait pris le titre de roi. Il s'efforçait d'établir quelque sûreté dans ces pays si souvent ravagés. Heureux de recevoir ces grands seigneurs, il leur prodigua les honneurs, les combla de magnifiques présents et veilla à la sûreté de leur voyage.

Ces nobles pèlerins arrivèrent à Jérusalem dans les premiers jours du mois de mars 1027. La cité chrétienne était au pouvoir du calife des Fatimites d'Égypte qui, en 1010, avait détruit de fond en comble l'église du Saint-Sépulcre ; mais elle avait été rebâtie par ordre de la mère du calife Hachim, chrétienne dit-on, et, vers cette époque, une foule, plus nombreuse que jamais, affluait chaque année dans ces lieux.

Au mois de juin ils étaient de retour en France. Ils n'avaient perdu qu'un de leurs compagnons, Richard, abbé de Saint-Cybar d'Angoulême, mort dans une ville de Grèce, en deçà de Constantinople, avant d'arriver à la cité sainte.

C'est pendant ce voyage sans doute qu'Eudes, surpris en mer par une tempête, avait invoqué la protection des saints qui reposaient dans les églises fondées par ses ancêtres. A son retour, n'oubliant pas le secours qu'ils lui avaient prêté, il alla rendre grâce à Dieu en l'abbaye de Saint-Gildas, et accorda à ses religieux de nouveaux priviléges. Il leur céda les droits de justice. Il affranchit le lieu et les personnes qui y demeuraient de tout droit et puissance qu'il y pouvait prétendre sur les religieux et leurs hommes, et voulut qu'ils ne reconnussent autres seigneurs que les abbés et religieux. Il leur accorda le droit d'usage dans ses forêts, avec les moulins de Salles et autres biens, ainsi qu'on l'a vu au chapitre concernant l'abbaye de Saint-Gildas.

Il ne fut pas moins libéral envers l'abbaye de Déols, puisque, par une charte, datée du *mois de mai du règne du roi Robert*, sans que l'année y soit exprimée, il lui céda tout le droit de justice du bourg, et reçut d'elle, en échange, la terre de Villedieu, avec un cheval de service. Par une autre charte, aussi sans date, il donna à l'abbaye toute la voirie du même lieu, le tout du consentement de ses enfants dénommés dans ces mêmes chartes, et pour le repos des âmes de Raoul, son père, d'Adde, sa mère, et de ses prédécesseurs.

Et encore, par une autre charte, datée du mois de juin de l'an 3 du règne du roi Henri Ier, qui revient à l'an 1034, il remit les coutumes que son père ou lui avaient levées jusqu'alors en la ville de Déols, dans tous les lieux que les religieux possédaient, et leur abandonna les droits qu'il pouvait prétendre et sur eux et sur leurs hommes.

Il permit aussi aux abbés et religieux de Notre-Dame

d'Issoudun de faire des acquisitions en sa terre et leur en accorda l'amortissement. Il voulut qu'ils pussent retenir leurs hommes serfs dans toute l'étendue de sa terre, leur accorda le droit d'usage, de paisson et de glandée dans ses bois, et, afin que cela se fît facilement, il joignit le bois de l'abbaye à sa forêt.

Il leur octroya encore une foire franche, au jour de la fête de Saint-Paterne, et une espèce d'asile et lieu de refuge, affranchit le bourg de Saint-Paterne de tous droits, coutumes et redevances, et les habitants de tout service, excepté celui qu'ils devaient aux religieux. Il leur laissa, en outre, le droit de sépulture de tous les habitants du bourg, sans qu'ils se pussent faire inhumer ailleurs qu'au cimetière des moines, par charte donnée à Issoudun l'an 31 du roi Robert (1018).

Un nouvel et jeune archevêque, le cinquantième, venait de prendre possession du siége de Bourges. C'était Aymon, fils d'Archambaut II, sire de Bourbon, et frère d'Archambaut III, successeur de ce dernier et de Giraud de Montluçon. Peu d'années après la mort de Robert, il réunit à Bourges un concile auquel assistèrent les évêques de la province et les nobles du pays. Eudes était parmi les nobles, avec son fils Raoul, et Ebbes, son neveu.

Cependant, malgré l'étroite alliance qui avaient uni les vicomtes de Bourges et les barons de Châteauroux, la possession litigieuse de Châteauneuf-sur-Cher, forteresse récente et importante, sur la rive droite de ce fleuve, et formant la limite des deux seigneurs, fut l'objet d'une discussion entre ces familles, et il en résulta une guerre acharnée.

Ebbes, fils d'Eudes, voulut s'en emparer. Il périt dans cette entreprise de la main même de Geoffroy, vicomte de Bourges. — Eudes songea aussitôt à venger la mort de son fils et réunit ses vassaux. C'était en 1038.

Geoffroy s'avança sur le Cher. L'archevêque de Bourges prit parti pour Geoffroy et, par une étrange contradiction, on vit le prélat qui gouvernait l'église du Berry se mêler aux combattants et remplacer la mitre par le casque.

L'archevêque Aymon marcha avec Geoffroy. Ils traversèrent ensemble le fleuve qui séparait les deux petites armées, et le combat s'engagea sur la rive gauche, le 18 janvier. Mais tout à coup, une sorte de terreur panique s'empara des troupes de Geoffroy. Ses hommes lâchèrent pied et cherchèrent leur salut dans la fuite.

Sans compter les hommes qui furent tués par les soldats d'Eudes, on recueillit le lendemain plus de mille cadavres de soldats qui avaient péri en voulant traverser le Cher.

Aymon lui-même, gravement blessé dans le combat, jeta ses armes et parvint à s'échapper avec un petit nombre de compagnons.

Dès lors, Châteauneuf n'était plus défendu. Un autre fils d'Eudes, Raoul, qui n'avait pas tardé à succéder à son frère, se rendit maître sans peine de cette formidable citadelle.

. Cette guerre est une des plus mémorables des chroniques berrichonnes.

Ce fut sans doute pour expier la mort de son parent Ebbes, que le vicomte Geoffroy fonda, de 1042 à 1045, à Neuvy, dans les possessions des seigneurs de Déols, une église à laquelle fut donnée la forme du saint sépulcre de Jérusalem [1].

Eudes avait eu aussi à défendre son château de Massay contre le roi Robert. Bien que Massay fût situé dans le pays aquitain, les rois de France s'étaient toujours considérés, depuis Louis-le-Débonnaire, comme les fondateurs et les protecteurs du monastère. Il semble même qu'ils en désignaient les abbés. Au concile de Limoges, en 1031, en effet, l'abbé Azenaire, qui, avant de devenir moine, avait été grammairien célèbre, et avait ensuite vécu dans le palais du roi, dit qu'il avait été mis à la tête de l'abbaye de Massay par les ordres du roi lui-même. Eudes, ayant reconstruit, près de Massay, le château qui avait été détruit en 999, le roi Robert ne voulut pas souffrir un voisinage qui aurait inquiété les moines, et qui, d'ailleurs, était une menace pour ses vassaux du Haut-Berry. Il vint donc assiéger le seigneur de Déols dans cette nouvelle forteresse. Mais tous ses efforts, pour la lui enlever et la détruire, restèrent inutiles. Il fut contraint de rentrer dans son royaume sans que son entreprise eût réussi.

Eudes, dans le XIe siècle, était un des vassaux les

---

[1] Raynal, t. I. p. 384.

plus riches, les plus dévoués et les plus importants du duc de Guyenne. Il agrandit beaucoup les dépendances de sa seigneurie.

A sa mort, il transmit, comme apanage, le grand fief d'Issoudun à son second fils, Eudes, qui le transmit à son tour à ses descendants, jusqu'à ce que, au commencement du XII⁰ siècle, il vint s'absorber dans le domaine royal. Comment cette possession lui était-elle advenue? Était-ce par une alliance dont la trace est perdue, ou par une saisie féodale, ou par les dernières volontés d'Eudes d'Issoudun? Ce sont des points à éclaircir.

Eudes, par ses exploits, mérita mieux que ses prédécesseurs le nom de *Grand*, dont il a été, du reste, aussi décoré.

Il est loué dans les épîtres de Fulbert, évêque de Chartres, à cause de sa prudence [1].

La dernière année de sa vie fut celle de 1037, qu'il venait de signaler par une victoire.

Le nom de sa femme est ignoré. Il en eut les enfants suivants :

1° Raoul, surnommé le Prudent, qui lui succéda;

2° Eudes, seigneur d'Issoudun [2];

---

[1] Épître 123.

[2] Eudes l'Ancien avait donné le fief d'Issoudun à son second fils; les descendants de celui-ci en jouirent. Par la suite, il fut réuni un instant à la terre de Châteauroux par le mariage de Guillaume Ier de Chauvigny avec l'héritière d'Issoudun. De cette union il n'y eut pas d'enfants, et Philippe-Auguste, par plusieurs acquisitions et confiscations, réunit ce fief au domaine de la couronne. L'incorporation fut complétée au temps de Saint-Louis par l'abandon qu'en fit la reine Blanche, sa mère.

3° Élie de Déols ;

4° Ebbes de Déols ;

5° Gersende de Déols, laquelle donna aux abbés et religieux la moitié de ce qu'elle avait en dîmes, serfs, offrandes, et autres appartenances de l'église de Brion, à la charge de prier Dieu pour le repos des âmes de son père et de ses ancêtres, par charte de l'an 1057. Il a été déjà question de ce don à la page 66.

§ IV. — Raoul III, dit le Prudent.
(1037-1055)

ROI DE FRANCE.	DUC D'AQUITAINE.
Henri II............ 1031-1060	Guillaume VII...... 1037-1052

Raoul III, au moment de son avénement, continuait l'expédition commencée par son père pour reprendre la forteresse de Châteauneuf, ce qu'il put exécuter.

Il fut le bienfaiteur de l'abbaye de Chezal-Benoît et lui donna un serf de chacune de ses terres.

Il accorda au chapitre de Levroux le pouvoir d'acquérir des terres et des seigneuries en toute l'étendue de sa principauté. — Il concéda aux chanoines une faveur plus importante et plus singulière, qui mérite d'être rapportée :

Depuis le commencement du X° siècle, une maladie de charbon pestilentiel décimait les populations. Ce charbon rongeait les chairs avec tant de rapidité, qu'on l'appelait le *feu* ou l'*incendie*. Pour le guérir, on s'adressait aux saints les plus renommés ; on encombrait les portiques de leurs églises ou les vestibules de leurs monastères. Saint Silvain, le patron de l'église de Levroux, fut, dans le courant du XIe siècle, en si grande renommée pour la guérison de cette affreuse maladie que, dans la contrée voisine, on la nommait *le feu ou mal de saint Silvain*. Raoul III déclara que tous ceux qui viendraient, dans le but de recouvrer la santé, se coucher sous le portique de l'église, seraient à l'avenir, ainsi que leurs héritiers, les hommes des chanoines, et il remit à l'avance les droits et coutumes qu'il avait sur eux à la vie et à la mort. Ce fut pour le chapitre un revenu important, et qu'il défendit avec un soin jaloux.

Raoul III mérita sans doute le surnom qui le distingue, bien que, dans son règne de vingt ans, on ne connaisse pas d'autres faits que ceux que nous rapportons ici.

D'après la chronique de Déols, il serait mort en 1052. D'après M. des Chapelles, ce serait en 1055. Il laissa sa succession à un fils mineur.

§ V. — **Raoul IV, dit l'Enfant.**
(1055-1058)

ROI DE FRANCE.	DUC D'AQUITAINE.
Henri Ier............ 1031-1060	Guillaume VIII..... 1052-1086

Ce prince ne régna que de nom et mourut sans postérité. Ses états passèrent à Raoul Thibaut, son frère. Il était né à Brosse *(Brussæi)*.

§ VI. — Raoul V, dit Thibaut.

(1058-1096)

ROIS DE FRANCE.

Henri Ier............ 1031-1060 | Philippe Ier......... 1060-1108

DUCS D'AQUITAINE.

Guillaume VIII..... 1058-1086 | Guillaume IX....... 1086-1127

Vers 1072, Raoul V confirma que tous les hommes et femmes de son domaine, qui, atteints du mal de saint Silvain, viendraient, dans l'espoir de recouvrer la santé, implorer le secours du patron de l'église de Levroux et qui coucheraient sous le porche avec les autres malades, appartiendraient au chapitre, eux et leurs héritiers.

Par le même acte, Raoul transférait audit chapitre les *collectes*, *exactions* et autres coutumes qu'il prélevait sur ses hommes pendant leur vie et à leur mort. L'objet de la donation était considérable, et prêtait, par sa nature, à de fréquents abus. — Il fit aussi quelques dons à l'abbaye de Chezal-Benoit.

En 1088, un incendie considérable brûla la ville de Châteauroux, ainsi que le porte la chronique de Déols.

Sous le règne de trente ans de Raoul Thibaut, s'accomplirent de grands événements dont l'influence se fit plus tard sentir sur les destinées du Bas-Berry. L'an 1060, Philippe Ier était monté sur le trône de France. Quelques années après, en 1066, le duc de Normandie, en conquérant l'Angleterre, plantait le germe de ces interminables guerres dont notre province fut trop souvent le théâtre.

L'année de la mort de Raoul Thibaut (1096) est celle de la première de ces expéditions, qui, entraînant dans l'Orient l'élite de la noblesse, préparaient des changements dans les conditions des peuples de l'Europe. Ce n'étaient pas seulement des pèlerins isolés qui allaient visiter les lieux consacrés par la naissance et la mort de Jésus-Christ. La voix de Pierre l'Ermite avait ému les peuples. A son exemple, Ébrard, de Vatan, stimulait le zèle saint des habitants du Berry. On ne voulait plus laisser Jérusalem aux mains des infidèles, et l'Europe s'élançait à sa conquête.

Raoul Thibaut, suivant l'esprit de son temps, avait entrepris le voyage de la Terre sainte. Il faisait partie de la première croisade. Il mourut à Antioche dans l'accomplissement de son vœu.

A Raoul Thibaut succéda son fils unique, Raoul dit le Vieux.

§ VII. — Raoul VI, dit le Vieux.

(1096-1135)

ROIS DE FRANCE.

Philippe Ier......... 1060-1108 | Louis VI............ 1108-1137

DUC D'AQUITAINE.

Guillaume IX....... 1086-1127

Raoul VI ajouta à ses titres de prince du Bas-Berry et de baron de Châteauroux, ceux de *seigneur des*

Châtellenies de La Châtre, Saint-Chartier, Cluis, Argenton, Aigurande, Le Châtelet et autres.

En 1108, le roi Louis VI, dit le Gros, vint en Berry pour soumettre par la force Humbaud, seigneur de Sainte-Sévère, qui refusait de remplir envers lui ses devoirs féodaux. Il le fit prisonnier et le renferma en la tour d'Étampes. Raoul VI assista ce souverain dans son expédition.

L'abbaye des Pierres reconnaît Raoul VI pour fondateur, et le prieuré d'Orsan pour un de ses principaux bienfaiteurs. Il donna aux religieux d'Orsan tout ce qui lui appartenait en la métairie de Villemoriers et la permission de faire des acquisitions en ses terres, en reconnaissance de quoi il fut associé et fait participant, l'an 1113, des prières qui se faisaient dans l'ordre de Fontevrault.

Il fit consacrer l'église de Saint-Gildas par Vulgrin, 62me archevêque de Bourges, comme nous l'avons dit en parlant de l'abbaye de Saint-Gildas. On a vu qu'il avait fait convoquer à cet effet, le jour de l'Annonciation de l'an 1128, une grande et solennelle assemblée de prélats, où se trouvaient Gautier, évêque d'Angoulême, le légat du pape, les évêques de Poitiers, de Saintes, de Clermont, l'archevêque de Tours, ainsi que ses suffragants, et cinquante-sept abbés.

Il laissa à l'abbaye de Déols, comme nous l'avons également mentionné dans le paragraphe relatif à l'abbé Jean II de Poitiers, le bourg, depuis la croix de l'église Sainte-Marie jusqu'au moulin de Salles, avec toutes les coutumes sur les hommes qui l'habitaient. — Ce fut aussi par son entremise, celle de Fenions, sa femme, et d'Ebbes, leur fils, que Geoffroy de Montfort et son frère consentirent les dons et aumônes, faits au monastère d'Orsan par Alard de Guillebaud, par charte non datée.

Le règne de Raoul VI commença au milieu de l'agitation de la première croisade.

Pendant sa durée, qui fut de trente-neuf ans, on ne trouve, à part ce qui précède, que des actes de dévotion et de munificence, imitant en cela ses prédécesseurs.

Il laissa de nombreux enfants. Les deux aînés l'ayant précédé dans la tombe, Ebbes II, le troisième, fut l'héritier de ses états. Voici la liste que La Thaumassière donne de sa famille :

1° Raoul de Déols, mort sans alliance ;
2° Eudes de Déols ;
3° Ebbes II de Déols ;
4° Geoffroy de Déols, dit le Prude ;
5° Charles de Déols ;
6° Gauthier de Déols ;
7° Guillaume de Déols, abbé du Dorat ;
8° Raoul de Déols ;
9° Geoffroy de Déols, seigneur de Meillant.

§ VIII. — Ebbes II.

(1135-1160)

ROIS DE FRANCE.

Louis VI.......... 1108-1137 | Louis VII.......... 1137-1180

DUC D'AQUITAINE.
Guillaume X................. 1127.

Ebbes, demeuré seigneur de Châteauroux par la mort de Raoul et d'Eudes, ses aînés, n'est connu, comme son père, que par ses pieuses largesses. — Il accorda aux religieux de Villedieu le droit de construire un moulin à draps, proche de leur moulin à blé, par charte sans date.

Il concéda à l'abbaye de Varennes, à la fondation de laquelle il avait beaucoup contribué, le droit d'usage en ses forêts de Cluis, et par autre charte, datée du jour de l'Épiphanie, sans que l'année y soit exprimée, la permission d'acquérir de ses hommes et vassaux.

Il augmenta la fondation de l'abbaye des Pierres que son père avait faite. — Il fonda, en outre, le chapitre de Saint-Germain à La Châtre.

Sous le règne d'Ebbes II, eut lieu un événement qui fut la source des plus grands malheurs pour la province du Berry. En 1137, le mariage d'Éléonore, fille de Guillaume X, dernier duc d'Aquitaine et comte de Poitiers, avec Louis VII, avait réuni l'Aquitaine à la couronne de France. Mais, après le divorce de ce prince, Éléonore ayant épousé Henri Plantagenet, depuis roi d'Angleterre, sous le nom de Henri II, l'Aquitaine ou Guyenne passa aux mains des Anglais. Henri II devenait par là plus puissant que le roi de France, dont il relevait.

L'année même où le fatal divorce fut prononcé, en 1152, Louis VII vint en Berry brûler La Châtre et

Châteaumeillant. Ebbes, à son tour, sans doute par représailles, mit le feu à Cluis qui tenait pour le roi, soit que celui-ci s'en fut emparé, soit que le seigneur de Cluis se trouvât être son vassal.

Henri II, roi d'Angleterre, intervint en 1155, comme duc d'Aquitaine et suzerain, dans le débat qui s'éleva entre Ebbes II et le seigneur de Cluis-Dessus. Il fit arracher des fondations une pierre qu'avait fait poser le seigneur de Châteauroux, et décida qu'à l'avenir, ce serait lui, duc d'Aquitaine, qui serait le conciliateur.

Ebbes II avait épousé Denise d'Amboise, sœur de Hugues et d'Hervé d'Amboise, fille de Sulpice II du nom et d'Agnès de Donzy, sa femme. Elle mourut en 1160, avant son père et avant son mari, et fut enterrée dans le cloître des religieux de Déols, auprès du chœur de l'église. Ses funérailles, lit-on dans M. Raynal, furent un deuil général. Les chevaliers portèrent sa dépouille mortelle en pleurant; les habitants chantaient des *nénies* (hymnes). Les paysans, accourus des villages voisins, arrêtaient le cercueil pour le couvrir de baisers. Ses fils, suivant une chronique contemporaine, auraient été moins orphelins s'ils eussent perdu leur père et conservé leur mère.

Les enfants d'Ebbes II et de Denise d'Amboise furent :

1° Raoul de Déols, qui succéda ;

2° Eudes de Déols, seigneur de Châteaumeillant, duquel sont issus les seigneurs de Châteaumeillant et de La Châtre.

§ IX. — Raoul VII de Déols.

(1160-1176)

ROI DE FRANCE.	DUC D'AQUITAINE.
Louis VII......... 1137-1180	Henri II d'Angleterre.

Ce seigneur, le dernier du nom de l'ancienne maison de Déols, à l'imitation de ses ayeux, créa et enrichit des monastères.

En 1175, Raoul VII ayant eu guerre avec Jean II, baron de Linières, Rezé, Chevé et Pruniers, celui-ci brûla le prieuré de La Berthenoue, et, en raison de cela, fut excommunié par Guérin, archevêque de Bourges [1].

La fondation que fit Raoul VII, de l'église et du prieuré de Grammont, eut pour cause un accident douloureux, qui mérite d'être rapporté :

Il avait deux fils, sur lesquels il pouvait fonder les plus grandes espérances. L'un était âgé de seize ans et l'autre de quatorze. Ils étaient partis gaiement par une belle matinée, pour aller chasser sur l'étang de Grammont, situé dans la forêt de Châteauroux. L'un d'eux tomba dans l'eau, en voulant saisir un canard qu'il venait d'abattre. Son frère se jeta à la nage pour le secourir ; mais ce dévouement ne fit, hélas ! qu'une seconde victime. Le malheureux père qui perdait, en un instant, ses plus chères espérances, érigea une église et un prieuré, au lieu même où avaient succombé ses enfants, et il le dota de ses

---

[1] La Thaumassière, liv. 8, chap. 37.

biens. Du temps de La Thaumassière, qui rapporte ce fait, on voyait encore, dans les ruines du prieuré, les effigies des deux jeunes seigneurs gravées sur leur tombeau. On y avait placé une inscription en cuivre qui avait été enlevée depuis peu.

Raoul voulut, après ce malheur, aller visiter le tombeau du Christ. Avant son départ, il donna au prieur et aux chanoines de l'église de Saint-Germain de La Châtre, suivant une charte où il prend la qualification de « prince de Déols par la miséricorde de Dieu », les bancs et étaux du marché de leur ville, leur accordant le droit exclusif d'en établir de nouveaux. Il dégagea, en même temps, leurs hommes de toute coutume et de toute obligation féodales. Les chanoines s'engageaient, en reconnaissance, à célébrer son anniversaire, et donnaient mille sous en monnaie d'Angers. L'acte écrit par Guillaume, son chancelier, a pour témoins principaux : Évrard de Préaux, Gérard de Palluau, Barthélemy du Blanc, et Eudes, frère de Raoul.

En revenant de la terre sainte, en 1176, Raoul mourut à Ravenne, en Italie ; suivant le prieur de Saint-Gildas, ce serait à Ranagune, ville de Romanie.

Ce prince, d'après La Thaumassière, fut conjoint par mariage avec Adeline, que La Gogue qualifie sœur du roi d'Angleterre, et le P. Péan, nièce du même souverain. Albéric, ancien écrivain, assure qu'elle était sœur d'Henri de Sully, archevêque de Bourges, et d'Eudes de Sully, évêque de Paris. Selon M. Raynal, ce Raoul, sire de Déols, avait épousé Agnès, fille d'Ebbes V, seigneur de Charenton, qui donna en dot à sa fille le château et la châtellenie de Meillant. Ce serait prouvé par un acte de 1216, de son petit-fils, Guillaume de Chauvigny.

Raoul VII ne laissait qu'une fille, nommée Denise, comme sa pieuse grand'mère ; elle n'était âgée que de trois ans. En Raoul VII finissait l'ancienne maison de Déols.

§ X. — Réflexions sur la maison de Déols.

Si l'on en croyait les légendes et les traditions, la maison de Déols commencerait avec l'introduction du christianisme dans les Gaules ; mais nous avons vu que ce n'est qu'au X° siècle qu'on peut la constater d'une manière certaine.

L'illustre maison de Déols, depuis son établissement au Château-Raoul jusqu'à la mort de Raoul VII, a duré 241 ans, ainsi que nous l'avons déjà établi.

Soyons fiers, dit M. des Chapelles, de reconnaître qu'aucune tache ne ternit l'écu de cette famille. Tous nos barons se distinguèrent par leur piété. Ebbes le Noble, le père de notre Raoul Ier, avait visité Jérusalem avant de fonder l'abbaye de Déols. Eudes l'ancien fait aussi le pèlerinage des lieux saints. Raoul Thibaut meurt à Antioche dans l'accomplissement de son vœu ; et le malheureux Raoul VII, qui était allé chercher des consolations sur le tombeau du Sauveur, ne revoit pas sa patrie.

Outre les abbayes de Déols et de Saint-Gildas, les princes de Déols ont fondé ou enrichi celles d'Issoudun, des Pierres et de la Prée, les chapitres de Levroux, de La Châtre et de Neuvy-Saint-Sépulcre, les prieurés de Saint-Patier-lès-Issoudun, de Villedieu, de Saint-Marcel-lès-Argenton, de Saint-Chartier, de Saint-Génitour du Blanc, l'hôtellerie de Saint-Gildas, les monastères des Cordeliers de Châteauroux, d'Argenton, d'Issoudun et de Bourges en partie et plusieurs autres. Auprès des princes de Déols résidait un archidiacre du diocèse de Bourges.

Notons encore, à l'honneur de nos pieux et braves seigneurs, que pas un seul n'est flétri de ces épithètes de vengeance posthume de vassaux tremblants, qui se dédommagent de ce qu'ils ont souffert, en attachant pour jamais à leurs tyrans la marque de leur mépris ou de leur haine : ce sont, au contraire, les surnoms de Noble, de Grand, de Large, de Prudent, etc., qui leur sont attribués : ils attestent un cœur élevé, une nature généreuse, un gouvernement paternel.

Leurs armoiries, (d'argent à trois fasces de gueules), étaient des plus anciennes et des plus illustres parmi celles des barons du Berry. Leur cri de guerre : *Hiérusalem! Hiérusalem!* retentissait dans les batailles et dans les tournois.

Le titre de princes que portèrent les seigneurs de Déols, indiquait seulement une supériorité relative ; plus tard, ils le changèrent contre celui de barons de Châteauroux, qui semblait annoncer un nouveau genre de puissance ; ils se qualifiaient aussi de princes du Bas-Berry.

Sur leurs monnaies, les premières monnaies baronnales du Berry, figurait l'étoile à cinq ou à six rayons, qui, après avoir brillé sur les monnaies celtiques, avait déjà reparu sur des pièces carlovingiennes. Un Raoul avait pris, sur les monnaies frappées en son nom, le titre de chef de la milice DVX MILICIE. Un Ebbes inscrivait sur les siennes le vieux nom de Déols : EBO DE DOLIS.

La Maison de Déols a reconnu plusieurs suzerains, suivant la diversité des temps. Elle relevait d'abord des comtes de Bourges. En 926, le roi Raoul ordonna qu'elle ferait foi et hommage à la couronne de France. Cette ordonnance, cependant, ne paraît guère avoir été observée, puisque nous avons vu cette famille être complétement aquitaine, et par les traditions qui rattachaient son origine aux siècles gallo-romains, et par les relations féodales qui l'unissaient à la France méridionale.

La principauté déoloise tenait une grande place parmi les hautes divisions féodales qui se partageaient la France et l'Aquitaine. L'étendue de ses possessions, le nombre de ses places fortes, l'importance de ses revenus la mettaient au même rang que quelques-unes des principales provinces. Le relevé des fiefs mouvants de la baronnie de Châteauroux, que nous donnons, d'après La Thaumassière, dans le paragraphe suivant, atteignait le nombre de 156. La puissance et la richesse de ces seigneurs s'étaient constamment accrues. C'était à ce point qu'un écrivain de la fin du XII° siècle, estimait que la principauté déoloise valait autant que la Normandie tout entière. Quelle que soit l'exagération du chroniqueur, il faut reconnaître qu'en diverses circonstances, ce furent les forces militaires de la maison de Déols qui contribuèrent à repousser les formidables invasions barbares, et préservèrent ainsi le Bas-Berry de leurs dévastations.

Après les comtes et vicomtes de Bourges et les comtes de Sancerre, il n'y avait pas en Berry de plus grands seigneurs, que ceux qui se qualifiaient de princes de Déols ou de la terre déoloise, barons de Châteauroux, d'Issoudun, de Saint-Chartier, de La Châtre, d'Argenton, de Cluis, et autres terres considérables.

De nombreux vassaux leur rendaient hommage. Les châtelains des bords de la Creuse, de l'Indre et du Cher, se proclamaient leurs hommes liges contre tout homme vivant ou mourant, et juraient de leur rendre leurs châteaux « toutes fois et quantes, soit en paix, soit en guerre, à grande et petite force, à leur simple mandement. »

La seigneurie de Déols, comme nous l'avons déjà indiqué, s'étendait du Cher à la Gartempe et à l'Anglin, c'est-à-dire qu'elle embrassait le Bas-Berry presque entier, à l'exception de certains démembrements. Au sud-est, elle traversait même le Cher et s'étendait sur sa rive droite.

La seigneurie de Charenton, qui comprenait Orval, Bruère, le château fort de Saint-Amand, Épineuil, Meillant, etc., forma, au commencement du XIe siècle, l'apanage d'une branche de la maison de Déols.

Les seigneurs de Déols ont été alliés aux comtes et vicomtes de Bourges, à la maison de Sully, de Bourbon, aux rois d'Angleterre, et aux autres maisons les plus illustres.

C'est sous leur protection que la ville de Châteauroux s'est fondée.

La royauté française fit sa première apparition chez nous en la personne de Louis VI, lorsqu'il vint châtier Humbaud de Sainte-Sévère. On a vu Louis VII, après son divorce, venir faire des dévastations à La Châtre et à Châteaumeillant. Dans le siècle suivant, nous ne la verrons que trop se mesurer, sur notre territoire, avec la royauté anglaise.

§ XI. — Liste des fiefs mouvants de la baronnie.

Nous suivons, pour la désignation de ces fiefs, l'ordre alphabétique :

Aigurande, châtellenie.
Angibault.
Ardentes.
Argenton, châtellenie.
Arthon.
Aubigny.
Auzans.

Baudre.
Beaumont.
Beauregard.
Bellefond.
Bellevue et prairie de Senéchaux, paroisse de Jeu.
Bizauderie (la).

Bezaudes, paroisse de Levroux.
Blanc (le).
Blaisois.
Boisbertrand, châtellenie.
Bommiers, châtellenie.
Bordes (les).
Bouchet-en-Brenne (le).
Bouges.
Bouillonnais et Villedieu.
Bouesse.
Boutardière (la).
Breuil (le).
Brion.
Breulhebrun.
Brunetin (terrage de).
Bussière.

Buzançais.

Carbonnière, le Chastellier, Villeneuve.
Chaillou neuf.
Chaliveau et Nuisance.
Chamborant.
Chandaire.
Chassin (le), châtellenie.
Chastelet (le), châtellenie.
Châteaubrun.
Châteaufort.
Château-gaillard.
Chaucefour.
Chauvigny.
Chezalgrenier.
Chezeaux (les) et Corbilly.
Chezelles.
Clavières.
Clouets (les).
Cluis-dessous, châtellenie.
Cluis-dessus, châtellenie.
Chôtin (le).
Coings.
Colombier (le).
Coquinière (la).
Cors et Romefort, châtellenie.
Coudures et Valières.
Courcenay.
Croisy.

Diors.
Domaines.

Ecorchebœuf.
Eguillon (l').

Faugoin et Houtret.
Fay et Ranchoux.
Feuges.
Finaux, paroisse de Montierchaume.

Fougères.
Forêts aux Guyons, châtellenie.
Fougerolles, châtellenie.
Four (le) à la chaux, la Chaume-le-Roi et la Loge.

Gargillesse, châtellenie.
Goutez et Escarbot.
Grandeffe.
Grandeffe, Puymoreau.
Gratin.
Greuille et Chantesous.

Jeu.

La Bernaise.
La Bourdelle.
La Chaise.
La Lande, paroisse de Jeu.
Laleuf.
Laude-Pelotte.
Launc.
Levroux, châtellenie.
L'Hôtel de Laval.
Lys St-Georges (le), châtellenie.
Luans.
Luzeret.

Magnelet, par. de Bouesse.
Maleret.
Malassenet.
Malort (censif de).
Mardelle (la).
Maugivray.
Menas, paroisse d'Etrechet.
Meun.
Mez-Savary (le).
Miran.

Mirebeau.
Monplaisir.
Montipouret, (le seigneur de ce lieu est maréchal de la baronnie de Châteauroux.)
Montrot.
Morteclaise.
Motte (la).
Mousseaux.

Neuvy-Pailloux, châtellenie.
Neuvy-St-Sépulcre, châtellenie.
Nieulle.
Niherne.
Nohant, châtellenie.

Pérouille (la).
Plessis (le).
Prehée (la).
Prêle et le Magnet, châtellenie
Prugnerolles.
Prunget.
Puygenault.

Rançay (la tour de).
Ranchoux, paroisse de Villers.
Rezay.
Rivière (la).
Rivière (la), paroisse d'Arthon.
Roche-Guillebault (la), châtellenie.
Rochefolle.
Rocherolle (la).

Rosière (la).
Rue (la).
Rys (dime de).

Saint-Août.
Saint-Chartier.
Saint-Denis.
Saint-Gaultier.
Saint-Genou.
Savary (dime de).
Serrequeue.
Souche-Guerin.

Tendu.
Thevet.
Thibault.
Treuillaut, châtellenie.

Valençay.
Vallières.
Varennes.
Vauzelles.
Veniage.
Vernusse (la).
Verly.
Ville aux Meneaux (la).
Villedieu.
Villegongis, châtellenie.
Villeray.
Villetru.
Vola (la).
Voirie de Corneçay et de Nions (la).
Vouillon.
Vrille (la).

CHAPITRE DEUXIÈME.

MINORITÉ DE DENISE.

La minorité de Denise, qui laissait vacante la principauté de Châteauroux, fut marquée par les plus graves événements dont cette principauté eut cruellement à souffrir.

Nous allons voir, dans les paragraphes suivants, comment Henri II s'empara de la tutelle de la riche héritière des princes de Déols, l'apparition et le rôle de Philippe-Auguste dans les démêlés qui en furent la suite, les conventions et la rupture de la paix entre ces deux souverains, la suspension forcée des hostilités, la conduite de Richard envers son père et la mort de ce roi, enfin, l'avénement de Richard et le mariage de Denise qui mit fin, en grande partie, à ces malheurs.

§ Ier. — Henri II, roi d'Angleterre, s'empare de la tutelle de Denise.

Denise, ainsi qu'on l'a vu, n'avait que trois ans, à la mort de son père Raoul VII. C'était à qui prendrait sa tutelle.

Ce droit était d'autant plus disputé au moyen âge que la garde, ou, comme on disait, le *bail* d'une héritière mineure donnait la disposition de tous ses meubles, le revenu de ses biens territoriaux et le privilége non moins précieux de lui choisir un époux.

Non-seulement il fallait une protection à la minorité, mais il était besoin d'un bras qui fut assez fort pour *soutenir* le fief, en faire et en exiger les services. Aussi les coutumes avaient, en général, attribué au gardien le revenu de tous les biens territoriaux, à la charge d'acquitter les dettes, de réparer les habitations, d'entretenir le mineur *bien et dûment* selon sa condition. Le gardien mettait garnison dans les châteaux. C'est à lui que se rendaient les hommages. Il était le véritable seigneur; et, quand il avait pour pupille l'héritière de quelque opulente famille, il disposait d'ordinaire, en faveur d'un chevalier de son choix, de sa main et de ses seigneuries.

Le code de la tutelle ou de la minorité n'était pas, d'ailleurs, plus invariable que tous les autres. Les parents élevaient des prétentions opposées à celles du seigneur dominant. Ceux de Denise, qui habitaient le Berry, voulurent prévenir les prétentions qu'allait élever le suzerain féodal, Henri II, roi d'Angleterre. Son oncle paternel, Eudes, seigneur de La Châtre, frère de Raoul IV, et qui parait ne pas avoir eu de postérité, voulut prendre les devants sur le roi d'Angleterre, qui allait réclamer la charge de sa nouvelle vassale.

Eudes de La Châtre s'empara donc de l'enfant et la

conduisit dans son château, en déclarant qu'il saurait la défendre contre le roi d'Angleterre. Il fit fortifier les châteaux et villes de sa petite principauté.

Henri II, informé de ce qui se passait, ordonna à Henri au Court-mantel, son fils aîné, qu'il avait associé à sa couronne dès 1170, et qui se trouvait alors en Normandie, d'abandonner toute affaire, de convoquer le ban de cette province et d'aller se mettre en possession des fiefs de Déols. « Seul, lui faisant dire, je n'ai rien perdu de mes droits, ferons-nous moins aujourd'hui que nous sommes deux ? »

Le jeune roi obéit. Il réunit de nombreux soldats dans la Normandie et l'Anjou, et s'avança en Berry dans les premiers jours de l'an 1177. Il s'empara, sans coup férir, de Châteauroux ; mais là se bornèrent ses succès. Les barons du Berry se défendirent avec courage. Châteauroux même fut repris.

Henri II, à cette nouvelle, se hâta de passer le détroit et se rendit à des conférences qui devaient s'ouvrir, près d'Ivry, au mois de septembre de la même année. Son fils, Henri au Court-mantel, s'y rendit de son côté.

Un traité de paix fut conclu. Le roi de France et le roi d'Angleterre s'engagèrent à aller ensemble en Terre sainte, engagement qui ne fut tenu que par leurs fils. Cette paix était faite sous toutes réserves et sans renoncer à leurs prétentions réciproques sur l'Auvergne, sur le fief de Châteauroux et sur les limites de leurs possessions en Berry.

Pour expliquer comment Louis VII, roi de France,

n'avait pas réclamé la tutelle de Denise, il faut savoir que son silence ne tenait pas à l'oubli de ses droits, ni à la reconnaissance de ceux du roi anglais, mais au traité passé entre les deux souverains.

D'après les historiens anglais, Louis VII avait promis de donner à Henri au Court-mantel, qui avait épousé Marguerite, l'une de ses filles, tout le Vexin français. Il avait promis, en outre, de marier Alix, sa seconde fille, au second fils d'Henri II, Richard, qui, plus tard, reçut le nom fameux de *Cœur-de-lion*. La ville de Bourges et toutes ses dépendances devaient être la dot d'Alix. A Ivry, Louis VII rétracta ses promesses. Un traité de paix fut cependant conclu, comme on vient de le voir, et, dans le cas où leurs hommes liges commettraient, en l'absence des souverains, quelques empiétements, six évêques et six barons devaient statuer sur ces faits, ainsi que sur les réserves, si les princes eux-mêmes ne pouvaient parvenir à s'entendre.

Au mépris de cet arbitrage, qui devait suspendre toutes les questions, Henri II marcha vers le Berry après la Saint-Michel, pour réparer les échecs que son fils y avait éprouvés. Il s'empara de nouveau de Châteauroux, puis il se dirigea du côté de La Châtre. Malgré l'assurance qu'Eudes avait montrée, il fut effrayé du nombre des soldats du roi d'Angleterre. Il alla au-devant de lui et lui remit la jeune Denise.

Aussitôt, Henri II la fit conduire au château de Chinon et ordonna qu'elle y resterait sous bonne garde; puis il la fiança à l'un de ses jeunes barons,

Baudouin de Revers, seigneur de l'île de Wight, et petit-fils d'un de ces Normands qui s'étaient battus contre Étienne pour la reine Mathilde. La mort de ce seigneur empêcha l'accomplissement du mariage.

Ce fut donc contrairement à l'esprit du traité qu'Henri II avait fait son expédition sur la terre de Châteauroux. Dans la conférence de Graçay, où les douze arbitres eurent à prononcer sur cette infraction, et où, probablement, ils n'osèrent pas prendre le courage de leur devoir et de leur impartialité, Louis VII, déjà languissant, adressa à Henri II ces paroles : « *La vieillesse m'ôte la force de recouvrer... mais je proteste publiquement pour les droits de ma couronne, et notamment pour l'Auvergne, le Berry, Gisors et le Vexin normand... Je confie la cause de mon royaume à Dieu.* »

L'extinction de la grande famille de Déols, la tutelle de Denise vinrent encore augmenter la puissance que le roi d'Angleterre, comme suzerain féodal et comme propriétaire du château de Saint-Aignan, exerçait déjà sur le Berry.

§ II. — Apparition de Philippe-Auguste.

Siége de Châteauroux.

Philippe-Auguste, qui monta sur le trône en 1180, devait bientôt se charger d'établir que la protestation de son père n'était pas une vaine menace. Dès qu'il eut atteint sa majorité, il ne travailla plus qu'à rendre à la couronne de France la splendeur qu'un demi-siècle de défaites lui avait fait perdre.

Une trêve, conclue aux conférences de Nonancourt, dans les premiers mois de 1187, expirait à la Saint-Jean-Baptiste de la même année. Les deux rois profitèrent de cet intervalle pour se préparer à la guerre.

Philippe-Auguste avait, depuis peu, un juste et terrible grief en dehors de ses intérêts politiques. La plus jeune de ses sœurs, Alix de France, qui tout enfant encore avait été fiancée à Richard et envoyée en Angleterre, ne pouvait plus se marier avec lui. L'âge n'avait point amorti les fougueuses passions de Henri II et il avait, dit-on, séduit la jeune fille confiée à sa garde.

Le roi de France convoqua à Bourges tous les hommes qui lui devaient le service féodal. Il s'y rendit lui-même, et partit de cette ville, peu de jours après l'expiration de la trêve, pour pénétrer dans le Berry aquitain.

Il commença par s'emparer d'Issoudun, de Graçay et d'un grand nombre de châteaux. Après avoir ravagé toute la terre déoloise, il vint mettre le siége devant Châteauroux, qui était la principale ville de cette grande seigneurie. Henri II, qui avait prévu cette attaque, avait fait fortifier cette place (1) et y

---

(1) Henri II, roi d'Angleterre, en faisant fortifier Châteauroux, voulait s'en servir comme d'un poste avancé pour menacer Bourges d'où le roi de France faisait partir ses expéditions contre ses vassaux rebel-

avait mis une forte garnison, car c'était une des possessions à laquelle il attachait le plus d'importance. La ville, du reste, se défendait, et par sa population nombreuse et pleine de courage, et par l'enceinte de ses hautes murailles et de ses fossés profonds.

Le roi de France avait hâte de finir vite, avant que Henri II ne pût venir au secours de la place. Il pressa donc le siège. On construisit d'abord une *vinée* et une *tortue*, sortes d'immenses boucliers, à l'abri desquels les travailleurs pouvaient s'avancer jusqu'aux pieds des murs. En même temps, des pierriers lançaient sur les remparts d'immenses projectiles. On ébranlait, à coups de béliers, les portes bardées de fer. Du haut des beffrois, grandes tours en bois qui dominaient les murailles de la ville, les arbalétriers et les archers accablaient les assiégés de carreaux et de flèches ; les frondeurs leur jetaient des glands ou pierres rondes.

Enfin, l'assaut fut ordonné. Les échelles furent appliquées contre le mur, et une lutte héroïque s'engagea. Les hommes du roi se culbutaient dans leur précipitation. Les assiégés, de leur côté, les renversaient avec de longs crocs, des massues, des haches, des bisaiguës, des pieux, des armes de toutes sortes.

---

les. Guillaume le Breton, dans sa *Philippide*, dépeint la forteresse de Châteauroux comme presque imprenable :

>   Turribus et muris nimis altis atque profundis
>   Fossis interior burgus securus ab omni
>   Hoste videbatur et inexpugnabilis esse.

Ils parvinrent à repousser cette redoutable attaque (¹).

Henri II, Richard Cœur-de-Lion, comte de Poitiers, et Jean Sans-Terre, arrivèrent alors pour faire lever le siége. Le roi et ses fils amenaient avec eux une troupe nombreuse de *routiers* ou *cottereaux* (²); mais ils ne purent pénétrer dans la ville, et furent contraints de camper aux environs. Nous avons déjà eu occasion de parler de ce siége et de l'arrivée de ces aventuriers à Déols. C'est dans le paragraphe consacré à l'abbé Gérard d'Épineuil (p. 78), que nous avons raconté le miracle qui fut occasionné par leur action sacrilége.

§ III. — Pourparlers entre Henri II et Philippe-Auguste.

Le 23 juin 1187, veille de la Saint-Jean-Baptiste, les deux armées étaient rangées en bataille. Les ordres étaient donnés. Les cavaliers et les fantassins allaient

---

(1) Des chroniques racontent que Philippe-Auguste, pour entrer dans la place, avait fait chercher à corrompre le concierge de la porte fortifiée. Le concierge feignit de consentir, et fit faire prisonnier le détachement qui avait franchi le pont-levis. Ce concierge se nommait Grimoald ou Grimaud. Entre autres récompenses, il obtint des Anglais de prendre gratis du bois pour son usage dans la forêt de Châteauroux. On prétend que ce droit, qui lui avait été conservé par les Français, existait encore dans sa famille en 1789. Les Grimaud ont toujours eu des fonctions municipales; de père en fils, ils étaient concierges de la mairie et du tribunal, qui étaient réunis dans le même local. C'est un de leurs descendants par les femmes qui y était récemment encore. Ils ont été longtemps facteurs de la poste aux lettres.

(2) Les routiers, cottereaux ou brabançons formaient des troupes d'aventuriers que les princes prenaient à leur solde.

s'ébranler, quand le comte de Flandres alla trouver Richard.

« Seigneur comte, lui dit-il, vous agissez follement et suivez de mauvais conseils, en guerroyant contre votre seigneur le roi de France, de qui vous avez reçu et pouvez attendre tant de bienfaits. Vous auriez tort de mépriser sa jeunesse. Il est jeune d'âge, mais il est vieux par l'esprit, prudent et courageux, et il n'oublie pas plus les outrages que les services. Croyez-en mon expérience. J'ai été son ennemi, mais j'en fais pénitence à mes dépens. Qu'il vous serait utile et glorieux d'obtenir la bienveillance et le pardon de votre seigneur ! »

— « J'irais à Jérusalem nu-pieds, répondit Richard, en riant, pour obtenir le pardon de mon seigneur ! »

— « Il ne s'agit pas, répliqua le comte de Flandres, d'aller à Jérusalem ni de marcher nu-pieds. Voilà le roi de France tout près de nous : allez vers lui tout armé, monté sur ce cheval bardé de fer et d'or, et, s'il plaît à Dieu, vous obtiendrez facilement ses bonnes grâces. »

Richard y consentit, et, sans consulter son père, se mit à suivre le comte de Flandres, à travers les bataillons, jusqu'au lieu où le roi de France se préparait à donner le signal. Les deux princes causèrent quelque temps sous les yeux des hommes d'armes. Là sans doute, Philippe apprit au jeune comte de Poitiers les propositions que lui avait récemment faites Henri II. Il lui avait offert de marier Jean Sans-Terre avec la sœur du roi de France, depuis si longtemps fiancée à

Richard, et de donner au jeune prince les comtés de Poitiers et d'Anjou : puis la conférence se termina et Richard retourna vers les troupes anglaises.

Henri II, en apprenant la démarche de son fils, soupçonna une trahison et tomba dans la plus grande perplexité. Il envoya prier les principaux barons du roi de France de venir jusqu'à sa tente. L'archevêque de Reims, les comtes de Blois, de Flandres et de Dreux se rendirent aussitôt à son invitation.

« Mes seigneurs et chers parents, leur dit-il, je vous confesse que je suis un grand pécheur et que j'ai jusqu'à présent mal vécu. Mais je veux m'amender, et, pendant que j'en ai le temps encore, me reconcilier avec Dieu. Or, comme j'ai fait des préparatifs de guerre et que j'ai de nombreux hommes d'armes, je compte, s'il plaît à mon seigneur le roi de France, marcher contre les infidèles. Demandez-lui donc pour moi une trêve de deux ans. S'il la refuse, certes il aura à répondre de mon âme devant Dieu, et vous mêmes en répondrez, si vous ne donnez le conseil à mon seigneur le roi. »

Quand les barons eurent transmis ce message à Philippe-Auguste, il leur dit en souriant : — « Est-ce que vous croyez à ses paroles ? » — « Voilà, répondirent-ils, ce qu'il nous a chargés de vous proposer et nous vous conseillons de faire ce qu'il demande. » — « Eh bien ! répliqua le roi, retournez vers lui et dites qu'à sa prière et sur vos avis, je lui accorde une trêve de deux ans. »

Mais, dans l'intervalle, Henri II avait changé de

résolution. Sans doute il avait reconnu que, cette fois au moins, Richard ne le trahissait pas. Il dit aux barons qu'il avait plus mûrement réfléchi, et que, pour aucun malheur dont il serait menacé, il ne consentirait maintenant à faire ce qu'il avait dit.

Le roi de France, fort en colère d'avoir été si indignement joué, ordonna que, le lendemain, dès le point du jour, on se disposerait à engager la bataille.

Le lendemain, Henri était retombé dans ses premières irrésolutions : — « Que ferons-nous disait-il à Richard ? Quel conseil me donnez-vous en une telle occurence ? » — « Quel conseil puis-je vous donner, répondit Richard ? Hier vous avez demandé la trêve qui a été consentie ; nous ne pouvons pas, sans une grande honte, la redemander encore aujourd'hui. » — Puis, comme il voyait son père toujours incertain : « Écoutez, ajouta-t-il, mon seigneur et père, bien que ce soit honteux, j'irai, s'il vous plaît, vers mon seigneur et roi, et tâcherai d'obtenir de nouveau la trêve qu'hier vous avez repoussée avec mépris. »

Il se dirigea donc vers le roi de France qu'il trouva déjà couvert de son armure. Il se découvrit, lui présenta son épée, mit un genou en terre et le pria humblement de calmer son indignation et d'accorder la trêve, non pas à son père, mais à lui-même et sur sa foi, s'engageant, si elle était violée, d'aller en personne à Paris se soumettre à son bon plaisir.

Philippe-Auguste résista longtemps à cette demande. Enfin, sur le conseil de ses barons et les instances des légats du pape Urbain III, une convention fut conclue. Il devait garder, pendant les deux ans que durerait la trêve, à titre de garantie, la ville et le château d'Issoudun, et on lui remit comme ôtage, l'un des hommes liges de Henri II, Ours de Fretteval, en Vendômois. Les deux armées s'éloignèrent aussitôt du Berry (1).

§ IV. — Rupture de la paix.

L'année suivante, 1188, malgré la trêve convenue à Châteauroux, et, bien qu'au mois de janvier les deux rois et leurs barons eussent pris la croix à une conférence entre Trie et Gisors, la guerre recommença en Berry.

Elle eut pour cause l'attaque dirigée par Richard Cœur-de-Lion contre Raymond V, comte de Saint-Gilles et de Toulouse, vassal de la couronne de France. Richard lui avait pris Cahors, Moissac et autres places. Le roi Philippe-Auguste, après l'avoir inutilement averti de quitter son entreprise et de cesser ses actes d'hostilité contre son vassal et allié, que l'honneur et l'intérêt l'obligeaient de protéger et défendre, rentra une seconde fois en la province du Berry, pour y faire par ce moyen une diversion d'armes. De plus, Richard refusait, pour son comté de Poitou, de rendre foi et hommage à Philippe-Auguste, et Henri II, son père,

---

(1) Des chroniques rapportent que les deux princes se plurent et goûtèrent des vins de toutes sortes. Le ménestrel Lambert les amusa en récitant le fabliau de la *bataille des vins*, ce qui fit donner ce nom à l'entrevue.

avait, de son côté, la prétention de garder le comté du Vexin, dot de Marguerite, sœur de Philippe-Auguste, devenue veuve sans enfants d'Henri, fils du roi d'Angleterre. La veuve était remariée à Bela, roi de Hongrie.

Comme Philippe-Auguste ne rencontra point d'armée pour s'opposer à ses desseins, il prit, en peu de temps, les villes de Buzançais, Argenton, Châteauroux, Levroux, Palluau, Montrichard, Montrésor, Le Châtelet, La Rocheguillebaud, Montluçon, et tout ce que tenait le roi d'Angleterre en Auvergne. Par ces conquêtes, il obligea Henri II et Richard de se retirer en Normandie.

Philippe-Auguste s'était emparé de Châteauroux par surprise, le 18 du mois de mai, et il avait forcé les habitants à lui jurer fidélité. Il en avait fait aussitôt augmenter les fortifications et confié la garde au célèbre Guillaume des Barres. Ce fut en vain que, plus tard, Richard chercha à s'en emparer.

Pendant le siége de Levroux, il s'accomplit, à ce qu'on rapporte, un nouveau miracle, celui-ci en faveur de Philippe-Auguste :

« Il régnait, depuis quelque temps, une grande sécheresse ; les hommes d'armes souffraient de la soif. Le ruisseau de Sept-Fonds, qui passe auprès du château de Levroux, avait été complétement tari par les chaleurs. Tout à coup, et sans qu'il survînt de pluie, l'eau sortit de la terre avec une telle abondance que les chevaux en avaient jusqu'aux sangles, et que tous, bêtes et gens, purent se désaltérer. L'eau continua à jaillir tant que dura le siége. Mais aussitôt que le roi s'éloigna, après s'être emparé du château, elle tarit et ne reparut plus. »

Levroux faisait alors partie de la seigneurie déoloise et, sur son château, flottaient les couleurs du roi d'Angleterre, gardien de Denise. Philippe-Auguste y plaça sa bannière et donna cette ville à son jeune neveu, Louis, fils de Thibaut V, comte de Blois. C'est ce qui explique comment, lorsque cette châtellenie retourna, bientôt après, à ses anciens maîtres, le comte de Blois conserva sur elle quelque supériorité féodale. C'est encore ainsi que la baronnie de la rue d'Indre et d'autres seigneuries de l'ancienne principauté déoloise (Bouges, Villers) relevèrent du même comte de Blois et lui rendirent hommage (1).

Il semble probable que ce soit aussi vers cette époque que le seigneur de Châteauroux fut contraint de rendre hommage pour son donjon féodal à l'archevêque de Tours, ville possédée depuis longtemps par le comte d'Anjou, roi d'Angleterre, celui-ci voulant de cette manière contrebalancer l'influence qu'exerçait sur l'Aquitaine l'Archevêque de Bourges, primat des Aquitaines et toujours dévoué à la royauté française.

Les succès de Philippe-Auguste avaient vivement affligé Henri II. De nouvelles conférences furent assignées, entre les deux rois, sous le grand orme de Gisors. Elles furent inutiles. Richard se remit en

(1) Rigord.

campagne et fit chèrement expier aux châtelains du Berry la facilité avec laquelle ils s'étaient soumis à Philippe-Auguste. Après une excursion dans la seigneurie de Bourbon, il vint, à son tour, mettre le siége devant Châteauroux : un jour que quelques-uns des chevaliers, chargés de garder le château en l'absence de Guillaume des Barres, étaient sortis pour piller dans la campagne, Richard disposa ses hommes d'armes pour s'opposer à leur retour. Les chevaliers, furieux de s'être ainsi laissés surprendre, se ruèrent sur la troupe du prince anglais. Ils l'enfoncèrent et parvinrent jusqu'aux portes du château. De là, ils appelèrent leurs compagnons à leur secours. Ceux-ci ne se firent pas attendre et vinrent se réunir à eux. Il y eut, pendant quelques instants, une mêlée confuse et de glorieux faits d'armes. Les hommes de Richard furent enfin mis en déroute. Richard lui-même, forcé de prendre la fuite, tomba de cheval, et sa vie était en péril, lorsqu'un boucher, homme d'une rare vigueur, parvint à le remettre en selle et à le dégager des ennemis qui déjà l'entouraient.

§ **V.** — **Suspension forcée des hostilités.**

Toutes ces guerres féodales, avaient d'indispensables suspensions. A l'époque des travaux des champs et des récoltes, les serfs, qui devaient à leurs maîtres le service militaire, désertaient tous leurs bannières. Comme l'époque des vendanges approchait,

Philippe-Auguste, de même que Richard, se virent tout à coup abandonnés par leurs hommes d'armes. D'ailleurs, les grands vassaux, les comtes de Flandres et de Blois, et tous les barons qui s'étaient croisés, venaient de déposer les armes, disant qu'ils ne les reprendraient qu'après leur retour de la Terre-Sainte.

Le roi de France demanda une entrevue au roi d'Angleterre. Elle eut lieu à Châtillon-sur-Indre, le 7 octobre de la même année 1188 ; mais les deux souverains se séparèrent encore sans avoir pu s'accorder.

En se retirant, Philippe-Auguste reprit le château de Palluau, que Richard lui avait enlevé ; puis il vint à Châteauroux. Là se trouvait une troupe de Brabançons qui demandait impérieusement qu'on lui payât la solde, et ce fut peut-être, dit M. Raynal, au moins en partie, pour satisfaire à ces exigences, que le roi fit frapper, en empruntant l'ancien type de la maison de Déols, ces deniers si curieux, qui, d'un côté, portent autour d'une croix la légende : PHILIPVS REX, et de l'autre, l'ancienne légende : DE DOLIS, autour d'une étoile formée de deux triangles équilatéraux.

Puis il conduisit les Brabançons à Bourges, en promettant de leur payer ce qui leur était dû. Dans cette ville, se trouvant en force, il leur manqua de parole. Au lieu de les payer, il leur fit enlever leurs chevaux, leurs armes, tout l'argent qu'ils possédaient, et les chassa, après les avoir ainsi désarmés et dépouillés ; tel est du moins le récit des historiens anglais.

§ VI. — Henri II, abandonné par Richard, meurt à Chinon.

De nouvelles conférences s'ouvrirent au mois de novembre. Elles eurent lieu à Bonmoulins, en Normandie, puis à La Ferté-Bernard, dans le Maine. On ne put y résoudre aucune des questions qui divisaient les deux rois. Richard Cœur-de-lion, mécontent de son père, qui semblait vouloir destiner la couronne à Jean Sans-Terre, son plus jeune fils, se sépara de sa cause et fit solennellement hommage à Philippe-Auguste. En reconnaissance de cette vassalité, ce dernier restitua Issoudun et tous les hommes qu'il avait fait prisonniers.

Bientôt le pacte conclu avec le roi de France fut connu. Ainsi abandonné par l'aîné et le plus puissant de ses fils, Henri II fut contraint de se soumettre. Il vint trouver le roi de France dans une plaine entre Tours et Azay-sur-Cher. Là, le jeune vainqueur exigea que Henri renonçât à toute suzeraineté sur les villes du Berry, qu'il payât 20,000 marcs d'argent, qu'Alix fut donnée à garde, jusqu'au retour de la croisade, à cinq personnes choisies par Richard, et enfin que tous les barons qui avaient pris parti pour Richard demeurassent ses vassaux, à moins qu'ils ne retournassent volontairement à Henri.

Henri II ne survécut pas longtemps au triomphe de son jeune rival. Il n'était presque plus en état de tenir la campagne. Il avait perdu, en 1182, son fils, Henri au Court-Mantel, et il ne se fiait à aucun de ses autres enfants. Richard, son second fils, était impatient de régner, et son troisième fils, Jean, devait bientôt prouver à son père son esprit de rébellion et d'ingratitude. Il tomba dans une profonde tristesse, et expira le 14 juillet, au château de Chinon.

§ VII. — Avénement de Richard, mariage de Denise.

Richard Cœur-de-lion, après la mort de son père, montait de droit sur le trône d'Angleterre. Avant de partir pour s'y faire couronner, il eût une entrevue avec Philippe-Auguste, à Gisors. Philippe-Auguste, qui n'avait pas voulu se dessaisir de Châteauroux du vivant de Henri II, remit cette ville et tout son fief à Richard, et Richard consentit à ajouter quatre mille marcs d'argent aux vingt mille promis par son père, pour les dépenses que le roi de France avait faites à Châteauroux. Il avait, de plus, abandonné à celui-ci Issoudun, Graçay, et tous les fiefs qui en dépendaient. De son côté, Philippe-Auguste renonçait à toute prétention sur le fief de Châteauroux, et les deux princes étaient convenus de partir ensemble pour la Terre-Sainte.

A compter de ce jour, les rois de France intervinrent dans les affaires de notre pays, autrement que comme puissance belligérante. Entre eux et les populations s'établit une réciprocité de bons procédés, qui se continua sous l'administration de Blanche de Castille et de Saint Louis.

Richard Cœur-de-lion avait pour ami et fidèle compagnon d'armes, André de Chauvigny, dont le château de famille s'élevait sur les bords de la Vienne. C'était le plus brave chevalier du Poitou. Un des premiers soins de ce prince, après avoir pris possession de son trône, fut de pourvoir son ami. Il le maria, en 1189, à Denise de Déols, qui avait été conduite en Angleterre et qui alors était âgée de seize ans.

Le mariage fut célébré à Salisbury, avec une solennité qui prouvait assez en quel degré de faveur André était auprès de Richard. Il fut béni par Gilbert, évêque de Rochester, en présence de la vieille reine Éléonore, que la mort de son mari délivrait d'une longue captivité, des évêques de Durham, de Worchester, d'Yorck, et d'un nombre infini de comtes, barons et chevaliers.

Lorsque Richard devint roi, il avait trente-deux ans. Chauvigny devait avoir à peu près cet âge ; la conformité de leurs goûts permet d'adopter ce rapprochement.

Ainsi finit ce long interrègne, cette malheureuse minorité pendant laquelle notre pays avait été livré à tous les désastres. Depuis la mort de Raoul VII, en 1176, jusqu'au mariage de Denise, c'est-à-dire pendant treize années, les souverains de France et d'Angleterre l'avaient pris pour le théâtre sur lequel ils vidaient leurs démêlés. On ne voit que ravages, siéges, combats, trahisons. Les bandes hideuses, connues sous les noms de routiers, cottereaux, paillards ou brabançons, qui se vendaient aux plus offrants et que les princes prenaient à leur service, commettaient les plus grandes rapines et se livraient à toutes les exactions. Ces malheurs furent atténués par le mariage d'André de Chauvigny avec denise de Déols et son avénement à la principauté de Châteauroux. Nous n'en verrons pas moins, pendant la possession d'André, les souverains de France et d'Angleterre de nouveau en présence sur notre territoire, jusqu'à ce que la province de Berry soit devenue tout entière et définitivement française.

CHAPITRE TROISIÈME.

MAISON DE CHAUVIGNY.

Par le mariage d'André de Chauvigny avec Denise de Déols commença une autre maison, dont la durée fut de 373 années, et qui comprend dix princes, dont nous allons étudier les règnes.

§ Ier. — André Ier de Chauvigny.

(1189-1202)

ROIS DE FRANCE.

Louis VII.......... 1137-1180 | Philippe-Auguste.... 1180-1223

André de Chauvigny prit possession, en 1189, du Château-Raoul et des immenses possessions de sa femme. Sa maison était ancienne dans le Poitou, sans pouvoir, comme celle de Déols, être mise au rang des grands feudataires. Elle était, toutefois, assez illustre pour que son alliance n'eût rien de reprochable. Chauvigny marchait de pair avec la plus haute noblesse, puisqu'il était neveu de Baudouin VIII, comte de Hainaut et de Flandre.

Richard confiait ainsi la défense de ses fiefs en Berry à un homme de courage et d'un dévouement tout à fait éprouvé.

André et Denise commencèrent une nouvelle lignée, destinée à une longue illustration. Le nom de Chauvigny appartint dès lors à notre Berry.

Richard Cœur-de-lion et Philippe-Auguste étaient convenus, comme on l'a vu, d'une expédition en Palestine. Peu de jours après la Saint-Jean de l'année 1190, ils se réunirent à Vézelay, petite ville du Nivernais. Là, Richard reçut la besace et le bâton du pèlerin, que Philippe-Auguste avait déjà pris à Saint-Denis. Puis ils se séparèrent à Lyon. Le roi de France, après avoir été chercher l'oriflamme à Saint-Denis, alla s'embarquer à Gênes, et le roi d'Angleterre à Marseille.

Plusieurs chevaliers du Berry firent partie de cette expédition : le vicomte Étienne de Sancerre, ainsi que son frère, Thibaut, comte de Blois, qui tous deux furent tués au siège de Saint-Jean-d'Acre ; Guillaume des Barres et son fils appelé Guillaume comme lui, et qu'on surnomma plus tard *la fleur des chevaliers*.

Au mois de juin 1191, Richard et Philippe se trouvaient à Messine, ayant été obligés par les vents d'y faire relâche. Il intervint entre ces souverains des arrangements, dont André de Chauvigny et Eudes III, seigneur d'Issoudun, furent les garants. Par une des clauses du traité, Richard confirmait l'abandon à Philippe-Auguste des fiefs d'Issoudun et de Graçay. Richard donna encore André de Chauvigny à Tancrède, roi de Sicile, comme l'un des garants du traité conclu entre eux sur le douaire de Jeanne, sœur de Richard et femme de Tancrède lui-même.

Philippe-Auguste arriva le premier en Palestine. Richard le rejoignit au siége de Ptolémaïs ; et là, il se produisit de nouvelles causes de rivalité, le roi de France prenant parti pour Conrad, et Richard pour Lusignan, tous deux compétiteurs au trône de Jérusalem.

André de Chauvigny prit une part glorieuse à cette croisade, que la discorde des rois rendit si funeste.

Philippe-Auguste et Richard, de l'avis de toute l'armée, ordonnèrent que les croisés qui mourraient pendant le voyage, ne pourraient disposer que de la moitié de leurs biens, armes et bagages, et que l'autre serait réservée et employée pour la nécessité des pèlerins. André de Chauvigny fut un des seigneurs commis pour la recette de la portion destinée à la subvention de la Terre-Sainte, avec Gautier, archevêque de Rouen, Manasse, évêque de Langres, le grand maître de la milice du Temple, Hugues, duc de Bourgogne, Raoul de Coucy, Dreux de Mello, Robert de Sablé, et Gilbert de Vascuil. Cela témoigne qu'André de Chauvigny était un des plus considérés d'entre les seigneurs de l'armée des chrétiens.

Le roi d'Angleterre, voulant secourir la ville de Jaffa, choisit, entre les plus braves dont il se voulait servir en cette entreprise, notre illustre Chauvigny. Selon l'auteur de la chronique de Flandre, *ce roi, sentant bien que le château ne pourrait tant tenir qu'il fût là par terre, fit appareiller une galère, et prit telle compagnie qui lui plût, de quoi, le premier fut Gautier de Châtillon, le second le comte de Clèves, le tiers Guy de Montfort, le quart le comte d'Oste, en Allemagne, le cinquième le baron de Chanfort, le sixième le comte de Limbourg, le septième Walerans de Luxembourg, le huitième André de Chauvigny, le neuvième Dreux de Mello, le dixième Guillaume des Barres, le onzième Guillaume Longue-espée.*

On raconte qu'en Palestine, André de Chauvigny poussant son cri de guerre: *Chauvigny! Chauvigny! chevaliers pleuvent!* et descendant avec rapidité une montagne, accompagné de quelques compagnons d'armes, chassait devant lui les troupes de Saladin. Les ennemis, si rudement délogés, se persuadèrent qu'il tombait du ciel des chevaliers et des anges pour les exterminer.

André était auprès de Richard, après le départ de Philippe-Auguste, à cette affaire d'Arsur, où les croisés, après des marches longues et pénibles, défirent complètement Saladin. — Il était encore auprès de lui, avec un petit nombre de braves chevaliers, parmi lesquels on comptait Guillaume des Barres, lorsque tous ensemble ils accoururent au secours de Joppé, et chassèrent les Sarrasins déjà maîtres de la ville.

Richard, voyant que la position n'était plus tenable, chercha une retraite honorable, et conclut avec Saladin une trêve de trois ans, trois mois, trois jours et trois heures. Ce traité fut, dit-on, célébré dans un tournoi, où Saladin ne dédaigna pas de figurer, et où Chauvigny fut un de ses adversaires.

Après le triste dénouement de la croisade, André fut du nombre des chevaliers qui restèrent auprès du roi vaincu et s'embarquèrent avec lui.

Lorsque Richard fut emprisonné par ordre du duc d'Autriche, il chargea André de Chauvigny de se rendre à Rome pour se plaindre en son nom auprès du souverain pontife de ce que la commune de Londres et le royaume avaient, en son absence, prêté serment à Jean-Sans-Terre, et pour le prier d'annuler tous les actes faits au mépris de ses droits. André obtint l'intervention du saint père.

Philippe-Auguste et Jean Sans-Terre s'arrangeaient de la captivité de Richard. Au mois de janvier 1194, ils avaient conclu un traité qui, parmi d'autres avantages, garantissait à perpétuité au roi de France la possession du château de Châtillon-sur-Indre; mais on apprit bientôt avec effroi que le redoutable captif était en liberté, qu'il avait repris possession de son trône, et que, rapide comme la foudre, il avait passé le détroit et était arrivé en Berry, où, avec l'aide de Mercadier, chef des routiers, dont il avait obtenu un traité, il avait repris Issoudun et l'avait fortifié.

Jean Sans-Terre s'était hâté de faire sa soumission. Mais Philippe-Auguste et Richard ne tardèrent pas à se trouver en présence. Ces deux rivaux allaient en venir sérieusement aux mains, lorsque leurs sujets de querelle disparurent dans une conférence entre Issoudun et Châteauroux, tenue dans un lieu qui, de la rencontre des deux rois, à conservé le nom de *Villerays (villa regum)*, commune de Montierchaume.

Philippe-Auguste, prenant ailleurs ses avantages, abandonna les fiefs d'Issoudun et de Graçay. Ces deux fiefs et les hommages du Berry, furent cédés à Philippe-Auguste, en 1200, par Jean, successeur de Richard, en faveur du mariage de Louis, fils du roi de France, avec Blanche, fille d'Alphonse VIII de Castille, et d'Éléonore, sa femme, sœur du roi d'Angleterre.

La conférence dont il vient d'être question, fut suivie d'une trêve d'une année. A son expiration, la guerre recommença. Philippe-Auguste rassembla une armée en Berry et alla assiéger Issoudun. Il s'était déjà emparé de la ville et cherchait à devenir maître du château, quand Richard, accouru en toute hâte, parvint à y pénétrer.

Une grande lutte était près de s'engager entre ces deux souverains, lorsque, tout à coup, on vit changer leurs dispositions. Ils eurent, le 12 novembre, une entrevue où ils arrêtèrent les bases d'un traité de paix. Une ancienne tradition nomme le *Gué d'amour*, le lieu aujourd'hui inconnu où elle se tint, mais qui était entre Issoudun et Chârost. Elle ajoute que, au moment où ils conféraient, après s'être éloignés de leurs escortes, un serpent sortit d'un arbre creux, et qu'ils tirèrent simultanément leurs épées pour le tuer. Les hommes d'armes, croyant qu'ils voulaient se battre, seraient accourus, mais les deux princes leur crièrent de rester en repos.

Noël approchait. Comme il n'avaient ni l'un ni l'autre, en ce pays, de quoi suffire aux dépenses d'une si grande solennité, ils s'éloignèrent. Ce ne fut qu'à la conférence entre Vaudreuil et Gaillon, le 12 janvier 1196, que les conventions arrêtées entre Issoudun et Chârost furent revêtues de leurs sceaux. Le sort des fiefs du Berry, l'objet de si longues controverses, y fut réglé. Le roi de France abandonnait au roi d'Angleterre, Issoudun et Graçay, avec toutes leurs dépendances féodales, les fiefs de La Châtre, de Saint-Chartier, du Châtelet, dont André de Chauvigny faisait hommage, avant le traité, à Philippe-Auguste, le fief de Châteaumeillant, qu'Eudes de Déols, second fils d'Ebbes II et oncle de Denise, avait eu en apanage, et qui relevait également de la couronne de France.

On convint aussi que les seigneurs qui avaient violé la foi promise au roi d'Angleterre, conserveraient leurs fiefs, mais à la condition de lui faire hommage. Cette amnistie s'appliquait à Bernard, vicomte de Brosses, qui, après avoir trahi Richard, son suzerain, s'était, par un acte du mois de mars 1194, déclaré l'homme lige de Philippe-Auguste, et avait reçu de lui la promesse qu'il ne serait jamais contraint de rentrer sous le service qu'il avait renié.

Ce traité, toutefois, ne fut pas plus durable que les autres. Richard ne tarda pas à le violer.

Le fief de Vierzon, dans les premières années du XII° siècle, faisait partie de la mouvance d'Issoudun. Richard fit citer à comparaître devant sa cour Guillaume Ier, seigneur de ce fief. Guillaume déclina la juridiction qu'on voulait lui imposer et vint à Paris se plaindre au roi de France. Richard, malgré la parole qu'il avait donnée de ne lui faire aucun tort, envahit ses domaines, pilla Vierzon, mit le feu à la ville, et se retira emportant beaucoup de butin.

Philippe-Auguste renforça aussitôt les garnisons de ses villes et de ses châteaux du Berry. Les hostilités s'animèrent; mais elles cessèrent tout à coup par la mort de Richard, tué devant le château de Chalus, en Limousin, au mois d'avril 1199, où il avait été pour réclamer un trésor au comte de Limoges.

Cet événement fut le signal de la délivrance définitive du Berry. Au mois de mai de l'année 1200, un traité fut conclu entre Philippe-Auguste et Jean Sans-Terre, successeur de Richard, qui assura les fiefs du Berry au roi de France. Ils formèrent la dot de Blanche de Castille, ainsi que nous l'avons expliqué, par avance, à la fin de la page 153.

« Nous avons donné, disait Jean Sans-Terre, en mariage à Louis, fils du roi de France, avec la fille du roi de Castille, notre nièce, le fief d'Issoudun, le fief de Graçay, ainsi que les fiefs du Berry, qu'André de Chauvigny tenait du roi d'Angleterre. Et le roi de France restera saisi de tous ces fiefs jusqu'à ce que le mariage soit consommé; et, quoi qu'il advienne dudit mariage, avant qu'il ne se fasse, le roi de France les retiendra toute sa vie, et ils retourneront à nous et à nos héritiers, si ledit seigneur Louis n'a pas d'héritier issu de notre nièce (1). »

(1) Rigord.

Un glorieux rejeton devait naître de ce mariage. Blanche de Castille, femme de Louis VIII, fut la mère de Saint Louis. En 1240, sa mère lui fit abandon immédiat de tous ses droits sur le Berry, et en même temps, Jean délivra des lettres adressées à André de Chauvigny pour le délier de son serment et lui prescrire de faire hommage au roi de France.

André de Chauvigny et ses successeurs devinrent donc et restèrent Français (1).

André de Chauvigny avait reçu, en 1199, de la vieille reine Éléonore, la mouvance de Sainte-Sévère, fief du duché de Guyenne, dont Hélie de Brosses était alors seigneur. C'était une récompense qu'elle accordait au fidèle serviteur de son fils Richard. Elle le nomma, dans ses lettres, qui nous ont été conservées, son très-cher ami et son cousin. Le château de Sainte-Sévère et ses dépendances étaient, comme les autres fiefs de Déols, compris au traité conclu entre Philippe-Auguste et Jean Sans-Terre.

André de Chauvigny eut un différend avec Hugues de Naillac, sire de Gargilesse, pour le droit de rachat de la seigneurie de Gargilesse, qu'il prétendait être dû, à cause du mariage dudit Hugues de Naillac avec Mahand de Fontenelles, pour l'hommage de ladite terre. Sur quoi ils transigèrent en présence du roi

---

(1) Depuis cette époque, la seigneurie de Châteauroux releva directement de la couronne de France, sauf toutefois lors des diverses érections du duché de Berry en faveur des princes ou princesses du sang royal dont aucun n'a laissé de postérité à qui ils pussent le transmettre. — LA THAUMASSIÈRE.

Philippe-Auguste, et il remit et quitta les droits de rachat qui étaient dus de cette terre, moyennant l'hommage que lui en fit Hugues de Naillac, et de tout ce qu'il tenait de lui. Hugues de Naillac se reconnut encore être son homme lige contre tout homme vivant et mourant, jura et promit de lui rendre, et à ses successeurs, seigneurs de Châteauroux, le château de Gargilesse, soit en paix, soit en guerre, à grande ou à petite force, et à leur simple commandement; et, dans le cas où il manquerait à ce devoir, il consentit que tous ses vassaux assistâssent son seigneur féodal pour l'obliger de satisfaire ce qu'il avait promis. La charte, scellée du sceau de Naillac, se trouve encore, en original, dit La Thaumassière, au Trésor de Châteauroux.

Les dernières années d'André de Chauvigny furent agitées par ses différends avec l'Église. Il eut, avec les moines de l'abbaye de Déols, sur la justice, les libertés et les foires du bourg, de vives discussions. L'abbaye porta au pape Célestin III ses plaintes des mauvais traitements qu'elle prétendait avoir reçus de lui. Le pape, en 1197, prononça une sentence d'interdiction sur toute la terre de Châteauroux. Chauvigny, pour se parer des foudres de l'Église, s'accorda avec les religieux, en leur donnant annuellement dix muids de blé. Cette querelle ne se termina qu'en 1202, l'année même de la mort de Chauvigny. La transaction fut ratifiée par le pape. Mais l'harmonie ne se rétablit pas entre les seigneurs et les abbés.

On conserve, du reste, la pièce officielle qui constate

l'arrangement intervenu entre l'abbaye et le seigneur de Châteauroux (1).

« Un différend s'étant élevé entre les abbés et couvent de
» Déols, d'une part, et noble homme André de Chauvigny,
» de l'autre, au sujet des justices et libertés du bourg de
» Déols, se termina par une transaction amiable que les par-
» ties, établies en présence du Pape, soumirent à sa ratifica-
» tion, sollicitant de lui des lettres à cet effet.

» André de Chauvigny concède à l'église de Déols, à perpé-
» tuité, conformément aux chartes qu'elle avait obtenues des
» seigneurs de Château-Raoul, toutes les justices du bourg
» de Déols, dans les cas de duel, de larcin, de rapt et de meur-
» tre, consentant que l'abbé ou ses officiers prennent connais-
» sance de toutes les plaintes relatives aux délits commis
» dans l'enceinte des croix du bourg de Déols, et qu'il soit
» loisible à toute personne, dans les mêmes limites, de récla-
» mer la justice de la dite église.

» Les chevaux, juments et ânes de l'église de Déols, envoyés
» au dehors avec charrettes ou autrement pour chercher le
» bois et autres choses nécessaires aux moines, ne seront pris
» qu'autant qu'ils seront trouvés délinquants.

» Les habitants du bourg ayant commis un délit en quelque
» lieu que ce soit, hors de l'enceinte des croix, pourvu qu'ils
» y puissent rentrer, seront soumis à la justice de l'abbé, à
» moins, toutefois, qu'ils n'aient été pris sur le fait.

» Il remet, du consentement de Denise, sa femme et de ses
» enfants, la quête que ses prédécesseurs et lui avaient cou-
» tume de lever sur les hommes du bourg de Déols, à l'oc-
» casion des vendanges, de sorte qu'aucun homme ou femme
» habitant dans l'enceinte des croix ne paiera plus rien, à
» l'avenir, pour vendanger les vignes, ce qu'il pourra faire à
» volonté.

(1) *Épistol. Innocentii III, romani pontificis*, édit. Baluze, t. 1, p. 656. Il nous paraît intéressant et curieux de la reproduire.

» Les étoffes *(panni)* sans teinture qui se trouveront au bourg
» de Déols et au Château-Raoul, comme *burellum* ou *reatum*,
» qui y sont fabriquées, pourront être vendues dans les mai-
» sons du bourg, sans obligation d'ouvrir les fenêtres. Quant
» aux étoffes de lin et de chanvre, elles y seront vendues de la
» même manière, de quelque lieu qu'elles proviennent.

» Il sera libre à tous d'amener et de vendre les meules au
» bourg de Déols;

» A tous marchands d'amener et de vendre leurs marchan-
» dises sur les places du bourg de Déols, du consentement
» de l'abbé, et sans payer de coutume à personne, à moins
» qu'il n'y ait foire ou marché à Château-Raoul.

» Les forgerons vendront le fer fabriqué quelle que soit
» la provenance, sans payer de coutumes.

» Lors des foires qui auront lieu au bourg de Déols, les
» marchands coucheront, si bon leur semble, dans le bourg,
» la veille et le jour desdites foires, avec leurs marchandises
» et montures.

» Quant à celles qui ont lieu au dit bourg de Déols, pour
» la Visitation de l'église de Déols, accordées par ledit André
» de Chauvigny, et celles qui ont lieu pour l'Annonciation de
» la vierge Marie, accordées par ledit André de Chauvigny, et
» celles qui ont lieu pour l'Annonciation de la vierge Marie,
» accordées par le seigneur Ebbes, et le seigneur Raoul, son
» fils, et qui durent trois jours, les marchands pourront éga-
» lement coucher au bourg avec leurs marchandises et mon-
» tures, la veille des dites foires, le temps de leur durée et
» le jour qui les suivra.

» En réparation des dommages qu'il a causés à l'église de
» Déols, André de Chauvigny lui donne, à perpétuité, dix
» muids de blé, en froment, seigle, orge et avoine, par égale
» portion.

» Il consent que le bourg du Mesnil *(de Masnilio)* jouisse
» de la même liberté que celui de Déols, et, en réparation des
» dommages et injures que ses hommes et les cottereaux y

» avaient commis, lui accorde une foire, chaque année, le
» dimanche après la Saint-Denis, aux mêmes coutumes que
» les foires établies à Déols pour la Saint-Michel.

» Il reconnaît n'avoir sur le bourg de *Obbeis* d'autre droit
» que la quête d'un marc d'argent, et un dîner, une fois l'an,
» tel que le seigneur Ebbes l'avait jadis.

» Il maintiendra les franchises et libertés de la ville de
» *Hybernali* (Yvernaut), se réservant les cens d'avoine accou-
» tumés.

» Il ne descendra ni sera hébergé dans la maison *de Oddo-*
» *lione* (Vouillon) et n'y commettra aucunes violences.

» Les métayers de l'église de Déols seront à l'abri de toutes
» coutumes et violences, et les biens des moines ou de leurs
» hommes ne seront point saisis, aussi longtemps qu'ils con-
» sentiront, ou bien l'abbé et son préposé pour eux, à se
» soumettre à sa justice.

» André de Chauvigny jure d'observer tout ce que dessus,
» du consentement de Denise sa femme et de E., son fils, et
» scelle sa charte de son sceau, de même que les abbés de
» Saint-Gildas et de Meobec.

» En présence de : H., prieur de Déols ; A., prieur de Roche-
» cervière ; Aym., aumônier ; P., chambrier ; P., sacristain ;
» A., cellerier ; O., *armarius* ; M., hôtellier ; P., Ferrandi ;
» S., archiprêtre de Château-Raoul ; N. Correus Palit ; G. He-
» bode ; H. Vévertius ; P. Garné ; W. Aslavi ; A. Viventius ;
» G. Bergorolie ; H. de Sensa ; E. de Avantiniaco ; A. Buret ;
» E. Morales ; O. de Valenkai ; maître Hervé ; S. Burgüs ; B.,
» son frère ; E., son fils ; E. Petest ; Terr. Bonatus de Uriaco ;
» H. Annellus ; P. de Crescen ; Jean, écrivain de l'abbé de
» Déols, et plusieurs autres.

» Fait l'an de l'incarnation de Notre Seigneur, 1203, pour
» les nones d'avril, dans le chapitre de Déols ; Philippe étant
» roi de France ; Jean, roi d'Angleterre ; Innocent III, pape :
» E., archevêque de Bourges ; Raoul, abbé de Déols.

» Donné à Latran, le 3 des Calendes de Juillet. »

Le mariage d'André de Chauvigny avec Denise, ce mariage célébré en 1189 avec tant d'éclat à Salisbury, et qui avait été suivi de la naissance de cinq enfants, fut attaqué devant la cour de l'archevêque de Bourges, sous prétexte de parenté entre les deux époux. Il y fut annulé. André fut excommunié et l'entrée des églises lui fut interdite. — Il en appela au Saint-Siége. Au commencement de l'année 1202, il était à Rome, tout à la fois pour faire approuver son arrangement avec les moines de Déols, et pour solliciter Innocent III de valider son mariage.

Il obtint gain de cause. Innocent III, malgré la fougue qu'il apportait dans l'exercice de ses prérogatives, leva l'interdit sur la terre de Châteauroux ; et quant au mariage, il dit « qu'on n'a pas coutume d'admettre aisément une action contre une union qui a duré si longtemps, qui a produit une lignée nombreuse, et surtout par cause de parenté éloignée entre deux personnes qui vivent paisiblement ensemble, et par des motifs d'une gravité douteuse (¹). »

Il est permis de supposer, dit M. Raynal, que le roi de France, qui ne pouvait attendre de l'ancien compagnon de Richard un dévouement bien sincère, ne fut pas étranger à cette attaque contre le titre qui

---

(1) Raynal, t. 11, p. 103.

Ce fut à l'occasion des difficultés qui existèrent alors, ou pour complaire au roi de France devenu seigneur d'Issoudun, que l'archevêque Guillaume unit, en 1202, au grand archidiaconé de l'église de Bourges, l'archidiaconé d'Issoudun, *qui était auparavant soumis à celui de Châteauroux.*

l'avait fait seigneur de Déols et de Châteauroux. En effet, l'année même où André était allé à Rome défendre sa cause, il s'unit, à son retour, aux chevaliers qui s'étaient prononcés pour le jeune neveu de Jean Sans-Terre, Arthur de Bretagne.

On ne peut s'empêcher, toutefois, de remarquer que l'église, dont André de Chauvigny avait été le zélé et glorieux soldat en Palestine, que ses moines, de leur côté, qui tenaient tant de bienfaits de ses prédécesseurs, avaient montré bien peu de reconnaissance, pour ne pas dire plus.

Nous venons de dire qu' André de Chauvigny avait pris parti pour Arthur de Bretagne. La Guyenne était favorable à ce prince ; mais la vieille reine Éléonore défendait contre son petit-fils, en faveur de Jean Sans-Terre, l'unité de l'empire anglais. Au mois de juillet 1202, elle fut assiégée, dans la ville de Mirebeau, par Arthur, accompagné de deux cent cinquante chevaliers de la Marche et du Poitou. André de Chauvigny était du nombre, malgré les preuves d'affection que lui avait données la reine trois ans auparavant. La ville fut prise, mais le château tint bon. Jean arriva le 1er août, avec des forces considérables, surprit les assiégeants et les fit tous prisonniers sans combat.

Dans une lettre aux barons anglais, il se félicite d'une si importante capture : « Là, dit-il, nous avons pris Arthur, notre neveu, qui nous a livré Guillaume de Brause ; nous avons pris et Geoffroi de Lusignan et Hugues-le-Brun, et André de Chauvigny, et le vicomte de Châtellerault, et Raimond de Thouars, et Savary de Mauléon, et Hugues de Baugé, et tous nos autres ennemis du Poitou. *Pas un pied n'a échappé.* Rendez donc grâce à Dieu et réjouissez-vous de nos succès. »

Les prisonniers furent enchaînés, traînés sur des charrettes, ce qu'on regardait comme une honte pour des chevaliers ; puis Jean les dispersa dans les basses fosses de ses châteaux de Normandie et d'Angleterre. Quelques-uns parvinrent à recouvrer la liberté. Beaucoup périrent assassinés dans les cachots. On ne sait pas au juste quelle fut la fin d'André. La chronique de Déols fixe sa mort à cette même année 1202.

Denise, âgée de trente ans à peine, resta veuve avec cinq enfants mineurs. Elle était enceinte au moment de la mort d'André. On vint en foule la consoler d'une si grande perte. L'archevêque de Tours (1) fut un des plus empressés. Elle le pria de recevoir, dans la grande salle de son château, l'hommage que lui devait tout héritier de la seigneurie de Châteauroux, car le donjon du château relevait de lui comme suzerain, et, toutes les fois que le prélat allait à Rome, il fallait que le seigneur de Châteauroux lui donnât un cheval de somme de la valeur de 300 sols (2). Comme c'était à Tours même que l'hommage devait avoir lieu, il fut dressé un acte pour établir que la condescendance de l'archevêque ne tirerait

---

(1) Barthélemy de Vendôme, 71e archevêque.
(2) La Thaumassière, hist. p. 501.

pas à conséquence pour l'avenir ; qu'elle avait lieu en considération de la grossesse de Denise, « ne pouvant en cet état se mettre sûrement sur les chemins. »

Denise survécut dix-neuf ans à son mari, et s'appliqua à répandre les bienfaits autour d'elle, en affranchissant ses sujets et en les initiant à toutes les libertés compatibles avec son époque.

Elle avait eu d'André de Chauvigny six enfants :

1° Guillaume Ier de Chauvigny, qui succéda à son père ;

2° André de Chauvigny, qui eut en apanage la seigneurie de Levroux, transigea avec l'abbé et les religieux de Déols sur divers chefs, et confirma, de sa part, les priviléges qui leur avaient été donnés par André de Chauvigny, son père, et par Denise, sa mère, suivant charte du mois de décembre 1220 ;

3° Raoul de Chauvigny qui eut en apanage la seigneurie de Montrésor, et « il est à observer, dit La Thaumassière, que, par l'ancienne coutume gardée ès-maisons de Déols et de Chauvigny jusqu'à la mort d'André, les aînés avaient droit d'apanager leurs puinés, et de retenir sans diminution la terre déoloise et principauté du Bas-Berry, en laissant quelques châtellenies en foi et hommage à leurs frères, et payant la dot de leurs sœurs. » Cela s'observait si exactement, que les pères mêmes ne pouvaient, par aucune disposition, ou entre vifs ou à cause de mort, donner atteinte à cette prérogative de l'aîné. C'est ce qui a contribué beaucoup à la conservation et à la grandeur de ces puissantes maisons.

4° Trois filles provenaient encore de ce mariage.

En tenant compte des actes vraiment historiques de la vie d'André de Chauvigny, on trouve en lui un chevalier éprouvé, digne ami d'un illustre prince, doué des qualités de tout temps les plus appréciées des hommes. A l'intrépidité du chevalier, il joignait la sûreté du coup d'œil, le sang-froid et la résolution. Il avait aussi l'art et la prudence du négociateur. Tout porte à penser que, chrétien zélé, il était en même temps époux affectionné; ce qui l'annonce, c'est que Denise resserra, de tous ses efforts, les nœuds qu'on chercha à rompre autour d'elle. André était resté boiteux par suite d'une blessure. En raison de cela, on l'avait surnommé le *clop*. Mais personne ne trouvait à redire à une infirmité qui faisait sa gloire. Sa bravoure l'avait fait surnommer le *preux des preux*. Nous avons indiqué son cri de guerre: *Chauvigny! Chauvigny! chevaliers pleuvent!* Ses armes étaient d'argent à cinq fusées et deux demies de gueules, avec lambel de sable à six pendants.

§ II. — Guillaume Ier de Chauvigny.

(1202-1233)

ROIS DE FRANCE CONTEMPORAINS.

Philippe-Auguste.... 1180-1223 | Louis VIII......... 1223-1226
Louis IX............. 1226-1270

Guillaume Ier n'ayant que douze ans à la mort de son père, Denise, sa mère, avait dû prendre le gouvernement de la principauté.

Nous avons parlé de ses bienfaits. Au mois de juin 1203, elle confirma, du consentement de son fils, les coutumes et priviléges que son père et Ebbes, son aïeul, avaient accordés aux habitants du Châtelet.

La même année, elle reçut foi et hommage d'Hugues de Naillac, sire de Gargilesse, qui, par le même acte, reconnaissait qu'il lui avait été baillé, en faveur de son mariage avec Mahaud, sœur d'Hugues de Fontenelles, 300 sols de rente dans Châteauroux, à condition que si Mahaud de Fontenelles décédait sans enfants, ou si son mari se départait du service, cette somme retournerait à la dame de Châteauroux ou à ses héritiers.

L'année suivante, elle permit aux prieur et chanoines de Saint-Germain de La Châtre d'acquérir des biens en sa châtellenie de cette ville et dans les fiefs qui en dépendaient; elle amortit les héritages qu'ils possédaient, leur quitta certains serfs et affranchis, qui appartenaient à leur église, les exempta de toutes coutumes, et leur donna les bancs et étaux du marché de La Châtre.

Guillaume Ier, à peine majeur, se maria avec Mahaud, héritière de la maison d'Issoudun. Elle était fille d'Eudes, troisième du nom, seigneur d'Issoudun, comte de Grignon, et d'Alix, sa femme. Son mariage eut lieu en 1212.

Au mois de mars 1213, il fit à Paris, entre les mains de Philippe-Auguste, serment de fidélité et hommage lige, avec promesse que, s'il se départait des devoir et fidélité qu'il lui devait, il consentait que le roi mît en sa main tout le fief qu'Hervé de Vierzon tenait de lui et de Mahaud, sa femme, et que ceux que Renaud de Montfaucon, Renaud de Bomiers et le seigneur de Charost tenaient d'eux, demeurassent au roi à perpétuité.

Guillaume Ier avait promis, sous peine de confiscation de tous les fiefs qu'il possédait, de ne point entourer de murailles et de fossés la ville d'Issoudun et de ne la point fortifier sans l'autorisation du roi. Il consentit à ce que celui-ci retint la tour d'Issoudun et y mît garnison pour la garder tant qu'il lui plairait, et il s'obligea de lui payer annuellement la somme de cent livres pour l'entretien de cette garnison.

Il avait déjà promis que les chevaliers et les habitants de la châtellenie d'Issoudun feraient serment au roi qu'au cas qu'il s'éloignât de ses devoir et fidélité qu'il lui avait jurés, ils le serviraient contre lui. Il s'était engagé aussi à faire prêter le même serment aux chevaliers et habitants des châtellenies de Châteauroux, Châteauneuf et Mareuil, sous peine de saisie de tous les meubles et immeubles appartenant aux chevaliers et habitants de ces châtellenies. Pour sûreté de ces promesses, il avait donné, pour pleige, le seigneur de Linières jusqu'à cent marcs d'argent, par charte du mois de mars 1212.

Précédemment encore, le même serment avait été fait, avec promesse d'ouvrir et délivrer aux ordres du roi, à grande et petite force, les forteresses d'Argenton, du Châtelet et autres, par lettres du mois de septembre 1209.

Il jura, l'an 1214, avec Gaucher de Châtillon, comte de Saint-Paul, Robert, comte d'Alençon, Guy de Dampierre, et autres seigneurs, la trêve conclue entre le roi Philippe-Auguste et le roi Jean.

On voit, par la multiplicité de ces garanties, que Philippe-Auguste ne regardait pas la soumission du Berry aquitain comme assurée, et qu'il prenait contre les seigneurs toutes ses précautions.

En cette même année 1214, Philippe-Auguste était à Châteauroux avec son fils Louis, avant la bataille de Bouvines. Il l'y laissa avec une armée pour tenir tête au roi d'Angleterre.

Guillaume Ier, imitant la piété de ses prédécesseurs, fonda le prieuré de Saint-Marcel d'Argenton et bâtit l'Hôtel-Dieu de Saint-Gildas. En 1210, il avait donné aux religieux de cette abbaye la justice de leur bourg (1).

Par une bonté toute particulière pour ses sujets de Châteauroux, il les affranchit et déchargea de tous droits et de tous devoirs procédant d'état et de condition serviles ; il ne conserva qu'une légère prestation annuelle. Il leur donna privilége que lui ni les siens, ses héritiers et successeurs, ne pourraient prendre ni s'emparer de leurs biens et possessions par quelque voie et manière que ce fût. Ces concessions furent confirmées par le roi Philippe-Auguste.

Guillaume confirma le droit qu'avait l'abbaye de Déols de prélever deux sols sur chaque mille sols

---

(1) Inventaire des titres du duché de Châteauroux, t. III, p. 180.

de monnaie qui se faisait à Châteauroux, pour l'entretien du luminaire de l'église (mois de mai 1213).

Il fonda et bâtit la même année le couvent des Cordeliers de Châteauroux, où il établit l'un des compagnons de saint François, nommé Bonencontre ; il l'avait amené d'Italie en revenant d'un voyage d'outre-mer. Après avoir achevé ce saint ouvrage, il en fit consacrer l'église le 1er mars 1216.

La même année et le même mois, il déchargea les doyen et chapitre de Bourges, et leurs hommes de Vouët et de Villeneuve-sous-Barillon, du droit qu'il avait de loger chez eux, une fois l'année, en temps de guerre.

A la date du 16 juin 1216, on trouve une assignation, par Guillaume Ier, sur le revenu des tours de Châteauroux, de 60 sols de rente donnés par sa mère au chapitre de Saint-Silvain de Levroux (1).

Guillaume apanagea André et Raoul de Chauvigny, ses frères, et leur laissa pour frérage les seigneuries de Levroux, Saint-Chartier, Montrésor et leurs dépendances ; ensemble les terres de Neuvy-Pailloux, Bouges, Bretagne, Brion, avec les justices et hommages qui en dépendaient, à la charge qu'André de Chauvigny, son second frère, demeurerait homme lige et vassal, lui ferait hommage de toutes les susdites terres, et serait tenu à en décharger Raoul, son cadet, et de le garantir envers tous autres seigneurs ; le tout

---

(1) Archives de l'Indre. Cartulaire de Saint-Silvain de Levroux (Desplanque).

par droit de frérage ; ce qui, dit La Thaumassière, est appelé *frarissia* dans le partage qui fut fait au mois de mai 1218.

Les mêmes mois et année, il augmenta, du consentement de ses frères, la liberté et la franchise du bourg de Déols, en étendit les limites, obligeant les officiers de la justice à prêter serment de maintenir et garder les priviléges des religieux, avec lesquels il transigea, au mois de décembre 1220, par l'entremise de Simon de Sully, archevêque de Bourges, son parent, et confirma les concessions faites par ses prédécesseurs, seigneurs de Châteauroux, même par André de Chauvigny et Denise de Déols, ses père et mère, des justices du bourg en l'étendue des croix qui servaient de limites (1).

Il confirma pareillement les foires que son père,

---

(1) Nous reproduisons cette charte de franchise, qui existe sur un registre aux archives de l'Indre :

« A tous ceux qui, etc., Nous Guillaume de Chauvigny, seigneur de Châteauroux, etc., avons accordé et voulons pour toujours que *tous les hommes de notre domaine, qui habitent et habiteront à perpétuité, ainsi que leurs héritiers, en dedans des limites du bourg de Déols, seront au reste libres et exempts de troubles et de vexations;* en sorte que ni petit, ni grand, ni riche ni pauvre, ni leurs biens pour quelque raison et occasion que ce soit, ne soient pris et ne puissent être pris par nous et de notre ordre, ni par nos successeurs ou de leur autorité, aussi longtemps que tous et chacun d'eux pourront et voudront s'en rapporter à droit sur la dispute ou procès.

» Chaque père de famille et ceux qui jouissent de cette liberté et immunité payeront, tous les ans, à nous et à nos successeurs 20 sols monnaye de Déols.

» Voulons aussi qu'ils soient sous la sauve-garde du seigneur archevêque de Bourges..... »

Raoul et Ebbes de Déols, ses aïeul et bisaïeul, avaient accordées, et donna, par charte de l'an 1220, 300 sols de rente à l'abbaye en échange de dix muids de blé que son père lui avait concédés pour la dédommager des torts qu'il lui avait faits.

Il donna encore aux moines, par cette transaction, la même liberté et justice du bourg du Mesnil, à la charge néanmoins que les condamnés à mort ou à peines afflictives par les juges des religieux, seraient livrés à son bailli de La Châtre pour mettre la sentence à exécution, sans pouvoir changer ou modérer le jugement, ce qui fut confirmé par le roi Philippe-Auguste la même année.

On trouve, dans les archives de l'Indre, les actes suivants :

Septembre 1220. Acte par lequel l'abbé et les religieux de Déols s'engagent vis-à-vis de Guillaume Ier de Chauvigny à obtenir du roi et du pape des lettres attestant que leur abbaye est une aumône des seigneurs de Châteauroux [1].

Même date. Lettres de Philippe-Auguste, roi de France, attestant que Jean, abbé de Déols, a confessé, pour lui et son couvent, que la garde de l'abbaye du bourg de Déols appartient à Guillaume de Chauvigny ; de son côté, ce seigneur reconnaît qu'il tient cette garde du roi [2].

Avril 1221. Acte par lequel Guillaume Ier de Chau-

---

1) *Inventaire des titres du duché.* t. II, p. 387.
2) *Imprimé dans Dom Martenne. Veter. monum.* t. I, p. 347.

vigny donne à Pierre de Châtillon, son clerc, en récompense de ses services, une rente annuelle de 40 écus à prendre sur le banc des bouchers de Châteauroux, payable par les bouchers dudit banc, et reversible sur le chapitre de Saint-Silvain de Levroux (1).

Par lettres de franchise, accordées en 1222 aux habitants de Déols par Guillaume de Chauvigny, chaque père de famille était tenu de lui payer, ou à ses successeurs, tous les ans, 20 sols, monnaie de Déols, *vigenti solidos dolensis monetæ.*

Avril 1223. Donation faite à l'abbaye de Déols par Guillaume I*er* de Chauvigny, seigneur de Châteauroux, du consentement d'André et de Raoul, ses frères, de toutes les terres, prés, vignes et autres héritages, sis entre les croix, avec la justice et les serfs y attachés (2). Ses frères étaient alors ses héritiers.

Ce fut en 1224 qu'arriva la mort de Denise de Déols, veuve d'André de Chauvigny. Son enterrement se fit avec les plus grands honneurs. Elle eut son tombeau dans l'église de Déols (3).

En cette même année, Philippe-Auguste reprit la seigneurie d'Issoudun sur Guillaume I*er*. Il s'en réserva un tiers et désintéressa les héritiers de Mahaud pour les deux autres tiers. C'est donc à cette époque

---

(1) *Cartul. de Saint-Silvain de Levroux.* (Desplanque.)

(2) *Inventaire des titres du duché.* t. II, p. 346.

(3) *Note rectificative.* Ce serait donc à tort que nous avons dit (p. 84) que Denise fut inhumée dans l'église des Cordeliers de Châteauroux.

qu'il faut fixer le décès de la première femme de Guillaume Ier.

Guillaume Ier jura, l'an 1223, avec les autres barons et grands du royaume, de garder l'ordonnance que le roi avait faite contre les juifs.

Au mois de février de la même année, il accorda aux abbé et religieux de Déols, la suite de leurs hommes et femmes en toutes ses terres, excepté celle d'Aigurande. Il fut dressé un tableau des individus appartenant à l'abbaye de Déols ; ce tableau devait être renouvelé tous les ans. Le premier renouvellement du tableau fut approuvé par le seigneur de Châteauroux, en novembre 1224 (1).

Guillaume Ier promit de ne recevoir aucun des serfs de l'abbaye, et confirma toutes ses libertés et priviléges. En janvier 1224, il supplia le roi Louis VIII, le pape Honorius III et l'archevêque de Bourges d'agréer cette convention (2).

Il confessa tenir en hommage lige d'Archambaut de Bourbon, le fief de La Roche-Guillebaud, et tout ce que le seigneur de La Roche tenait de lui, avec promesse de le servir contre toutes personnes à la vie et à la mort, même contre le comte de la Marche, sauf la fidélité qu'il devait au roi de France, et promit de le recevoir *toutes fois et quantes* en ses places et châteaux.

Les seigneurs établissaient quelquefois en commun

---

(1) Inventaire des titres du duché, t. II, p. 348.

(2) Ibidem.

des liens de franchise, pour en partager les revenus. « Il faut savoir, dit, en 1223, Guillaume Ier de Chauvigny, dans une convention avec Simon de Sully, archevêque de Bourges, que nous devons faire dans notre terre ou nos fiefs une ville franche qui sera commune entre nous et l'archevêque. Les hommes qui y demeureront auront droit d'usage et de coutume dans nos bois et pâturages comme nos autres hommes. Nous tiendrons en fief de l'archevêque de Bourges la part qui nous appartiendra, et nous ne pourrons, non plus que nos successeurs, la mettre hors de nos mains, sans le consentement dudit archevêque. Il ne pourra, de son côté, sans notre consentement, la mettre hors de ses mains. Nous ne pourrons rien y acquérir sans lui, ni lui sans nous, à moins que l'un de nous ne manque à payer sa moitié du prix. S'il arrive que nos hommes et les hommes de nos hommes viennent y demeurer, ils resteront à celui à qui ils appartenaient, à la charge de payer les coutumes, comme les autres habitants. La justice sera commune. Il en sera de même des hommes de l'archevêque. »

En général, les seigneurs maintenaient leurs priviléges avec rigueur. Si les habitants, investis déjà de quelques priviléges, en voulaient obtenir de plus larges, il en résultait quelquefois de ces luttes dont les histoires locales racontent les récits qui n'ont pas manqué d'être dramatiques. Les préambules des chartes font connaître les motifs de ces concessions: tantôt ces motifs consistent dans le départ des seigneurs pour la Terre Sainte ; tantôt ils tiennent à ce que leurs domaines ont été désolés par les exactions des mauvais sergents ou par le fardeau des coutumes oppressives, et à ce qu'il est de leur intérêt de leur rendre quelque prospérité ; d'autrefois ils veulent récompenser les services que les serfs leur ont rendus.

Mais qu'on le dise ou qu'on le taise, fait observer M. Raynal, il y a dans ces générosités un autre motif plus décisif, c'est-à-dire une somme d'argent donnée aux maîtres, et cela suppose un concert préalable entre les habitants et les maîtres.

Une fois convenues, ces chartes devaient être approuvées par le suzerain de qui relevaient les seigneuries, ce qui était encore une précaution coûteuse.

Le serment que prêtaient les seigneurs de respecter et de défendre leurs concessions n'était pas toujours considéré comme suffisant ; ils consentaient quelquefois à des cautions. Les Bourgeois de Châteauroux soutinrent, à l'occasion de ces garanties promises, un procès mémorable ; et c'est de toutes nos communes celle qui paraît avoir eu, avec son seigneur, les débats les plus animés, la seule du Berry peut-être qui ait employé la violence pour obtenir ou défendre ses priviléges [1].

---

[1] Des hommes francs et libres, avoués de la commanderie des Templiers de Châteauroux et qui habitaient côte à côte des serfs du seigneur, durent contribuer à donner aux habitants de cette ville la force et l'énergie qu'ils déployèrent pour obtenir leur charte de franchise.

Les bourgeois de Châteauroux avaient déjà été affranchis à la fin du XII° siècle ; mais, en 1228, on discutait de part et d'autre pour étendre ou pour limiter l'interprétation de la franchise. Il fallait que leur résistance fût très-énergique, car, dans la transaction qui intervint entre eux et le seigneur, celui-ci a soin de leur défendre de faire à l'avenir contre lui aucune quête, taille ou levée de deniers. Voici cette charte que mon confrère et ami, M. le docteur A. Chereau, a bien voulu faire relever aux archives nationales (1) :

CONFIRMATION
d'une transaction passée entre Guillaume Ier de Chauvigny et les bourgeois de Châteauroux. *(mars* 1229.)

Au nom de la sainte et indivisible Trinité, ainsi-soit-il. Louis (2) par la grâce de Dieu, Roi de France. Sachent tous que Nous avons vu des lettres de notre amé et féal Guillaume de Chauvigny, dont voici la teneur :

« Au nom de la sainte et indivisible Trinité, moi, Guillaume de Chauvigny, seigneur de Châteauroux, je fais savoir, à tous ceux qui verront les présentes lettres, qu'une discussion s'était élevée entre moi, d'une part, et mes amis bourgeois de Châteauroux, d'autre part, au sujet des libertés que je leur avais autrefois concédées, et au sujet de la charte qu'ils avaient obtenue, avec mon assentiment, de Philippe (3) d'heureuse mémoire, roi de France, au sujet desdites libertés. Ces bourgeois, à ce qu'il me semblait, par une interprétation très-large des termes de cette charte, voulaient à tort étendre lesdites libertés au-delà de ce qui est dû, et moi, à ce qu'il

(1) Archives nationales, *Amplissima Collectio*, I, col. 1227.
(2) Saint Louis.
(3) Philippe-Auguste.

semblait aux bourgeois, en restreignant à l'excès le sens de cette charte, je paraissais trop resserrer lesdites libertés. Enfin, grâce à la médiation d'hommes de bien, la discorde entre moi et les bourgeois susnommés a été ramenée à la concorde, et toute ambiguïté a été écartée de la charte royale, comme il appert par ce qui suit. Ce n'est pas que cette charte déroge en rien à la charte royale ; mais tout ce qui paraissait obscur et ambigu dans la charte royale a été éclairci dans la présente, de façon que la charte suivante ne soit que l'explication de la précédente.

» Ainsi j'ai et j'aurai, moi et mes successeurs, le droit de justice et la seigneurie pleine et entière à Châteauroux. Les hommes de cette ville me doivent l'ost (1), la chevauchée (2) et le guet (3), sauf ceux qui sont exempts par une cause spéciale des charges de ce genre. Les bourgeois de Châteauroux ne peuvent contre moi établir dans leur ville aucune taxe, ni taille, ni levée de deniers, par saisie de gage ou autrement, et ne pourront, de leur propre autorité, contraindre personne à payer ces sortes d'impôts. Cependant si les bourgeois avaient établi quelque taxe et que l'un d'eux se refusât de payer ce qu'il a promis, il y sera contraint par moi-même, une fois la promesse bien constatée. De même, les six bourgeois (4), qui ont taxé le cens (5) qui doit m'être payé par chacun, devront, selon

---

(1) D'après M. Guérard *(prolégomènes du cartulaire de l'abbaye de Saint-Père de Chartres,* n° 125), Ost désignait le service militaire qui se faisait pour le roi dans les guerres concernant la défense du territoire.

(2) La *chevauchée,* d'après le même auteur, était le service militaire dû par le vassal à un seigneur dans les guerres privées. C'était aussi un service de sureté ou d'honneur.

(3) Le *guet* était le droit qu'avait le seigneur d'imposer à ses vassaux la garde de son château et autres parties de ses domaines.

(4) Trois bourgeois du seigneur de Châteauroux et trois de ses vassaux qui devaient être élus par les bourgeois de la ville.

(5) Somme due par chaque habitant et variant, suivant sa fortune, depuis 20 sous tournois jusqu'à 12 deniers tournois.

le chiffre qu'ils ont fixé eux-mêmes, en faire la perception, afin de subvenir aux dépenses qu'il est indispensable de faire pour payer le vin du roi (1), comme c'est jusqu'ici la coutume. Si quelqu'un refusait de payer de bon gré la somme qui lui est imposée, je serais tenu de l'y contraindre. De même sur les hommes et femmes dépendant de ma seigneurie, soient qu'ils aient leur demeure dans la ville ou à l'intérieur des limites de liberté précisées dans la charte royale, soit qu'ils m'appartiennent exclusivement, ou qu'ils me soient communs avec un autre, soit qu'un homme à moi ait épousé une femme d'une autre seigneurie, ou qu'une femme de mon domaine ait été mariée à l'homme d'un autre seigneur, je ne pourrai, à la mort de l'un d'eux, rien prendre à titre de droit de main-morte (2). Chaque habitant de Châteauroux pourra avoir ses mines (3) et autres mesures à lui et s'en servir pour mesurer le blé et autres objets achetés ou vendus, eux et les étrangers, sans préjudice toutefois de notre droit de carrouer (4) sur ces derniers et... quelque occasion et aussi pourvu que les mesures portent ma marque. Mais quand même une mesure porterait ma marque, si on la trouve plus petite ou plus grande qu'il ne faut, mon bailli aura le droit de la briser, sans pouvoir à cause de ce fait infliger aucune autre peine. Mais si le marqueur de mesures ou son mandataire, ayant été requis de marquer une mesure, a refusé de le faire, mon grand bailli, qui se trouve à Châteauroux, sera requis à cet effet, et si lui-même ne fait pas apposer la marque demandée, le bourgeois à qui appartient la mesure la fera marquer lui-même, sur le modèle d'une mesure qui porte ma marque. Et s'il est accusé pour ce fait, il jurera avec un té-

(1) Le *vin du roi*, analogue au pot de vin actuel, était comme prix de la confirmation des priviléges accordés par le seigneur.

(2) On appelait gens de *main-morte* les serfs qui n'avaient pas le droit de léguer leurs biens, parce que leur seigneur en héritait.

(3) La *mine* valait un demi setier, mesure qui a varié suivant les époques.

(4) Place ou marché.

moin qu'il a requis le mandataire de mon bailli ou mon bailli lui-même. Après la prestation du serment, il ne sera pas fait d'autres poursuites et la mesure sera marquée si mon mandataire n'a pas voulu la marquer. Tout homme de Châteauroux pourra introduire du bois dans la ville, quelle que soit sa provenance, pour brûler, pour construire, ou pour tout autre usage, et cela en tout temps.

» De même, j'ai remis aux bourgeois, à tous et à chacun, tout grief et j'abandonne tout procès intenté jusqu'à ce jour par moi ou mon mandataire contre les bourgeois, ou contre l'un d'eux. En sorte que désormais pour les procès commencés, ils ne puissent plus être inquiétés, ni molestés, pourvu toutefois que mes héritages ne souffrent aucun préjudice.

» De même, j'accorde et promets qu'à l'avenir les chevaux, ni autres bêtes, ni les voitures des bourgeois ne pourront être pris de force, et si l'on avait osé les saisir, je ferai réparer la violence.

» De même, si l'on poursuit au sujet de l'hommage ou pour une cause quelconque un bourgeois de Châteauroux, qui dans le temps passé ait été mon homme ou l'homme de mes ancêtres, je lui prêterai fidèle assistance.

» De même si un bourgeois a une cause devant mon tribunal, je ne lui retirerai en aucune façon le conseil qu'il pourrait avoir.

» J'ai promis d'observer toutes ces dispositions d'une manière inviolable, j'en fais le serment. Quant aux autres dispositions, qui sont contenues dans la charte du roi et dans celles que nous avons autrefois, moi ou mes prédécesseurs, accordées aux bourgeois de Châteauroux, elles garderont en tout leur force et leur valeur.

» En foi de quoi j'ai donné aux bourgeois la présente charte, que j'ai confirmée par la garantie de mon sceau. Fait l'an du seigneur 1228, au mois de décembre. »

Quant à Nous (1), sur la demande des susdits Guillaume de

---

(1) Saint Louis qui confirma cette charte.

Chauvigny et bourgeois de Châteauroux, sous réserve de notre droit et de celui d'autrui, et maintenant les dispositions contenues dans la charte de notre aïeul d'illustre mémoire, Philippe, jadis glorieux roi de France, nous acceptons et approuvons la transaction susmentionnée, et nous la confirmons par l'autorité de notre sceau et l'apposition ci-dessous ([1]) du monogramme royal. Fait à Paris, l'an de l'incarnation du seigneur, 1228, au mois de mars ([2]), de notre règne l'an troisième, étant en charge dans notre palais, etc.

Après avoir fait connaître cette charte, il ne sera pas sans intérêt de transcrire une lettre de Guillaume Ier de Chauvigny, que M. l'abbé Damourette a eu l'obligeance de nous procurer, et dans laquelle le seigneur de Châteauroux prie le roi Louis IX de vouloir bien confirmer la transaction qui vient d'avoir lieu entre lui et les bourgeois de sa ville.

A mon seigneur très-excellent et fidèle Louis, roi de France par la grâce de Dieu, salut et soumission dus.

Je supplie votre excellence, je vous supplie humblement comme mon fidèle seigneur, et je vous demande qu'il vous plaise de confirmer et de munir de votre sceau la charte que j'ai donnée à mes bien aimés bourgeois de Châteauroux, pour mettre fin à des querelles qui s'étaient élevées autrefois entre moi et eux, querelles qui viennent d'être terminées par cette charte et par ce qu'elle contient. Sous réserve de la charte de

---

[1] Les rois, au lieu de leur signature, mettaient leur monogramme soit à la main, soit au moyen d'un caractère à jour (Du Cange).

[2] C'est-à-dire l'an 1229, l'année commençant à Pâques; la partie de l'année qui se trouvait avant cette fête continuait à porter le millésime de l'année précédente.

liberté que votre aïeul et votre prédécesseur, d'heureuse mémoire, leur avait accordée à ma demande et sur mes instances.

C'est avec une vive affection que je vous fais cette demande, et je vous promets d'accomplir avec la plus inviolable fidélité les engagements que j'ai déjà pris.

En 1228, Guillaume Ier de Chauvigny octroya aux chanoines de Neuvy-Saint-Sépulcre une charte par laquelle il s'engagea à ne recevoir aucun de leurs hommes serfs, leur concéda de nouvelles foires, confirma leurs franchises et priviléges qu'il promit et jura, obligeant ses successeurs à faire le même serment à leur avénement et à en donner lettres au chapitre [1].

Il transigea, le jeudi avant la Pentecôte de la même année, avec le prieur de La Berthenoux, sur le droit d'usage qu'il prétendait en ses forêts; et aussi, la même année, avec les prieur et chanoines de Neuvy-Saint-Sépulcre, leur promettant de ne recevoir l'aveu d'aucun de leurs hommes serfs, qu'il déchargea de tous biens, et sur lesquels il leur accorda la suite en ses terres et châteaux, Prunget, Argenton, Cluis, La Châtre, le Châtelet, et en toute la principauté déoloise, excepté les châtellenies de Resay, Aigurande et Saint-Août; leur amortit aussi les biens qu'ils avaient acquis jusqu'alors, confirma tous leurs droits et priviléges, leur accorda l'usage en ses forêts de Cluis, et des foires à certains jours, et autres droits contenus dans la charte; promit et jura de

---

[1] De La Villegille *(Esquisses pittoresques*, petite édition, p. 92.)

garder toutes leurs franchises et priviléges, et obligea également ses successeurs, en prenant le pouvoir, de fournir toutes les garanties ci-dessus mentionnées.

Il confirma et augmenta aussi les dons et priviléges accordés au chapitre de Saint-Germain de La Châtre par Raoul, prince de Déols, son aïeul, l'an 1230 ; accepta la donation que lui avait faite Hugues de Naillac, sire de Gargilesse, son vassal, de la seigneurie de Prunget, au mois de septembre 1231, et au mois de janvier 1233, quitta à l'abbaye de Déols les rachats pour les hommes serfs.

Au commencement du XIIIe siècle, l'autorité royale, par suite d'acquisitions successives, dominait en Berry. L'ancienne principauté de Déols, avec ses vastes mouvances, relevait de Philippe-Auguste. Les barons du Berry, grands vassaux du roi, étaient au nombre de sept. Quatre barons de France seulement les précédaient. Voici ceux qui sont indiqués : Archambaut de Sully, Eudes de Déols, seigneur de Châteaumeillant, les seigneurs de Châteauroux, de Montfaucon, de Vierzon, de Saint-Aignan, enfin le seigneur d'Issoudun, avant l'acquisition faite par Philippe-Auguste. Dans une liste du même temps contenant les noms des chevaliers bannerets de la province, c'est-à-dire ceux qui avaient droit de porter des bannières à leurs armes, on trouve Guillaume d'Azay, sénéchal des seigneurs de Châteauroux.

A l'époque où nous sommes parvenus, la féodalité, quoique déjà menacée par les progrès de l'autorité royale, était complétement organisée et dans son plus grand éclat. Elle avait perdu ses anciennes habitudes de violence et de brigandage. Il en restait pourtant encore quelque chose : ainsi, en 1209, le seigneur de Châteaumeillant, Raoul, fils et successeur d'Eudes de Déols, l'un des sept barons de la province, se soumit au bon plaisir du roi si l'on prouvait qu'il s'était rendu coupable de violences sur les marchands qui passaient en Berry. On voit encore Guillaume de Chauvigny, avec d'autres seigneurs, intercéder auprès du roi, en faveur du sire Henri de Sully, des Aix et de La Chapelle, qui avait détroussé et pillé des marchands qui traversaient ses domaines.

La province de Berry, après avoir été désolée par les guerres des rois d'Angleterre et de France, pillée par les cottereaux, rançonnée par les seigneurs, épuisée d'hommes et d'argent, avait besoin d'un long repos. Elle trouva la main puissante de Philippe-Auguste, qui, en lui demandant de lourdes tailles, assura du moins une sécurité depuis longtemps inconnue.

Guillaume Ier de Chauvigny mourut en 1233. Il fit son testament et nomma pour ses exécuteurs André de Chauvigny, seigneur de Levroux, son frère, et Hugues de Montgivray, sénéchal de Châteauroux, auxquels il donna pouvoir de réparer les torts qu'il aurait pu faire aux églises et aux particuliers. Ils restituèrent à l'abbaye de Déols, en 1235, les marchés et les droits que les religieux devaient lever, ce que Guillaume les avait empêchés de faire pendant sa vie.

Selon la chronique de Déols, il fut inhumé en l'église de cette abbaye. Sur son tombeau, d'après La Thaumassière, fut gravée cette inscription :

Hic jacet duodecimus dominus Castri-Radulphi, Guillelmus de Calviniaco, filius domini Andreæ de Calviniaco, et dominæ Dionisiæ de Dolis.

Il fut marié deux fois. Nous avons dit que sa première femme avait été Mahaud d'Issoudun, qui mourut sans enfants. L'opulente succession de cette dame fut dévolue à Étienne de Saint-Palais et aux héritiers de la seigneurie de Culan. Son second mariage eut lieu avec une dame nommée Blanche, de laquelle l'histoire n'indique pas la maison. Guillaume Ier n'eut d'enfant d'elle que Guillaume II de Chauvigny, dont il va être question.

§ III. — Guillaume II de Chauvigny.

(1233-1271)

ROIS DE FRANCE CONTEMPORAINS.

Louis IX.......... 1226-1270 — Philippe le Hardi.... 1270-1285

Suivant la chronique de Déols, Guillaume II serait né en 1224 et n'aurait eu, conséquemment, que neuf ans lorsqu'il commença à régner.

Cette chronique mentionne que, à l'âge de 16 ans, il retira (ou reçut) sa terre des mains de Louis IX, ce qui ferait supposer que le roi de France, son seigneur féodal, aurait exercé sa tutelle.

En 1234, il donna à l'abbaye de Déols tous droits de rachat à lui dus, dans le passé et pour l'avenir, par ses hommes et femmes de main-morte. — En 1235, il confirma les droits et privilèges dans la jouissance desquels l'abbaye de Déols avait été troublée par Guillaume Ier. Il la renouvela, en juin 1248, interdisant à lui et à ses successeurs de rien posséder dans l'étendue des dites franchises. — Il accorda aux religieux et aux habitants de Déols la tenue des marchés et la liberté d'y vendre et acheter toutes sortes de marchandises *franches et quittes*. — Il quitta aux mêmes religieux les hommes et droits qui lui appartenaient, et le péage qu'il avait droit de lever dans les limites de l'ancienne et nouvelle liberté du bourg. Il confirma aussi, le même mois, les privilèges accordés par son père au chapitre de Neuvy-Saint-Sépulcre.

Devant faire partie, en 1249, de la sixième croisade, il se transporta en l'abbaye de Déols, où, considérant qu'elle avait été bâtie et fondée par les princes, ses prédécesseurs, qui lui avaient donné la liberté du bourg et autres grands privilèges, lesquels, par la malice des temps avaient souffert quelque altération, la liberté du bourg ayant été de beaucoup restreinte et diminuée, il confirma son ancienne liberté et l'augmentation qui avait été faite par son père, dont le corps reposait en cette abbaye.

Dans cette croisade de 1248, Guillaume II de Chauvigny avait déjà épuisé toutes ses ressources, lorsque le camp de l'armée chrétienne fut posé devant

Damiette. Il fut contraint d'emprunter, la veille de la Saint-Martin d'hiver, le 10 novembre 1249, quatre cents livres tournois à des marchands de Florence. Le roi se porta caution pour lui. En retour, Guillaume engagea tous ses biens. « La royauté, dit M. Raynal (1), trouvait son profit à seconder l'empressement que mettaient les nobles chevaliers à se ruiner. »

A son retour de la croisade, les querelles des bourgeois avec le seigneur de Châteauroux continuèrent. Ils prétendaient que Guillaume II, aux termes de la charte qu'ils avaient reçue, était tenu de faire jurer leur liberté et immunité par tous les barons et chevaliers de ses domaines ; qu'il ne pouvait recevoir leurs hommages avant que ce serment eût été prêté, et ils demandaient même qu'on annulât les hommages qu'il avait reçus au mépris de cette obligation. Le seigneur soutenait qu'il était tout au plus forcé de faire jurer les barons et chevaliers de la terre de Châteauroux, mais non ceux des autres châtellenies. Il voulait, de plus, rendre à chaque bourgeois individuellement une somme qu'il leur devait, niant qu'ils formassent une commune, ou, comme on disait alors, une université.

Le parlement, qui avait déjà proclamé sa compétence, malgré l'opposition du seigneur, et chargé le bailly de Bourges de le contraindre à observer la charte de franchise, décida, en 1260, qu'il serait tenu

---

(1) Tome II, p. 226.

de remettre les hommages qu'il avait reçus, jusqu'à ce qu'il eût fait prêter le serment par ses vassaux, sauf à s'adresser au roi, s'ils s'y refusaient. Il ordonna aussi que la somme, ayant été prêtée par tous les bourgeois en commun, leur serait rendue à tous en commun.

Mais Guillaume II ne voulut pas se soumettre à cet arrêt. L'année suivante, nouvelle injonction du parlement. Cette fois, il prescrit au seigneur de remettre à ses vassaux, en présence des bourgeois, les hommages qu'il avait reçus, de faire prêter le serment entre les mains des bourgeois eux-mêmes, le laissant libre ensuite de recevoir de nouveaux hommages.

Cependant, en 1262, sur la même querelle, le parlement reconnaît que Guillaume II n'est pas tenu de faire jurer les hommes des châtellenies de La Châtre et de Vouillon, qui lui sont advenues par la mort de sa mère. Il va plus loin : sur la demande du seigneur, il annule le serment que les bourgeois faisaient entre eux pour la défense de leur franchise.

Les serfs qui habitaient une petite ville ou un bourg, ne s'unissaient pas seulement pour demander, acheter, ou imposer des concessions, ils se préoccupaient déjà, ainsi que le fait remarquer M. Raynal, de l'administration de la communauté qui allait naître ; ils voulaient effacer les douloureuses empreintes de la servitude, et se soustraire aux exactions de leurs maîtres.

La même année 1262, Guillaume II transigea, le vendredi avant le dimanche des Rameaux, avec l'abbé et les religieux de Massay, touchant la justice de La Berthenoux, qu'il leur quitta, à la réserve de certaines conditions.

Le lendemain de la Notre-Dame 1261, il fit le serment, sur le fait de la trêve et de la commune, à l'archevêque de Bourges. Dans l'acte, il est qualifié *nobilis vir Willelmus de Calviniaco, dominus Castri-Radulphi* ([1]).

Guillaume II voulut faire un autre voyage en Terre-Sainte ; mais il mourut à Palerme, le 5 janvier 1271, selon la chronique de Déols. Selon le nécrologe des Cordeliers, ce serait un peu plus tôt.

Son corps fut rapporté à Bourges, dans l'église des Frères Mineurs, à l'établissement desquels il avait contribué avec son oncle, André de Chauvigny, seigneur de Levroux, en 1228 ; et son cœur fut remis à Châteauroux et inhumé tout en haut du chœur dans le couvent de Saint-François, sous une belle plaque de cuivre doré.

Il avait eu deux femmes : d'abord, Agnès de Vierzon, fille d'Hervé III du nom, et de Marie de Dampierre, comtesse de Sancerre. M. Dubouchet ([2]) lui donne pour seconde femme, Agathe de Lusignan, fille de Hugues X du nom, sire de Lusignan, comte de la Marche, et d'Élisabeth d'Angoulême, son épouse.

---

(1) La Thaum., liv. VII, chap. 22 ; — et Chronique du P. Péan, p. 447, édition donnée par M. G. Deschapelles, *Esquisses biographiques*.

(2) Histoire de Courtenay, liv. I, chap. II.

Guillaume II fut le contemporain de Louis IX, et, dans la dernière année de sa vie, il vit le règne de Philippe le Hardi.

§ IV. — Guillaume III de Chauvigny, dit Dent de May.

(1271-1322)

ROIS DE FRANCE CONTEMPORAINS.

Philippe le Hardi	1270-1285	Louis X.............	1314-1316
Philippe le Bel.......	1285-1314	Philippe le Long.....	1316-1322

Guillaume III, fils unique de Guillaume II, recueillit la succession de son père.

Il eut un différend avec l'abbé et les religieux de Déols touchant leurs priviléges annuels. Ils furent maintenus par arrêt du Parlement donné au mois de décembre 1275. Il fut ordonné qu'ils jouiraient de la justice et de la liberté du bourg, des droits de boucherie, du four banal, des marchés, de la suite de leurs serfs, et des autres qui leur avaient été accordés par ses prédécesseurs.

Il exempta, l'an 1294, les métairies de Chissay, Guichosseau, La Bergerie, et autres dépendances de l'abbaye de Varennes, de tous droits et coutumes.

Il fut l'un des seigneurs qui souscrivirent, le 3 avril 1302, la lettre que les ducs, comtes et barons de France envoyèrent aux cardinaux, touchant le différend qui s'était élevé entre le pape Boniface VIII et le roi Philippe le Bel [1].

---

[1] Preuves de l'hist. de Bonif. VIII, et de Philippe le Bel, p. 59.

En 1303, Philippe le Bel, étant en querelle avec le pape qui avait employé contre lui les armes de l'excommunication, ne craignit pas de faire appel à la nation entière. Il convoqua les députés du clergé et de la noblesse et pour la première fois ceux du Tiers-État. Guillaume III de Chauvigny, appelé le sire de Châteauroux, en fit partie.

En 1308, Châteauroux envoya des députés aux États généraux, à Tours, pour le procès des Templiers (1).

La même année, le vendredi après la Chandeleur, Guillaume III se présenta volontairement devant les gens du roi tenant sa cour de parlement, et là, il confessa que c'était par erreur qu'il avait fait hommage de Sainte-Sévère au comte de La Marche et qu'il devait cet hommage au roi de France.

En 1313, il affranchit les habitants de Saint-Gildas (2). Il donna une terre pour le vestiaire de l'abbaye, en reconnaissance de quoi les religieux célébraient, les semaines et dimanches, une messe à note qu'ils appelaient la messe du seigneur (3).

En 1318, il rendit hommage à l'archevêque de Tours à cause du donjon du Château-Raoul.

Guillaume III commit un acte grave. Ayant altéré la monnaie qu'il avait droit de battre, de manière qu'elle ne pouvait avoir cours que dans ses terres,

---

(1) Procuration. Trésor des chartes, carton 415. Archives nationales.

(2) Registre, aux archives de l'Indre.

(3) De La Gogue.

tous les sujets de sa principauté, tant ecclésiastiques que nobles, lui portèrent leurs plaintes et le supplièrent de les vouloir faire cesser, ce qu'il leur promit. « Par ses lettres du lundi, jour de Saint-Nicolas d'hiver 1316, il s'obligea de n'en faire forger de sa vie, même que ses héritiers n'en pourraient faire battre que vingt-neuf ans après sa mort, à la réserve toutefois d'en pouvoir faire faire, dans quinze ans, jusqu'à la valeur de 200 livres, du poids et du titre du petit tournois, et que ses héritiers en pourraient faire battre aussi, quinze ans après, une pareille somme de mêmes prix et aloy (1). »

Il voulut encore que, pendant ce temps, aucune monnaie que celle du roi n'eut cours dans ses terres, et que ses sujets ne pussent être contraints d'en prendre et en recevoir d'autres ; à quoi il s'obligea par serment et par toutes les voies ordinaires, moyennant qu'après les vingt-neuf ans passés, il lui fut permis et à ses successeurs de continuer à battre monnaie comme il faisait auparavant, ainsi que ses prédécesseurs, et aussi moyennant une certaine somme que ses sujets, tenant fiefs et arrière-fiefs en sa terre, lui promirent de payer, moitié à Noël lors prochain, et l'autre moitié à la fête de Noël suivante.

Un autre fait eut des conséquences encore plus graves. Guillaume III ayant fait violence avec *port*

---

(1) Il résulte d'un compte présenté, en 1246, par le directeur de l'Hôpital de Levroux, qu'à cette date la monnaie déoloise était, par rapport à la monnaie tournoise, dans la proportion de 14 à 12. (Archiv. de l'Indre. Cartul. de saint Sylvain de Levroux, fol. 24.)

d'armes et effraction en un moulin du seigneur de Culan, qui était en la garde et protection du roi, celui-ci avait exigé une amende du seigneur de Châteauroux, lequel, pour défaut de payement, fut longtemps détenu en prison dans le château d'Issoudun.

Guillaume III mourut le 2 mai 1322, et fut inhumé en l'église des Cordeliers de Châteauroux devant le grand autel. Les religieux de Déols, qui réclamaient son corps, furent si mécontents qu'ils privèrent les Cordeliers de l'aumône d'un muid de froment qu'ils leur donnaient en reconnaissance de ce que ces derniers leur prêchaient les sermons réguliers de l'abbaye.

Guillaume III, pendant son long règne de 51 ans, fut le contemporain des rois de France Philippe le Hardi, Philippe le Bel et Philippe le Long.

Si nous avions à porter un jugement sur son caractère, nous pourrions en prendre une fâcheuse idée, en raison de ses différends avec l'abbaye de Déols, de l'altération qu'il fit des monnaies et de la détention qu'il encourut par suite d'une violence.

Il fut marié deux fois. — Son premier mariage eut lieu, en 1272, avec Jeanne de Châtillon ou de Saint-Pol, (fille de Guy II de Châtillon, comte de Saint-Pol, et de Catherine de Brabant, sa femme), dont il eut plusieurs enfants [1]. Après son décès, il reprit

[1] Jeanne de Châtillon se trouvait la tante utérine de Jeanne, reine de Navarre, épouse de Philippe le Bel, et la grand'tante d'Isabelle de France, fille de Philippe le Bel, épouse d'Édouard II, roi d'Angleterre, et grand'mère du Prince Noir. (Moreri, articles Châtillon, Brabant et Artois.)

une seconde alliance avec Jeanne de Vendôme, fille de Bouchard II, comte de Vendôme et de Marie de Roye, avec laquelle, le lundi, veille de la fête de saint Vincent martyr, en 1313, il confirma les priviléges du chapitre de La Châtre, et y fonda une messe annuelle du Saint-Esprit, tant qu'ils seraient en vie, et des morts après leur décès (1).

Mais, dit La Thaumassière, comme les secondes noces apportent ordinairement le désordre dans les familles, cette seconde femme, qui ne put souffrir les enfants de son mari dans sa maison, fut cause qu'en se retirant, ils s'emparèrent de la tour de Vouillon, d'où ils firent la guerre à ceux de Châteauroux et autres sujets de leur père, lequel se réconcilia avec eux après le décès de ladite femme, décès qui arriva, selon l'obituaire des Cordeliers, le 5 juin 1317.

Enfants de Guillaume III de Chauvigny et de Jeanne de Châtillon, sa première femme :

1° André II de Chauvigny, qui succéda à son père;
2° Guillaume de Chauvigny, seigneur de Cesy en Bourgogne et de Rezay, fut avantagé de son père, qui lui donna les terres du Châtelet et de Cluis-dessous; mais son frère aîné soutint que leur père ne l'avait pu faire qu'au préjudice du droit qu'il avait, comme aîné, d'apanager ses frères, suivant l'ancienne coutume de la baronnie de Châteauroux; sur quoi ils transigèrent

---

(1) Duchesne, *Hist. de Castille*, liv. 3, chap. 8.

l'an 1317 ; et, par la transaction, Guillaume renonça à tout le droit qu'il pouvait prétendre aux terres qui lui avaient été données, moyennant deux cent cinquante livres de rente qui lui furent assignées par son aîné ; mais il fut apanagé après le décès de son père ;

3° Jean de Chauvigny, doyen de l'église de Nevers et chanoine de celle de Bourges ;

4° Marguerite de Chauvigny, femme d'Armand de Via, vicomte de Villemur. Elle eut en apanage mille livres de terre en toute justice, en déduction de quoi son père lui donna la terre de Cluis pour cinq cents livres.

Enfants de Guillaume III de Chauvigny et de Jeanne de Vendôme, sa seconde femme :

1° Geoffroy de Chauvigny, seigneur de Vouillon, de Saint-Août, d'Ardentes et de Jouhet, fit partage avec Raoul et Marie de Chauvigny, son frère et sa sœur, de l'apanage qui leur avait été donné par André de Chauvigny, seigneur de Châteauroux, leur frère, le lundi après la Madeleine 1324. Il eut en son partage la seigneurie de Vouillon ; Raoul et Marie celle de Rezay. Il fut convenu que le surplus serait partagé entre eux, et que, s'il survenait quelque différend, ils s'en rapporteraient à André de Chauvigny, leur frère, et à messire Jean de Vendôme. Il épousa, le 8 octobre 1328, Marie de Bouville, fille de Hugues, seigneur de Bouville, et de Marguerite des Barres. Il vendit à son beau-père quelques terres assises à Vouillon, le lundi après l'Exaltation de sainte Croix, en 1329, moyennant la somme de mille livres tournois. Il n'eut point d'enfants de sa femme. Il était mort l'an 1341. A cette époque André de Chauvigny, seigneur de Châteauroux, se portant héritier mobiliaire, passa procuration à Jacques de Cambrai, son chapelain, pour appréhender sa succession mobiliaire, à laquelle Marie de Bouville, sa veuve, avait renoncé, promettant la garantir aussi bien que le seigneur de Bouville, son père, des demandes que la dame d'Estrepaigny et Marie de Chauvigny, ses sœurs, en pourraient faire ;

2° Raoul de Chauvigny, seigneur de Rezay, qui mourut avant l'an 1341, n'ayant pas succédé à son frère ;

3° N... de Chauvigny, dame d'Estrepaigny ;

4° Marie de Chauvigny, dame de Bussières d'Aillac, conjointe par mariage avec Guy de Seuly, seigneur de Beaujeu et de La Chappelotte. Geoffroy de Chauvigny, son frère, étant mort sans enfants, elle en plaida la succession contre André de Chauvigny, son frère aîné, l'an 1347, et en fit partage le dimanche que l'on chante *Judica me,* 1350. Elle eut, pour sa part, le château de Vouillon et la châtellenie de Saint-Août, à condition de les tenir en foi et hommage du seigneur de Châteauroux, et le seigneur de Châteauroux emporta les terres d'Ardentes et de Jeu ;

5° Jeanne de Chauvigny, religieuse à Fontevrault, de qui Geoffroy de Chauvigny avait les droits cédés lors du partage de l'an 1324.

§ V. — André II de Chauvigny dit le Sourd.

(1322-1356)

ROIS DE FRANCE CONTEMPORAINS.

Charles le Bel ...... 1322-1328 | Philippe de Valois... 1328-1350
Jean................ 1350-1364

André II, né le 21 mai 1281, avait quarante-neuf ans quand il prit possession de la principauté déoloise, après le décès de son père.

Le roi Charles le Bel, cousin d'André II, passa à Châteauroux en mars 1324, revenant de Toulouse.

André II plaidait au parlement, l'an 1326, contre le procureur général du roi, qui soutenait que feu Guillaume III de Chauvigny, son père, avait, avec port d'armes et effraction, fait violence en un moulin, etc., ainsi qu'il a été dit dans le paragraphe précédent; pour raison de quoi ce seigneur ayant promis de payer l'amende au roi, le procureur général en demandait la taxe et le payement (1). Le seigneur de Châteauroux disait, pour sa défense, que le roi ayant fait mettre en prison André II de Chauvigny, son père, pour défaut de payement de la somme, et l'y ayant très-longtemps retenu, lui en avait fait remise, en le mettant hors de prison, ce qu'il offrait de vérifier, et il demandait main-levée des saisies faites sur ses biens sans connaissance de cause. Il fut dit, par arrêt du 7 mai 1326, qu'il aurait main-

---

(1) Extraits des registres du parlement faits par André Duchesne, qui étaient dans la bibliothèque de M. Colbert.

levée quant à présent, et qu'il serait informé par commissaires qui examineraient. Ces commissaires furent Louis, comte de Clermont, l'évêque de Chartres, le seigneur de Seuly, Aimard de Poitiers, le comte de Sancerre, le seigneur de Joinville, Jean de Beaumont, Robert de Bonnemare, Leborgne de Seris.

André II plaidait encore au parlement contre Marie de Chauvigny, dame de Beaujeu, sa sœur, pour la succession de Geoffroy de Chauvigny, leur frère, en l'an 1343. Il en fit le partage avec elle, le dimanche que l'on chante *Judica me*, 1350.

André II fit le partage de ses biens entre ses enfants le dimanche que l'église nomme *Reminiscere*, 1347 ; par ce partage il donna toutes ses terres à son fils aîné et apanagea les puînés.

Il mourut en sa maison du Châtelet, en 1356, et fut inhumé dans l'abbaye de Puyferrand.

Dans son règne de trente-quatre ans, il fut contemporain des rois de France Charles le Bel, Philippe de Valois et Jean.

Il avait épousé Jeanne, vicomtesse de Brosse, qui apporta en sa maison la vicomté de ce nom. Elle testa le 24 octobre 1348, et légua au chapitre de l'église de Bourges cent sols de rente pour son anniversaire, et quatre livres pour celui de Guillaume de Chauvigny, son fils, archidiacre en la même église.

Enfants d'André II de Chauvigny et de Jeanne de Brosse :

1° André de Chauvigny, vicomte de Brosse, mort

avant son père, et dont nous allons présenter l'intéressante vie;

2° Guillaume de Chauvigny, archidiacre en l'église de Bourges, élu archevêque de Bordeaux, mort en 1350, avant sa confirmation, et enterré aux Cordeliers de Châteauroux, à l'entrée du chœur;

3° Guy Ier de Chauvigny, destiné à l'état ecclésiastique, fut premièrement chanoine en l'église de Bourges; mais, après la mort de son aîné, il quitta ses bénéfices, fut baron de Châteauroux, et continua la postérité;

4° Marguerite de Chauvigny;

5° Jeanne de Chauvigny, qui fut mariée le dimanche après l'Ascension, 1348, à André de Chauvigny, seigneur de Saint-Chartier; elle eut en mariage le manoir de l'Aumont, et deux cents livres de rentes de proche en proche, avec la terre de Murat et de Vouhet, dont elle fut apanagée. Son mari lui accorda la jouissance du château de Saint-Chartier, et cinq cents livres de rentes de proche en proche pour son douaire.

Notice sur André de Chauvigny, vicomte de Brosse.

L'histoire doit conserver le souvenir de cet André de Chauvigny, qui fut connu sous le nom de vicomte de Brosse et de sire du Châtelet, bien qu'il mourût avant de régner.

Son père lui avait donné de son vivant la vicomté

de Brosse, avec le gouvernement de tout le reste de son bien, ne pouvant y vaquer lui-même à cause de sa vieillesse et de son infirmité.

« J'ai vu, dit La Thaumassière, des lettres du roi Philippe, données à Bourges, au mois d'avril 1317, contenant l'accord fait entre son cher cousin et féal Henri de Sully, chevalier, d'une part, et André de Chauvigny, vicomte de Brosse, chevalier, d'autre part, touchant le mariage d'une des filles du comte de Sully, quand elle serait en âge, avec notre vicomte, qui donna pour pleiges Simon de Menou, Pierre de Brosse et Eudes de Sully, chevaliers ; ce qui demeura sans effet, car il épousa Alix d'Harcourt, fille de Jean IV, comte d'Harcourt et d'Isabeau de Parthenay, sa femme, de laquelle n'ayant eu aucune lignée, il laissa ses biens par sa mort à Guy Ier, son frère. »

Le vicomte de Brosse se montra toujours très-fidèle au roi et porté pour le bien de l'État ; car, après la mort de Charles le Bel, la succession du royaume ayant été disputée à Philippe de Valois, VI° du nom, fils aîné du frère de Philippe le Bel, le vicomte de Brosse fut un des seigneurs qui se portèrent avec le plus de chaleur à maintenir la loi salique, fondamentale de l'État, et l'ancienne coutume du royaume, suivant laquelle, du consentement des trois États, Philippe de Valois fut déclaré le véritable et seul héritier de la couronne, qui lui fut mise sur la tête, en la ville de Reims, par l'archevêque Guillaume de Trie, le 29 mai 1328.

Le vicomte de Brosse suivait résolûment le parti

du roi Philippe de Valois. Jean, duc de Normandie, son fils Robert d'Artois, seigneur de Mehun, employèrent en vain tous leurs efforts pour le détourner du service de son prince légitime et souverain seigneur, et pour le mettre du parti de l'Anglais, que ce seigneur, et plusieurs autres de la province suivaient. Ils attirèrent dans ce but le prince de Galles à Châteauroux. Ce prince, connu sous le nom de *Prince Noir*, se saisit de la ville qu'il trouva comme abandonnée, et assiégea le vicomte de Brosse dans le château, où il s'était retiré avec ses vassaux et ses principales forces. Mais, après l'avoir sommé de se rendre, et l'avoir fait solliciter par les seigneurs d'Albret, de Lesparre et autres, de vouloir suivre son parti, comme son proche parent, du chef de Catherine de Saint-Pol, sa mère, et l'ayant trouvé inébranlable, il jugea, sur le point de donner l'assaut, que cette attaque serait vigoureusement soutenue. Il crut dès lors qu'il était plus à propos de ménager ses troupes, que d'en consommer une partie à ce siége. C'est pourquoi il se retira, après avoir brûlé, en partant, la ville de Châteauroux (¹).

(1) Le prince Noir, disent les chroniques, s'était logé à l'*enseigne du Pilier*, proche la porte Saint-Denis. L'incendie qu'il alluma dans la ville, laissa longtemps celle-ci déserte. C'est en raison de sa ruine que André II et son fils Guy Iᵉʳ habitaient le Châtelet. André II qui y mourut ne fut enseveli en l'abbaye de Puy-Ferrant, que parce qu'il ne put être ramené à Châteauroux. Chaque année, le 24 août, au jour de la Saint-Barthélemy, l'église Saint-André offrait, à l'occasion de ces événements, un cierge à Notre-Dame de Déols. Cet usage durait encore en 1783.

Notre vicomte de Brosse fut tué, d'après La Thaumassière, à la fameuse et funeste bataille de Maupertuis, près Poitiers, livrée contre le même prince de Galles le 18 septembre 1356; mais, d'après Froissart, il aurait été fait prisonnier avec le comte de Joigny et le sire de Coucy, en chassant les coureurs du prince de Galles et en tombant dans l'armée de ce prince (1).

§ VI. — Guy Ier de Chauvigny.

(1356-1359)

ROI DE FRANCE CONTEMPORAIN.

Jean................ 1350-1364.

Guy Ier, comme nous l'avons dit, était le dernier des enfants mâles d'André II de Chauvigny, qui l'avait destiné à l'état ecclésiastique, et l'avait fait pourvoir du prieuré de La Châtre et des chanoinies de Bourges et du Mans. Mais le vicomte de Brosse, son frère aîné, n'ayant aucun enfant d'Alix d'Harcourt, sa femme, et étant mort avant son père, Guy résigna ses bénéfices et contracta mariage. — Il recueillit seul la succession de son père et de ses deux frères.

Allant un jour du Châtelet en la ville de Bourges, il fut rencontré par une troupe d'Anglais qui le firent prisonnier. Ils lui rendirent la liberté moyennant deux mille livres de rançon. A cette époque, les

(1) Les armes des de Brosse étaient trois gerbes ou brosses.

Anglais étaient maîtres de Palluau, Buzançais, Briantes, Chabris, Saint-Amand, etc.

Il ne régna que trois ans, et mourut au Châtelet, en 1359.

Il avait eu deux femmes. La première, Blanche de Brosse, fille de Louis de Brosse et de Jeanne de Saint-Verain, lui donna les enfants suivants :

1° Guy II de Chauvigny, dont on va voir le règne ;

2° André de Chauvigny ;

3° Marguerite de Chauvigny, mariée le 3 mai 1366, à Philippe, baron de Linières ; son frère lui donna en apanage le château de Cesy.

De sa seconde femme, fille du seigneur de Sully, il eut un fils qui mourut peu après sa mère et avant son père.

Guy Ier eut un bâtard, qui vivait vers l'an 1374.

Il avait laissé la garde de ses enfants à messire Jean de Fresselines, mais elle lui fut ôtée par le vicomte de Villemur.

§ VII. — Guy II de Chauvigny.

(1359-1422)

ROIS DE FRANCE CONTEMPORAINS.

Jean...............	1350-1364	Charles V..........	1364-1380
	Charles VI.........	1380-1422	

Guy II, fils de Guy Ier et de Blanche de Brosse n'avait que douze ans à la mort de son père.

Le vicomte de Villemur s'étant emparé de la garde

de ce seigneur, de son frère et de sa sœur, établit, de son autorité, des officiers en toutes les places de ses mineurs, et les consomma en frais et excessives dépenses, nous dit La Thaumassière.

Pendant son administration, un Anglais nommé Ouëres, qui avait quelque habitude de la maison de Châteauroux, voulut s'emparer du château et le livrer à ceux de sa nation qui tenaient garnison à Buzançais et autres lieux circonvoisins. Mais son entreprise ayant été découverte, il fut pris, et le vicomte de Villemur le fit noyer.

Ce baillistre, qui avait préservé ses mineurs des attaques de leurs ennemis, n'avait pas une vigilance désintéressée, car il fit son possible pour se rendre maître lui-même de leurs terres, ce qu'il aurait sans doute exécuté sans l'adresse et la vigoureuse résistance des nobles et des habitants de Châteauroux, qui parvinrent à lui enlever la personne de leur jeune seigneur, avec lequel ils se renfermèrent dans le donjon du Château. Villemur fut forcé de renoncer à sa coupable entreprise.

Guy II, à peine délivré de l'injuste puissance du vicomte de Villemur, prit parti dans les troupes du roi Charles V, sous la conduite de Bertrand Du Guesclin, connétable de France, auprès duquel il se rendit avec ses vassaux. Il fut fait chevalier de la main de ce grand capitaine et l'aida à chasser les Anglais de la Guyenne.

Les premiers temps du règne de Guy II s'écoulèrent au milieu des plus tristes circonstances que la

France ait traversées. Les querelles de la France et de l'Angleterre ensanglantèrent encore notre Berry. Après la bataille si fatale de Poitiers, les Anglais s'étaient emparés d'une partie de nos châteaux et forteresses. Nos plaines étaient parcourues sans obstacle par des bandes qui pillaient tout ce qu'il y avait à prendre, et qui trouvaient dans nos bourgades fermées des repaires où elles attendaient l'occasion de nouveaux brigandages.

En 1365, il y eut un incendie considérable dans le Château-Raoul. Une transaction du 17 novembre 1370, passée entre Guy II de Chauvigny et les bourgeois de Châteauroux, rappelle que cet incendie, qui fut fortuit, arriva le dimanche que l'on chante en sainte mère l'église *Oculi mei* (1). Le titre de cette transaction, qui est à la mairie, confirme les priviléges, franchises et immunités accordés aux habitants par les prédécesseurs dudit seigneur, dont les lettres avaient été incendiées.

Le jeudi après la fête de Saint-André (1366), dénombrement est donné à messire Guy de Chauvigny, baron de Châteauroux, par messire Guiart de Brilhac, écuyer, pour raison du château de Prunget et dépendances. Plus tard, en 1404, ce seigneur rend aveu.

Ce fut en 1369 qu'eut lieu le siége de Brosse par James d'Andley, sénéchal de Poitou. Malgré une défense vigoureuse, les Anglais s'emparèrent de la place, « la maître ville » du sire de Chauvigny. Ils la brû-

---

(1) La Thaumassière, anc. coust. du Berry, p. 136.

lèrent et seize chevaliers de ses braves défenseurs furent pendus dans leur armure, en punition de la *prétendue* félonie de leur seigneur ; prétendue, car depuis la mort de Richard Cœur-de-Lion, ou, plus justement, depuis la confiscation faite sur le roi Jean et la donation de celui-ci faite à Blanche de Castille, les barons de Châteauroux n'avaient cessé de se montrer dévoués à la dynastie française.

Au nombre des ôtages exigés par le traité de Brétigny, figurent plusieurs seigneurs du Berry, entre autres le comte de Sancerre, le sire de Culan, le sire de Saint-Palais, le vicomte de Brosse. Comme Guy II avait ajouté à son titre de baron de Châteauroux celui de vicomte de Brosse et qu'il n'existait pas d'autre personnage de ce dernier nom, on ne peut douter que ce soit lui qui ait été envoyé en Angleterre en 1360. Il n'en serait revenu, sauf des voyages, dont les prisonniers obtenaient aisément l'autorisation, que vers l'époque du retour définitif du duc Jean de Berry, c'est-à-dire en 1367 ou 1368. Le traité avait été signé en 1360 ; mais les deux parties avaient toujours été en réclamation sur l'exécution et l'interprétation de plusieurs articles, ce qui avait fait retenir un certain nombre des otages.

Guy II fonda, en 1362, la confrérie du précieux corps de Notre-Seigneur dans l'église de Saint-Martial de Châteauroux ; il lui donna un vaisseau d'argent doré, lequel se portait en procession le jour de la fête. On peut supposer que cette fondation eut lieu à l'occasion d'un de ses voyages.

1368. — Hommage rendu par Guy II à l'archevêque de Tours à cause du donjon de son château.

En l'année 1377, Guy II alla à Rome, avec l'intention de faire le voyage de Jérusalem; mais Grégoire XI l'envoya combattre les Florentins qui étaient en guerre avec la papauté. Il demeura trois mois à cette expédition. Il se rendit ensuite à Naples, avec la permission du Saint-Père, et se joignit à d'autres barons qui allaient guerroyer contre les Sarrasins (1).

Au mois de juin 1382, il accompagna, avec trois cents hommes d'armes, Louis II d'Anjou, fils du roi Jean, quand celui-ci fut prendre possession du royaume de Sicile, que lui avait légué Jeanne, reine de ce royaume. Il ne revint qu'au bout d'un an.

En août 1383, il accompagna, avec ses nobles, le roi Charles VI en Flandre, et en 1388 en Allemagne contre le duc de Gueldres (2).

Les faits ci-après sont encore à noter dans les années qui suivirent :

En 1391, Guy II vendit plusieurs pierreries et joyaux au duc Jean de Berry, grand amateur de curiosités, qui lui en paya la somme de quatre mille francs d'or, dont la quittance existe, dit La Thaumassière, au trésor des chartes du roi (3).

1401. — Affranchissement du cens en faveur de Guillaume Montier et de ses hoirs, avec faculté d'ache-

---

(1) La Gogue.
2) Ibid.
(3) Layette de Berry, II.

ter tous les fiefs et rétrofiefs des seigneurs, sans en payer aucun rachat, accordé par Guy II de Chauvigny, seigneur de Châteauroux et vicomte de Brosse. « Ladite franchise a été donnée audit Guillaume Mon-
» tier, en considération des bons et agréables services
» qu'il nous a rendus au temps passé, et faits de jour
» en jour en sa qualité de clerc de notaire » ([1]).

18 août 1405. Guy II de Chauvigny assiste, sur l'invitation du duc de Berry, à la dédicace de la sainte chapelle que le duc Jean avait élevée à Bourges.

Le Berry en 1412, étant redevenu le théâtre des principales hostilités qui suivirent l'assassinat du duc d'Orléans, Bourges se rendit à l'armée royale des Bourguignons. Au mois de juin, Guy II avait été trouver le roi Charles VI qui assiégeait cette ville ([2]).

Au mois d'août 1415, Guy II fit foi et hommage à Charles, duc d'Orléans, comte de Blois, à cause de la seigneurie de la rue d'Indre, mouvante du comté de Blois. Ce prince en avait fait opérer la saisie féodale.

Guy II, en 1374, avait contracté mariage avec Jeanne de Beaufort, fille de Guillaume II, comte de Beaufort et vicomte de Turenne, et d'Aliénor de Comminges, sœur de Raymond, comte de Beaufort et vicomte de Turenne. Jeanne de Beaufort était veuve du seigneur de Baux, lorsqu'elle épousa Chauvigny; elle n'en eut point d'enfants.

---

(1) Archives de la mairie de Châteauroux.
(2) La Thaumassière, t. 1, pag. 54.

Après la mort de Jeanne de Beaufort, Guy II de Chauvigny se remaria, le 12 février 1404, avec Antoinette de Cousan, fille de Guy, chevalier, seigneur de Cousan et de la Perrière, grand chambellan de France, et de défunte Maragde de Castelnau, sa seconde femme. Le père d'Antoinette constitua ses droits maternels, consistant en la somme de 30 mille petits florins valant 20,000 francs d'or, avec ce que seraient estimés les lit, robes et joyaux, au payement desquelles sommes et joyaux, le seigneur de Châteauroux avait été condamné, par arrêt du Parlement, envers le seigneur de Cousan, en qualité de tuteur de sa fille à cause de la dot de sa mère défunte, de laquelle somme le père retiendrait celle de trois mille livres. Son père lui donna encore en apanage la somme de 50,000 livres, lui réservant la faculté de venir à sa succession en cas qu'il décédât sans enfants mâles, ou ses enfants sans enfants ; et le vicomte de Brosse lui accorda pour son douaire la jouissance des terres de Diou, Aigurande, Murat, Neufvy et Fougerolles.

Guy II, quoique nouveau marié, touchait presque à la vieillesse. Il devait avoir 55 ou 56 ans, puisque c'est en 1404 qu'il prit pour femme Antoinette de Cousan.

Il mourut le 20 d'août 1422, à l'âge de 76 ans, en son château de Cluis-Dessous, et fut inhumé aux Cordeliers de Châteauroux, en la chapelle de Saint-Claude.

Pendant son règne extraordinaire de 63 ans, il vit

ceux des rois de France, Jean, Charles V et Charles VI.

Son caractère était plein de modération et de sagesse.

Il ordonna, par son testament de l'année de sa mort, qu'André, son fils puîné, serait égal à Guy, son héritier, parce qu'il le chargeait de doter ses filles, Blanche, Marguerite et Catherine, la première de six mille écus, et les deux autres de quatre mille écus d'or chacune. Mais ce testament ne subsista pas comme contraire à l'ancienne coutume de la maison de Châteauroux, où l'aîné était seul héritier et avait pouvoir de doter ses sœurs et apanager ses frères ; suivant cette coutume Guy de Chauvigny apanagea son frère et ses sœurs.

Antoinette de Cousan survécut à son mari de quelques années.

Elle plaidait au Parlement, l'an 1442, contre Eustache de Lévis, seigneur de Villeneuve, et Alix de Cousan, sa femme, fille d'Hugues de Cousan et d'Isabelle de Dalmas, lequel Hugues était fils de Guy de Cousan et de Marguerite de La Tour, sa première femme, pour la succession de Guy de Cousan le Jeune, décédé sans enfants, qu'elle prétendait lui appartenir comme substituée aux mâles, à l'exclusion d'Alix, sœur de Guy.

Le 2 août 1446, du consentement d'André de Chauvigny, son puîné, elle déchargeait son fils aîné de la somme de 25,000 écus d'or qu'elle avait portée en dot à son défunt mari, et de toutes autres choses, en quoi il pouvait lui être tenu, à la réserve de son douaire et de ses meubles.

Elle ratifia, par le même acte, l'apanage d'André de Chauvigny et le délaissement qui lui fut fait par son aîné des terres qui lui appartenaient, moyennant l'usufruit que son fils accorda à celles du Châtelet et d'Argenton.

Elle fut ensevelie aux Cordeliers d'Argenton. Elle laissa les enfants qui suivent :

1° Marguerite de Chauvigny, mariée, le 14 juillet 1426, à Béraud III, dauphin d'Auvergne, comte de Clermont et de Sancerre, duquel elle n'eut pas d'enfants. — Lui ayant survécu, elle se remaria à Jean II de Bretagne, comte de Penthièvre et de Périgord, vicomte de Limoges, seigneur de l'Aigle, d'Avesnes et de Landrecies, lieutenant du roi Charles VI, en Guyenne. Son second mari décéda l'an 1454, et elle l'an 1473. Elle fit son testament en sa maison du Châtelet, le 22 juillet 1473, par lequel elle choisit sa sépulture en la chapelle du château de l'Aigle, qu'elle avait bâtie et où elle fonda trois vicairies. Elle ordonna qu'il serait construit une chapelle au cimetière de Saint-Chartier. Elle fonda une vicairie en la chapelle de Sainte-Madeleine de sa maison du Châtelet, fit divers legs pieux aux églises où étaient enterrés son premier et son second mari, et à ses domestiques. Elle institua son héritier universel messire Guy, seigneur de Chauvigny et de Châteauroux, vicomte de Brosse, son frère, en cas qu'il lui survécût, et en cas qu'il décédât avant elle, François de Chauvigny, son neveu. Elle ordonna que sa terre et seigneurie de Saint-Chartier demeurerait unie à la baronnie de Châteauroux et appartiendrait à perpétuité à celui qui en serait seigneur, sans qu'elle put en être séparée. Elle nomma ses exécuteurs testamentaires l'archevêque de Tours, Pierre de Saint-Julien, seigneur de Veniers, son écuyer et maître d'hôtel, et Jean des Maisonsneuves, son conseiller ;

2° Guy III de Chauvigny qui succéda à son père ;

3° Catherine de Chauvigny, mariée à Antoine, seigneur de Castelnau et de Caumont, le 26 août 1436 ; et, par contrat passé devant Jean Dorsanne et Jean Tripet, notaires royaux à Issoudun, Guy de Chauvigny, usant du droit qui appartenait aux aînés de sa maison, l'apanagea, pour toutes successions de père, mère et frères, de la somme de douze mille écus d'or à la couronne, qui devait être déduite sur la somme de quatorze mille écus, que le seigneur de Castelnau avait été condamné à payer à la dame de Cousan, sa mère, et elle se réserva la loyale échoite (échéance), au cas de décès de Guy et d'André de Chauvigny, ses frères ;

4° Blanche de Chauvigny, mariée l'an 1453 avec Jean, seigneur d'Arpajon, vicomte de Lautrec, fils de Hugues d'Arpajon et de Jeanne de Severac, sa femme. Elle fut apanagée par son frère aîné, suivant le privilége des aînés de la maison, de la somme de huit mille livres, tant pour toute succession de père et mère, que pour celle de frères et sœurs ;

5° Jacqueline de Chauvigny, qui mourut le 28 juin

1426, comme l'indique le livre mortuaire des Cordeliers de Châteauroux qui ajoute qu'elle fut inhumée en leur église dans la chapelle de Saint-Claude;

6° André de Chauvigny, seigneur de Revel et de Mesmont, contracta mariage avec Jacqueline de Beaujeu, fille d'Edouard de Beaujeu, sieur de Linières, Rezay et Thevé, et de Jacqueline de Linières, sa femme. Les père et mère de ladite demoiselle lui constituèrent en dot et en apanage quatre mille royaux d'or et lui donnèrent la terre de la Cellette en Berry pour en jouir après le décès de Marguerite de Linières, veuve de Jean de Prie, sieur de Buzançais; et en cas qu'ils décédassent sans hoirs mâles, ou leurs hoirs mâles sans hoirs mâles, ils veulent qu'elle vienne également à leur succession avec les autres filles, et qu'elle ait encore de préciput et avantage les terres de Rezay et Thevé (titres de Châteauroux). Le frère aîné dudit André, suivant l'ancienne coutume et prérogative des aînés de la maison, l'apanagea, tant de son chef que de celui d'Antoinette de Cousan, sa mère, de toutes les terres échues à sa mère par le décès de son père, en la comté de Forez et en Roannais, qui étaient les terres de La Motte-Baisan, et de Mernieu, la moitié de Saint-Han et de Roanne, moyennant quoi il renonça à toute succession de père, mère, frère, sœur, excepté la loyale succession collatérale. Il fut stipulé réciproquement, par le même contrat, qu'ils pourraient succéder l'un à l'autre, en cas qu'ils décédassent sans enfants, ou leurs enfants sans enfants. Jacques de Châtillon, seigneur de Dampierre et de Revel, et Jeanne de Revel, sa femme, cousine germaine dudit André, lui donnèrent, en faveur du mariage ci-dessus, les terres de Revel, de Muysais, de Merac-les-Vaux, la Limaigne, Sardon, Entraigues, Mesmont, Ville-Oysel, Montresson, Sainte-Geneviève et Escolle, et toutes les autres terres appartenant à ladite dame de Revel, sous la réserve de l'usufruit au survivant des donateurs, et à la charge qu'il porterait les armes de Chauvigny et de Revel écartelées. Il mourut le 20 de janvier 1480 et fut enterré à la chapelle de Saint-Claude en l'église des Cordeliers de Châteauroux. Il n'eut qu'une seule fille nommée Catherine de Chauvigny.

Filles naturelles de Guy II de Chauvigny :

Catherine de Chauvigny, dame de La Garde, décédée l'an 1457 et enterrée dans la chapelle de Notre-Dame de l'église des Cordeliers de Châteauroux;

Guyonne de Chauvigny, veuve de messire Jean d'Autroy.

Guy II avait encore eu un bâtard qui accompagna Jean Sans-Peur, comte de Nevers, quand il alla en Hongrie guerroyer contre les Turcs. Il y fut tué.

§ VIII. — Guy III de Chauvigny.
(1422-1482)

ROIS DE FRANCE CONTEMPORAINS.

Charles VII......... 1422-1461 | Louis XI........... 1461-1483

Guy III succéda, en 1422, à la baronnie de Châteauroux.

Le 25 décembre de cette même année, le comte de Blois accorde à ce seigneur le délai d'un an pour rendre hommage de la rue d'Indre.

Le 15 juillet 1425, Guy III rend hommage à Charles VII.

En la même année, Guy III, ainsi que le sieur de Prie, seigneur de Buzançais, servaient Charles VII. Ils étaient du parti du connétable de Richemont qui demandait que les meurtriers de Jean Sans-Peur fussent éloignés du roi. A cette époque, Charles VII résidait souvent à Issoudun (1).

Le 14 juillet 1426, Marguerite de Chauvigny, fille de Guy II, se maria, ainsi que nous l'avons dit au précédent paragraphe, avec Béraud III, dauphin d'Auvergne, comte de Clermont et de Sancerre. Guy III de Chauvigny, son frère, usant du droit qui appartenait aux aînés de sa maison d'apanager leurs frères et sœurs, leur donna, pour tous droits paternels et maternels et succession de ses frères, vingt-cinq mille écus d'or à la couronne.

Le 9 avril 1432, un aveu est fait de la justice de Brion, haute, moyenne et basse, et dixmes de Brion et de Sigougnolles, avec les terrages desdits lieux, au seigneur de Châteauroux, par Jehan de Rochechouart, chevalier, seigneur d'Aspremont et de Brion.

24 septembre 1432. Lettres patentes de Charles VII. Traité entre Guy III de Chauvigny, seigneur de Châteauroux, et les marchands merciers du Berry, por-

---

(1) Raynal, t. 3, pag. 13.

tant établissement de deux foires à Châteauroux, l'une le jour de Saint-Fiacre, et l'autre le jour de Saint-Marceau. *(Inventaire sommaire des archives de l'Indre.)*

Guy III reçoit, le 19 juin 1433, de Jean Chaumier, receveur général de l'aide octroyé au roi en l'assemblée des trois états, tenue à Bourges, la somme de mille livres, suivant l'ordre du roi du 14 du même mois, et la somme de six cents livres le 15 août suivant, en conséquence des lettres patentes du roi, en date du 11 du même mois.

1433, 31 août. Transaction entre Guy III de Chauvigny et les merciers de Châteauroux pour le règlement du droit de l'aide qui se doit lever par ledit seigneur sur toutes les marchandises amenées dans la ville, sous les halles, ès foires de Saint-Fiacre et de Saint-Marceau, et marchés du samedi (1).

1434, 25 mars. Guy III fait élever un autel en l'honneur de saint Jacques, apôtre, dans l'église Saint-Germain de La Châtre, pour la révocation d'un vœu, qu'avait autrefois fait Guy II de Chauvigny, son père, d'accomplir le voyage de saint Jacques en Galice. Il donne, en outre, à cette église cinq cents écus d'or à la couronne (2).

Le 14 novembre 1436, Charles VII adresse des lettres aux officiers de Bourges par lesquelles il leur fait défense de rien entreprendre sur le ressort de

---

(1) Inventaire des titres du duché.
(2) La Thaumassière, liv. VII, ch. 53.

Blois, et notamment dans la rue d'Indre, jusqu'à ce que le procès des limites soit jugé.

1440, 17 mai. Charles VII ordonne que le grenier à sel de Buzançais soit transféré à Châteauroux.

1441, 22 novembre. Continuation, pendant huit années, de la levée de dix sols tournois par chaque tonneau de vin qui se vendra en détail dans la ville de Châteauroux (1).

Guy III fait foi et hommage à Charles, duc d'Orléans, comte de Blois, le 13 mai 1441, à cause de la rue d'Indre et de ses appartenances, tenues en fief du comte de Blois, en donne son dénombrement le 2 de janvier 1444, et à messire Jean Bernard, quatre-vingt-dix-septième archevêque de Tours, à cause du donjon de Châteauroux, mouvant de son archevêché.

Le 14 août 1445, le comte de Blois fait signifier à Guy III les causes du refus de réception du dénombrement que celui-ci avait présenté le 2 janvier 1444.

L'hommage est rendu le 5 mars 1445, et le dénombrement fourni le 12 décembre 1448. Le 10 août 1453, l'archevêque refuse ce dénombrement parce qu'il n'était pas assez spécifié. Le 17 septembre 1459, l'archevêque de Tours et Guy III conviennent de remettre la solution des contestations élevées entre eux à l'arbitrage de messire Étienne Lefèvre, maître des requêtes.

---

(1) Octroi accordé aux habitants pour l'entretien de leurs fortifications.

Par arrêt du parlement du 1ᵉʳ juin 1448, intervenu entre Guy III, et Jean, duc de Berry, il est décidé que les causes civiles et criminelles qui viendraient des seigneurs d'Argenton, de La Châtre, du Châtelet, Aigurande et Gargilesse, mouvants en plein fief de Châteauroux, en première instance au siége royal d'Issoudun, seraient renvoyées devant le bailli de Châteauroux (1).

1450, 10 avril. Sentence du parlement entre le duc d'Orléans, comte de Blois, d'une part, et le duc de Berry, d'autre part, statuant que par provision le comte de Blois aurait dans son ressort les villes de Selles, Saint-Amand, Valençay, Levroux, Bouges et la *moitié de la rue d'Indre* du côté dudit Levroux, en dehors de la clôture de la ville. Louis XII, comte de Blois avant d'être roi de France, fit prononcer définitivement la séparation.

Guy III assiste, le 26 août 1453, au contrat de mariage de Jean d'Harcourt et de Catherine d'Arpajon, fille de Jean d'Arpajon et de Blanche de Chauvigny, sa sœur, et lui promet, en faveur du mariage, la somme de deux mille trente-cinq livres (2).

L'an 1453, Guy III eut un procès avec les religieux de l'abbaye de Déols, touchant le droit de patronage qu'il avait en cette célèbre abbaye que ses prédécesseurs avaient fondée. Ces religieux oubliant les bienfaits des princes de Déols, refusaient à leurs successeurs les honneurs qui sont dus aux patrons fonda-

---

(1) La Thaumassière, liv. vii, chap. 47.
(2) Chopin, *de Sacra Politia*, lib. 1, tit, 4, nº 14.

teurs. Ils furent, néanmoins, contraints de reconnaître, par transaction du 29 septembre, même année, qu'il était issu en droite ligne d'Ebbes le Noble, prince de Déols et leur fondateur, et de s'obliger, à la première entrée du seigneur de Châteauroux et de ses successeurs en l'abbaye, d'aller au-devant d'eux, en procession, avec chappes, reliques, croix et eau bénite, jusqu'à la barrière de fortification de Déols, la plus prochaine de l'Hôtel-Dieu, de le conduire au grand autel, au côté droit duquel les religieux poseraient un oratoire où se mettrait le seigneur pour entendre la messe solennelle, qui, en considération de sa bienvenue, serait célébrée au grand autel ; ils promirent de faire les mêmes honneurs à la dame, son épouse, et que, la messe dite, les abbé et religieux conduiraient le seigneur en leur chapitre, où il ferait serment de garder et défendre l'abbaye, maintenir ses priviléges et immunités, et de ne rien entreprendre sur eux ; et l'abbé, de sa part, devait faire aussi serment au seigneur de ne rien empêcher sur ses droits [1].

Par la même transaction, les abbé et religieux s'obligèrent de présenter au seigneur de Châteauroux, s'il était présent en leur église, sinon en son absence à son bailli ou autre officier de justice, un cierge semblable à celui de l'abbé.

L'abbé se réserva la faculté de fortifier l'abbaye et d'y mettre un capitaine, ainsi qu'aux lieux d'Hivernaux, Bois-l'Abbé, Saint-Denis et de Marigny.

[1] Titres de Châteauroux.

Il fut encore accordé que les sujets de l'abbé et des religieux, demeurant aux susdits lieux, en l'étendue des croix, resteraient sujets soumis à leur justice et au ressort du roi et de ses officiers, sans que les seigneurs de Châteauroux et leurs officiers y pussent prétendre aucune juridiction, et qu'après la condamnation des accusés en peine corporelle par le bailli de Déols, l'exécution de ses jugements serait faite, à l'égard du Maigny et de Bois-l'Abbé, par le prévôt de La Châtre pour le seigneur de Châteauroux, et, à l'égard de Saint-Denis par les officiers de Châteauroux, sans qu'ils puissent réprouver les jugements du bailli de Déols.

Guy III fut un des particuliers bienfaiteurs, patrons et défenseurs de l'ordre de Saint-François. — L'an 1454, il obtint permission du pape de bâtir, en l'ermitage qu'il avait construit près la ville d'Argenton, une maison conventuelle de cet ordre, avec église, cimetière, dortoirs et autres choses nécessaires pour l'usage des religieux, et les priviléges dont jouissent les autres monastères du même ordre. Il eut une permission semblable du cardinal d'Avignon, légat en France, en 1456.

Par charte du 15 septembre 1459, il fonda, en l'honneur de Dieu, de la sainte Vierge, de saint Sébastien, de saint François et de sainte Catherine, pour le repos des âmes de Guy de Chauvigny, son seigneur et père, de Mme Antoinette de Cousan, sa mère, et de défunte Catherine de Laval, sa chère épouse, et pour la rémission de ses péchés et le salut des âmes de ses prédécesseurs, trois lieux pour les frères mineurs de saint François, appelés *de l'Observance :* l'un à Argenton, en la paroisse de Saint-Étienne, avec l'église dédiée à saint Sébastien, un cimetière, chapitre, cloître, jardins et choses nécessaires pour l'accomplissement d'un couvent ; et un ermitage, aussi en la paroisse de Saint-Étienne, avec une chapelle en l'honneur de saint François, cimetière, maison et verger pour l'habitation des frères, à un quart de lieue de la ville, en un lieu appelé *le Palis ;* enfin, un troisième couvent du même ordre, au bout de son bois du Plaix, à son château de Cluis-Dessous, avec une chapelle en l'honneur de sainte Catherine ; il donna encore à cette maison tous les ornements nécessaires pour l'usage de l'église et des religieux.

Les Cordeliers de Châteauroux dérogeant à leur sainte institution et contrevenant aux règles de leur ordre par la vie licencieuse et scandaleuse qu'ils menaient, Guy III entreprit deux fois le voyage de Rome pour obtenir du Pape les bulles nécessaires pour y établir la réforme ; il les fit confirmer par diverses lettres, sentences et arrêts, après divers autres voyages qu'il fit à Tours, Bourges, Lyon et Paris.

1461, 13 juillet. Arrêt qui constate que la châtellenie du Bouchet-en-Brenne relève du seigneur de Châteauroux et non du roi, ainsi que le prétendait le procureur du roi du baillage de Poitiers [1].

---

[1] La Thaumassière, liv. VII, chap. 65.

1462, 14 juillet. Guy III rend hommage à Charles, créé duc de Berry par lettres de novembre 1461.

1466. Il confirme les priviléges accordés aux habitants de Châteauroux par Guy II et ses prédécesseurs (1).

Même année, le 29 mai, il rend hommage à Louis XI, qui, en octobre 1465, avait repris le Berry, ayant donné la Normandie à son frère.

En date du 8 juillet 1466, il fonde quatre anniversaires en l'église de Levroux pour Antoinette de Cousan, sa mère.

1473, 8 janvier. Lettres par lesquelles Louis XI confirme Guy III dans la possession du droit de guet qui lui était dû par les habitants des villes, châtellenies et forteresses de Châteauroux, Argenton, La Châtre, le Châtelet, Brosse, Dun-le-Paleteau, Aigurande et Cluis-Dessous. Le seigneur de Châteauroux prétendait, en outre, que ce service lui était dû par les habitants des paroisses rurales, ceux de Saint-Denis, Étrechet et Lourouer-les-Bois en 1474 et 1477. Ceux de la justice de Tendu et le seigneur de Prunget, en 1491, prétendaient en être exempts.

La terre et la châtellenie de Saint-Chartier lui ayant été donnée par le testament de Marguerite de Chauvigny, comtesse de Penthièvre, sa sœur, il l'incorpora en sa baronnie de Châteauroux, le 22 juillet 1473, après avoir acquis le droit qu'avait Guillaume Le Bouteiller de Senlis (2).

(1) Archiv. de la mairie de Châteauroux.
(2) Titres de Châteauroux.

Le pénultième d'août, en la même année, il fonda trois messes en la chapelle de la Madeleine, dans son château du Châtelet, suivant l'intention de la même comtesse de Penthièvre.

1478, 18 avril. Arrêt qui confirme une transaction par laquelle les seigneurs du Blanc reconnaissent qu'ils doivent et ont toujours dû foi et hommage aux seigneurs de Châteauroux.

1481, 23 mai. François Chabot fait hommage de la terre de Brion au seigneur de Châteauroux.

Guy III mourut à l'âge de 75 ans, au Château-Raoul, le 21 mars 1482, après un règne de 60 ans. — Son corps fut porté en l'église des Cordeliers d'Argenton, près du tombeau de la dame de Cousan, sa mère (1). Le martyrologe des Cordeliers l'appelle *la perle des gentils hommes, nobilium gemma.*

Le P. Jean de La Gogue lui avait dédié son histoire des princes du Bas-Berry.

Guy III était grand catholique, « protecteur et défenseur de la sainte Église, l'épouse de J.-Ch.; en témoignage de quoi *il bannit et chassa de ses terres comme démons les hérétiques.* » Il aimait la justice, l'équité, la vertu, haïssait le vice, fuyait le monde et la vie mondaine. Il se retirait dans les cloîtres, pas-

---

(1) Ces tombeaux étaient placés au milieu du chœur. Ils furent fracturés en 1793 et l'on en retira deux couronnes d'or qui avaient été déposées aux pieds des corps. — Ces mêmes tombeaux étaient cependant restés en place; ils furent mis à découvert en 1846 et enfouis sous l'escalier de la cave de la maison communale des garçons, occupée par les frères des écoles chrétiennes. (Note communiquée par M. l'abbé Damourette.)

sant, depuis la Toussaint jusqu'à Pâques, tout son temps, logé dans le couvent de Saint-François. Il y observait le jeûne, allait de nuit à matines, priant, méditant, et faisant toutes sortes d'exercices pieux. Enfin il est écrit, en plusieurs endroits, que cet illustre et religieux prince, deux ans avant son décès, la famine et la disette étant très-grandes partout, après avoir vidé ses coffres et ses trésors d'or et d'argent monnayé, pour nourrir les pauvres, vendit toute sa vaisselle et ses plus précieux joyaux d'or et d'argent pour en acheter bien cher des blés, que lui-même, par ses propres mains, distribua aux pauvres, pour leur nourriture et soutien (1).

L'année qui finit le déplorable règne de Charles VI fut celle de l'avénement de Guy III de Chauvigny. Il vit tout le règne de Charles VII, et ne succomba qu'une année avant Louis XI. Malgré la longueur extraordinaire du règne de ce seigneur de Châteauroux, l'histoire ne fait mention que de ses fondations pieuses et de son démêlé avec l'abbaye de Déols.

Guy III avait contracté mariage avec Catherine de Montfort, dite de Laval, fille de Jean de Montfort, sire de Kergorlay, qui prit le nom de Laval, et d'Anne de Laval. Elle décéda le 30 août 1450 et fut enterrée sous la chapelle de saint Claude de l'église des Cordeliers de Châteauroux.

---

(1) *Chonique du P. Péan, cordelier du couvent de Saint-François de Châteauroux et gardien pour la seconde fois de ce couvent, au mois d'août* 1653, *p.* 452 *et* 453 *(édition de M. des Chapelles).*

Après la mort de sa femme, à laquelle il survécut plus de trente ans, Guy garda constamment le célibat.

De sa femme, Catherine de Laval, il eut les enfants qui suivent :

1° Anne de Chauvigny, alliée en mariage, le 8 juin 1456, avec Louis de La Trémouille, comte de Joigny, baron de Bourbon-Lancy, seigneur d'Antigny, Usson et Prémartin. Elle fut apanagée, suivant l'usage de sa maison, de quinze mille écus d'or, moyennant quoi elle renonça à toutes successions, excepté la loyale succession collatérale de son mari, qui lui constitua douze cents livres de rente et la jouissance d'un de ses châteaux, sa vie durant. — Il n'y eut aucun enfant de ce mariage, et son mari mourut vers l'an 1407 (1);

2° François de Chauvigny, vicomte de Brosse, qui a succédé à son père ;

3° André de Chauvigny ;

4° Antoinette de Chauvigny, mariée à Hardouin, seigneur de Maillé et de Roche-Corbon, l'an 1458. Par son contrat de mariage, elle renonça à toutes successions directes et collatérales, tant qu'il y aurait enfant ou enfants mâles de Guy de Chauvigny, son frère, ou enfants ou hoirs mâles ou *fumeaux* (femelles) de ses enfants mâles, moyennant la somme de 25,000 francs.

5° N. . . . de Chauvigny, fille ;

6° N. . . . de Chauvigny, fille ;

(1) Titres de Châteauroux.

§ IX. — François de Chauvigny.

(1482-1490)

ROIS DE FRANCE CONTEMPORAINS.

Louis XI............ 1461-1483 | Charles VIII....... 1483-1498

François de Chauvigny succéda à son père, du vivant duquel il avait porté le nom de vicomte de Brosse, suivant un usage déjà ancien dans la maison de Chauvigny.

Le martyrologe des Cordeliers de Châteauroux assure que ce seigneur fut accordé aux instantes prières de ses père et mère, par l'intercession de saint François, en considération de quoi le nom de ce saint lui fut imposé au baptême.

Il fut conjoint par mariage, le 11 avril 1456, avec Jeanne de Rais, fille unique de Réné de Laval, dit de Rais, seigneur de la Suze, de Rais, de Briolay et de La Mothe-Achard, et d'Anne de Champagne, sa femme (1).

Par le contrat de mariage, les père et mère de la dame lui constituèrent en dot la somme de huit mille écus, et, en cas qu'ils eussent enfants mâles, l'instituèrent leur héritière en deux mille livres de rente en assiette de terres, sur les seigneuries de Briolay et la Réauté, outre et par-dessus la dot.

René de Rais mourut l'an 1474. Anne de Champagne, sa femme, lui survécut vingt-sept ans, n'étant décédée que l'année 1501. La dame de Chauvigny recueillit seule leurs successions.

(1) Titres de Châteauroux.

Du côté du vicomte de Brosse, son père lui avait laissé, en attendant sa succession, la terre et vicomté de Brosse, et demeurait d'accord qu'en la maison de Chauvigny, le fils aîné avait droit et faculté d'apanager ses frères et sœurs, et de succéder seul aux biens de la maison (1).

Le 17 avril 1488, messire François de Chauvigny avait obtenu du roi Charles VIII, comme un droit déjà considérable, que la marque des draps se fabriquant à Châteauroux, aurait lieu à ses armes et lui serait payée à raison de cinq sols par pièce.

François de Chauvigny mourut le 15 mai 1490, en sa vicomté de Brosse. Son corps fut transporté dans l'église des Cordeliers d'Argenton et placé en une voûte qui est sous les stalles du chœur.

Du mariage de François de Chauvigny et de Jeanne de Rais, il ne résulta qu'un fils, André de Chauvigny, qui succéda à son père. — François de Chauvigny, dans son court pouvoir de huit années, vit la dernière année du règne de Louis XI et les sept premières années de celui de Charles VIII.

§ X. — André III de Chauvigny.

(1490-1502)

ROIS CONTEMPORAINS.

Charles VIII........ 1483-1498 | Louis XII.......... 1498-1515

Ce prince portait aussi les titres de baron de Châ-

(1) Nous avons noté qu'en 1303 le sire de Châteauroux (Guillaume III de Chauvigny) fit partie des États généraux convoqués par

teauroux, de Rais et de Briolay, de vicomte de Brosse, de seigneur de Chauvigny, de la Suze, d'Argenton, de La Mothe-Achard, de La Châtre, de Cluis, de Neuvy-Saint-Sépulcre, d'Aigurande, du Châtelet, de Saint-Chartier, de Dun-le-Palleteau, et autres lieux, enfin de prince du Bas-Berry.

Il fit foi et hommage au roi Charles VIII de sa baronnie de Châteauroux, étant à Nantes le 11 avril 1490 ; et, en 1501, il fit encore foi et hommage de sa baronnie à madame Jeanne de France, duchesse de Berry.

Il suivit, ensuite, Charles VIII dans ses guerres, particulièrement dans celle de Naples où il se distingua à la journée de Fornoue (juillet 1495), et lui rendit de grands services, en considération desquels, et pour *ses vertus et prouesses,* le roi érigea en *comté* la baronnie de Châteauroux, par lettres données à Amboise le 15 janvier 1497 [2].

Philippe le Bel. A ceux de 1483, sous Charles VIII, les représentants du Berry furent l'archevêque de Bourges, maître Renaud Leroy, Robert de Bar et maître Pierre du Breuil.

[2] Les titres de Châteauroux fixent la date de cette érection au 15 janvier, et non au mois de juillet, comme le font La Thaumassière et M. des Chapelles ; et, en effet, on a le consentement accordé à la dite érection au mois d'avril 1497 par les châtellenies de La Châtre, du Châtelet, de Saint-Chartier, de Cluis et d'Argenton. — L'inventaire des titres du duché fait mention, à la date du 16 octobre 1497, du consentement des habitants de Châteauroux à l'entérinement d'une charte octroyée par Charles VIII à André III de Chauvigny, et il semble bien qu'il s'agit de celle qui établit le comté de Châteauroux. Enfin Antoine Destaing, seigneur d'Aubrac, conseiller du grand conseil, se transporta à Châteauroux, procéda à l'érection du comté et en dressa procès-verbal.

Lorsque André III revint d'Italie, il fit une solennelle entrée à Châteauroux, et, à la date du 4 juillet 1496, une enquête fut faite contre deux bourgeois de cette ville « qui s'étaient opposés à ce qu'on ne donnât ni ne contribuât en rien pour la nouvelle entrée dudit seigneur en ladite ville ».

En vertu des lettres du roi, relatives à l'érection de la baronnie en comté, les châtellenies de La Châtre, Aigurande, Cluis, Argenton, Saint-Chartier et du Châtelet devant ressortir par appel à Châteauroux, André III passa déclaration au seigneur de Linières, le 10 février 1497, « qu'il n'entendait comprendre, en matière de ressort à la justice de Châteauroux, les terres et seigneuries de Thevé, Rezay et Saint-Christophe-le-Bouchery. »

André III avait épousé, par contrat passé à Vienne, en Dauphiné, le 10 août 1494, Anne d'Orléans, fille de François d'Orléans, comte de Dunois, de Longueville et de Montgommery, et d'Agnès de Savoie, sa femme. — N'en ayant pas eu d'enfants, il prit une seconde alliance avec Louise de Bourbon, fille de Gilbert de Bourbon, comte de Montpensier, et de Claire de Gonzague, sa femme. Le contrat fut passé à Saint-Pierre-le-Moustier, le 27 juillet 1499. Louise de Bourbon eut en dot la somme de quarante mille livres. Il lui fut accordé quatre mille livres de douaire à prendre sur la seigneurie de Saint-Chartier « et sur les autres terres de proche en proche, excepté la baronnie de Châteauroux, sinon subsidiairement. »

Malgré ce second mariage, André III de Chauvigny

mourut sans enfants, le 4 janvier 1502. Son corps fut inhumé en l'église des Cordeliers d'Argenton, et son cœur et ses entrailles furent déposés en celle des Cordeliers de Châteauroux, où, sur une lame de cuivre, on lisait cette inscription :

« *Cy sont inhumés le cœur et les entrailles de feu de bonne mémoire très-puissant et très-noble seigneur André, en son vivant seigneur de Chauvigny, baron des baronnies de Châteauroux, de Rais et de Briolay et vicomte de Brosse, lequel trépassa le quatrième jour de janvier, l'an mil cinq cent deux. Priez Dieu qu'il lui fasse pardon. AMEN.* »

Sur la même lame étaient gravées ses armes « écartelées au 1 et 4 de Chauvigny, au 2 et 3 de Rais, qui sont d'or à la croix de sable, et sur le tout à trois fasces de gueules qui sont les armes de Déols. »

Les mêmes armes se voyaient en divers sceaux et ornements de l'église des Cordeliers d'Argenton, où se lisait cette épitaphe :

« *Ci-gît très-haut et puissant seigneur, messire André de Chauvigny, chevalier, baron de Châteauroux, du Cloux de Rais et de Briolay, vicomte de Brosse, seigneur d'Argenton, de La Motte-Achard, La Châstre, Cluys, Neufvy-Saint-Sépulchre, Agurande, Le Chastelet et Saint-Chartier, qui fut le premier mary de très-haute et très-illustre princesse madame Louise de Bourbon, depuis duchesse de Montpensier, à laquelle par donation testamentaire dudit feu sieur de Chauvigny, sont demeurées en propre lesdites seigneuries d'Argenton, Cluys, Agurande, le Chastelet et partie de la vicomté de Brosse et seigneurie de La Motte-Achard, en considération de quoy ladite dame a fondé à perpétuité en cette présente église un anniversaire d'une haute messe de* requiem *par chaque jour, avec les* libera *et* collecte, *pour le remède de l'âme dudit défunt qui trépassa le 4 janvier 1502, et a ladite dame donné aux religieux et couvent de céans la somme de quarante livres de rente à prendre sur les clairs deniers du revenu de cette seigneurie.* »

André III de Chauvigny avait testé le 3 janvier 1502, en présence de Guillaume Marillac, notaire, sous les sceaux de Mont-ferrant et de Châteauroux, et par son testament institué la dame sa femme, sa seule et universelle héritière, et lui avait donné tous ses biens suivant les coutumes des lieux où ils étaient assis. Il avait légué à Hardouin de La Tour, son cousin germain, cinq cents livres, tant pour une fois ; à la dame d'Aumont, la terre d'Aigurande ; à Françoise de Maillé l'aînée, épouse de messire Gilles de Laval, la seigneurie de Murat ; et à Françoise de Maillé, sa sœur, la somme de cinq cents livres pour une fois.

La veuve d'André III de Chauvigny, ainsi qu'il est dit sur l'épitaphe, se remaria le 21 mars 1504, avec Louis de Bourbon, premier du nom, prince de La Roche-sur-Yon, fils de Jean de Bourbon II, comte de Vendôme, et d'Isabeau de Beauveau, dont descend toute la maison de Montpensier. Elle mourut fort âgée, le

5 juillet 1561, et fut enterrée dans la sainte chapelle de Champigny, auprès de son mari.

§ XI. — Réflexions sur la maison de Chauvigny.

André III étant mort sans enfants, la ligne masculine de la maison de Chauvigny finit avec lui. Cette maison avait possédé la principauté du Bas-Berry pendant dix générations et durant trois cent soixante-treize années. C'est le moment de jeter un coup d'œil sur les seigneurs qui l'ont représentée.

Nous avons déjà dit, en terminant la vie d'André Ier de Chauvigny, quels étaient ses armes et son cri de guerre. Ces signes distinctifs furent conservés par ses descendants.

Comme les princes de la maison de Déols, ceux de la maison de Chauvigny se distinguèrent par leur piété et leurs fondations pieuses ; à ces caractères ils allièrent la plus grande bravoure. On les voit aussi jouer un rôle considérable dans les affaires politiques.

Sans revenir sur l'histoire du fondateur particulièrement illustre de cette maison, nous avons vu Guillaume Ier être un des signataires du traité de trêve entre Philippe-Auguste et Jean Sans-Terre, et comme le fondateur de nos libertés municipales ; — Guillaume II prendre part à deux croisades, engager tous ses biens en Egypte pour la rançon de saint Louis, et perdre la vie sur la terre étrangère.

Guillaume III fut l'un des souscripteurs de la lettre

que la noblesse de France écrivit, en 1302, aux cardinaux, touchant le différend entre le roi Philippe le Bel et le Pape Innocent VIII. On n'a pas oublié la notice spéciale que nous avons donnée sur le vicomte de Brosse, fils d'André II, qui soutint noblement la gloire de la famille par sa conduite et sa bravoure et qui succomba dans le désastre de Poitiers.

Guy II prit parti dans les troupes du roi Charles V, fut fait chevalier de la main de Du Guesclin et contribua à chasser les Anglais de la Guyenne. Il réforma le couvent des Cordeliers de Châteauroux, et soutint avec énergie, contre les religieux de l'abbaye de Déols, les droits qu'il avait à la reconnaissance de cet établissement fondé par ses ancêtres. Guy III est surnommé *la perle des gentils hommes*. Enfin, André III suivit le roi Charles VIII dans son expédition de Naples et s'y distingua à la journée de Fornoüe.

Les querelles entre l'Angleterre et la France, qui devaient dégénérer en guerres interminables et devenir pour notre pays l'occasion de tant de calamités, les croisades de la fin du XII° siècle et celles du XIII°, les désordres et les troubles profonds qui si souvent désolèrent le royaume, les premières campagnes d'Italie, marquent cette période de près de quatre siècles, qui s'étend du premier au dernier des Chauvigny et servent de fond au tableau sur lequel viennent ressortir les personnages du Bas-Berry. Dans ces événements, nos barons de Châteauroux ne pouvaient manquer, en raison de leur puissance, de jouer un rôle considérable.

Sous le règne de saint Louis et la régence de sa mère, le grand mouvement, qui se manifestait depuis près d'un siècle, aboutit à une entière révolution dans notre état social. Les affranchissements se généralisèrent, et Blanche de Castille se fit missionnaire dévouée de cette révolution. Denise donna dans notre province l'impulsion à ce mouvement qui fut continué par ses descendants.

A l'exemple des princes de Déols, les Chauvigny frappaient monnaie à leur nom.

Un ancien armorial, dont on trouve un fragment dans les mémoires de Cholet, fait mention des armes de la maison de Chauvigny et dit « qu'elles sont de grande ancienneté et de très-grande et haute noblesse. » Nous avons établi en traitant d'André Ier de Chauvigny qu'elles étaient d'argent, à cinq fusées et deux demies de gueules, au lambel de sable à six pendants. C'est ce que l'on constatait aux sépultures des seigneurs de cette maison qui étaient aux églises de Déols, des Cordeliers de Châteauroux, d'Issoudun, d'Argenton, de Saint-André d'autrefois, du château Raoul et autres monuments publics, où elles se trouvaient empreintes et gravées, ainsi que sur les sceaux particuliers dont les seigneurs de cette maison se servaient en leurs lettres et en leurs contrats.

Les plus anciens sceaux qu'ait vus La Thaumassière sont de Guillaume Ier de Chauvigny. Il est à cheval, tenant l'épée nue en une main, de l'autre un écusson aux armes de Chauvigny, avec cette inscription : *Sigillum domini Castri-Radulphi ;* au contre-scel, il y a un écu aux armes de la maison et à l'entour : *Sigillum Guillelmi de Calviniaco* ; d'où l'on peut induire que les princes de la maison de Chauvigny avaient deux sceaux ordinaires, l'un grand, l'autre petit, à l'exemple des rois, des ducs et des comtes (1).

Les sceaux de Guy Ier de Chauvigny étaient semblables, excepté qu'au grand scel les armes étaient couronnées, et au contre-scel elles étaient timbrées et couronnées. Ils avaient pour support deux anges. Aux voûtes de l'église de Notre-Dame d'Issoudun, on voit les armes des Chauvigny écartelées de Déols. André de Chauvigny, dernier du nom, les porta écartelées de celles de Rais et sur le tout de Déols, comme elles se voyaient en l'église des Cordeliers de Châteauroux et d'Argenton, ainsi que sur une chasuble de velours rouge cramoisi aux Cordeliers d'Argenton, où elles étaient en couleur, savoir au premier et dernier d'argent à cinq fusées et deux demies de gueules en fasce, surmontées d'un lambel de sable de six pièces, qui est de Chauvigny, au deux et trois d'or à la croix de sable qui est de Rais, et sur le tout d'argent à trois fasces de gueules, qui est de Déols, comme nous l'avons dit pour les monuments.

Tous les hérauts joignaient aux armes les cris de guerre, dont l'usage était très-ancien et héréditaire dans les familles. Nous avons déjà répété celui des Chauvigny : *Chevaliers pleuvent !*

---

(1) Le grand sceau est représenté sur la page première des *Esquisses pittoresques du département de l'Indre*.

CHAPITRE QUATRIÈME.

MAISONS DE MAILLÉ DE LA TOUR-LANDRY ET D'AUMONT.

André III de Chauvigny, mourant sans enfants, avait laissé tout son héritage à Louise de Bourbon-Montpensier, sa seconde femme, remariée, comme nous l'avons dit, au prince de la Roche-sur-Yon.

Cette riche succession donna lieu à de longs et interminables procès entre l'héritière instituée et les héritiers naturels, qui, au moment de la mort du testateur, étaient :

1° Hardouin X de Maillé de La Tour-Landry ;
2° Françoise de Maillé, femme de Jean d'Aumont ;
3° Françoise de Maillé, femme de Gilles de Laval ;
4° Françoise de Maillé, femme du baron du Bouchage.

Ces quatre héritiers du sang, cousins germains et issus des germains d'André III de Chauvigny, par Antoinette de Chauvigny, sœur de François et tante d'André, qui avait épousé, le 26 novembre 1456, Hardouin IX de Maillé, leur père et aïeul, prétendaient qu'il y avait eu captation, que le testateur n'était pas sain d'esprit, et que ses dispositions devaient être annulées.

Le roi Louis XII s'entremit de l'accomodement, et, par son avis, les parties passèrent une transaction, en la ville de Mâcon, l'an 1503, par laquelle il fut convenu qu'il serait fait délivrance à la dame de Bourbon de 4,000 livres de rente pour son douaire sur la seigneurie de Saint-Chartier « et autres de proche en proche, » et que le surplus des biens délaissés par André de Chauvigny serait délivré aux défendeurs, ses légitimes héritiers, le tout par manière de provision, et au principal que les parties procéderaient aux requêtes du palais.

« En exécution de cet accord, la dame de Bourbon fut mise en possession des terres de Saint-Chartier, La Châtre, Cluys-Dessous, Aigurande, Agurandette et du Châtelet, et de six vingt livres 5 sols 8 deniers de rente sur celle d'Argenton, pour du tout jouir par forme de douaire et usufruit, et les héritiers de tous les autres biens de la succession de Chauvigny par manière de provision.

» Au principal, les sieur et dame de La Roche-sur-Yon conclurent au désistement de tous les biens du défunt, assis en Berry et de la tierce partie de ceux qui étaient situés en Poitou et en Marche, qu'ils soutenaient leur appartenir, en conséquence de la disposition du testateur.

» Les héritiers proposaient plusieurs moyens de défense et disaient que la veuve ne pouvait être douairière et donataire en même temps, et que, par l'acceptation du douaire, elle était déchue de sa prétention pour la succession testamentaire ; que le prétendu testament du seigneur de Chauvigny était faux et supposé ; que s'il y en avait un véritable, il était nul et défectueux, et contraire à la coutume de la baronnie de Châteauroux, où il avait été passé et où le testateur était décédé ; que Marillac qui l'avait reçu n'était pas le notaire de la baronnie de Châteauroux et partant était incapable de recevoir l'acte ; que le testateur était hors de sens et en délire lors de la passation de cet acte, et qu'étant venu à convalescence il l'avait révoqué ; et que, quand tous ces moyens cesseraient, la femme ne pouvait profiter de la libéralité du testateur, étant personne prohibée, et au profit de laquelle, suivant les coutumes des lieux, le mari n'avait pu faire donation, ou entre vifs ou à cause de mort.

» Les demandeurs soutenaient, au contraire, que le testament était valable, comme fait par un testateur sain d'esprit et d'entendement, reçu par une personne publique, en son ressort, confirmé par le testateur et non révoqué, et fait au profit de la femme, capable d'accepter les dispositions à son profit, suivant la restriction par eux faite.

» Sur cette contestation intervint arrêt, le 16 septembre 1514, par lequel les héritiers furent renvoyés absous des baronnies de Châteauroux, La Châtre, et celles qui sont assises au comté de la Marche, et les deux tiers de ce qui était assis en Poitou ; et aux demandeurs furent adjugées les terres du Châtelet, Cluys-Dessous, Neuvy-Saint-Sépulchre, Aigurande et tout ce qui était assis en la prévôté et ressort d'Issoudun, et la tierce partie de tout ce qui était assis au comté de Poitou, sans préjudice du droit prétendu par les défendeurs ès terres adjugées aux demandeurs, à cause de la succession d'Antoinette de Chauvigny, leur mère, qu'ils disaient avoir portion ès biens délaissés par François de Chauvigny, aux termes de son contrat de mariage ; sur quoi les parties furent appointées à informer. Le même arrêt ordonnait que le douaire de la veuve demeurerait confié en sa personne, pour la part et portion qu'elle prenait en la succession de son mari.

» Contre cet arrêt les parties proposèrent des erreurs de part et d'autre, lesquelles ayant été reçues, et les parties fait enquête de côté et d'autre, considérant leur alliance et les frais excessifs qu'ils eussent été contraints de faire, et qui eussent pu causer la ruine de leurs maisons, le sieur de La Tour et les sieur et dame de La Roche-sur-Yon transigèrent et terminèrent leur différend à l'amiable, le 5 mai 1519, et, par transaction, le sieur de La Tour, de l'avis et du consentement de messire Jean de La Tour, son frère aîné, consentit à son égard l'exécution de l'arrêt au profit des sieur et dame de La Roche-sur-Yon, et que les terres et châtellenies d'Argenton, Cluys-Dessous, Neuvy-Saint-Sépulchre, Aigurande, le Châtelet et la tierce partie de Brosse leur demeurassent en pleine propriété, et leur céda tous les droits pu'il pouvait prétendre en ces terres et celle d'Agurandette, se réservant néanmoins les droits de supériorité au fief, ressort, justice et juridiction, à cause de la baronnie de Châteauroux ;

et les sieur et dame de Bourbon consentirent, de leur part, que les baronnie et seigneurie de Châteauroux, La Châtre et autres terres adjugées par arrêt au sieur de La Tour, lui demeurassent pour sa part et portion; lui délaissèrent aussi la seigneurie de Saint-Chartier, et tous leurs droits et prétentions, pour ce qui leur était dû pour le douaire de la veuve, frais funéraires du défunt et restitution des droits de la veuve, et se désistèrent au profit du sieur de La Tour du droit qu'ils prétendaient ès biens assis en Marche, et ès seigneuries de Jeu, Ardentes, la rue d'Indre, le Parc de Châteauroux, l'Isle, et acquêts faits par François et André de Chauvigny, et ès biens assis en la prévôté et ressort d'Issoudun et autres généralement, sauf ceux cy devant réservés.

» Et par un acte secret, sous les seings et sceaux privés des parties, en delà du 6 mai 1519, les sieur et dame de Bourbon, en faveur de la transaction et sans y déroger, consentirent, au cas qu'ils fussent renvoyés absous de la proposition d'erreur faite contre l'arrêt qui leur adjugeait la terre de Saint-Chartier, que cette terre et la portion qui leur serait donnée en icelle demeurant au seigneur de La Tour, en donnant au sieur et dame de Bourbon une ou deux terres en titre de châtellenie, de valeur de 500 livres de rente, et accordèrent encore au cas qu'eux Louis et Louise de Bourbon allassent de vie à trépas, « sans enfants procréés d'eux ou de l'un d'eux, ou leurs enfants sans enfants et descendants d'eux, et les enfants de leurs enfants mâles et femelles descendant d'iceux, ou de l'un d'eux jusqu'à l'infini, » qu'en ce cas le sieur de La Tour ou les siens pussent prendre et avoir les terres d'Aigurande et Agurandette et leurs appartenances, recouvrables néanmoins par leurs héritiers, en baillant au sieur de La Tour, aux siens et ayant cause, terres de semblable valeur, revenu, droits et prérogatives. »

Il y eut une autre transaction pour la terre de la Motte-Achard, en Poitou, du 24 juillet 1529, une autre pour la même terre et le tiers de la vicomté de Brosse, du 16 octobre 1546; et il y eut un arrêt pour la seigneurie de Briolay, en Anjou, le 1er mars 1548. Quant à la terre de la Suze, elle retourna aux descendants d'Avoise de Craon, sœur puînée de Marie de Craon, dame de Rais.

Ainsi cette ample et opulente succession de la maison de Chauvigny fut partagée en plusieurs lambeaux.

Mais le procès terminé entre la princesse de La Roche-sur-Yon et les héritiers du sang de Chauvigny, fut suivi d'autres procès encore plus tenaces entre les Maillé de La Tour-Landry et les d'Aumont [1].

Les sieurs de La Tour-Landry soutenaient que, par privilége et coutume ancienne de la maison de Chauvigny, les aînés, en apanageant leurs frères et sœurs, devaient rester seuls maîtres de la baronnie de Châ-

---

[1] Les dames de Laval et Du Bouchage n'existant plus ou étant désintéressées de la même manière, le reste de la baronnie ou comté de Châteauroux appartint à Hardouin de Maillé de La Tour-Landry, et à sa sœur, Françoise de Maillé, épouse de Jean d'Aumont.

teauroux. A l'égard de la baronnie de la rue d'Indre, ils invoquaient les coutumes gardées au comté de Blois ; enfin les lieux du Parc et autres, acquis par André de Chauvigny, ils se les prétendaient propres à d'autres titres.

Les d'Aumont soutenaient que la moitié de la baronnie de Châteauroux leur appartenait, attendu leur degré égal de parenté ; que s'il y avait eu aucuns priviléges et coutumes d'apanages en la maison de Chauvigny, ils s'étaient éteints avec la ligne directe.

Le procès ou plutôt cette suite de procès durait encore en 1584. En cette année, il y eut un arrêt qui régla le partage.

Toutes les difficultés ne disparurent pas encore, et elles ne s'éteignirent complétement que dans le parti que les deux familles prirent, au commencement du siècle suivant, de vendre, comme nous le dirons plus tard, leurs droits au prince de Condé.

Ces contestations judiciaires avaient élevé entre les deux familles de si vives inimitiés qu'au mois de septembre 1611, dans une rencontre qui eut lieu entre Mme de La Tour et M. d'Aumont, quelques-uns de leurs gens furent tués et M. d'Aumont lui-même fut blessé. Le conseil du roi s'occupa de cette affaire et renvoya les parties à la justice ordinaire [1].

Depuis André de Chauvigny jusqu'à la vente ci-dessus, les deux familles de La Tour-Landry et d'Au-

---

[1] Mém. de Pontchartrain, an 1411 ; t. III, p. 279 ; — et Raynal, t. IV. p. 245.

mont prirent simultanément le titre de la seigneurie de Châteauroux.

Il nous faut maintenant suivre la possession de ces deux familles; pour cela, nous devons consacrer deux articles.

ARTICLE PREMIER.
Maison de Maillé de La Tour-Landry.

Cette maison originaire de Touraine, était très-puissante. L'antiquité de son nom était justifiée par près de 700 ans d'existence. Elle avait pris alliance dans les plus illustres du royaume, comme dans celles de Vendôme, de Bauçay, Le Vayer, de Laval, d'Amboise, de Montbazon, de Montjean, de Surgères, de Rohan, de Chauvigny, d'Aumont, de Bâtarnay, de Rieux, de Chabot, de La Trimouille, de Gouffier, de Vivonne, de Brachet, de Menou, de Châteaubriant, de Jalesne, de Nicolay, des comtes de Châteauroux, des seigneurs de l'Yslete, des marquis de Kerman, des seigneurs de la Guéritaude, des marquis de Brézé, etc.

Les armes des Maillé étaient d'or à deux fasces et deux demies ondées de gueules, avaient pour supôts deux cignes d'armes, pour cimier un cigne de même, et pour devise : *Stetit unda fluens.* La famille de La Tour portait d'or au mur crénelé de trois pièces et demie de gueules maçonné de sable.

Avant d'énumérer les seigneurs de cette famille qui ont possédé une partie de la principauté du Bas-Berry, examinons la part de biens qui leur était échue, d'après les arrêts de parlement mentionnés ci-dessus.

Le partage commencé du vivant de messire Hardouin, le premier des Maillé, ne fut terminé qu'après lui.

Voici d'après Nicolas de Nicolay, déjà cité page 117 de ce volume (¹), comment eut lieu ce partage :

Le lot des Maillé de La Tour-Landry fut appelé LE LOT D'ORIENT : Il comprenait « le Chasteau, de grand circuit, presque de forme ronde, ceint et encloz de murailles garnies de tours et de bons fossez, au bout du quel du cousté d'Occident, sur le fleuue d'Indre, est le donjon et manoir. Au dict chasteau y a une paroisse dédiée à sainct Martin, et un ancien prieuré du tiltre de Saint-Blaise, dépendant de l'abbaye de Saint-Gildas, scise lez le dict Chasteau Roulx.

» La dicte ville, qui est aussi close et enceincte de bonnes murailles, tours et fossez, s'estend en longueur sur le hault dudict fleuue, de l'Orient à l'Occident, ayant quatre portes principalles situées celon les quatre principaulx vents. Dont la première, qui regarde l'Orient, est appellée la porte Saint-Denys. Celle de l'Occident la porte Neufue, anciennement appellée Poicteuine. Du costé du Midy, la porte aux Guesdons. Et celle du Septentrion la porte de Mal Conseil. En la dicte ville il y a deux paroisses, l'une appelée Sainct-André et l'autre Sainct-Martial qui n'est qu'une annexe de la paroisse Sainct-Denis, qui est la première et plus ancienne paroisse dudict Chasteau Roulx, située à l'Orient en un faulsbourgs près ladicte ville, à costé du bourg de Deolz. Au dedans, à costé de la porte Sainct-Denys, le long des prairies d'Indre, est le couvent des Cordeliers ; et en la paroisse Sainct-Martial un hospital fondé soubs le nom de Saint-Jacques pour receuoir les pellerins passans.

» Autour de la ville y a grands faulxbourgs, mesme le long

---

(1) Pour plus d'exactitude, nous conservons la forme, le style et l'orthographe de la déclaration.

dudict fleuue, appelé la rue d'Indre ; et l'autre par delà ledict fleuue appelé le bourg Saint-Gildas ; le tout du cousté de Leuroux et Bloys, auquel bourg est l'abbaye de Saint-Gildas, l'abbé de laquelle a justice qui ressortist à Chasteau Roulx ; plus une paroisse appelée Saint-Christofle et un hospital appelé Saint-Roch, fort mal administré, dépendant de l'aumosnerie de Saint-Gildas, qui vault 300 liures de rente touts les ans.

» Du costé de Saint-Gildas, vers le Septentrion, est la Champaigne et plat païs, et de l'autre costé, regardant le Midy, à vne lieue de la ville, est la grande forest de Chasteau Roulx, l'vne des belles et nectes forestz de France, laquelle a de 5 à 6 lieues de circuit, estant peuplée de grande quantité de bestes noires et rousses, et tout joignant sont les garennes pleines de lieures, leuraux et conins.

» La ville de Chasteau-Roulx, droicts et appertenances d'icelle, est en tiltre de Baronnie, l'une des plus notables et anciennes du Royaulme de France, et la première du Duché de Berry, en laquelle il y a plusieurs foires et trois marchez toutes les semaines, pour la lanifice (laine) et drapperie qui est l'une des plus grande trafique qu'ils facent en ce lieu, et s'y a comptoir et tablier pour le roy, et siége d'un lieutenant des esleuz en Berry.

» La dicte ville et baronnie et ses appertenances, soyent justice, fiefz, forestz, estangs, molins, dixmes terrages, péages, cens, rentes et aultres, ont été partys en deux parts, il y a environ trente ans... Ayant chascun des dicts seigneurs de La Tour et d'Aumont touts droicts de justice en sa part et moitié, bailly, soulz bailly, procureur fiscal, greffier, notaire, sergent et scel aux contracts, se dévoluant les appellations desdits juges, pardevant le bailly de Berry ou son lieutenant à Issoudun. Ont aussy chascun maistres et juges des eaues et forests de ladicte baronnie, les appellations desquels se deuoluent, directement et sans moyen, à la table de marbre à Paris.

» Chascun desdits barons a aussy justice ordinaire de laquelle, du costé du seigneur de La Tour, est sa part et moictié de ladicte ville et faulbourgs, et oultre la paroisse Saint-Denis, en ce qui est hors la ville dudict costé, la paroisse d'Estrechy, et partie de la paroisse de Lourouer avec aucuns villaiges des autres paroisses et Boisbertrand ; et celon l'ancienne estandue de la chastellenye de La Motte, et, oultre, les dictes justices ordinaires que chascun des dicts barons a en sa part, ont chascun d'eulx, plusieurs chastellenies et justices ressortissans par appel devant leurs dicts baillifs.

» Scauoir est, du costé de Messire François de La Tour, la chastellenie de Boullon (Vouillon), lequel lieu est tenu et mouvant dudict Chasteau Roulx, tant en fief que justice et en icelle chastellenie sont les paroisses de Sacierges, Maron, Diors et dudit Boullon, duquel lieu sont tenus plusieurs beaux fiefz et arrière fiefz dudict Chasteau Roulx.

» Bommiers l'Église, en laquelle justice est compris la plupart d'icelle paroisse, et la paroisse d'Ambraux, ou y a aucuns petits fiefz tenus en arrière fiefz dudict Chasteau Roulx.

» La Chastellenie de Presles, en laquelle y a seel aux contracts et plusieurs notables fiefz soubz icelle, tenuz en arrière fiefz du dict Chasteau Roulx.

» La Chastellenie de Sainct-Aoust, mouvant en fief dudit Chasteau Roulx.

» La Chastellenie du Maignet.

» La Preuosté du Chassin, ayant soubz elle plusieurs fiefz tenuz en arrière fiefz de Chasteau Roulx.

» La préuosté et Verrye de Thevet.

» La Chastellenie du Lys Saint-George, à laquelle y a seel aux contratz.

» La Preuosté de Fougerolles, y compris Fromentau et le Fay ?

» La Chastellenie de Cluys-Dessus, auquel lieu il y a ville murée et plusieurs fiefz et jutices estans en arrière fief dudict Chasteau Roulx.

» La Prevosté des Marches appartenant par moitié au seigneur d'Orsaine et du Chastellier.

» La Prevosté de Courtailhet, tenu en fief du seigneur de Cluys, et en arrière fief du dict Chasteau Roulx.

» La Chastellenie de Buxières d'Aillat, et des fiefz mouvans d'icelle, et en arrière fief dudict Chasteau Roulx.

» Les Preuostez d'Ardente et Jeu, estans des appertenances de ladicte Baronnie, comme sont les bourgs et terres desdicts lieux qui appertiennent audict Messire François de La Tour.

» A esté, puis le dernier Edict du Roy, annexée la preuosté et justice du dict Chasteau Roulx auec le bailliage, comme aussi a esté l'ancienne chastellenie de la Mothe.

» Il y a aultres fiefz tenus et mouvans dudict seigneur de La Tour, à cause de sa dicte part et moitié et entre aultres, la ville et chastel de Saint-Chartier, certains fiefz en la Baronnie de Lignières, Neufuy-Pailloux, Rochefolle, Proueranges, Le Chastellier, Aigurande, Auzans, La Feuge, Menoys, Chasteau-Fort, Fougères, La Mothe, La Roche-Guillebault, Vaillières, Montrol, Boisbertrand, Broullebrun, Le Chaillou, Le Plessis, les Combres, Bauzelles et autres.

» Est le dict François de La Tour, à cause que dessus, fondateur des Abbayes de Saint-Genoulx, Nostre-Dame de Varennes, et de la Prehée, et du Prieuré de Gramont en la forest dudict Chasteau Roulx, ensemble des chanoines et chapitre de Saint-Cyre d'Yssouldun.

» Comme aussi, estant descendu en droicte ligne d'Ebbes de Déolz, prince du Bas-Berry, et fondateur de l'abbaye du Bourg de Déolz, est garde de ladicte Abbaye ; et à cause des dictes fondations et garde, luy appartiennent les droitz et honneurs telz qu'ils ont estés convenus entre ses prédécesseurs, seigneurs de Chauuigny, barons dudict Chasteau Roulx, et les Religieux, Abbé et Conuent dudict Bourg de Déolz.

» Le partaige de ladicte ville et Baronnie de Chasteau Roulx faict sans préjudice du droict d'appanage prétendu par feu Messire Hardouin, duquel droict est procès pendant et aultres droictz à lui appartenant en ladicte Baronnyé et succession dudict feu seigneur de Chauuigny, et aussy sans préjudice de ladicte Baronnie de la rue d'Indre, appertenances et dépendances d'icelle, size au comté de Bloys et ressort d'iceluy ; laquelle Baronnie a esté adjugée audict Jehan de La Tour, père dudict Messire François, par arrest de la cour de Parlement de Paris, donné entre Messire Jehan et dame Françoise de Maillé, sa tante, et sœur dudict Messire Hardouin, le XIX° juillet 1533, sur l'exécution duquel ont été adjugez partie de la moitié de ladite rue du costé de Leuroux et Bloys, qui est le costé du fleuue dont le dict Messire François iouist, y aiant officiers pour l'exercice de la justice d'icelle Baronnie en ce qui lui est adjugé et dont les appellations ressortissent audict Bloys. Et pour le surplus de ladicte moitié de rue d'Indre, ensemble les droicts et appertenances d'icelle, est procès pendant indécis sur ladicte exécution d'arrest.....

» La présente déclaration a esté extraicte des enciennes pancartes et registres trouvés au cabinet dudict Messire Françoys de La Tour Landry, seigneur Baron dudict Chasteau Roulx et a été déliuré, par son commandement, par ses Officiers, Lieutenant et Procureur fiscal soubz signez à l'original, à moy, N. de Nicolay, Valet de chambre et Géographe ordinaire du Roy, le vij° jour de septembre 1565, suivant la commission à moy donnée par sa Majesté. »

Les La Tour-Landry avaient pris le titre de comtes de Châteauroux.

Après avoir fait connaître ce qui revenait à la maison de La Tour-Landry dans le partage de la fortune du dernier des Chauvigny, abordons la série des seigneurs de cette maison pendant leur possession. Dans l'article deuxième, nous ferons connaître la partie des biens dévolue à la maison d'Aumont.

§ Iᵉʳ. — Hardouin de Maillé, VIIIᵉ du nom, dit de La Tour-Landry.

(1502-1524)

ROIS DE FRANCE CONTEMPORAINS.

Louis XII.......... 1498-1515 | François Iᵉʳ......... 1515-1547

Sous la possession d'Hardouin de Maillé, on trouve les mentions qui suivent :

13 *septembre* 1509. Provision accordée par Hardouin de La Tour à François Gireugne, écuyer, de la charge de maître et gouverneur de ses eaux et forêts de Châteauroux.

20 *juin* 1515. Jean d'Aumont rend hommage à François Iᵉʳ.

29 *décembre* 1517. Hommage prêté par Hardouin de La Tour à Christophe de Brilhac, archevêque de Tours, à cause du Donjon du château.

10 *juin* 1518. Acte d'assemblée des principaux habitants de Châteauroux pour l'élection du procureur général.

16 *mai* 1519. Hommage rendu par Hardouin de La Tour à Marguerite d'Angoulême, créée duchesse de Berry par lettres du 15 octobre 1517. Elle épousa en 1526 le roi de Navarre et mourut le 21 novembre 1549.

14 *novembre* 1520. Don fait par la reine de France (Claude de France, fille de Louis XII et d'Anne de

Bretagne, épouse de François Ier) à dame Françoise de Maillé, des profits, rachats et autres devoirs du fief à elle dus, à cause de son comté de Blois, pour raison de la rue d'Indre et de ses dépendances.

21 *avril* et 6 *juin* 1521. Actes du bailliage d'Issoudun par lesquels il est déclaré que la rue d'Indre est du ressort de la justice de Châteauroux, et par appel de celui d'Issoudun.

Marié en 1434, avec la demoiselle Françoise de La Tour, Hardouin s'engagea à prendre le nom de Maillé de La Tour-Landry.

En secondes noces, Hardouin de Maillé épousa Antoinette d'Illiers, veuve de Robert Chabot, baron d'Apremont, etc.

Il fut enterré dans l'église de Saint-André de Châteauroux. Sur son tombeau, placé dans le chœur et élevé de trois pieds, était écrit :

« *Cy gît haut et puissant seigneur messire Hardouin de La Tour, baron dudit lieu et de Châteauroux, seigneur de Saint-Chartier, de Bourmont, de Dun-le-Palleteau, de La Motte, etc., lequel décéda le 25 de janvier de l'an de grâce* 1524. — *Requiescat in pace.* »

Enfant du premier mariage :
Jean de La Tour, qui va avoir son paragraphe.
Enfants du second mariage :
1° Jean de La Tour, mort aux guerres d'Italie, sans avoir été marié ;

2° Joseph de La Tour, prêtre, protonotaire du Saint-Siége, prieur de Réaumur, mort l'an 1585 ;

3° François de La Tour, comte de Châteauroux, qui continua la lignée ;

4° Paul de La Tour, seigneur de La Motte ;

5° Claude de La Tour, mort sans enfants ;

6° René de La Tour, décédé sans postérité ;

7° René de La Tour, le jeune ;

8° Jean de La Tour, seigneur de la Boulonière, lequel de Marie de La Palu, sa femme, laissa deux fils et une fille ;

9° Raphaël de La Tour, seigneur de Dampoigné, non marié ;

10° Anne de La Tour, mariée au seigneur de Belin ;

11° Gabrielle de La Tour, femme du seigneur de Mesgrin ;

12° Antoinette de La Tour, épouse, en premières noces, du seigneur de Vezins ; en secondes, de Claude de la Trimouille, marquis de Noirmoutiers ; et, en troisièmes, de Claude Gouffier, marquis de Roannez et de Boisy, grand écuyer de France ;

13° Marie de La Tour, religieuse ;

14° Vincende de La Tour, religieuse.

§ II. — Jean de La Tour.
(1524-1564)

ROIS DE FRANCE CONTEMPORAINS.

François Ier	1515-1547	François II	1559-1560
Henri II	1547-1559	Charles IX	1560-1574

Jean de La Tour, baron de La Tour-Landry, Saint-Chartier, Bourmont, La Motte, Come, Cossé-sur-

Chin, Dun-le-Palleteau, comte de Châteauroux, fut conjoint par mariage avec Anne Chabot, fille de Robert Chabot et d'Antoinette d'Illiers, sa belle-mère.

Il fit partage des biens de son beau-père, le 6 janvier 1525, avec Paul Chabot, frère de sa femme, par lequel il eut, pour son droit successif, la seigneurie de Brion avec la somme de 16,000 livres, et demeura déchargé de 13,000 livres du compte de la tutelle ou curatelle, que feu son père avait gérée, de Paul et Isabeau Chabot.

Il obligea Joseph de La Tour, son fils aîné, prêtre prieur de Réaumur, de céder son droit d'aînesse et de primo-géniture à François de La Tour, seigneur de Saint-Chartier, son frère, le 29 avril 1553.

On constate les faits suivants pendant sa possession :

1525. Jean II assista à la bataille de Pavie. Ce fut à son occasion qu'eut lieu, le 14 février 1538, à Moulins, en présence du roi François I*er*, le duel célèbre entre Hélion de Barbançois, seigneur de Sarzay, et François de Saint-Julien, seigneur de Veniers et d'Angibaut. Veniers avait dit que Jean de La Tour avait pris la fuite, et H. de Barbançois avait répété le propos. François I*er* déclara qu'il avait vu Jean de La Tour faisant son devoir auprès de sa personne et le remit dans son honneur (1).

1529. Lettres de François I*er* prorogeant le droit d'*appétissement*. Ce droit consistait dans le prélève-

---

(1) Raynal, T. III, P. 335.

ment de la sixième partie du vin débité dans la ville et les faubourgs de Châteauroux ([1]).

15 août 1536. Procuration donnée par les habitants de Châteauroux à l'effet d'impétrer la levée du droit sur les *blanchets* (fabricants de draps blancs).

21 novembre 1552. Sentence rendue par le lieutenant-général des marchands et merciers de France, en faveur du seigneur de Châteauroux, statuant que les poids et crochets des marchands de ladite ville seraient ajoutés aux poids et crochets de Bourges et d'Issoudun, et caractérisés et marqués aux armes dudit seigneur qui les tiendrait en lieu public pour l'utilité du commerce, avec lesquels poids seraient pesées toutes les marchandises.

22 mars 1554. Jean de La Tour rend hommage à Marguerite de Valois, fille de François Ier, duchesse de Berry par lettres patentes du 29 avril 1550 ([2]).

1560. Le couvent des Cordeliers de Châteauroux tombe aux mains d'hérétiques qui le pillent, prennent la vaisselle de l'église et brûlent les archives ([3]).

11 décembre 1563. Jean de La Tour rend hommage au roi Charles IX.

Par son testament, fait le 11 octobre 1557, il choisit sa sépulture en l'église Saint-André de Châteauroux, près le tombeau de feu son père, ordonnant que les os de feu dame Anne Chabot, sa femme, qui

---

[1] Octroi pour l'entretien des fortifications.
[2] Raynal, T. IV, P. 2.
[3] Wapding, T. IV, P. 278.

avait été enterrée aux Augustins de Candé, seraient rapportés en sa sépulture ; il fit quelques fondations en l'église Saint-André, institua son héritier François de La Tour, écuyer, son fils puîné, en tous ses biens, meubles et immeubles assis en Berry, et lui légua tout ce qu'il pouvait de ceux qu'il avait au pays d'Anjou, du Maine, de Bretagne, de la Marche, et ailleurs, suivant les coutumes des lieux ; nomma pour exécuteurs de ses dernières volontés, François de La Tour, son fils puîné, Antoinette de La Tour, veuve de messire Jean de La Porte, Simon de Maillé, archevêque de Tours, et Paul Chabot, chevalier, seigneur de Clairvaux, son beau-frère.

Il mourut en 1564.

§ III. — François de La Tour-Landry.
(1564-1598)

ROIS DE FRANCE CONTEMPORAINS.

Charles IX.......... 1560-1574 | Henri III.......... 1574-1589
Henri IV.......... 1589-1610

François de La Tour-Landry, chevalier, baron de Châteauroux, Saint-Chartier, Bourmont, gentilhomme ordinaire de la chambre du roi, chambellan du duc de Berry, successeur et principal héritier des princes du Bas-Berry, épousa, le 3 février 1564, Diane de Rohan, fille de François de Rohan, chevalier de l'ordre du roi, lieutenant-général au gouvernement de Bretagne. Il était chambellan du roi Henri III.

Il obtint sentence en la sénéchaussée d'Angers pour la déclaration des biens de son père, conformément à son testament, le 9 novembre 1564, et transigea avec ses puînés, le 2 mai 1566.

Il obtint du roi Henri III la confirmation de l'érection faite par le roi Charles VIII de la baronnie de Châteauroux en comté sans préjudice du titre et qualité de celui de la principauté déoloise, par lettres données à Paris, au mois de juin 1575, qui furent confirmées par d'autres données à Blois, le 8 janvier 1581.

8 *octobre* 1576. François de La Tour-Landry rend hommage à François, fils de France, duc de Berry, par suite du traité de la paix de Monsieur.

Même année. Les États généraux étant réunis à Blois par Henri III, le baillage du Berry y envoya : *pour le clergé*, Gilles Quinault et l'abbé de Saint-Genou ; *pour la noblesse*, le sire de Rochefort et Jacques Gallot ; *pour le tiers état*, M° François de Valentiennes et M° Gabriel Bonnyn.

10 *novembre* 1579. Lettres patentes accordées par Henri III à François de La Tour-Landry contre les élus de Châteauroux qui avaient voulu s'entremettre en la levée et adjudication des octrois de ladite ville, au préjudice du bailli ou lieutenant de la justice dudit lieu.

1580. La peste, dit-on, exerça des ravages à Châteauroux, Issoudun et Vierzon.

1582. Lettres royales interdisant à François de La Tour-Landry, à la requête de Jean d'Aumont, de couper ni dégrader aucun bois des forêts de Châteauroux et de Saint-Chartier, et des lieux étant de la succession de feu André de Chauvigny.

Nous avons dit déjà, en parlant des abbés de Déols, que François de La Tour, s'étant trouvé, avec son fils, en grand danger, dans la traversée que fit le duc de Berry, de Boulogne en Angleterre, le 31 octobre 1581, où il l'accompagnait avec plusieurs autres seigneurs, il fit vœu à Dieu et à Notre-Dame de Déols que, s'il en échappait, il ferait peindre devant l'autel de la Vierge, un vaisseau en actions de grâces de sa délivrance, ce que depuis il exécuta.

Il fit son testament le 21 octobre 1596. Il y est qualifié haut et puissant seigneur, messire François de La Tour-Landry, chevalier de l'ordre du roi, comte de Châteauroux, successeur et principal héritier des princes du Bas-Berry, etc. Il choisit sa sépulture en la chapelle qu'il avait fait bâtir dans l'église Saint-André de Châteauroux, joignant la sépulture de son père et de Diane de Rohan sa femme, confirma la fondation faite par son père en la même église, institua son universel héritier aux biens de Berry Charles de La Tour-Landry, écuyer, son fils aîné, légua deux terres à François de La Tour-Landry, son fils puîné, à la charge de payer à Madelaine de La Tour-Landry, sa sœur, dix mille écus en déduction de quarante mille livres qui lui avaient été constituées en dot, ordonna que le surplus serait acquitté par son fils aîné. Il apanagea ses autres filles de la somme de quarante mille livres chacune, payables par son fils aîné.

Enfants de François de Latour-Landry :

1° Charles de La Tour-Landry, comte de Châteauroux, qui succéda ;

2° François de La Tour, substitué à son frère, mort sans hoirs ;

3° Jean de La Tour, mort sans postérité ;

4° Louis de La Tour, décédé sans lignée ;

5° Jean de La Tour, comte de Châteauroux, (voyez § VI).

6° François de La Tour, chevalier de Malte ;

7° Paule de La Tour, non mariée ;

8° Diane de La Tour, épouse de Guy Brachet, baron de Pérusse ;

9° Anne de La Tour, mariée à René le Porc, baron de Vezins ;

10° Magdelaine de La Tour, alliée par mariage à François de Menou, seigneur de Herbilly, en Anjou.

§ IV. — Charles de La Tour.
(1598-1605)

ROI DE FRANCE CONTEMPORAIN.

Henri IV.................... 1589-1610.

Charles de La Tour fut tué en duel à Paris, en 1605. Il eut pour femme Élisabeth de Divonne, dont il ne laissa pas d'enfants. (1)

(1) Hist. de Chastillon. Livre 8, chapitre II.

§ V. — Jean II de La Tour.

(1605-1612)

ROIS CONTEMPORAINS.

Henri IV............ 1589-1610 | Louis XIII.......... 1610-1643

Jean de La Tour-Landry, deuxième du nom, chevalier, baron de La Tour, Gillebourg, Saint-Chartier, comte de Châteauroux, héritier et principal successeur des princes du Bas-Berry, contracta mariage le 5 décembre 1601, avec Louise de Châteaubriant, fille aînée de haut et puissant seigneur messire Jean de Châteaubriant, chevalier de l'ordre du roi, seigneur de Saint-Jean de Mamerôts, Juigné, Clairvaux, Vigne et des Granges, et de dame Suzanne de Montausier, son épouse, en présence de Louis de Rohan, prince de Guémené, pair de France, de Pierre de Rohan, comte de Montauban, d'Antoine de Silly, chevalier des ordres du roi, gouverneur d'Anjou, comte de La Rochepot, damoiseau de Commercy, de René Le Porc de La Porte, chevalier de l'ordre du roi, baron de Vierzon, et d'Anne de La Tour-Landry, sa femme.

Il obtint lettres, le 25 octobre 1603, pour se porter héritier sous bénéfice d'inventaire de ses père et mère et de Charles de La Tour-Landry, son frère, et vendit solidairement avec Louise de Châteaubriant, son épouse, et François de La Tour-Landry, chevalier de Saint-Jean de Jérusalem, tant pour eux que pour demoiselle Paulette de La Tour-Landry, sa sœur, à Mgr. Henri de Bourbon, deuxième du nom, prince de

Condé, la ville, château, faubourgs, comté, terres, fiefs et seigneuries de Châteauroux, la baronnie d'Indre, le château de l'Isle, les bourgs et châtellenies d'Ardentes et de Jeu, et les fiefs, arrière-fiefs, justices, ressorts, patronages et dépendances, moyennant les prix et somme de *deux cent vingt-cinq mille livres*. Les vendeurs se réservèrent leur sépulture pour eux, leurs enfants et successeurs en ligne directe en la chapelle de l'église de Châteauroux, bâtie depuis vingt-cinq ans, au lieu où avaient été inhumés leur père et mère seigneurs de La Tour, avec pouvoir de faire mettre épitaphe et écusson de leurs armes contre les murailles de la chapelle, ou sur leurs tombes, sans que cette réserve leur donnât aucun droit de prééminence et de propriété en la chapelle et en l'église, attendu qu'ils ne jouissaient de cette concession que comme précaire ; le tout par contrat, reçu par Étienne Leroy et Jacques Legay, notaires au Châtelet de Paris, le 24 janvier 1613.

Antoine d'Aumont, comme on le verra dans l'article suivant, avait déjà vendu, en 1612, au même prince de Condé, tous ses droits sur la principauté de Châteauroux. Ce fut donc à son exemple que Jean II de La Tour-Landry vendit aussi les siens.

Passons maintenant à l'histoire de la maison d'Aumont.

ARTICLE DEUXIÈME.
Maison d'Aumont.

Comme pour la maison de La Tour-Landry, nous devons ici consigner quelques notions sur celle d'Aumont.

On ne peut contester qu'elle soit des plus illustres de France, non-seulement par son antiquité et par les grandes terres qu'elle a possédées, comme celles d'Aumont (dont elle tire son nom), de Conches, Estrabonne, Molinot, Vannes, Cléry, Germigny, Chesne, Villars, Dun-le-Palleteau, La Rabatière, Gironde et autres ; mais encore par les hommes distingués qu'elle a produits, qui ont mérité, par les signalés services qu'ils ont rendus à l'État, dans le gouvernement des provinces et le commandement des armées du roi, le collier de ses ordres, le bâton de maréchal, et la dignité de ducs et pairs de France, qui est le plus éminent degré où puissent monter les gentilhommes.

Les d'Aumont se sont alliés à des femmes des plus grandes et des plus illustres maisons de France, ce qui est, dans le sentiment des plus judicieux auteurs, une des principales marques parmi celles qui donnent aux familles la réputation d'illustres. Ils se sont installés dans la royale maison de Dreux, issue de l'auguste maison de France, en celles de Mello, de Châtillon, de Chauvigny, de Maillé, de Chateau-Vilain, d'Estrabonne, de Sully, de Montmorency, d'Alègre, de Chabot, de Huraut, de Villequier et autres connues entre les plus anciennes et nobles du royaume, lesquelles n'ont pas peu contribué aux dignités et splendeurs de ceux qui en sont descendus.

Voyons maintenant quelle fut la part et moitié de la maison d'Aumont dans le partage qui eut lieu entre elle et la maison de La Tour-Landry.

« Pour la part et moictié dudict messire Pierre d'Aumont, aussy Baron dudict Chasteau-Roulx qui, pour son LOT, appelé d'OCCIDENT, tirant au Midi, luy est demeuré par partaige faict entre feu Dame Françoise de Maillé et Messire Hardoyn de la Tour, frère et sœur germains, et à eux eschus par le décès de Messire André de Chauuigny, lorsqu'il viuvit Baron dudict Chasteau-Roulx, à cause de laquelle Baronnie qui a esté partie en deux, y a tout droict de justice, haulte, moyenne et basse, et pour l'exercice d'icelle y a Bailly, Lieutenant, Procureur fiscal, Seel aux conctracts, et tous ministres de justice, et tout ce qui est eschu à la dicte Dame, à laquelle le dict d'Aumont a succédé médiatement et immédiatement ; appertenant l'aultre moictié de la dicte Baronnie à Messire Françoys de La Tour Landry, Cheualier, Baron dudict Chasteau Roulx.

» En la dicte ville de Chasteau Roulx, y a vne église paroissiale appelée Saint-Martial ; près la porte Saint-Denys, le long des murs, par le dedans à l'Occident, est situé un conuent de Saint-François, fondé et basty par les prédécesseurs du dict sieur d'Aumont ; et par le dehors de la dicte ville, près l'enceinte des murs dudict conuent, sont deux belles fontaines d'eaue vive appelées les Fons Charles, desquels fluent si grand'eaues qu'elles font mouldre deux molins en la dicte ville.

» Tirant du dict conuent vers la porte Saint-Gildas, y a une belle grande et longue rue, appelée la rue d'Indre, peuplée de plusieurs artisans pour le faict de la drapperie de laine, étant au dedans de la terre et au lot et partage du dict seigneur d'Aumont. Et de la porte Saint-Gildas, passant oultre hors la ville, vers l'Occident, y a vn grand pont de bois sur le fleuue d'Indre, au bout duquel commence le faulxbourg Saint-Gildas, et sur le dict fleuue d'Indre, sont plusieurs molins et belles prairies.

» Continuant le chemin de Chasteau Roulx à Lepuroux est le fief et justice de Trelhard ès parroisse de Villers.

» La Chastellenie de Lepuroux avec les fiefs et justice de

Bouges et de Baudres, tenus en plain fief dudict Baron de Chasteau Roulx, comme est aussy le fief de Brion.

» La Chastellenie et Chastel de Ville Gongis, Vairie des fiefz de Vineul et Chezelles, des quelles Chastellenies dépendent plusieurs fiefz tenus en arrière fiefz dudict Seigneur.

» Le fief de Coings Chanteraud, paroisse du dict lieu de Coings et le fief de Bertaigne.

» La paroisse de Saint-Pierre-de-Notz et la justice foncière dudict Baron de Chasteau Roulx.

» Les quatre paroisses de Buzançoys anciennement appellées les quatre paroisses d'Aulorses, qui sont Chambon, Abilly, Saint-Lactancyn et Saint-Martin-de-Lan.

» Le fief et chastel de Villedieu sur Indre, tenu en plain fief dudict Seigneur.

La Paroisse de Mehun-sur-Indre, fief et justice foncière d'icelle, tenus en plain fief dudict Chasteau Roulx.

» Le fief et justice de la forest aux Gurons.

» La Paroisse de Nyerne, justice foncière, et le Chastel dudict lieu, tenu et mouuant en plain fief dudict Chasteau Roulx, comme aussy les aultres fiefz estans au dedans de ladicte paroisse, au dedans de laquelle y a vn Prieuré de bon reuenu et à moictié ruyné appelé Surain, dépendant de l'abbaye de Saint-Gildas.

» La Paroisse de Saint-Maur sur Indre, en laquelle y a Prieuré, Cure dépendant dudict Saint-Gildas, et plusieurs fiefz tenuz et mouuans en plain fief du dict baron de Chasteau Roulx.

» La Paroisse de Luant, sur le grand chemin de Chasteau Roulx à Poictiers, auquel lieu y a une tour carrée, fort ancienne, appellée la tour Luant ; et sont, en ladicte paroisse, plusieurs fiefz tenus et mouuans en toute justice dudict Baron de Chasteau Roulx.

» La Paroisse de la Peroulle, et fiefz d'icelle, justice foncière dudict Chasteau Roulx.

» L'abbaye de Meubec, de l'ordre de Saint-Benoist, fondée par les anciens Barons dudict Chasteau Roulx, l'abbé duquel lieu est tenu, quand ledict Baron va en guerre au service du roy, lui fournir vn cheval sommier, avec son bast, garny de deux bahus, trousses, troussières, et vn homme pour conduire ledict sommier, tant et si longuement que la guerre durera. Et en oultre est ledit Abbé tenu de payer par chascun an audict Baron le jour et feste de saint Blaise, cent solz tournois de droict de garde et de patronaige.

» Le Chasteau du Bouchet-en-Brenne, Maignet et Dandaye, tenus et mouvans en plain fief dudict Chasteau Roulx.

» Le Blanc en Berry, appelé la Tour de Naillac, terre commune et faulxbourgs de Saint-Genitor, auxquels faulxbourgs y a un Prieuré du nom de Saint-Genitor et un couuent de mendians, de l'ordre de Saint-Augustin, siz sur la rivière de Creuze.

» Le Chastel et Chastellenye de Cors sur Creuze, qui est vn très-beau et fort chasteau, tenu en plain fief dudict Chasteau Roulx, de laquelle chastellenie dépendent les Paroisses de Syron, Housches, Paizay et Saint-Nazeres, et le couuent et prieuré de Dames de Longefont sur Creuze, près ledict chastel, dépendant de l'Abbaye de Longefont.

» Le fief et Chastellenie d'Argenton, tenu et mouvant en plain fief du dict Chasteau Roulx.

» Le fief et Chastellenie et Chastel de Gargilesse, en fief, justice et ressort duquel dépendent encore plusieurs fiefs, tenuz et mouuans en arrière fiefz dudict Baron et Seigneur.

» Le fief, Chastel et Chastellenie et Marche d'Orsaine, tenus et mouuans en fiefs, justice et ressort dudict seigneur.

» Le fief de Maillé et Malicornay.

» Bouesse pour le ressort de la justice.

» La justice de Gournay.

» Le repaire en fief et ressort de Chasteau Roulx pour ledict seigneur.

» Le fief, Chastel et Chastellenie de Prungey et Mazière sur Bouzaine, sont mouuans en plain fief du ressort dudict Chasteau Roulx.

» Le fief, Chastellenie et justice de Tendu, tenu et mouuans comme dessus.

» La Paroisse de Velle, en tout droict de justice.

» Le fief, Paroisse et justice d'Arthon, et aultres fiefs estans en la dicte paroisse.

» Le fief, justice et Chastellenie de Neufuy-Saint-Sépulchre, tenu et mouuant en plain fief, auquel y a église collégiale de chanoines estant au dedans du lieu fort.

» La ville, Chastel et Chastellenie de la Chastre, ses appertenances et dépendances, avec la moictié de la forest de Saint-Chartier, le tout tenu et mouvant en plain fief du dict Chasteau-Roulx.

» Le fief et Chastellenie de Nohan, avec ses appertenances et dépendances, teuu et mouuant en plain fief comme dessus, et au fief de Montiporet.

» La moictié de la forest de Chasteau-Roulx, celon qu'elle a esté portée et diuisée entre la susdicte Dame et le sus nommé Seigneur de La Tour.

» Les estangs et droicts de rivière, pour l'exercice desquels y a maistres des eaux et forests, sargans, gruyers, les appellations duquel juge se réuoluent directement à la table de marbre à Paris.

» En la dicte forest, qui est distante de Chasteau-Roulx vne bonne lieue, y a vn viel chastel appelé la Mothe, lequel a closture, fosséz et bassecourt, et un estang appelé l'estang de la Mothe.

» La présente déclaration, extraicte des anciennes pancartes et registres du Chastel du Parc, par Anthoine Amignon, Licencié ès-lois, lieutenant du Bailly de Chasteau-Roulx, par M. Estienne Sauary, procureur fiscal, et Claude le Feure, greffier du dict lieu; et, par commandement dudict seigneur d'Aumont, baron du dict Chasteau-Roulx, déliurée, signée desdictz officiers, à moy N. de Nicolay, Valet de chambre et Géographe ordinaire du Roy, suivant le pouuoir à moy donné par Sa Majesté! »

Après avoir énuméré en quoi consistait la seconde

moitié du partage des biens du dernier Chauvigny, moitié dévolue à la maison d'Aumont, suivons, comme dans l'article 1er relatif à la maison de Maillé de La Tour-Landry, la possession de cette maison d'Aumont.

§ Ier. — Jean d'Aumont.
(1502-....)

ROIS DE FRANCE CONTEMPORAINS.

Louis XII............ 1498-1515 | François Ier........ 1515-1547

Jean d'Aumont, avait contracté mariage, le 14 février 1784, avec dame Françoise de Maillé, veuve de messire François de Linières, Rezay et Thevé, fille de messire Hardouin, septième du nom, conseiller et chambellan du roi Louis XI, son sénéchal de Saintonge, et pannetier de René d'Anjou, roi de Naples et de Sicile, et d'Antoinette de Chauvigny, son épouse.

Ce mariage l'avait rendu un des héritiers d'André de Chauvigny. Il prit, concurremment avec son beau-frère de La Tour, les titres de baron et comte de Châteauroux. Lui-même était déjà baron d'Estrabonne, seigneur de Chappes, Vannes, Cléry et autres lieux, et lieutenant-général du gouvernement de Bourgogne.

Sous les dates qui suivent on trouve différents actes :

11 *novembre* 1504. Jean d'Aumont rend hommage à Jeanne de France, duchesse de Berry.

21 *février* 1505. Il assiste aux funérailles de la duchesse, à Bourges.

On a vu que les Chauvigny furent, à juste titre, considérés comme les bienfaiteurs du chapitre de Neuvy-Saint-Sépulcre. On en trouve encore la preuve pendant la possession du duché de Châteauroux par Jean d'Aumont : lorsque ce seigneur fit son entrée à Neuvy, le 21 juin 1545, le prieur et les chanoines se rendirent en procession au devant de lui, et le reçurent et avouèrent fondateur et dotateur de leur église comme baron de Châteauroux et héritier des Chauvigny (1).

Nous n'avons pas trouvé en quelle année moururent Jean d'Aumont et son épouse ; mais tous les deux furent inhumés dans l'église des Cordeliers de Châteauroux.

Enfants de Jean d'Aumont et de Françoise de Maillé :

1° Pierre d'Aumont l'aîné, qui continue la postérité ;

2° Pierre d'Aumont le jeune, seigneur de Conches, Montagu, Nolet et Molinot.

§ II. — Pierre d'Aumont.
(....-1550)

ROIS CONTEMPORAINS.

François Ier	1515-1547	François II	1559-1560
Henri II	1547-1559	Charles IX	1560-1574

Pierre d'Aumont portait les titres de baron de

---

(1) De la Tramblais, Esquisses pittoresques, petite édition, p. 92.

Châteauroux, d'Estrabonne et de Chappes, seigneur de Conches, Montagu, Molinot, Vannes, Cléry, Germigny, Chesne, Villars, Dun-le-Palleteau, La Châtre et Neuvy-Saint-Sépulcre, de gentilhomme ordinaire de la chambre du roi.

On ne saurait dire quand il entra en possession de la baronnie de Châteauroux.

Il confirma, en 1548, les priviléges de La Châtre.

22 *août* 1541. Procuration donnée par Pierre d'Aumont aux sieurs Vignes et Arnault, à l'effet de comparaître pour lui en la salle du palais à Bourges, tant pour consentir à la levée des deniers destinés à subvenir aux frais du mariage de madame la princesse de Navarre que pour lui offrir la foi et hommage à cause de la baronnie de Châteauroux, et à cause des seigneuries de La Châtre et de Nohant, de Neuvy-Saint-Sépulcre et de Cors. — Jean de La Tour, seigneur de Châteauroux, délivra une procuration au même effet, le 14 septembre 1541. La princesse de Navarre était Jeanne d'Albret, fille de Marguerite d'Angoulême, duchesse de Berry, et mariée à Antoine de Bourbon, duc de Vendôme, père de Henri IV.

30 *juillet* 1547. Permission accordée par le roi à Pierre d'Aumont, baron de Châteauroux, de faire porter aux gentilshommes qui devaient l'accompagner dans un voyage des armes et arquebuses pour la sûreté de sa personne.

Pierre d'Aumont fit faire le terrier de la baronnie de Châteauroux, en vertu de lettres délivrées par François I*er*.

Il eut trois femmes. Il s'allia, le 20 décembre 1547, avec Françoise de Sully, dame de Cors et de Gironde; il fut assisté au contrat par dame Françoise de Maillé, sa mère, et par Pierre d'Aumont, son frère. Sa seconde alliance fut avec Anne de La Baume, fille de Marc, comte de Montrevel; et enfin la troisième avec Antoinette de Miollans.

Les corps de ce seigneur et de sa troisième femme gisent en l'abbaye de Montrolant, de l'ordre de Saint-Benoît, en la comté de Bourgogne, où ils avaient fait construire un magnifique tombeau à Guillaume d'Estrabonne, dernier du nom, héritier de Claude de Montagu, dernier du nom, issu des premiers ducs de Bourgogne.

Enfants de Pierre d'Aumont et de Françoise de Sully, sa première femme.

1° Jean d'Aumont, comte de Châteauroux, qui aura son paragraphe;

2° Jacqueline d'Aumont, mariée à Yves, seigneur d'Alègre et de Molières, le 26 septembre 1551, et apanagée de la somme de 50,000 livres.

§ III. — Jean II d'Aumont (1).
(1550-1595)

ROIS DE FRANCE CONTEMPORAINS.

Charles IX........... 1560-1574 | Henri III............ 1574-1589
Henri IV.............. 1589-1610

Jean II d'Aumont avait les titres de baron de Con-

---

(1) A l'exemple de M. des Chapelles, nous faisons partir la désignation d'ordre de *Jean* d'Aumont, de même que nous l'avons fait

ches, d'Estrabonne et de Molinot, seigneur de La Châtre, Cors, Dun-le-Palleteau, conseiller du roi en ses conseils, capitaine de cent hommes d'armes des ordonnances du roi. Il fut gouverneur de Champagne et plus tard de Bretagne. En 1578, il fut créé chevalier de l'ordre du Saint-Esprit, à la première création, par le roi Henri III, pendant la sixième guerre civile, et reçut le bâton de maréchal de France, le 23 décembre 1579, ce qui fit dire à De Thou : « Jean d'Aumont est le plus digne choix que Henri III ait fait de toute sa vie, et le seul de tous ceux qu'il ait avancés qui, le mieux, méritait cette dignité. »

En sa faveur la partie de la terre de Châteauroux qui lui appartenait fut érigée, par le roi Henri III, en *marquisat*, par lettres du 17 octobre 1575.

Ce ne fut que du temps de Jean II d'Aumont, en 1584, qu'un arrêt du parlement valida le partage de la succession d'André de Chauvigny, partage fait en 1522 et 1524, entre les La Tour-Landry et les d'Aumont.

La terre de La Châtre était échue à Jean d'Aumont. Il en fit vente, ainsi que de ce qu'il possédait en la forêt de Saint-Chartier, au sieur de La Tour, pour demeurer quitte envers lui de ce qu'il lui devait pour le prix de la vente de Dun-le-Palleteau, par contrat du 24 janvier 1586. Plus tard le maréchal Jean

---

pour *Jean* de La Tour, de l'époque où ils ont possédé la terre de Châteauroux : c'est ainsi que Jean d'Aumont, maréchal de France, se trouve Jean II pour nous, et pour sa famille Jean VI.

d'Aumont racheta du sieur de La Tour cette terre de La Châtre, moyennant 7,000 écus.

Jean II d'Aumont rendit hommage au roi Charles IX. Le 10 septembre 1554, il rendit aussi hommage à Marguerite de France, duchesse de Berry. Bien qu'elle eût quitté la France, lorsqu'elle épousa, en 1559, le duc de Savoie, elle conserva l'usufruit du duché jusqu'à sa mort qui arriva en 1574. Jean d'Aumont, de même que Jean de La Tour, n'en avaient pas moins prêté hommage au roi Charles IX.

Le 12 avril 1588, il y eut un arrêt entre messieurs d'Aumont et de La Tour, qui décida que la mouvance de Thevé appartenait à monsieur d'Aumont à cause de la seigneurie de La Châtre (1).

Jean II d'Aumont ne voulut jamais s'engager dans les intérêts de la ligue et du duc de Guise, quoiqu'il en fût sollicité, et demeura attaché au service de son prince. De Thou dit encore ailleurs : « Il était en si haute estime, qu'en cherchant, dans ce siècle, un homme tel que l'étaient les anciens preux, on l'aurait d'abord nommé. Il remplissait entièrement l'idée qu'on s'en fait par sa vaillance, ses fatigues, ses travaux, sa force, sa taille, la droiture de son caractère, sa généreuse franchise et sa fermeté. »

Après la mort du roi Henri III, il fut un des premiers officiers de la couronne à reconnaître Henri IV, auquel il rendit des services considérables contre le

---

(1) La Thaumassière, liv. VII, chap. 37.

parti de la ligue ; en diverses occasions il eut sur elle de grands avantages. Ce fut à la suite que le roi lui donna la lieutenance générale de son armée en Bretagne.

Sainte-Foix, dans son *Histoire de l'ordre du Saint-Esprit,* résume comme il suit les exploits du maréchal d'Aumont : « Il fit ses premières armes à la bataille de Cérisoles ; servit ensuite en Piémont, sous le maréchal de Brissac, repassa en France en 1557 ; fut blessé et retiré de dessous un tas de morts à la bataille de Saint-Quentin ; fut encore blessé à celles de Dreux, de Saint-Denis, de Moncontour ; enfin, au siége du château de Comper, en Bretagne, il reçut une mousquetade qui lui cassa les deux os du bras droit, ce qui l'obligea de quitter le siége et de se faire porter à Rennes, où il mourut le 19 août 1595. » Il était âgé de 73 ans.

Son corps fut amené, selon le désir qu'il en avait exprimé, dans l'église des Cordeliers de Châteauroux où fut mise l'inscription qui suit en tableau :

Epitaphe de haut et puissant seigneur messire Jean d'Aumont, chevalier des ordres du roi, comte de Châteauroux, et maréchal de France. — (1595.)

PAR JEAN LAURON.

L'imager pourroit bien figurer son image
En ce tableau icy et rapporter ses traits,
Mais, pour représenter ses gestes et hauts faits,
Il faudroit voir, passant, l'histoire de cet âge.

> Là, tu verras d'Aumont d'ardeur et de courage
> Foudroyer l'Espagnol par belliqueux effets,
> Tu verras les ligueurs, fugitifs et deffaits,
> Embrasser ses genoux, luy venir faire hommage.
>
> Ivry vit sa valeur, Arques son exercice.
> Le feu roy vit à Tours son fidèle service ;
> La Bourgogne a tremblé sous son juste courroux ;
> Le Breton à poings liéz se rendoit tout à coup,
> Quand au bras il reçut à Comper un grand coup
> Qui mit son âme au ciel, son corps à Châteauroux.
>
> Celuy qui pour la vie et bien de sa patrie,
> A cent fois exposé et les biens et la vie,
> Celuy qui pour la France a sa vie cent fois
> Exposé à la mort, sans vie tu le vois.
> Son corps repose icy, et sa fameuse gloire
> Ranimée se voit sur l'autel de mémoire.

Ayant pressenti les dangers auxquels il allait être exposé dans le gouvernement de la province de Bretagne, il avait fait, le 28 mai 1593, au château de la Bourdaisière, un testament rempli des sentiments d'un bon capitaine, d'un bon chrétien et d'un sage père.

Il institua héritier Antoine d'Aumont, son fils aîné; légua à Jacques, son puîné, tout ce qu'il lui pouvait donner et léguer de droit, soit en meubles et immeubles, si mieux son héritier n'aimait lui laisser pour tous droits les baronnies et châtellenies de Chappes et Crey, et tous les immeubles qu'il avait au bailliage de Troyes, avec les terres de Dun-le-Palleteau et de Cors, et le tiers de tous ses meubles et rentes constituées sur icelles ; substitua ses deux fils l'un à l'autre, et voulut que ses filles fussent contentes de ce qu'elles avaient eu en dot et mariage.

Il donna sa bénédiction à tous ses enfants, recommanda à ses filles, après la crainte de Dieu, de porter honneur et respect à leurs maris, à tous ses enfants de vivre en amitié, de s'aimer encore plus que frères, s'il se pouvait, de se secourir et assister en toutes occasions, leur recommanda surtout la constance en la religion catholique, avec fidélité au service du roi, et la révérence des lois de la patrie.

Il avait eu deux femmes :

La première fois, il prit alliance, le 19 février 1550, avec Antoinette Chabot, fille de Philippe Chabot, chevalier de l'ordre, comte de Brion, de Charny, de Buzançais, amiral de France, gouverneur de Normandie et de Bourgogne, et de Françoise de Longvy, dame de Paigny, Mirebeau, Beaumont, Fontaine-Française, Brion, Charost et Châteauneuf, laquelle était nièce de François Ier, de Jean de Longvy, seigneur de Givry, et de madame Jeanne d'Angoulême, sœur naturelle du roi. Elle eut en dot quarante-huit mille livres, moyennant quoi elle renonça, en faveur d'Aliénor et de François Chabot, ses frères, à toutes successions paternelles et maternelles. Le père de Jean d'Aumont l'avait institué son héritier ès terres de Châteauroux, Chappes et autres assises en Champagne, et avait promis, en mariant Jacqueline d'Aumont, sa fille, de la faire renoncer à toutes successions en faveur de son frère, moyennant quarante mille livres de dot.

En secondes noces, le maréchal d'Aumont avait épousé Françoise Robertet, veuve de Jean Babou de la Bourdaisière, maître de la garde-robe et chevalier de l'ordre du roi, et fille de Florimond Robertet, secrétaire d'État, baron d'Aluye, et de Michelle Le Gaillard de Longjumeau.

Enfants de Jean d'Aumont, maréchal de France, et d'Antoinette Chabot, sa première femme :

1° René d'Aumont, comte de Châteauroux, mort sans alliance (1586), et enterré aux Augustins de Paris;

2° Antoine d'Aumont, comte de Châteauroux, marquis de Nolay, baron de Chappes, capitaine de cent hommes d'armes, chevalier des ordres du roi, gouverneur de Boulogne et du pays boulonnais, mort sans enfants de ses deux femmes, à Paris, le 16 avril 1635, âgé de 75 ans, et enterré dans la chapelle de l'église des Pénitents de Picpus;

3° Jacques d'Aumont, baron de Chappes, seigneur de Dun-le-Palleteau et de Cors, mestre de camp d'un régiment sous le maréchal d'Aumont; son père, gentilhomme de la chambre du roi, prévôt de Paris, épousa Charlotte-Catherine de Villequier, fille unique et héritière de René de Villequier, baron de Clairvaux, seigneur d'Eury, chevalier des ordres du roi, premier gentilhomme de sa chambre, gouverneur de Paris, et de Françoise de La Marck sa première femme.

§ IV. — Antoine d'Aumont.

(1695-1612)

ROI DE FRANCE CONTEMPORAIN.

Henri IV...................... 1589-1610

Le 22 *décembre* 1606, Antoine d'Aumont rend hommage à Henri IV.

Ce fut lui qui, en 1612, vendit au prince de Condé tous ses droits sur la principauté de Châteauroux. Voici ce qui donna lieu à la vente :

Les arrêts qui étaient intervenus pour la confirmation du partage de la succession d'André de Chauvigny n'avaient pu apaiser les inimitiés d'entre les maisons de La Tour-Landry et d'Aumont; une légère occasion ranima les discussions.

M. d'Aumont ayant fait ouvrir et démurer une porte qui répondait dans la rue d'Indre, comme prétendant avoir un droit de le faire en conséquence du partage, M. de La Tour ne le put souffrir, et les habitants se joignant à lui demandèrent qu'elle fût remurée. — Cette contestation donna lieu à plusieurs querelles, qui auraient eu de funestes effets si le maréchal de La Chastre, gouverneur de la province, n'y avait, par sa sagesse, apporté remède, et obligé les deux parties de comparaître devant lui. Il rendit, le 24 de mai 1611, un jugement par lequel il remit la garde de cette porte entre les mains des habitants, laquelle ils ouvriraient et fermeraient pour en user, comme les autres de la ville, par provision seulement et sans préjudice aux droits des seigneurs d'Aumont et de La Tour-Landry, lesquels droits ils feraient juger dans la fin d'août, lors prochain, ou par voie de justice ou à l'arbitrage de leurs amis, au dédit de mille écus ; pendant ce temps les parties devaient demeurer dans les termes où elles étaient, sans rien innover de part et d'autre, directetement ou indirectement, par quelque voie que ce soit.

Telle fut l'occasion qui amena l'acquisition par M. le prince Henri de Bourbon, deuxième du nom, prince de Condé ; il traita de la moitié de cette seigneurie avec messire Antoine d'Aumont, chevalier des ordres du roi, marquis de Châteauroux, héritier sous bénéfice d'inventaire de messire Jean d'Aumont, maréchal de France, et avec dame Catherine Hurault, son épouse, moyennant la somme de *deux cent dix mille livres* et autres conditions énoncées au contrat passé en présence de Guillaume Neutrat et Jaques Le Jay, le 12 de septembre 1612; et en présence des mêmes notaires, le même jour, la dame d'Aumont lui fit vente de la terre et seigneurie de Coulombières. Ce prince en prit possession le 13 octobre suivant, et se les fit adjuger par décret et arrêt de la cour, le 3 mars 1628, à la somme de deux cent mille livres.

Antoine d'Aumont eut deux femmes, dont il ne laissa point d'enfants : Catherine Hurault de Chiverny et Isabelle d'Angennes.

Il mourut en 1635.

§ V. — Réflexions sur les maisons de Maillé de La Tour-Landry et d'Aumont.

On a vu que la famille de Déols portait le titre de prince ; qu'elle y ajouta celui de *baron* de Châteauroux, lorsque ce titre avait acquis une grande prépondérance ; que ce fut à la suite de la bataille de Fornoue que le roi Charles VIII, pour récompenser la conduite d'André III de Chauvigny, voulut ériger la baronnie de Châteauroux en *comté ;* que cette érection eut lieu en 1497, et que François de La Tour, en 1581, fit confirmer cette érection. Une partie de terre déoloise a aussi été érigée en *marquisat ;* ce fut le maréchal d'Aumont qui obtint ce titre, pour la portion de la terre qu'il possédait.

Nous avons établi que chacune des deux familles, héritières de la grande fortune des Chauvigny, avait son manoir : Le vieux château Raoul était habité par les Maillé de La Tour-Landry, et le château du Parc par les d'Aumont.

Depuis la mort d'André III de Chauvigny, jusqu'à la vente dernière de la terre au prince de Condé, c'est-à-dire de l'année 1502 à l'année 1612, il se passa 110 ans. Pendant ce long laps de temps, ces deux familles ne cessèrent pas, pour ainsi dire, de discuter et de plaider, et nous avons dit que ce fut un différend relatif à l'ouverture d'une porte donnant sur la rue d'Indre, qui fut l'occasion des projets de vente de la principauté.

Le tableau de la fortune immense que laissait l'héritage du dernier des Chauvigny a été présenté d'après Nicolas de Nicolay. L'énumération des biens par cet écrivain peut être considérée comme authentique, puisqu'il en a fait le relevé officiel dans les actes de partage. On pourrait s'étonner que l'ensemble des deux ventes ne s'élevât qu'à 435,000 livres, si l'on ne se reportait pas à la valeur monétaire du temps.

Les Maillé de La Tour-Landry et les d'Aumont appartenaient, et par eux-mêmes et par leurs alliances, aux plus grandes familles de France. Parmi ceux qui ont possédé la terre déoloise, on ne voit de bien remarquable que le maréchal d'Aumont, mais on peut dire que sa grande illustration suffirait à elle seule pour honorer les deux familles.

Après le partage qui fut fait entre les familles de La Tour-Landry et d'Aumont, la principauté de Châteauroux perdit toute sa prépondérance.

Le Bas-Berry, pendant la possession litigieuse de ces deux familles, ne fut pas à l'abri des maux dont la religion, au XVI° siècle, fut la cause et souvent le prétexte; mais, dès avant ces temps déplorables, notre histoire locale n'était plus que celle de la France.

CHAPITRE CINQUIÈME.

MAISON DE CONDÉ.

Après la double vente qui fut faite par la famille de Maillé de La Tour Landry et par la famille d'Aumont à Henry II de Condé, ce prince prit possession de l'ensemble de la principauté, et ses descendants devinrent successivement nos seigneurs. — Il nous faut donc à présent étudier cette maison.

Les princes de Condé provenaient d'une branche de la maison de Bourbon. Cette branche avait pour chef Louis, prince de Condé, septième fils de Charles de Bourbon, duc de Vendôme, qui descendait, à la quatrième génération, de Jean de Bourbon, comte de la Marche, et était frère d'Antoine de Bourbon, roi de Navarre.

De Charles de Bourbon provint, en 1530, Louis Ier, prince de Condé, chef du parti calviniste. Ce prince fit ses premières armes en Piémont, sous le maréchal de Brissac, et se distingua dans plusieurs actions. Mais, après la mort de Henri II, les mécontentements que lui firent essuyer les Guises le jetèrent dans le parti des réformés. Il fut, dit-on, le moteur secret de la conspiration d'Amboise, et, comme tel, il venait d'être condamné au dernier supplice, lorsque la mort de François II le sauva. Charles IX le rendit à la liberté. Il n'en usa que pour se mettre ouvertement à la tête des protestants. Il s'empara de plusieurs villes; mais il perdit la bataille de Dreux, où il fut fait prisonnier. Redevenu libre par la paix de 1563, il reprit les armes en 1567, livra la bataille indécise de Saint-Denis, puis celle de Jarnac, en 1569, et périt à cette dernière : il s'était déjà rendu prisonnier, lorsqu'il fut lâchement assassiné, après le combat, par Montesquiou, capitaine des gardes du duc d'Anjou.

Son fils, Henri Ier, prince de Condé, né en 1552, n'échappa au massacre de la Saint-Barthélemy qu'en abjurant le calvinisme. A peine libre, il reprit sa religion, leva des troupes contre les catholiques et s'unit avec le roi de Navarre, depuis Henri IV, pour faire la guerre. On crut qu'il avait été empoisonné par ses domestiques à l'instigation de sa propre femme.

Henri II, prince de Condé, qui fut le premier duc de Châteauroux, était le fils posthume de Henri Ier. C'est par lui que commença la lignée des princes de Condé qui occupèrent notre principauté et y jouèrent les rôles que nous allons raconter et que nous apprécierons ensuite.

§ I. — Henri II de Condé, premier duc de Châteauroux (1).

(1613-1646)

ROIS DE FRANCE CONTEMPORAINS.

Louis XIII.......... 1610-1643 | Louis XIV......... 1643-1715

Henri II de Condé, fils de Henri Ier, avait pour mère Charlotte-Catherine de La Trimouille. Il naquit le 1er septembre 1588 à Saint-Jean d'Angely. La mort de son père, comme on vient de le voir, avait été mystérieuse, et des soupçons s'étaient élevés contre son épouse. Les poursuites furent interrompues sur sa déclaration de grossesse. Environ six mois après la mort de son mari, elle donna le jour à ce prince, qui n'eut d'abord d'autre demeure que la prison où sa mère était détenue.

Malgré ses instances, la princesse n'obtint pas protection de sa famille. Ce fut le président De Thou qui seul s'intéressa à elle.

Henri IV ne sembla pas contester la légitimité du jeune prince, et consentit à lui servir de parrain. Ce

---

(1) Nous espérions trouver l'histoire détaillée de nos ducs de Châteauroux dans l'ouvrage de M. le duc d'Aumale sur les princes de Condé ; mais les deux volumes publiés ne contiennent encore que la jeunesse de Henri II de Condé. Nous en profiterons cependant.

Voy. Moréri, art. Bourbon, branche des princes de Condé. — Henri Martin, t. IX, p. 24, — et les biographies de Michaud et du docteur Hoëffer.

souverain n'ayant pas de postérité de Marguerite de Valois, sa femme, la couronne pouvait échoir à cet enfant né dans la religion protestante. Le pape refusait de donner l'absolution au roi, tant que l'héritier du trône n'appartiendrait pas à la communion catholique.

On annonça que le jeune prince de Condé serait élevé dans la religion romaine. Cette déclaration amena la délivrance de sa mère, car reconnaître les droits du fils, c'était proclamer l'innocence de la mère. On donna pour gouverneur au jeune prince de Condé, le marquis de Pisani, qui appartenait à une famille considérable de France, et jouissait de la plus haute réputation.

Le marquis se rendit à Saint-Jean-d'Angely pour y prendre charge de son élève et le ramener avec sa mère à la cour, à Saint-Germain, où il reçut les honneurs dus à son rang. Le cardinal-évêque de Paris, Pierre de Gondi, fut chargé de son instruction religieuse ; on lui donna pour précepteur Nicolas Lefèvre, conseiller des eaux et forêts, qui avait la réputation de la plus grande science.

Avec la vie de Henri II de Condé, nous avons à raconter, dans ce paragraphe, deux événements importants, d'abord l'érection de la terre de Châteauroux en duché-pairie, et ensuite la sécularisation des abbayes de Déols et de Saint-Gildas.

I. *Vie de Henri II de Condé.* — Ce prince, amené à la cour à l'âge de sept ans, y grandit. On le maria, à vingt ans, à Charlotte-Marguerite, dernière fille du connétable de Montmorency, âgée de quinze ans. Les fiançailles se firent dans la galerie du Louvre, en décembre 1608 ; mais le mariage ne fut célébré à Chantilly que le 17 mai 1609, parce qu'on attendait la dispense du pape.

Henri IV s'éprit malheureusement de cette jeune personne, qui était d'une rare beauté, et oublia ce qu'il se devait à lui-même, ce qu'il devait à un prince de sa race. Bientôt Condé ne pouvant plus se faire illusion sur le danger que courait son honneur, demanda au roi l'autorisation de se retirer dans une de ses maisons. Le roi le reçut d'abord très-mal et finit par consentir. Les jeunes époux s'enfuirent en Belgique, auprès du prince d'Orange, lequel était parent de Condé.

Le mariage d'Henri IV ayant été déclaré nul, il avait épousé, en 1600, Marie de Médicis. Malgré cette récente union, le roi fit faire des démarches inouïes auprès des archiducs espagnols de Belgique, et ailleurs encore, pour qu'on lui livrât Charlotte, laquelle, froide pour son mari, ne paraissait pas s'irriter des démarches du roi de France. Il faut lire ces curieux détails, avec les pièces à l'appui, dans l'ouvrage de M. le duc d'Aumale.

Le prince de Condé laissa sa femme aux soins des archiducs et se retira à Milan. La nouvelle de la mort de Henri IV, arrivée le 14 mai 1610, lui parvint dans cette ville. Il revint de suite à Paris. Charlotte y avait été ramenée par son père, mais il refusa toute rencontre avec elle.

Il se présenta à la régente, Marie de Médicis, et l'assura de sa soumission et de sa fidélité. Elle lui donna une pension de 200,000 livres. L'année suivante, elle lui accorda 1,200,000 livres et le gouvernement de la Guienne, ce qui lui permit d'acheter la terre de Châteauroux.

L'acquisition de cette terre par Henri II de Condé fut l'origine de la longue et désastreuse influence qu'il exerça, ainsi que le grand Condé, son fils, sur le sort de notre province.

Le 13 octobre 1612, il était au château du Parc. Il se rendit, avec nombre de seigneurs de sa suite, à Saint-Gildas pour s'y faire reconnaître comme patron et successeur des fondateurs de ce monastère. « Il y fut reçu, dit le procès-verbal, toutes les cloches de l'abbaye sonnant en branle, par le révérend père en Dieu, François de Chennevières, abbé commendataire de ladite abbaye, qui vint au devant du prince jusqu'au portail où était le pont-levis, revêtu et orné de son habit abbatial, accompagné de tous les religieux, ayant reliques en mains [1]. »

Le 15 octobre, il fit donner à Claude Mars, son bailli de Châteauroux, lieutenant des eaux et forêts dudit bailliage, et à François de Sceaux, capitaine du château, maître desdites eaux et forêts, la promesse de se désister de leurs offices.

Pendant la minorité orageuse de Louis XIII, il se laissa entraîner par le maréchal de Bouillon dans le

---

[1] Desplanque ; note communiquée par M. Lemaigre.

parti des mécontents et abandonna la cour, une première fois, au mois de septembre 1613, et une seconde fois au mois de janvier 1614. Ce fut à Châteauroux qu'il se retira d'abord et qu'il eut de longues conférences avec le duc de Sully, alors disgracié comme lui (1). Il fut arrêté et enfermé à la Bastille, puis à Vincennes. Relâché la même année, par suite du traité de Sainte-Ménehould, qui accordait aux mécontents à peu près tout ce qu'ils voulaient, il reçut de l'État, pour prix de sa soumission, 450,000 livres (2).

Une année après, en 1615, des divisions éclatèrent encore; elles déterminèrent le prince de Condé à quitter de nouveau la cour. Les protestants se déclarèrent pour lui. Il publia un manifeste sanglant et prit les armes. Au mois d'octobre, à la tête d'une armée, il occupait la Picardie. Il voulut se rendre dans les provinces méridionales où il espérait trouver de plus vives et de plus utiles sympathies. Il se dirigea vers le Berry, accompagné par le maréchal de Bois-Dauphin. Ses troupes dévastèrent les campagnes, mais les villes se défendirent. Le prince passa à Châteauroux, se dirigeant vers le Poitou. Il était surveillé et poursuivi par M. de La Châtre. Une déclaration le privait, lui et ses adhérents, de leurs biens, comme criminels de lèse-majesté.

Au milieu de ces agitations, tout le monde aspirait à la paix. Le 20 janvier 1616, une suspension d'ar-

(1) Raynal, T. IV, p. 245.
(2) Henri Martin. — Mémoires de Pontchartrain, p. 364.

mes fut convenue et des conférences s'ouvrirent à Loudun. Indépendamment d'une somme considérable que recevait le prince, et de la capitainerie de Chinon, on lui assurait encore le gouvernement du pays et duché de Berry, la capitainerie de la grosse tour de Bourges, plusieurs places dans la province et la jouissance de la plus grande partie des domaines que le roi y possédait. Il fallut même que la cour accordât des récompenses à ceux qui occupaient ces places et dégageât les revenus du domaine. A ces conditions le prince abandonnait le gouvernement de la Guienne. En même temps, le roi érigea en duché-pairie la terre de Châteauroux.

Le prince de Condé s'empressa d'aller à Châteauroux et de là il vint faire son entrée solennelle à Bourges. Parmi les gentilshommes du Bas-Berry qui furent au devant de lui jusqu'à Saint-Florent, on remarquait Jacques de Gaucourt, seigneur de Cluis et Charles de Barbançois, seigneur de Sarzay.

La cour s'inquiéta bientôt du séjour que le prince de Condé faisait à Bourges. On lui envoya l'évêque de Luçon (depuis le célèbre cardinal de Richelieu) qui sut lui persuader de revenir à Paris. Il fut mieux accueilli dans la capitale qu'on ne l'aurait voulu. La foule se pressait à son hôtel. Le roi et la reine se virent contraints de lui abandonner une grande partie des affaires de l'État; mais il ne se contentait pas de si larges concessions et se livrait à des intrigues. La reine se décida à frapper un grand coup : le premier septembre, il fut arrêté par Thémines, au milieu du

Louvre, à la sortie du conseil. La nouvelle, qui s'en répandit avec une grande promptitude, fit une grande sensation en Berry. On le reconduisit à Vincennes où sa détention dura trois ans (jusqu'au 20 septembre 1619).

Le connétable de Luynes, favori de Louis XIII, lui procura la liberté dans la pensée de s'en faire un appui. Lorsqu'il sortit de prison, il avait perdu son énergie et ses prétentions de chef de parti. Il reprit le gouvernement du Berry. Dès lors, il changea complétement de politique. Lui qui s'était associé aux huguenots, se montra leur ennemi le plus prononcé. Il favorisa les jésuites et montra un dévouement absolu au roi. Une fois entré dans cette voie, il l'exagéra. Il devint un des courtisans du cardinal de Richelieu.

En 1621, il suivit le roi à l'Ile de Ré, où furent défaits les protestants. Il obtint ensuite, de la faveur du puissant cardinal, divers commandements. Il fit entreprendre le siége de Montpellier pour terminer la guerre par un coup d'éclat; mais les maladies survenues dans l'armée et de fausses mesures l'obligèrent de se retirer. Après avoir marché en Languedoc contre les protestants, il entra, en 1636, en Franche-Comté où il s'empara de quelques places. Il avait mis le siége devant Dôle, lorsque des circonstances le déterminèrent à se porter en Picardie.

Son avidité pour les richesses lui fit demander pour son fils la main de la nièce du cardinal de Richelieu.

Nous devons constater, par ordre de dates, quelques

faits concernant Châteauroux, qui ont eu lieu pendant la possession d'Henri II de Condé.

En 1613, ce prince reçut les hommages de la ville du Blanc le 28 mai, de Saint-Août le 10 juin, de Gargilesse le 10 juillet, du Bouchet le 4 novembre (1).

En mai 1616, des lettres patentes, datées de Blois, furent données par Louis XIII, à la demande et recommandation du prince de Condé, pour exempter les habitants de Châteauroux des charges de la contribution des tailles principales, etc., et ne payer qu'un abonnement de mille livres par an, *pour la solde de leur cote part du taillon et ceux du prévost des mareschaux ;* « cela en raison de la fidélité des habitants de la ville, et pour les dédommager de ce qu'ils ont secouru de tout leur pouvoir, dans les dernières guerres civiles, le roi Henri le Grand, pour réduire plusieurs villes du Berry, et logé, par trois fois, en

---

(1) Aux États Généraux de 1614, sous la minorité de Louis XIII, le bailliage de Berry envoya : pour le *clergé*, révérendissime André Frémiot, conseiller du roi en ses conseils d'État et privé, patriarche, archevêque de Bourges ; vénérable et discrète personne, maître Guillaume Foucaut, abbé de Chalivoy, chanoine et grand archidiacre en l'église de Bourges. — Pour la *noblesse*, messire Guillaume Pot, chevalier des ordres du roi, conseiller en ses conseils et grand maître des cérémonies de France, premier écuyer tranchant et porte-cornette de Sa Majesté, seigneur de Rhodes ; messire Henri de La Châtre, chevalier, seigneur et comte de Nancay, conseiller du roi en ses conseils d'État et privé, et bailli de Gien. — Pour le *tiers état*, Louis Foucaut, écuyer, seigneur de Chamfort, conseiller du roi, président au siège présidial de Berry et maire de Bourges ; noble homme Philippe Lebègue, avocat du roi et conseiller au même présidial ; noble homme François Carcat, conseiller du roi et son procureur au siège royal d'Issoudun ; noble homme Paul Ragueau, conseiller du roi et lieutenant général civil et criminel au bailliage et siège royal de Mehun-sur-Yèvre.

1590, 1592 et 1593, les armées du roi, et fourni munitions, poudres, provisions, pour réduire au pouvoir du roi le bourg-ville de Déols, ainsi que les villes de Levroux et Graçay ([1]). »

Au printemps de 1621, Henri II de Condé, se trouvant en Berry, fit une expédition contre la ville de Sancerre qui refusait obéissance au roi. A son retour au château de Montrond, il apprit que sa femme, avec laquelle il s'était raccommodé, lui avait enfin, après douze ans de mariage, donné un fils qui devait être le *Grand Condé*.

1623, 8 juillet. Ordonnance faite par le prince de Condé, pour le règlement de la procession du corps de Dieu et pour la procession annuelle du saint Sacrement, à Châteauroux. Il régla les préséances des divers corps de justice lors des cérémonies publiques. Comme seigneur haut justicier, il faisait, soit par lui-même, soit par son lieutenant général du duché-pairie, des règlements pour la police de la ville.

Lorsque, en 1639, les religieuses de la Visitation de Sainte-Marie voulurent s'établir à Châteauroux, elles durent obtenir l'autorisation du prince de Condé. Le seigneur de Châteauroux avait la nomination des abbés et chanoines du chapitre de Notre-

---

[1] La minute de cet édit, imprimée et recouverte de parchemin fleurdelisé, était en la possession de M. Arthur de Fougères, qui a bien voulu me la communiquer. Le prince de Condé est qualifié, dans cet acte, de premier prince du sang et premier pair de France. Cette faveur ne cessa qu'en 1736, quand le roi eût acquis du comte de Clermont le duché de Châteauroux.

Dame et de Saint-Martin, des cures des quatre paroisses de la ville, et il faisait présider par un de ses officiers de justice les réunions des paroisses de chacune des églises, parce qu'il en était le patron et le fondateur.

La ville de Châteauroux ne subissait pas paisiblement les taxes qu'on voulait lui imposer. Certains immeubles de Châteauroux avaient été concédés par le seigneur moyennant une rente *censitaire;* telles étaient les portes de la ville et les maisons situées dans le château qui lui payaient une rente de 4 deniers par an.

Quant aux autres maisons de la ville, elles ne payaient pas de cens ; mais la ville soutint des procès considérables contre les fermiers du duché qui prétendaient les faire imposer. Ceux-ci établissaient que le franc-alleu n'était pas le droit commun des héritages à Châteauroux. Dans ce système, les habitants *roturiers* devaient le droit de franc-fief, pour les fiefs et biens nobles qu'ils possédaient, et s'ils voulaient objecter que ces héritages étaient en roture, ils étaient tenus de prouver par des déclarations fournies aux seigneurs qu'ils payaient cens et rente. Les traitants ne reconnaissaient que des biens nobles, et des biens tenus à cens, et niaient l'existence des héritages en franc-alleu.

La ville, au contraire, soutenait que le franc-alleu était le droit commun des héritages de la province du Berry, et qu'en conséquence les biens étaient naturellement libres de toutes charges et redevances seigneuriales, et que c'était à ceux qui en prétendaient l'immunité à l'établir par titres.

La question était agitée depuis longtemps, puisqu'elle avait été traitée lors de la rédaction de la coutume du Berry ; elle se continua jusqu'à la Révolution.

En 1724, les maire et échevins de Bourges écrivirent à ceux de Châteauroux au sujet des prétentions d'un traitant nommé Cordier, contraires aux droit et possession immémoriaux de franchise et d'allodialité de la province de Berry, et Châteauroux donna pouvoir à un avocat au conseil d'intervenir en son nom dans le procès pendant entre les maires et échevins de Bourges et Cordier.

Les fermiers généraux firent insérer dans l'article 5 des lettres patentes du 20 novembre 1766, ordonnant la confection du terrier du duché de Châteauroux, que le franc-alleu n'était pas le droit commun des maisons de la ville.

Les officiers municipaux protestèrent, et, en 1769, ils prirent les fait et cause des habitants assignés devant les présidents trésoriers à Bourges pour être condamnés à exhiber les titres de propriété des maisons qu'ils possédaient à Châteauroux, pour reconnaître les droits seigneuriaux auxquels elles étaient assujetties ; sinon, et dans le cas où ces titres ne feraient mention d'aucun devoir, pour voir imposer sur leurs maisons tel cens annuel ou rente qui serait trouvé raisonnable.

La ville perdit son procès. Le 9 juin 1772, le conseil d'État décida que tous ceux qui prétendaient posséder dans l'étendue de la seigneurie de Châteauroux des biens en franc-alleu, étaient tenus d'en justifier par titre.

Le 19 septembre 1773, les habitants députèrent à Paris, afin de s'occuper de cette affaire importante, MM. Bonjouan de La Varenne, maire, et Grillon d'Anvault, échevin. En 1777, ils y envoyèrent M. Boüry ; l'un des objets de sa mission était de consulter pour faire maintenir l'allodialité de la ville. On forma opposition à l'arrêt du 9 juin 1772, et M. Grillon des Chapelles, secrétaire du roi, demeurant à Paris, fut chargé de surveiller les intérêts de ses compatriotes. En 1779, ils envoyèrent à Paris leurs pièces pour l'affaire du cens à M. Henrion de Pansey, (depuis président à la cour de cassation). Enfin, le 17 avril 1787, les habitants de La Châtre obtinrent, contre le comte d'Artois, arrêt du parlement qui les admettait à faire juger, dans le délai de deux ans, les contestations interloquées par arrêt du parlement du 8 juin 1540, lors de la rédaction de la coutume du Berry, lequel disait « qu'avant faire droit sur la requête des gens du tiers état, ils expliqueraient plus amplement leurs moyens, pour le tout être communiqué, dans un mois, aux gens du premier et du deuxième ordre d'état, et que, deux mois après, les parties informeraient, *hinc et indè*, respectivement, *super modo utendi* et sur la jouissance immémoriale prétendue. » Les habitants de Châteauroux répondirent à ceux de La Châtre qui leur avaient communiqué cet arrêt, qu'ils étaient disposés à intervenir s'il leur était signifié. *(Actes de la mairie)*.

Le procès disparut avec les droits féodaux dans la nuit du 4 août 1789.

Henri II de Condé mourut à Paris, le 27 décembre 1646. Il avait été contemporain de Henri IV, de Louis XIII et de Louis XIV. D'abord le plus pauvre des princes du sang, on a vu comment, dans les guerres civiles et religieuses, il trouva le moyen de s'enrichir. L'avarice fut une tache pour son nom. Ce qui va suivre confirmera de nouveau la réalité de ce reproche.

II. *Érection de la terre de Châteauroux en duché-pairie.* — La terre de Châteauroux avait été érigée en comté sous le dernier des Chauvigny. Les La Tour-Landry, comme on l'a vu, continuèrent à prendre, après le partage, le titre de *comte*, et ce fut sous le maréchal d'Aumont que l'autre moitié de la terre fut érigée en *marquisat*. Le roi Louis XIII, par des lettres patentes, données à Blois, en mai 1616, érigea en duché-pairie les deux portions du duché en faveur de Henri II de Condé. Le roi, par ces lettres, unissait à la suzeraineté du duché-pairie les ressort et juridiction de l'ancienne baronnie, les justice et ressort de la rue d'Indre, les baronnies de La Châtre, Bommiers, Saint-Chartier, Cors et le bourg de Déols, avec les fiefs, dépendances et appartenances quelconques, pour que Henri de Bourbon, deuxième du nom, prince de Condé, ses hoirs et successeurs, tant mâles que femelles, jouissent de ces prérogatives, en reconnaissant tenir le tout du roi et de la couronne et en s'obligeant à lui rendre foi et hommage.

Cette érection ne fut pas un acte purement nominal. Elle entraîna, à sa suite, une foule de procédures, de récriminations et de difficultés. On en jugera par l'analyse que nous allons en présenter (1).

Ces lettres furent portées au parlement qui, par son arrêt du 3 août 1616, ordonna qu'elles seraient lues, publiées et enregistrées, après avoir ouï le procureur général du roi. Le prince, par cet arrêt, était envoyé en jouissance à la charge de consentir à ce que les appellations du duché-pairie, dans les causes où il ne serait question que de 250 livres et au-dessous, seraient, suivant l'établissement des présidiaux, relevées au présidial de Bourges, pourvu qu'il ne s'agisse pas de fiefs, droits et domaines de la pairie, dont la connaissance appartenait à la cour. La même sanction fut donnée à ces lettres par la cour des comptes le 12 août du même mois, et par le bailliage du Berry le 14 novembre.

Le 1ᵉʳ septembre de l'année suivante, M. le Prince, pour cause politique, ayant été arrêté au Louvre et conduit au fort de Vincennes, et sa détention ayant empêché l'exécution des lettres, les officiers du bailliage d'Issoudun en profitèrent pour se pourvoir au parlement, où ils obtinrent, contre les officiers de Châteauroux, le 24 juillet 1617, arrêt par lequel la cour ordonna que la justice serait exercée, tant à Issoudun et Châteauroux qu'à Bourges, comme avant la publication des lettres relatives au duché.

(1) La Thaumassière, livre VII, chapitre XIV, p. 562 et suivantes.

On dit que les officiers du bailliage d'Issoudun étaient excités par M. de La Châtre, qui jouissait, par engagement, des greffes de cette ville. Ils se plaignaient de la vaste réduction que l'établissement du nouveau duché ferait subir à leur ressort, et par suite aux émoluments de leurs offices.

La sortie de prison de Son Altesse mit des bornes aux entreprises des officiers d'Issoudun. M. le Prince ayant présenté requête à la cour pour l'exécution de l'arrêt de vérification des lettres patentes, la cour commit, le 7 septembre 1619, M. Gaston de Grieux pour mettre l'arrêt à exécution suivant sa forme et teneur. Les officiers d'Issoudun formèrent une opposition sur laquelle intervint un arrêt du parlement en la chambre des vacations, le 28 septembre 1619, par lequel, sans préjudice des droits des opposants, la cour ordonna que l'arrêt de vérification des lettres de l'érection du duché-pairie de Châteauroux serait exécuté par le commissaire, lequel, se transportant sur les lieux, pourvoirait à l'indemnité prétendue.

M. de Grieux, par sa sentence du 11 octobre 1619, ordonna que les lettres et arrêts seraient enregistrés au greffe de la justice du duché-pairie de Châteauroux, que M. le prince de Condé se pourrait dire et nommer duc de Châteauroux et pair de France et en prendre la qualité en tout acte ; qu'il jouirait de tous droits, prééminences et prérogatives appartenant à la qualité de duc et pair ; que les vassaux du duché feraient dorénavant foi et hommage en cette qualité ; et, après que les officiers, tant de Blois que d'Issoudun, eurent déclaré que leurs oppositions n'étaient à fin d'indemnité, mais pour empêcher la distraction du ressort, sans s'arrêter aux remontrances des officiers du présidial, maire et échevins de Bourges, et aux oppositions des officiers de Blois et d'Issoudun, pour lesquelles ils pourraient se pourvoir, ordonna que la baronnie, justice et seigneurie de la rue d'Indre, ses appartenances et dépendances et autres, comme il a été dit ci-dessus, seraient incorporées au duché de Châteauroux.

Les officiers de Blois et d'Issoudun interjetèrent appel de ladite sentence, appel sur lequel les parties ayant été entendues par avocats en la grand'chambre, M. le prince présent, la cour, par arrêt du 4 juin 1620, les appointa au conseil, et, cependant, sans préjudice de leurs droits, ordonna que, conformément aux arrêts précédents, les officiers du roi exerceraient leurs charges en l'étendue de leur juridiction, comme ils le faisaient avant l'érection de la terre de Châteauroux en duché-pairie.

Contre cet arrêt, M. le Prince se pourvut en conseil d'État, où il obtint arrêt, le 20 juin 1620, par lequel le roi, étant en son conseil, après avoir ouï les président et procureur général pour ce mandés, ordonna que les parties seraient assignées aux fins de la requête de M. le Prince, et, l'exécution de l'arrêt de la cour du 4 juin sursis, qu'il demeurât en la possession et au même état qu'il était avant l'arrêt, jusqu'à ce que, par Sa Majesté, les parties ouïes, il en eût été autrement ordonné.

Le 5 mars 1621, le roi fit expédier ses lettres patentes, en forme de jussion, au parlement de Paris. Par ces lettres, Sa Majesté ayant fait mettre l'affaire en délibération en son conseil où étaient plusieurs princes, ducs, pairs, officiers de la couronne et notables personnages, par de grandes, justes et raisonnables considérations à ce mouvantes, déclara qu'il était dans son vouloir et son intention que M. le Prince jouît de l'érection du duché-pairie, conformément à ses lettres patentes et arrêt de vérification, et ce nonobstant les jugements et arrêts qui pouvaient être intervenus pendant la détention de sa personne, et ceux rendus en conséquence des premiers, en pourvoyant aux payement et indemnité des parties opposantes.

Ces lettres portées au parlement, la cour, par un arrêt du 18 mars 1621, joignit les lettres de jussion de Sa Majesté avec la requête d'opposition présentée par les officiers d'Issoudun à l'appointement au conseil du 4 juin 1620. M. le Prince se pourvut au conseil d'État du roi où il obtint, le 24 mars, un arrêt par lequel le roi renvoya M. le Prince au parlement de Paris pour l'entérinement des lettres. Cependant Sa Majesté ordonna que, pendant l'instruction et jugement du procès pendant au parlement entre M. le duc et les officiers d'Issoudun et autres, il jouirait du duché-pairie, conformément aux lettres d'érection, arrêt de vérification, sentence du sieur de Grieux et arrêts du conseil, jusqu'à ce qu'il fût procédé par la cour au jugement définitif du différend des parties.

Le procès ne fut pas néanmoins poursuivi au parlement de Paris, le roi ayant, par des lettres patentes du 22 octobre 1625, évoqué tous les procès que M. le Prince y avait et les ayant renvoyés au parlement de Dijon. En vertu de ces lettres, les parties furent assignées le 10 novembre suivant, et, n'étant pas comparues, le parlement de Dijon donna défaut contre les appelés, retint la connaissance du procès, ordonna que les défaillants seraient réassignés et que les pièces seraient apportées à la cour.

Le 27 juin, le parlement de Dijon rendit un autre arrêt par lequel toutes les appellations furent mises à néant, et qui ordonna que M. le Prince jouirait du duché-pairie conformément aux lettres d'érection. Le 1er juillet suivant, M. Etienne Boyer, conseiller, fut commis pour exécuter l'arrêt.

Enfin un dernier arrêt du parlement de Dijon, du 4 février 1627, déclara que les villes, fiefs, terres et justices mentionnés étaient de la mouvance du duché-pairie de Châteauroux, et en conséquence que les justices distraites des ressort et juridiction des siéges royaux d'Issoudun et de Montmorillon, bailliage et siége présidial de Moulins, seraient unies et incorporées aux ressort et juridiction de Châteauroux, en faisant droit sur les indemnités ordonnées par les précédents arrêts.

M. le Prince dut, d'après les rapports, payer aux officiers d'Issoudun 13,900 livres, au maréchal de La Châtre, comme propriétaire, pour engagement des greffes d'Issoudun, 12,200 livres, et les intérêts de ces sommes à raison du denier seize à compter du 10 octobre 1619 jusqu'à l'entrée en payement.

Les officiers d'Issoudun refusèrent leur dédommagement, qui fut déposé entre les mains du receveur des consignations à Bourges. Un nouvel arrêt du 29 juillet 1627 ayant ordonné que les parties conviendraient d'experts, quelques officiers s'accomodèrent avec Son Altesse : ainsi Jean Arthuis, conseiller à Issoudun, transigea, le 21 mars 1630, pour sa portion, à la somme de 900 livres, et, le 3 avril, Nicolas Rageau, receveur des comptes, à celle de 1,188 livres.

M. le duc d'Orléans, seigneur d'Argenton et comte de Blois, s'opposa, pendant quelques temps, à la distraction du ressort de la justice d'Argenton; mais, depuis, par lettres patentes en date du 3 août 1627, il en consentit la distraction et l'union au duché-pairie à la réserve des cas royaux.

Les officiers de Blois traitèrent pareillement et reçurent de M. le Prince la somme de 10,500 livres pour leur dédommagement de la distraction du ressort, par transaction et ratification des 14 et 22 octobre 1627. Les avocats, procureurs et sergents du présidial de Blois donnèrent aussi leur consentement.

M. le Prince transigea également avec les officiers de Tours, pour la distraction du fief de Laire de leur ressort, à la somme de 1,300 livres, le 27 février 1629, ce qui fut ratifié, le 4 mai suivant, par le lieutenant général; et avec M. Sauvray, propriétaire des greffes de Tours, le 6 mai, à la somme de 1,000 livres. Ces transactions furent homologuées par arrêt du 21 mai suivant.

Il y eut arrêt, le 23 du même mois de mai, par défaut, contre les officiers de Tours, qui ordonna que les quatre paroisses de Buzançais, seraient de la mouvance de Châteauroux. M. le Prince obtint pareils arrêts contre les officiers du siége royal de Montmorillon, et Son Altesse jouit, depuis, de l'effet des lettres d'érection de Châteauroux en duché-pairie.

La terre de Châteauroux, à ce changement de titre, ne gagna aucune importance; ses ducs n'en portèrent pas même le nom et ne la considérèrent que comme une propriété à revenus. On verra pourtant que des circonstances locales nous obligent à entrer avec certains détails, dans la vie de nos nouveaux seigneurs.

III. *Sécularisation des abbayes de Déols et de Saint-Gildas et du prieuré de Grandmont.* — La faveur dans laquelle Henri II de Condé s'était mis auprès de la cour et des ministres lui fournirent l'espérance d'arriver à un but qu'il convoitait, c'est-à-dire de s'emparer des possessions de l'opulente abbaye de Déols, de celles de l'abbaye de Saint-Gildas et du prieuré de Grandmont.

Il faut dire, pour expliquer ce grand fait, que les instituts régis par le code de Saint-Benoît, avaient eu leur temps accompli, dès qu'ils ne servaient plus à conserver le dépôt des connaissances humaines, et qu'ils n'édifiaient plus le monde par leurs vertus.

La sécularisation des abbayes était, du reste, conforme aux idées généralement répandues, car, en 1575, il avait été proposé, dans le conseil de Henri III, de faire ériger en commendes séculières tous ces établissements pour les donner aux principaux chefs de l'armée.

Les jésuites, que le prince de Condé favorisait ardemment, devaient seconder son envahissante avarice. Cet ordre fut un peu troublé lorsque les oratoriens, ses ennemis, dotés par ce même prince, fondèrent à Bourges une maison dans son voisinage ; mais on s'explique cette protection par la politique à laquelle Henri II de Condé, depuis sa captivité, resta toujours fidèle. Le cardinal de Bérulle patronnant les oratoriens, Condé devait faire la cour au pieux et puissant cardinal, en protégeant une congrégation si bien appuyée. Il n'en restait pas moins, toutefois, l'ami des jésuites, dont le crédit était encore mieux établi et sur lesquels il comptait pour sa grande entreprise.

Grégoire XV avait eu besoin, dit-on, du prince pour l'établissement d'un de ses neveux, et les bulles qui furent données en 1622 en faveur de la sécularisation, auraient été le fruit d'une complaisance qui avait peu coûté au prince. Le pontife, de son côté, était généreux à bon marché. Les biens des abbayes de Déols et de Saint-Gildas furent donc incorporés au domaine de Châteauroux. Cet acte, lisons-nous dans M. Raynal, fut, au témoignage de Richelieu lui-même, jugé bien étrange, *comme provenant d'une autorité plus prétendue des papes qu'accordée de l'Église, et plutôt fondée sur l'abus de la cour romaine que sur le mérite de la chaire de Saint-Pierre* (1).

On rapporte qu'un des motifs les plus pressants allégués par le prince de Condé, dans sa demande au pape Grégoire XV de la sécularisation des abbayes, était l'oubli et le relâchement des devoirs et de la discipline ecclésiastiques. Ces riches monastères n'étaient plus, depuis longtemps, célèbres qu'au palais, où l'éloquence, largement payée, de leurs avocats, tantôt défendait les intérêts de la communauté contre des voisins avides, tantôt foudroyait, au nom d'un abbé mondain, l'exigence de moines qui ne savaient pas se résigner aux austérités de leurs règles, ou bien encore intéressait à ces pauvres reclus manquant du nécessaire, et dont la pitance était rognée par un élégant abbé qui dissipait à la cour des revenus insuffisants pour ses plaisirs.

Les luttes de la mense abbatiale et de la mense conventuelle étaient un texte inépuisable de plai-

---

(1) Les bénéfices de l'abbaye de Déols ont été mis à la collation du prince de Condé au patronage laïque, par bulles de Grégoire XV, données à Rome le 17 décembre 1622, l'an deuxième de son pontificat, et par bulles d'Urbain VIII, données à Rome le 20 février 1625, la première année de son pontificat.

Il existe un recueil, imprimé à Nantes en 1630, qui contient les bulles des papes, avec les brevets de S. M. et arrêts de son conseil d'État, en grand conseil, donnés en faveur de monseigneur le prince de Condé pour la sécularisation des abbayes du Bourg-Dieu, de Saint-Gildas et du prieuré de Grandmont, et translation des religieux en l'église collégiale de N.-D. et de Saint-Martin, bâtie et fondée par monseigneur le prince dans l'enceinte du château. Ce recueil contient 35 pages. — Ces bulles sont consignées par M. Grillon des Chapelles, dans sa notice sur l'abbaye de Déols, p. 328 et suivantes : cela nous dispense de les reproduire.

doyers et de procédures : procès pour obtenir des réparations urgentes, procès pour déterminer les pensions et nourriture, etc.

Si les jésuites ne furent pas les instigateurs de cette spoliation, ils en furent du moins les approbateurs et l'on peut dire les complices, puisqu'ils eurent le soin de se la rendre profitable.

En effet, le pape imposait au donataire plusieurs obligations ; celle qui fut mal exécutée, d'ériger à Châteauroux une église séculière et collégiale, dotée de 6,000 livres de rente, et celle d'y fonder également un collége de jésuites qui ne devait jamais voir le jour, mais qui fut remplacée par des compensations plus à la convenance de la compagnie intéressée.

Il est curieux de voir comment fut rempli le premier engagement. Nous apprenons, par des *lettres de rescision* (1) obtenues, en 1691, par les nouveaux chanoines, que l'église de Châteauroux ne fut pas bâtie, et qu'au lieu d'assurer à leur chapitre, comme il avait été prescrit, des biens situés à moins de dix lieues de cette ville, on leur donna au loin, dans diverses provinces, des dîmes et des prieurés, dont les revenus s'absorbaient en frais de voyage, et on assigna, pour logement aux chanoines eux-mêmes, les casemates de l'ancien Château-Raoul, qui n'avaient jamais été destinées qu'à recevoir des soldats.

---

(1) V. ces lettres intitulées : *Lettres de rescision du contrat et traité faits entre défunt M. le prince de Condé et le chapitre de Saint-Martin de Châteauroux, le 17 juillet* 1623. Notice sur l'abbaye de Déols par M. Grillon des Chapelles, p. 338 et suivantes.

La seconde condition fut changée, du consentement, ou plutôt sur la demande des jésuites de Bourges, qui craignaient, avec raison, qu'un établissement d'éducation à Châteauroux ne nuisît à celui de Bourges. Le prince fut quitte de cet engagement en fournissant à la création, à Bourges, de chaires de théologie et de langue hébraïque, et en donnant une somme de 12,000 livres pour des constructions nouvelles.

En 1622, cessa donc d'exister l'antique et opulente abbaye de Déols, ainsi que celle de Saint-Gildas. Il n'y a rien à dire de particulier sur la sécularisation de cette dernière abbaye et sur celle du prieuré de Grandmont. Elles eurent lieu par les mêmes moyens et aux mêmes conditions que celle de l'abbaye de Déols. Les résultats furent identiques.

Ainsi, tous les biens et priviléges qui dépendaient des deux abbayes et du prieuré se réunirent à ceux qui appartenaient à la principauté déoloise et en augmentèrent considérablement l'étendue. (1)

§ II. — Louis II de Bourbon, dit le Grand Condé, deuxième duc de Châteauroux.

(1646-1686).

ROI CONTEMPORAIN.
Louis XIV............. 1643-1715.

A la mort de Henri II, son père, le *Grand Condé* hérita du duché de Châteauroux. C'est à la France

---

(1) On conserve au musée de l'Hôtel-de-Ville un plan du duché de Châteauroux. Il a été copié par Belemger, premier architecte de mon-

entière que se rattache l'histoire de ce héros. Elle n'appartient pas assez aux annales du Bas-Berry, pour que nous rapportions tous les hauts faits d'un des plus illustres guerriers dont s'énorgueillit notre patrie. Cependant des souvenirs, relatifs surtout à sa femme qui fut captive, pendant 23 ans, dans le château du Parc, souvenirs qui nous concernent essentiellement, ne peuvent être rappelés sans être rattachés à la vie du grand homme.

I. *Esquisse de la vie du Grand Condé.* — Nous esquisserons donc la vie de notre deuxième duc de Châteauroux, puis nous nous occuperons de celle de sa femme, Claire-Clémence de Maillé-Brézé.

Louis II de Bourbon naquit à Paris le 7 septembre 1621. Il fut d'abord appelé duc d'Enghien, puis prince de Condé et enfin *M. le prince.* Élevé au château de Montrond, il fut baptisé à Bourges, au milieu de fêtes magnifiques. Son éducation se fit au collége des Jésuites de cette ville, où son père fixait sa rési-

seigneur le comte d'Artois, qui le certifie véritable et conforme à l'original, lequel lui a été confié par les bureaux de sa surintendance. Il est daté de Paris, du 20 septembre 1786. Des signes particuliers indiquent les villes, petites villes, bourgs, paroisses ruinées, villages ou hameaux, châteaux, châteaux ruinés, abbayes, fiefs, maisons ou fermes, cabarets, moulins à eau, commanderies, justices, chapelles, moulins à vent, et les croix de remarques. Il s'étend, au nord de Vatan, à droite, jusqu'à la Billonnerie, village à gauche; au midi, depuis Saint-Maur, près Culan, à droite, jusqu'à la tuilerie des Prunes, au-delà d'Argenton, à gauche; à l'est, il comprend Issoudun, la forêt de Cheurs et Pruniers; plus au midi, à l'est, il se prolonge jusqu'au Châtelet; à l'ouest, jusqu'à Luant, Chambon-sur-Indre et les bois de Villegongis. Le duché s'étendait donc sur presque tout le département de l'Indre, et même, au sud-est, sur une partie du département du Cher.

dence, comme gouverneur du Berry ; il y manifesta de grandes dispositions. Il passait les vacances au château de Montrond où il se passionna de bonne heure pour la chasse. Son entrée dans le monde eut lieu à la naissance de Louis XIV. Il eut de grands succès dans les salons. La puissance exorbitante de Richelieu le révoltait.

En 1639, il fut envoyé à l'armée, sous les ordres du maréchal de la Meilleraye. Il se distingua au siége d'Arras. Au retour, son père, comme nous l'avons dit, courtisan de Richelieu, lui fit épouser Claire-Clémence de Maillé-Brézé, nièce de ce grand ministre.

Renvoyé à l'armée, il fit des prodiges de valeur aux siéges de Collioure, de Perpignan et de Saluces. En revenant par Lyon, il négligea d'y voir l'archevêque, frère du cardinal. Le ministre s'en plaignit au prince de Condé qui renvoya son fils exprès à Lyon.

A la mort de Richelieu, en 1643, les deux princes, père et fils, réclamèrent les droits de leur naissance, qui assuraient aux princes du sang une préséance que Richelieu avait usurpée. Louis XIII déclara le prince de Condé chef de ses conseils, et donna au duc d'Enghien le commandement de l'armée de Champagne et de Picardie.

Les alliés ayant mis le siége devant Rocroy, Condé vient se placer en face des Espagnols, commandés par le comte de Fuentes, et livre la bataille de ce nom. Il va mettre le siége devant Thionville ; la ville se rend (1643). Pendant le siége il apprend la naissance de son fils, appelé d'abord duc d'Albret.

Enghien-Condé revient à Paris et y est reçu avec acclamations. Quinze jours après, il repart pour l'Allemagne et rend la confiance à l'armée; à son retour, il reçoit le gouvernement de Champagne et de la ville de Stenai. Bientôt il va rejoindre **Turenne** devant Fribourg. Il jette son bâton de commandement dans les retranchements défendus par les Bavarois, et les troupes s'y précipitent avec lui. La ville de Metz ne veut se rendre qu'à lui-même.

En 1645, revenu à Paris, il oblige ses amis. Mlle de Vigean l'occupe. Il s'enflamme pour Mlle de Bouteville, mais favorise son mariage avec le duc de Châtillon qui l'aimait. Il retourne sur le Rhin au secours de Turenne, se bat devant Donawert, y reçoit plusieurs blessures. Nordlingue et Dunkerque se soumettent. Il est ramené dangereusement malade à Philipsbourg. Il revient à Paris.

En 1646, il va en Hollande sous le duc d'Orléans. Mardick est assiégé, Dunkerque est pris. Cette même année, à la mort de son père, il succède aux titres de premier prince du sang, chef du conseil de régence, grand maître de France, gouverneur des provinces de Bourgogne et de Berry. Il accepte le commandement de l'armée en Catalogne, met le siége devant Lérida. Il revient à la cour sur la nouvelle de la maladie de Louis XIV.

En 1648, des mécontentements se manifestent contre Mazarin. La Fronde se forme; Condé refuse d'y entrer. Il part pour l'armée du Nord, met le siége devant Ypres, court à Courtrai qu'il emporte d'emblée et revient à Ypres. Après une apparition de quelques jours à Paris, il retourne à son armée, et remporte une victoire très-disputée sur les Lorrains, à la bataille de Lens ; à la suite il prend Furnes. — La reine régente lui donne comme récompense le pays de Clermontois. Des intrigues se forment contre Mazarin ; celui-ci joue tout le monde. Le prince de Condé soutient la cour, la ramène de Compiègne à Paris. Il résiste à toutes les sollicitations des mécontents et retourne à son gouvernement de Bourgogne.

Enfin, une rupture éclate. Gaston d'Orléans est intermédiaire et on se reconcilie ; grande animation contre Condé et le cardinal. Intrigues réciproques. Condé est arrêté en venant au conseil, par Guitaut, capitaine des gardes de la reine. On le conduit à Vincennes ; on s'empare de ses biens. Sa femme, son fils, et sa mère se retirent à Chantilly. Elles s'échappent par des subterfuges, passent à Montrond, et se rendent à Bordeaux où la princesse est reçue aux acclamations de la population. On se soulève de tous côtés pour Condé. Condé, en apprenant ces nouvelles par son chirurgien, lui dit : « Aurais-tu pensé que j'arroserais mon jardin pendant que ma femme ferait la guerre ? » En 1641, on demande à grands cris la liberté du prince, ce qui le fait conduire au Hâvre (1).

---

(1) C'est après le départ du prisonnier que Mlle de Scudéri, visitant la forteresse de Vincennes, fit sur place le quatrain suivant :

En voyant ces œillets qu'un illustre guerrier
Arrosa d'une main qui gagna des batailles,
Souviens-toi qu'Apollon bâtissait des murailles
Et ne t'étonne pas si Mars est jardinier.

Paris devient furieux contre Mazarin. Le parlement enjoint à ce ministre de se retirer. Mazarin va lui-même délivrer le prince.

Condé revient à Paris; on va au-devant de lui, on l'acclame. Au faîte des honneurs, il tolère Mazarin. — Le prince reçoit le gouvernement de la Guyenne, mais abreuvé d'intrigues, il se retire à Saint-Maur. Il refuse à la reine de revenir si l'on ne renvoie pas trois ministres; le parlement en fait la demande. Revenu à Paris, Condé obtient un nouvel arrêt contre Mazarin. La reine lance un manifeste contre le prince. Condé, décidé à passer dans la révolte, envoie sa femme et ses enfants à Montrond. Il se fait un grand bruit au palais. Condé se retire à Trie; on veut en vain l'arrêter. Il se rend à Bourges pour mettre son plan à exécution. Encore incertain, il entame des négociations que sa sœur, la duchesse de Longueville, fait échouer.

Condé se transporte à Bordeaux, capitale de son nouveau commandement. Il y reçoit les acclamations les plus enthousiastes. Il lève 12,000 hommes, saisit l'argent des recettes royales. Conti, son frère, en fait autant en Berry, mais Bourges se rend au roi. La duchesse de Longueville va rejoindre son frère à Bordeaux. Condé reçoit des renforts d'Espagne.

Il se fait un retour dans les idées. La reine rappelle Mazarin, qui, de loin, dirigeait tous les fils. Le cardinal va trouver la cour à Poitiers. Condé, poursuivi par d'Harcourt, se fortifie dans Bergerac, puis se retire à Agen. Il se sauve déguisé et se dirige vers le camp de Stenai où sont des régiments espagnols. On le reçoit bien ; il organise ses troupes et se dirige vers Montargis et Briare, où se trouvait Turenne, resté fidèle au roi.

Condé a l'audace de venir à Paris pour s'entendre avec le duc d'Orléans. Il va au parlement où il est embarrassé de sa conduite, de là à l'Hôtel-de-Ville où il promet de se rendre au roi si Mazarin est renvoyé. Mais Turenne s'empare des villes qui entourent la capitale et fait revenir le roi à Saint-Germain. Des intrigues se forment de tous côtés. Turenne et Condé se livrent un combat dans le faubourg Saint-Antoine. Condé, après des vicissitudes, reprend le dessus et la reine se décide à éloigner Mazarin. Le duc d'Orléans se fait déclarer lieutenant-général. L'arrêt est cassé par la reine qui exile le parlement à Pontoise.

Mazarin éloigné, il s'établit une défection parmi les princes, à propos des préséances. Condé, au lieu de se soumettre, se jette dans les bras des Espagnols en Belgique. Il marche sur Turenne, qui le repousse à Rethel. (1)

---

(1) En 1652, le 24 août, 400 habitants d'Issoudun qui avaient le projet de rejoindre les troupes royales, et 350 habitants de Châteauroux qui voulaient empêcher cette jonction, se rencontrèrent entre Châteauroux et Dun-le-Roi. Ils laissèrent sur place une cinquantaine de morts, mais ceux d'Issoudun allèrent trouver l'armée royale, et ceux de Châteauroux rejoignirent les troupes de Condé.

Au mois d'août de cette même année, lors de la reddition de Montrond, pris par les troupes royales sur celles du prince de Condé, les meubles les plus précieux avaient été transportés à Châteauroux.

La reine, revenue à Paris, est furieuse contre Condé. Elle demande qu'il soit traité en criminel par le parlement. Condé est rejoint en Belgique par sa femme et le duc d'Enghien. Il veut marcher sur Paris, mais en est empêché par le général des troupes espagnoles.

Tout le monde était soumis, sauf Condé. On lui fait son procès. Il est déchu de son titre de Bourbon, de ses honneurs; on déclare sa postérité déchue aussi du droit de succéder à la couronne, et on livre sa vie dans la forme qu'il plaira au roi.

Turenne (1656) marche sur Stenai; Condé y reparaît, et secourt le Hainaut. Après divers faits militaires entre Turenne et Condé, ce dernier rentre en Belgique.

Condé tombe gravement malade. La reine lui envoie son médecin Guenaut. Mazarin joue la douleur. Au rétablissement de Condé, Mazarin lui propose la paix; c'est en vain; la guerre recommence. Hesdin se prononce pour Condé; celui-ci se jette dans Tournay.

Enfin, on rétablit le prince dans ses honneurs. Il rentre en France. Il va trouver le roi en Provence. Mazarin se rend au devant de lui. Ils arrivent ensemble près du roi et de la reine. Condé se jette aux pieds du roi qui lui pardonne. Il reprend le commandement de la Bourgogne.

Mazarin meurt en 1661. Condé engage le roi à gouverner lui-même. Il annonce qu'il désire quitter les affaires et se consacrer à l'éducation de ses fils. Il reçoit

400,000 livres de la cour d'Espagne et les distribue à ses amis. — En 1665, il marie son fils, le duc d'Enghien, à Anne de Bavière, princesse Palatine, et il se retire à Chantilly. Un libelle contre lui de Bussy-Rabutin attire contre ce dernier une punition du roi.

Louis XIV voulant conquérir les Pays-Bas, a recours à Turenne. Condé envoye son fils à l'armée. Ce jeune prince y tombe malade, et son père accourt pour lui donner ses soins.

Condé ayant envoyé à Louvois, ministre de la guerre, un plan pour la conquête de la Franche-Comté, Louis XIV veut que Condé mette lui-même son plan à exécution.

Lorsque le roi partit pour la conquête de la Hollande, il emmena avec lui Turenne, le prince de Condé et le duc d'Enghien. Condé assiégea Wesel. Les Suisses ayant voulu se révolter, Condé les fit entourer et les obligea de se soumettre. Il s'empara d'Emmerick, Hulst, Hokel, Huessel. Il proposa le passage du Rhin, tant célébré. A l'attaque de l'armée ennemie, son neveu de Longueville fut tué et lui-même blessé. Il revint à Chantilly.

Le roi le renvoya bientôt après, pour défendre le Haut-Rhin, l'Alsace et la Lorraine. Il empêcha l'ennemi de pénétrer en France.

En 1673, le roi avait confié à M. le Prince le commandement de l'armée destinée à conserver la Hollande. Ce guerrier, remplissant un rôle pacifique, s'attacha à réparer les maux de la guerre, et lorsqu'il entra à Utreck, il y fut reçu avec le plus grand enthousiasme.

Revenu à la cour, Condé présenta de nouveau le plan de la conquête de la Franche-Comté. Dans sa mise en œuvre, il fut chargé d'arrêter dans les Pays-Bas les forces de la Hollande et de l'Espagne, ce qui donna lieu à plusieurs combats.

Condé revint de nouveau à la cour. Le roi alla au-devant de lui au haut du grand escalier de Versailles. Comme le prince s'excusait de monter trop lentement en raison de ses souffrances, le roi reprit : « On est bien excusable quand on est si chargé de lauriers. »

En 1675, Condé fut encore envoyé dans les Pays-Bas ; il assiégea Limbourg, puis ayant rejoint le roi, il s'empara de Tirlemont, Saint-Hours, etc.

Appelé en Alsace, après la mort de Turenne, il se porta au secours d'Hagueneau, assiégée par Montecuculli, et où les armées de ces deux chefs se mesurèrent. Ce fut sa dernière campagne.

En 1676, la santé du héros s'affaiblit considérablement, après 35 ans de gloire et de succès. Il se borna à donner des conseils et vint s'établir à Chantilly. Là, il se livrait au jardinage, à la culture des lettres ; il embellissait sa demeure et s'entourait des hommes les plus distingués. Il n'oubliait pas la bienfaisance. Il s'occupait de l'éducation de son petit-fils, le duc de Bourbon, qui fit des prodiges de valeur à Steinkerque et détermina le gain de la bataille de Nerwinde. Louis XIV voulut marier ce jeune prince à Mlle de Nantes ; cette union eut lieu en 1682.

M. le Prince avait 64 ans ; il se convertit, ayant été jusque-là fort incrédule. Il fit son testament et mourut le 11 décembre 1686. D'après son désir, son corps fut transporté à Valery, dans le diocèse de Sens, où reposaient ses ancêtres.

II. Claire-Clémence de Maillé-Brézé. — La vie du grand Condé nous a paru devoir être analysée, moins peut-être parce qu'il a été notre second duc de Châteauroux qu'en raison de sa femme qu'il a tenue si longtemps captive dans le château du Parc. Cette infortune, en effet, qui s'est passée au milieu de nous, a droit à toute notre attention, et nous pensons même qu'on nous saura quelque gré d'en retracer les détails (1).

Claire-Clémence n'avait que 13 ans lorsque Henri II de Condé, par suite de ses instincts de courtisan ambitieux, conçut, en 1641, l'idée de la marier avec son fils. Le duc d'Enghien était à peine âgé de 19 ans. Il n'avait encore servi que comme volontaire ; mais il avait, par son activité, son zèle, sa témérité, montré l'amour de la gloire qui devait si fortement s'emparer

---

(1) J'ai eu, deux fois déjà, l'occasion d'écrire les malheurs de la princesse de Condé, d'abord dans une conférence, puis dans un feuilleton du *Progrès du Centre*, intitulé : *La Tour de la princesse de Condé*; mais de nouveaux documents m'obligent à en faire une nouvelle rédaction. Voir sa vie par Charles Asselineau, Paris, 1872; ainsi que les mémoires de Lenet, de mademoiselle de Montpensier et de madame de Motteville. les lettres de madame de Sévigné et de madame de Montmorency, le journal d'Olivier d'Ormesson, la correspondance de Bussy, lord Mahon (Vie du grand Condé), les mémoires du dernier des Condé, Basin, Cousin, Sismondi, Grillon des Chapelles, etc.

de lui. A son retour, il fut bientôt, dans les plaisirs de Chantilly, le héros d'un roman avec Mlle du Vigean, qui était d'une beauté remarquable, et dont la famille était riche et en grand crédit. Ce fut alors que lui arriva l'ordre de son père pour épouser Mlle de Brézé. Il protesta, par un acte en forme, qu'il ne cédait qu'à la violence et subissait le pouvoir de l'autorité paternelle.

Le malheur de Mlle de Brézé commença dès ses premières années. Au moment où l'on voulait la marier, il y avait six ans qu'elle avait perdu sa mère, Nicole Du Plessis, sœur du cardinal de Richelieu. Son père, le maréchal de Brézé, fantasque et libertin, gouverné, dès avant son veuvage, par une maîtresse, femme d'un de ses laquais, avait négligé son éducation.

Mlle de Montpensier a écrit qu'elle était gauche et que, du côté de la beauté et de l'esprit, elle n'avait rien qui la mît au-dessus du commun. Mme de Motteville, moins passionnée et plus désintéressée dans ses jugements, lui reconnaît quelques avantages : « Elle avait les yeux beaux, le teint blanc, la taille jolie ; elle parlait spirituellement quand il lui plaisait de parler. »

Le jour de ses noces fut marqué par un incident. Mlle de Brézé était petite, et, pour lui donner quelque avantage, on l'avait chaussée de souliers si hauts qu'elle pouvait à peine marcher. En dansant une courante, elle glissa sur ses talons et tomba. Après son mariage (1642), elle fut conduite au couvent des Carmélites de Saint-Denis, durant l'absence de son mari qui avait suivi le roi dans le voyage qu'il fit en Roussillon. On voulait réparer la négligence que son père avait mise à la faire instruire.

Elle entrait dans la famille de Condé dans les circonstances les plus fâcheuses : son mari l'avait en aversion ; sa belle-mère, Charlotte de Montmorency, la méprisait ; Mme de Longueville, sa belle-sœur, ne l'estimait pas ; Mlle de Montpensier déclarait qu'elle lui faisait pitié ; enfin, M. le Prince, son beau-père, la protégeait sans l'aimer. On comprend, en outre, combien elle était écrasée par la comparaison qu'on pouvait en faire avec Mlle du Vigean. Tout tournait contre elle : sa jeunesse, son innocence, et jusqu'à la toute puissance de son oncle le cardinal.

Le duc d'Enghien, en se soumettant, pouvait conserver l'espoir de s'affranchir. Pendant deux ans, il eut la fermeté de ne rien entreprendre relativement au projet qu'il avait de rompre son mariage. Le cardinal n'ignorait pas de quelle façon sa nièce était traitée. Il ressentait vivement ces mépris et ces outrages et ne prévoyait que trop bien de quel affront suprême ils seraient suivis dès qu'il ne serait plus là pour soutenir sa famille. Aussi, dans la dernière année de sa vie, lorsque le duc d'Enghien se résolut à rentrer en faveur auprès de lui, sans doute pour avoir des armées à commander, noble emploi pour lequel sa passion s'était déclarée hautement, la première condition que le cardinal mit à ses bonnes grâces, fut que le prince vivrait désormais *en bon mari* avec sa femme. En effet, peu de temps après, la duchesse devint enceinte. Le cardinal de Mazarin et Mme la princesse tinrent sur les fonds baptismaux, le 12 décembre 1643, ce premier enfant. La mort de Richelieu, il faut le remarquer, n'avait pas interrompu la vie commune des époux.

Il semblait qu'après cet événement décisif, le duc d'Enghien dût renoncer à tout projet de séparation et avoir pour sa femme le respect et les ménagements que méritait au moins celle qui venait de donner un héritier à sa maison. Mais tout conspirait contre Claire-Clémence. Le duc de Richelieu avait disparu, et Condé, déjà illustré par les victoires de Rocroi et de Thionville, trouvait au ministère, au lieu d'un maître tout puissant, un allié qui lui était obligé par la gloire qu'il répandait sur son pouvoir nouveau. Le prince de Condé persistait dans ses idées de répudiation ; sa mère, qui n'avait pu prendre son parti sur la mésalliance de son fils, les encourageait ; mais son père et la reine s'y opposaient.

Claire-Clémence, cependant, devait avoir son jour. Lors de l'arrestation de Condé, elle domina sa timidité, déclara qu'elle ne quitterait point son fils et qu'elle s'exposerait à tout pour le service du prince, son mari. Elle sortit subitement de l'obscurité dans laquelle on la reléguait et montra l'énergie et le dévouement qui devaient être récompensés par tant d'ingratitude.

Gourville et Lenet devinrent ses conseils. Echappée à pied de Chantilly, avec son fils et une petite troupe de fidèles, elle traversa Paris et se rendit, en trois jours, par des chemins détournés, au château de Montrond. Ses lettres à la reine, aux ministres, aux magistrats sont pleines de fermeté. Elle était très-surveillée par l'intérêt qu'on avait à ne pas laisser les factieux s'emparer de son fils.

Le maréchal de La Meilleraye s'avançant sur Montrond avec des troupes, elle put s'évader à la faveur d'une partie de chasse, et fut rejoindre, à travers mille difficultés, tantôt à cheval et tantôt en litière ou en bateau, les ducs de Bouillon et de La Rochefoucauld. Elle présenta son fils à leur petite armée qui remporta aussitôt, sur le chevalier de Lavalette, un avantage après lequel Bordeaux allait ouvrir ses portes.

Ce n'était pas, cependant, l'avis des magistrats. Mazarin avait particulièrement, dans l'avocat général Lavie, un chaleureux partisan. Le parlement ne voulait pas se prononcer ; mais les masses appelaient la princesse. Celle-ci mettant à profit un engouement qui pouvait n'être pas durable, s'exposa aux hasards d'un accueil populaire, et fût reçue, le 31 mai, avec un enthousiasme qu'entretint une admiration légitime. En présence du danger, la fille du maréchal de Brézé devient presque une héroïne. Elle passe des revues, donne des ordres, négocie, tient conseil.

Descendue chez le président Delalanne, son premier soin fut de sauver de la fureur du peuple Delvimar, émissaire de Mazarin, qui s'était montré avec violence son ennemi. Cette douceur lui rendit encore plus favorable la multitude.

Le lendemain de son entrée, elle mena le duc d'Enghien au parlement, où Lavie s'était opposé de toutes ses forces à cette admission. Là, d'une voix émue, mais avec une éloquence qui ne lui fit pas défaut, elle dit en substance :

« Je viens demander justice au roi, en vos personnes, contre la violence du cardinal Mazarin, et remettre ma vie et celle de mon fils en vos mains. J'espère que vous lui servirez de père. L'honneur qu'il a d'être proche parent de Sa Majesté, le caractère dont vous êtes revêtus vous y obligent. Il est le seul de la maison royale qui soit en liberté. Son père est dans les fers. Vous savez tous, messieurs, les services qu'il a rendus à l'État, l'amitié qu'il vous a témoignée dans les occasions, celle dont s'honorait pour vous mon beau-père. Laissez-vous toucher par tant de titres ; ne refusez pas votre commisération à la famille la plus malheureuse et la plus injustement persécutée. » Et le petit duc pour dernier trait à cette harangue : « Servez-moi de père, Messieurs ; le cardinal m'a ôté le mien. »

Le parlement de Bordeaux fut entraîné. Celui de Toulouse céda bientôt à son exemple. Mais ce succès de la princesse et le secours qu'elle obtint de l'Espagne n'empêchèrent pas le duc d'Épernon de s'emparer de l'île Saint-Georges, revers, d'ailleurs, qui exalta l'ardeur bordelaise. On s'enrôla, on nomma le duc d'Enghien généralissime. On reprit l'île, dont l'occupation par les troupes royales était trop menaçante pour les insurgés.

L'envoi à la princesse, par l'Espagne, d'un ambassadeur, et la réception officielle faite à cet étranger, réveillèrent des scrupules dans le parlement, qui prit arrêt pour enjoindre à Osorio de sortir de la ville. Le peuple avait moins de patriotisme que les magistrats, et ceux-ci n'auraient pas été en sûreté sans l'intervention magnanime de la princesse pour sauver de la colère de ses partisans ses plus redoutables adversaires. Ce nouveau trait de générosité ajouta au crédit de la princesse, et les rigides magistrats eux-mêmes firent passer, avant leurs obligations de sujets, le devoir plus actuel de leur reconnaissance.

On raconte quelques conversations qu'il n'est peut-être pas inutile de rapporter pour faire apprécier l'esprit d'à propos de Claire-Clémence : « Je vois bien, Messieurs, avait dit la princesse, admise à l'assemblée du parlement, ce dont vous avez envie. Vous voulez que je vous tire du péril où vous êtes, et la petite vanité gascone vous empêche de m'en prier... » Et comme quelques-uns se prirent à rire : « Messieurs je vous entends. Je m'en vais y faire mon possible. Si j'y réussis, vous direz que votre autorité en serait bien venue à bout sans moi, et si je ne peux pas en venir à bout, vous ne manquerez pas de croire que je n'ai pas de crédit que ce que vous m'en donnez.... »

La reine et son ministre Mazarin, qui répugnaient à s'éloigner de Paris, sentirent pourtant que leur présence était encore plus nécessaire en Guyenne, où la guerre prenait de la gravité, conduite par une jeune femme, dont on avait jusque-là tenu si peu de compte.

Celle-ci se gardait bien de se dire et peut-être de se croire rebelle. Sa fidélité au roi était inaltérable. C'était presque cette fidélité qui l'avait réduite à prendre les armes pour résister à un ministre qui trahissait la couronne en opprimant ses plus naturels soutiens. Le parlement de Bordeaux en était venu aussi à croire que c'était servir le roi que de renverser son ministre. Il rendit un arrêt plus du goût de ses justiciables que le précédent : cet arrêt interdisait aux habitants de Bordeaux de recevoir Mazarin. Ce parlement fit un autre acte du même genre, en envoyant à la reine une députation qui avait ordre de ne pas communiquer avec le ministre.

La fortune, cependant, ne démentait pas ses habitudes d'inconstance. Le maréchal de la Meilleraye venait de s'emparer du château de Vaire et d'en faire pendre le gouverneur Richon, un bourgeois de Bordeaux, dont la mort exaspéra ses belliqueux concitoyens. Aussi la princesse, qui voulait contraster par son humanité avec tant de rigueur, n'obtint rien cette fois de son conseil. On y décida la loi de représailles, dont le chevalier de Canolles fut l'intéressante victime.

Cette exécution lui fit cruellement sentir le malheur des discordes civiles et fut peut-être ce qui lui inspira le plus le désir d'en procurer la fin. L'armée royale, d'une autre part, malgré l'affaiblissement du pouvoir, avait des ressources qui manquaient à une troupe de volontaires. Quoique la princesse prévît et même désirât l'abandon de ses armes, elle ne négligea aucun de ses préparatifs guerriers, encourageant, par son exemple, les femmes à réparer les brèches des remparts, ne laissant voir, par aucune froideur ou par ralentissement de zèle, qu'elle ne partageait pas la confiance qu'elle avait si bien inspirée. Elle savait que ses efforts ne lutteraient pas longtemps contre des forces régulières et disciplinées, commandées par des officiers ayant moins d'élan, mais plus d'expérience des combats.

Elle négociait donc pendant qu'on la croyait absorbée par ses plans de défense, et, le 28 septembre 1650, elle avait renoncé aux attributs de la guerre et signé honorablement la paix. Elle s'embarqua le 30 octobre pour Coutras, et eut à Bourg, avec la reine, un entretien auquel assistait Mazarin. Là, elle redevint doublement femme, en accablant de son dédain le ministre dont elle affecta de compter pour rien la présence, et, en trouvant, pour supplier la reine, un langage de mère et de femme, plein de respect soumis et d'affection touchante.

Elle écrivit au roi : « Sire, la violence avec laquelle le cardinal Mazarin a fait arrêter Monsieur mon mari.... la manière avec laquelle il a fait chasser ma belle-mère hors de sa maison..... toute cette oppression du cardinal Mazarin me donne, Sire, une juste crainte d'en ressentir quelques effets rigoureux, m'empêche de m'aller jeter aux pieds de Votre Majesté pour lui présenter mes très-humbles services et demander à Votre Majesté la liberté de Monsieur mon mari, que je souhaiterais presque être moins innocent qu'il n'est, afin qu'une captivité qu'il aurait en quelque sorte méritée, fît voir à la postérité des marques de la justice de la reine, et non pas celles de la violence d'un étranger. »

Le résultat de cette démarche fut : la paix conclue à Bourges, l'amnistie accordée à tous ceux qui auraient pris les armes en Guyenne, en un mot, toutes les conditions proposées par la princesse et les ducs concédées, hormis une seule, la principale, celle qui avait été la cause de tout ce soulèvement, la délivrance du prince de Condé que Mazarin persistait à détenir prisonnier, tout en promettant de tout faire pour abréger sa captivité.

La princesse fut renvoyée à Montrond avec son fils. Si nous ajoutons qu'elle rejoignit plus tard son époux à l'étranger et qu'elle ne rentra qu'avec lui en France, à la paix des Pyrénées, nous aurons dit de sa vie tout ce qui appartient à la politique.

Dans l'esquisse de la vie politique du grand Condé, on a vu avec quelle indifférence il avait appris les événements de Bordeaux. Cependant il faisait quelquefois des retours sur lui-même au sujet de sa femme. On lit, dans l'*Introduction de Petitot aux Mémoires de la Fronde,* que Condé dans sa prison du Hâvre, feignait d'être malade, afin de s'entretenir plus librement avec le chirurgien Dalençay. « Dans ses conversations, il parlait de son épouse, dont il avait méconnu longtemps les qualités et pour laquelle il témoignait une vive admiration. » Ayant pu faire passer une correspondance chiffrée, il y joignit même un billet pour la princesse. Ce billet, première et seule récompense de son dévouement et de son courage, mérite d'être transcrit, comme compensation d'une si longue méconnaissance et de tant d'outrages cruels et immérités :

« Il me tarde, madame, que je sois en état de vous embrasser mil fois pour toute l'amitié que vous m'avez témoignée, qui m'est d'autant plus sensible que ma conduite envers vous l'avait peu méritée ; mais je sçauray si bien vivre avec vous à l'advenir, que vous ne vous repentirés pas de tout ce que vous avés faict pour moy, qui fera que je seray toute ma vie tout à vous et de tout mon cœur. »

Ce premier témoignage d'une affection que Claire-Clémence avait désespéré de gagner, fit épanouir son cœur si longtemps comprimé. Mais ce rayon fut le seul que Condé laissa tomber sur elle. Rétabli dans ses honneurs et son pouvoir, elle redevint l'épouse dédaignée et humiliée. Deux fois la princesse de Condé fut malade et près de succomber ; chaque fois cette nouvelle fut accueillie à la cour comme l'annonce d'un mariage et d'une succession.

Dans la seconde partie de la Fronde, Condé ayant quitté Bordeaux pour aller rejoindre son armée dans les Pays-Bas, avait laissé dans cette ville sa femme et sa sœur. Voici à cette occasion, ce que dit M. V. Cousin, dans son *Histoire de Mme de Longueville*, p. 256, sur la princesse de Condé : « Au premier rang du conseil et environnée d'universels hommages, était Mme la princesse de Condé, qui s'était si noblement conduite dans la première guerre de Guyenne en 1650. Cette fois, fatiguée par une grossesse pénible, toujours souffrante et éclipsée par sa belle-sœur, elle s'effaçait volontiers, et se bornait, avec sa douceur accoutumée, à recommander autour d'elle la modération et l'union, surtout l'absolue obéissance aux instructions de son mari, dont elle-même ne cessa de donner le plus parfait et le plus touchant exemple. »

La princesse de Condé, après avoir accepté avec le prince de Conti, Mme de Longueville, Marsin et Lenet, la transaction qui eut lieu avec la cour, s'embarqua avec son fils et Lenet pour aller retrouver Condé dans les Pays-Bas.

Enfin, en 1671, un événement tragique, dont les conséquences montrent, sous un jour sinistre, la persévérance des mauvais sentiments que son mari eut toujours pour elle, s'ajouta à cette suite non interrompue de tribulations et d'outrages. Voici ce qui résulte des renseignements les plus positifs recueillis à ce sujet.

Le prince de Condé avait donné pour page à sa femme le jeune Louis de Rabutin, qui avait douze ans. Il entra à 16 ans dans les mousquetaires, et Mme la princesse contribua à son équipement. C'était, à ce qu'il paraît, un très-joli garçon. Il venait quelquefois rendre ses devoirs à la princesse. Un jour qu'il lui faisait visite, un valet, nommé Duval, demi-ivre, habitué aux bontés de la princesse, vint lui réclamer avec inconvenance une pension qu'elle lui faisait. Rabutin, ne pouvant souffrir ce manque de respect, le traita de coquin et menaça de le châtier s'il était ailleurs.

Duval répondit avec arrogance. Rabutin le poussa dans l'antichambre, mit l'épée à la main et Duval en fit autant. La princesse, voulant les séparer, fut blessée légèrement au sein droit. Duval se sauva, fut pris et on lui fit son procès. Il fut condamné aux galères, mais mourut avant d'y arriver. Rabutin se retira à sa caserne, y resta huit jours, puis se rendit en Allemagne, où il fit, par la suite, une grande fortune à la cour de Vienne ; il épousa Dorothée, duchesse de Holstein.

Le bruit, les cris attirèrent les gens de la maison. On crut d'abord à un assassinat. Le roi et la cour s'empressèrent de faire complimenter la princesse au sujet de cet événement.

Mais la malignité s'en empara. On répandit que la princesse était bien avec son page et avec son valet et qu'ils s'étaient battus par jalousie. Condé sut que Mademoiselle en avait fait des railleries avec le roi, et sa bru (la Palatine) mit, dit-on, la dernière aigreur dans l'esprit de M. le Prince. Il saisit cette occasion pour éloigner sa femme. Celle-ci n'avait plus alors ni soutien ni famille : son père, son frère, le cardinal son oncle étaient morts ; son fils la trahissait. Son fidèle conseiller Lenet mourait la même année.

Le prince de Condé retourna à Chantilly et écrivit au roi qu'il ne remettrait plus le pied à Paris tant que la princesse y serait. Sa Majesté fit en conséquence rendre une lettre de cachet pour lui enjoindre de quitter la cour et de sortir de la ville. Mme la princesse de Condé fut exilée à Châteauroux pour le reste de sa vie. Dès qu'elle fut guérie de sa blessure, elle y fut conduite. Personne de ses proches ne la vit en partant. Il n'y eut point, a-t-on écrit, de désespoir pareil au sien.

Avant son départ, elle envoya chercher le curé de Saint-Sulpice, avec lequel elle eut des entretiens de piété et elle lui dit : « Monsieur, c'est la dernière fois que vous me parlez ; je ne reviendrai jamais d'où le roi m'envoie. La confession que je viens de vous faire servira quelque jour à prouver mon innocence. »

On dit que, le 24 février, le roi et M. le Prince obligèrent la princesse, avant son départ pour Châteauroux, d'abandonner à son fils toute sa fortune qui s'élevait au-delà de cent mille écus de rente [1].

Le duc fut accusé d'avoir conseillé à M. le Prince de supprimer le traitement que recevait sa mère. Il était bien aise d'avoir trouvé un prétexte pour la mettre dans un lieu où elle ferait moins de dépense.

La princesse fut longtemps renfermée dans la tour et le château du Parc. On lui permit plus tard de se promener dans les cours, toujours gardée par des gens que M. le Prince tenait auprès d'elle. Son seul plaisir était d'apercevoir, de temps en temps, les gens de la campagne danser la bourrée au son de la vielle et de la cornemuse. « Heureux, disait-elle, ces bons

---

[1] Le cardinal avait donné en dot à sa nièce les terres d'Ansach, de Mouy, de Cambronne et de Plessiers-Billebaut, avec 300 mille livres en argent comptant. Cette somme devait être employée en l'acquit de dettes contractées par les Montmorency et les Condé (Huillard-Bréhelles). La princesse avait mis ses diamants en gage à Bordeaux dans l'intérêt de la cause de son mari.

paysans qui goûtent en liberté ces plaisirs champêtres ! » Elle avait fait construire dans le château un oratoire où elle allait souvent prier.

A son lit de mort, le vainqueur de Rocroy, de Fribourg, de Nordlingue, le philosophe de Chantilly, par une précaution qui épouvante et qui donne la mesure d'une haine si implacable, la recommanda à son fils et à Louis XIV, et conformément à ses intentions, la malheureuse princesse finit sa vie, huit ans après, dans le même exil. Des notices ont rapporté qu'elle était morte dans le château du Parc ; mais la tradition locale nous apprend que, dans les dernières années de sa vie, elle demeurait au Château-Raoul, et que les dames de la ville allaient l'y voir et lui tenir compagnie.

Henri-Jules, fils du grand Condé, suivit, avec une rigoureuse exactitude, les instructions de son père relativement à celle dont il tenait le jour et dont il avait reçu les soins les plus tendres et les plus généreux. A sa mort, il envoya un intendant et ses funérailles ne furent pas celles qui étaient dues à son rang. L'inhumation eut lieu dans la chapelle Saint-Sébastien de l'église de Notre-Dame et de Saint-Martin. Son tombeau était de marbre blanc. Il fut détruit en 1793 pour en avoir le plomb.

Voici ce qu'on trouve dans le registre des actes de l'État civil de la paroisse de Saint-Martin de Châteauroux, où la princesse fut inhumée :

« Le 16 avril 1694 est décédée haute et puissante dame Claire-
» Clémence de Maillé-Brézé, douairière de Louis de Bourbon,

» âgée de 63 ans, est morte d'une mort subite, après avoir
» demeuré dans son château de cette ville vingt-quatre ans.....
» L'enterrement n'a pas été fort pompeux pour une princesse.
» M. Davilay, envoyé de son altesse, fils de ladicte défunte, fit
» tout à l'épargne. Le chapître n'eut, tant pour leurs veillées
» de jour et de nuit et tous les jours de priement, fait sur le
» corps, plusieurs messes basses et hautes solemnelles, et pour
» deux messes tous les jours, que huit cents livres ; sur quoy il
» a fallu payer les vicaires, le sonneur, le bastonier. Tous les
» corps de la ville tant ecclésiastiques, religieux, frères de la
» confrairie du Saint-Sacrement, et justiciers ont assisté au
» dyct convoy ; aussi messieurs du chapitre de Déols, et M. le
» curé du dict lieu ont été très mal satisfaits, à ce qu'ils
» m'ont dit.

» MOUSNIER,
» *curé de Saint-Martin de Châteauroux.* »

La princesse de Condé avait été accompagnée à Châteauroux par sa dame d'honneur, Mme de La Motte, épouse de Charles Guittaud, marquis de La Motte, chevalier, capitaine du château de Moulins, maître de camp du régiment d'Enghien, lieutenant général des armées du roi. — Ses serviteurs demeurèrent encore des années à Châteauroux.

On se demande aujourd'hui quels ont pu être les motifs du prince de Condé pour avoir accablé sa femme sous une dureté et une haine si persistantes. Marié malgré lui à une enfant gauche et timide, tandis que ses sentiments étaient occupés auprès d'une personne qui brillait dans le monde, on peut se faire une idée du dépit d'un consentement forcé, du ressentiment d'une violence et de l'éloignement qu'il en éprouvait ; mais tout cela ne devait-il pas finir par être racheté par une soumission parfaite? Et quand la princesse l'eut rendu père d'un fils qu'il affectionnait, lorsque surtout elle lui avait montré un dévouement qu'il avait fini par apprécier, peut-on comprendre son odieuse conduite envers sa femme et le cruel traitement qu'il lui a infligé pour le reste de sa vie? Cette cruauté fut dans le temps généralement blâmée, même par le dernier descendant des Condé. En effet, l'exil perpétuel, la séquestration, la mort civile, la mort sans pardon, étaient hors de proportion avec une faute même plus grave que celle qu'il a voulu supposer.

La naissance de Claire-Clémence de Maillé-Brézé aurait-elle pu être une raison capable d'expliquer la conduite de Condé? Sans avoir une origine aussi élevée que celle de son mari, elle n'aurait point terni l'éclat même de la pourpre royale. La maison de Maillé se manifeste au XII° siècle. Ajoutons à ce que nous avons déjà dit (p. 319) à propos de la maison des Maillé de La Tour-Landry, les détails suivants : Après Hugues de Maillé, qui vivait en 1100, nous ne ferons que nommer Hardouin Ier, grand-père de Hardouin II, qui entama le XIII° siècle. Hardouin III se croisa avec Saint-Louis. Hardouin IV, Hardouin V et Hardouin VI viennent ensuite; ce dernier existait en 1412. En 1458, Hardouin VII épousa Antoinette de Chauvigny, et, par ce mariage, le Bas-Berry devait devenir en partie l'héritage d'une branche des Maillé. Cette branche n'est pas, toutefois, celle à laquelle se rattache la princesse de Condé, car elle descendait de

Hardouin III, le campagnon de Saint-Louis, par Jean, frère de Hardouin IV et seigneur de Brézé.

Urbain de Maillé-Brézé, capitaine des gardes du roi, maréchal de France, ambassadeur près le roi de Suède, Gustave le Grand, en 1631, ambassadeur en Hollande et gouverneur de l'Anjou, en 1636, vice-roi de Catalogne, en 1642, épousa une sœur du cardinal de Richelieu. De cette union naquit Armand de Maillé, marquis de Brézé, duc de Fronsac et de Caumont, maréchal de France, qui se distingua dans la guerre de Flandre, en 1638, commanda une escadre au siège de Cadix en 1640, et fut tué d'un coup de canon, au siège d'Orbitello en 1646, à l'âge de 27 ans. — Comme fille et comme sœur, voici pour Claire-Clémence une assez illustre noblesse.

Elle n'avait, sous le rapport physique, rien de ce qui pourrait s'appeler un défaut de nature. Nous avons rapporté ce qu'en a dit Mme de Motteville. Lenet, dont le témoignage ne peut être repoussé, bien qu'il se soit toujours montré son protecteur, déclare qu'elle était « brune et belle, et autant agréable qu'il y en eut à la cour. » Son portrait conservé nous montre une physionomie douce, calme et intelligente.

Sa réputation avait toujours été intacte, et l'on doit remarquer que les publications, qui n'ont point été sobres de scandales, gardent presque un absolu silence sur la princesse de Condé, dont la haute position aurait pu donner plus de prix aux anecdotes galantes. Mais la princesse, a-t-on dit, abandonnée, dédaignée de son mari, se serait à la fin lassée de son isolement ; elle aurait failli cette fois ou plutôt défailli sous le poids accumulé de l'ingratitude et de la persécution. Se fût-elle, à l'âge des regrets et dans son abandon, laissé prendre à la fraîche affection d'une cœur naïf, trahie peut-être par l'abondance de sa tendresse, si longtemps refoulée, qu'on pourrait la trouver excusable. Mais il faut remarquer qu'elle était mariée depuis 30 ans et qu'elle avait 43 ans. Ne paraît-il pas plus simple et plus naturel de croire à une de ces affections toutes maternelles, fruit ordinaire de l'automne de la vie d'une femme, surtout après un printemps et un été stériles, comme ils l'avaient été pour Mme de Condé, deux fois trompée dans sa tendresse comme femme et comme mère, par un époux barbare et ingrat et un fils dénaturé ? L'événement de l'hôtel, transformé par la malignité publique en rivalité d'amour, fut sans doute pour le prince une occasion, cherchée depuis longtemps, pour mettre à exécution ses odieux projets.

Quelles fautes, d'ailleurs, ne seraient pas expiées par les cruels traitements qu'a eu à subir cette malheureuse princesse ! « Elle a laissé, dit M. des Chapelles, cette auréole de persécutions brutales qui lui feraient un titre à l'indulgence et qui feraient excuser bien des torts. »

§ III. — Henri-Jules de Bourbon, prince de Condé, troisième duc de Châteauroux.
(1686-1709)

ROI DE FRANCE CONTEMPORAIN.
Louis XIV.................. 1643-1715.

Ce prince, né en 1643, joua tout enfant, comme on

l'a vu, un rôle dans la Fronde, ou du moins sa mère le lui fit jouer, pendant que son père était prisonnier de Mazarin. En 1654, le prince et sa mère rejoignirent le grand Condé dans les Pays-Bas. Il portait le nom de duc d'Enghien. Il se trouva à la bataille des Dunes à la tête de son régiment, et s'annonça brillamment dans la carrière militaire.

Rentré en grâce avec son père, le duc d'Enghien servit dans l'armée de Flandre en 1667, en Franche-Comté en 1668, et dans la guerre de Hollande en 1672. Il passa le Rhin avec son père, combattit à ses côtés à Senef, y fut blessé comme lui, et lui sauva la vie en aidant le comte d'Ostasie à le replacer sur son cheval.

La bizarrerie de son humeur, son avarice, ses vapeurs et les attentions ridicules qu'il donnait à sa santé, le rendirent la fable de la cour. Voici le portrait de ce prince, tracé par le plus grand maître en ce genre, le duc de Saint-Simon :

« C'était un petit homme très-mince, très-maigre, dont le visage, d'assez petite mine, ne laissait pas que d'imposer par le feu et l'audace de ses yeux. Personne n'a eu plus d'esprit, et de toutes sortes d'esprit, ni rarement tant de savoir, en presque tous les genres, et pour la plupart à fond. Jamais encore une valeur plus franche et plus naturelle, ni une plus grande envie de bien faire ; et quand il voulait plaire, jamais tant de discernement, de grâce, de gentillesse, de politesse, de noblesse, tant d'art caché coulant comme de source. Jamais aussi tant de talents inutiles, tant de génie sans usage, et une si continuelle et si vive imagination, uniquement propre à le rendre son bourreau et le bourreau des autres... fils dénaturé, cruel père, maître détestable, pernicieux voisin, il fit le malheur de tous ceux qui eurent avec lui quelques rapports. »

Les singularités de ce personnage ont défrayé tous les mémoires du temps. Il finit par être atteint de la plus bizarre des folies. Il se persuada qu'il était mort, et concluait de là qu'il ne devait plus manger. Un médecin, cependant, réussit à lui faire croire que les morts mangeaient quelquefois, et il fit apparaître devant lui des gens couverts de linceuls qui se mirent à table et firent grand honneur au souper. Vaincu par leur exemple, il finit par faire comme eux. La fantaisie lui prit ensuite de peser tout ce qui sortait de son corps (1).

Sa conduite vis-à-vis de sa mère a été appréciée dans le paragraphe précédent (2) ; et il a été dit

(1) Mémoires de la duchesse d'Orléans. — Journal de Dangeau.

(2) On avait fondé dans l'église de Saint-Martin une messe quotidienne et perpétuelle, avec un service annuel pour le repos de l'âme de la princesse de Condé. Un capital de 1200 livres avait été affecté à cette fondation. Henri-Jules de Condé refusa de payer, le 3 décembre 1699. Le chapitre de Saint-Martin se décida à faire saisir le revenu du duché et maintint son opposition jusqu'en novembre 1702. Il n'était pas davantage payé en juin 1705, et à cette date le chapitre, vu la difficulté de se faire payer des 1200 livres de 6 mois en 6 mois, et les menaces des officiers du prince, demandèrent audit prince un fond au lieu et place de 1200 livres, attendu que le chapitre souffrait pour trop attendre.

Dans l'oraison funèbre du grand Condé, Bossuet dit en s'adressant au duc d'Enghien : « Qu'un père vous ait aimé, je ne m'en aussi que son père le maria à la princesse palatine, Anne de Bavière, dont il en eut neuf enfants. Il mourut en 1709.

§ IV. — Louis III de Condé, duc de Bourbon, quatrième duc de Châteauroux.

(1709-1710)

ROI DE FRANCE CONTEMPORAIN.

Louis XIV...................... 1643-1715

Louis III de Condé, fils de Henri-Jules et d'Anne de Bavière, hérita du duché de Châteauroux. Il porta, du vivant de son père, le titre de duc de Bourbon, au lieu de celui de duc d'Enghien ; après la mort de son père, il ne prit pas le titre de prince de Condé.

Il fit glorieusement plusieurs campagnes, mais n'eut jamais de commandement en chef.

Il mourut subitement à Paris, le 4 mars 1710, dans sa 42me année. On a vu qu'il avait épousé, le 24 juillet 1685, Louise-Françoise légitimée de France, dite Mlle de Nantes, fille naturelle de Louis XIV et de Mme de Montespan, dont il eut quatre enfants : 1° Louis-

étonne pas ; c'est un sentiment que la nature inspire ; mais qu'un père si éclairé vous ait témoigné assez de confiance jusqu'au dernier soupir, *qu'il se soit reposé sur vous des choses importantes, et qu'il meure tranquillement dans cette assurance,* c'est le plus beau témoignage que *votre vertu* pouvait remporter, et, malgré tout votre mérite, Votre Altesse n'aura de moi aujourd'hui que cette louange. »

Henri, duc de Bourbon (1); 2° Charles, comte de Charolais; 3° Louis, comte de Clermont; 4° Marie-Thérèse de Bourbon, mariée à François-Louis de Bourbon, prince de Condé. Ces trois princes et leur sœur furent sous la tutelle honoraire de leur mère.

Après sa mort, le duché de Châteauroux et les autres seigneuries qu'il possédait en Berry restèrent indivis entre ses héritiers.

§ V. — Louis IV de Condé, comte de Clermont, cinquième duc de Châteauroux.

(1710-1735)

ROIS DE FRANCE CONTEMPORAINS.

Louis XIV.......... 1643-1715 | Louis XV........... 1715-1774

Après Louis III de Condé, le duché de Châteauroux passa au dernier de ses fils ; son frère, M. le duc, le lui avait abandonné en 1727.

Louis IV de Condé, comte de Clermont, fut abbé du Bec, de Saint-Claude, de Noirmoutiers et de Saint-Germain-des-Prés. Il obtint une dispense pour entrer dans la carrière militaire sans renoncer à ses bénéfices. Il était plus fait pour la vie monastique que pour celle des camps, et la défaite de Crevelt a tristement signalé sa capacité guerrière. Henri Martin dit que c'était un jeune homme violent, brutal et borné.

(1) Ce duc de Bourbon, qu'on appelait M. le duc, eut le titre de surintendant de l'éducation de Louis XV, et devint, après la mort du régent, premier ministre. Renversé par le cardinal de Fleury, il fut exilé par lettres de cachet du 2 juin 1726.

Par haine contre sa tante, Anne-Louise-Bénédicte de Bourbon-Condé, duchesse du Maine, il présenta, le 17 août 1716, requête au conseil pour qu'on enlevât aux légitimés les prérogatives de prince du sang.

Il porta le nom de comte de Clermont. — Bien qu'il fût devenu propriétaire de la terre de Châteauroux et qu'il eût le titre de duc, c'était le chef de la famille qui recevait les hommages, délivrait les provisions des officiers de justice et autres, faisait enfin tous les actes que l'on peut appeler de souveraineté. (1) Par suite des partages des biens dans la famille de Condé, l'aîné n'avait pu conserver toutes les terres de cette maison qui étaient érigées en dignités. Le duché-pairie de Châteauroux qui, pour toute autre famille, eût été précieux, puisqu'il conférait la dignité de duc et pair, n'offrait aucun avantage de cette nature aux descendants de Henri II de Condé ; car, comme princes du sang royal, ils étaient, aux termes de l'édit du mois de mai 1711, investis de tous les priviléges de duc et de pair, et même élevés au-dessus.

Le 22 mai 1727, les notables ayant appris que S. A. S. le duc était à Bourbon, envoyèrent M. Savary, maire, et M. Augras, avocat, lui faire la révérence de la part des habitants. Cette visite n'était pas désintéressée et n'avait pas été déterminée uniquement par le respect qui était dû au seigneur de la ville. Elle avait pour but de solliciter la protection du prince.

---

(1) Le 17 mars 1720, Nadau, seigneur du Peyrat fit hommage, pour la seigneurie de Fougères, au palais des Tuileries, au même Louis de Bourbon.

En effet, le 18 juin suivant, ils députèrent, vers l'intendant, le maire et un échevin pour le prier de donner un avis favorable pour l'abonnement de la taille et autres impositions de Châteauroux et pour que les priviléges de la ville fussent confirmés.

En septembre 1729, le maire fut envoyé à Paris pour supplier S. A. S. le comte de Clermont de vouloir bien demander le rétablissement de l'abonnement de la taille accordé par le roi aux habitants de Châteauroux à la faveur de S. A. S. feu monseigneur le prince. Il était autorisé à rester à Paris jusqu'au 31 octobre, et il lui fut alloué pour sa dépense quatre livres par jour, et cinq livres par jour à forfait pour le temps qu'il avait passé à Paris pour les affaires antérieurement au 30 septembre, en ce non compris les frais extraordinaires dont il rapporterait état. — Il y retourna l'année suivante le 30 mai, et le 25 août ayant écrit qu'il convenait de faire quelque dépense pour l'abonnement, on lui envoya la somme nécessaire, que l'on prit sur le revenant bon du produit des octrois. Le 8 septembre, comme il n'y avait pas encore de solution, les notables firent écrire au maire de revenir.

Le 8 mai 1736, les maire et échevins ayant eu avis que l'archevêque, monseigneur de La Rochefoucauld, devait arriver à Châteauroux pour y faire la visite des églises et paroisses circonvoisines, exposèrent aux notables qu'il était de leur devoir de se préparer à le recevoir du mieux possible, autant que les revenus de la ville le permettaient, et de lui faire un présent comme cela s'était pratiqué dans les autres villes. L'intendant du Berry les avait autorisés à employer à cet usage une somme de cent livres seulement, prélevée sur les revenus des octrois ; mais les habitants permirent au maire de prendre, en outre, cent cinquante livres sur les deniers qu'il avait entre les mains.

Le comte de Clermont, par contrat du 26 décembre 1735, vendit au roi Louis XV, la terre de Châteauroux, pour la somme de deux millions sept cent mille livres. L'acte fut approuvé le 16 août 1836, par arrêt du conseil d'État. Lorsqu'il eut l'intention de vendre au roi, il envoya à Châteauroux Charles Ambrelique, écuyer, fondé de sa procuration. Celui-ci, pour se rendre compte de la valeur de cette terre, exigea que le sieur Villers, fermier général du duché, de Déols et de Saint-Gildas, lui fournit une *liève* de chacune de ces seigneuries (1).

Le comte de Clermont mourut en 1740.

§ VI. — Réflexions sur la maison de Condé.

Les Condé, comme nous l'avons dit, n'ont pas habité la terre déoloise, et, bien qu'ils aient été ducs de Châteauroux, après avoir obtenu de transformer cette terre en duché-pairie, ils n'ont jamais porté ce titre.

---

(1) On nommait *liève*, l'extrait du terrier d'une seigneurie, qui servait au receveur pour lui faciliter la perception des cens et redevances seigneuriales. Les fermiers l'avaient fournie pour le duché le 25 octobre 1697 ; pour Saint-Gildas le 9 mars 1693 ; pour Déols le 4 avril 1702.

Nous avons dû, néanmoins, les comprendre dans l'histoire politique de notre ville, car, avec le but de continuer la chaîne des temps, il fallait encore marquer la possession de notre province et indiquer les souvenirs qu'ils y ont laissés.

L'acte essentiel de Henri II de Condé, premier duc de Châteauroux, fut une spoliation; nous voulons parler de la sécularisation des abbayes de Déols et de Saint-Gildas. Il s'en appropria les revenus et ne remplit pas les conditions, bien peu onéreuses cependant, qui lui étaient imposées. — Nous avons dit que l'avarice fut une tache dans la vie de ce prince.

Son fils, le grand Condé, deuxième duc de Châteauroux, s'il mérita ce nom par ses exploits guerriers, fut bien loin d'imiter la sagesse et la fidélité de Turenne, qu'il ne put pas entraîner avec lui dans la révolte de la Fronde. Il s'allia avec l'étranger, ce qu'on pardonna à un prince du sang, mais ce qui eût été considéré comme un crime punissable chez tout autre général. Nous avons raconté sa conduite cruelle et même abominable envers sa femme, qui avait été pleine de dévouement pour lui.

Le fils du grand Condé, par avarice et par noirceur de cœur, maintint la captivité de sa mère, ordonnée par son père; et pourtant que de soins et de courage n'avait-elle pas montrés pour lui!

Quant aux quatrième et cinquième ducs de Châteauroux, l'histoire n'en a pas plus dit sur leur compte que les quelques mots que nous avons inscrits aux paragraphes qui les concernent.

CHAPITRE SIXIÈME

LOUIS XV ET LA DUCHESSE DE CHATEAUROUX.

Louis XV, ainsi qu'on vient de le voir, devint, en 1735, propriétaire du duché de Châteauroux, qui se composait non-seulement de l'ancienne terre déoloise, possédée par les princes de Déols et les barons de Chauvigny, mais encore de toutes les propriétés des abbayes de Déols et de Saint-Gildas sécularisées au profit de Henri II de Condé.

Dans ce chapitre, après avoir énuméré, par ordre de date, les événements ou les faits plus ou moins importants qui se sont produits pendant la possession de Louis XV, nous parlerons des droits divers qui étaient dus aux seigneurs de Châteauroux, de l'administration du duché-pairie, de la fondation de la manufacture royale de draps, et nous présenterons une histoire succincte de la duchesse de Châteauroux ; ce sera l'objet de cinq articles.

ARTICLE PREMIER.
Événements ou faits plus ou moins importants
qui ont eu lieu à Châteauroux,
pendant la possession de Louis XV.

Après l'acquisition du duché-pairie de Châteauroux par Louis XV, les maire et échevins de cette ville présentèrent au roi la réclamation suivante :

En 1616, au moment où il s'agissait d'ériger la principauté en duché-pairie, les habitants de Châteauroux qui, dans la guerre soutenue par Henri IV pour prendre possession du trône, avaient prêté toute l'assistance possible pour mettre sous l'obéissance du roi plusieurs villes du Berry, notamment celles de Déols, Graçay et Levroux, alors occupées contre le service du roi, logèrent trois fois les troupes destinées à les assiéger et fournirent des munitions, poudres et autres provisions nécessaires au siége de ces villes, et des vivres, ce qui avait appauvri les habitants. En reconnaissance de ces services, Louis XIII les affranchit, exempta et déchargea à perpétuité, par lettres patentes données à Blois, au mois de mai 1616, de la contribution et payement des équivalents, tailles principales et crues extraordinaires des gens de guerre et autres levées de deniers quelconques, tant ordinaires qu'extroardinaires, qui étaient ou pourraient-être à l'avenir mises et imposées sur ses sujets de la province du Berry pour quelque occasion que ce fut et à quelles sommes qu'elles pourraient monter, excepté les impôts du taillon et de la solde des prévots des maréchaux, et en payant outre ce la somme de mille livres pour forme d'abonnement par chacun an, et ce nonobstant toutes lettres patentes et commissions générales et partie en lièves qui seraient expédiées, et qui ne leur pourraient nuire en préjudice. En vertu de ces lettres patentes registrées en la cour des aides le 22 août de la même année, confirmées par l'édit de janvier 1635, par autre édit de novembre 1640, et par les arrêts du conseil d'État du 11 juin 1668 et 8 mars 1720, et exécutées dès l'année 1617, les habitants et résidants des paroisses Saint-Denis, Saint-André, Saint-Martin et Saint-Christophe ont toujours joui dudit abonnement jusqu'en l'année 1735, époque de l'acquisition par Louis XV de la duché-pairie, de sorte que par la commission pour l'assiette des tailles, etc. Depuis ce temps, le commissaire de parti, les trésoriers de France et les officiers de l'élection, sans avoir égard à leurs remontrances et réclamations, ont taxé les habitants si arbitrairement que la ville de Châteauroux est imposée à 12,312 liv. 3 s. 1 d. Les maire et échevins, pour remplir le vœu des habitants, consigné dans la délibération du 13 mars dernier, exposent au contrôleur général qu'un abonnement fondé sur de grands services ne peut cesser son effet n'ayant été révoqué par aucune dérogation.

On a déjà vu (note de la page 364) que cette réclamation resta sans effet.

1727. Lettre aux échevins de Châteauroux sur ce que Crublier de Saint-Cyran se plaint avec juste raison que l'on veut le faire collectionneur, malgré sa qualité de lieutenant de la compagnie des gardes dans la province du Berry, ce qui le dispense de ces sortes de charges.

On s'occupa, de 1737 à 1770, de dresser des devis pour des réparations générales dans le duché de Châteauroux, et d'adjuger ces diverses réparations. Il y avait surtout des réparations à faire aux château et donjon de Châteauroux. Il était aussi nécessaire de construire des greniers pour les grains de la ferme générale. — On prit également des mesures pour la tenue du trésor des titres du duché et pour la confection des inventaires dudit trésor. — On s'occupa des réparations à faire aux églises, clochers et presbytères de Saint-Christophe, de Saint-Denis et de Saint-Martial de Châteauroux. — Il aurait été question de la translation des vases et ornements sacrés de l'Hôtel-Dieu dans la chapelle du vieux château. — Enfin, à la date du 22 juin 1762, nous trouvons une lettre aux maire et échevins, signée des quatre curés, qui annoncent qu'ils feront comme à l'ordinaire les processions des feux de la Saint-Jean (1).

Ce fut en 1751, comme nous allons le voir à l'article quatrième, que Louis XV fonda la manufacture de draps.

En 1756, on construisit la route de Paris à Toulouse. Les habitants de Châteauroux aimèrent mieux que ces travaux fussent mis en adjudication plutôt que de les faire par corvées. Il en fut de même, en 1770, lorsqu'on travailla à la route de Tours à Clermont. Ils obtinrent de l'intendant de remplacer la corvée par un abonnement de 3,000 francs qu'ils verseraient chaque année, et ils décidèrent que, pour faire face à cette dépense, chaque habitant serait tenu de payer 30 sols. Cependant, en 1762, on fit établir par corvée une levée dans la rue du faubourg Saint-Christophe qui conduit au pont de bois.

Le 27 octobre 1766, M. Dupré de Saint-Maur, intendant du Berry, visitant Châteauroux, se rendit au Château-Raoul, occupé par M. Bertrand de Greuille, son subdélégué. Le secrétaire greffier de l'Hôtel-de-Ville fut envoyé pour lui demander son heure, afin de lui rendre les devoirs qui lui étaient dus. L'intendant ayant répondu qu'il était toujours en état de recevoir, les officiers municipaux, après s'être revêtus de leurs robes ordinaires, se transportèrent

---

(1) Inventaire sommaire des archives de l'Indre.

au château, accompagnés des serviteurs habituels. Les officiers de la milice bourgeoise étaient absents à cause d'un différend survenu entre eux et l'Hôtel-de-Ville. « La cérémonie a été commencée, dit le procès-verbal, par une décharge d'artillerie ; ensuite nous avons été introduits dans la salle dudit château, et mondit sieur Dupré Saint-Maur ayant fait quelques pas au-devant de nous, la parole pour la ville lui a été portée par nous Bonjouan de La Varenne, premier officier municipal présent, et de suite lui a été présenté le vin d'honneur accoutumé, et nous retirant mondit sieur Dupré Saint-Maur nous a reconduits jusqu'à la porte de ladite salle, et nous, étant sortis de la cour du château, il a été fait une seconde décharge d'artillerie. »

La même année 1766, des prières solennelles furent dites pour le dauphin père de Louis XVI ; peu après, un service solennel fut célébré pour le repos de son âme, et du pain fut distribué aux pauvres aux frais de la ville.— En 1752, pour fêter la naissance du duc de Bourgogne, qui fut le roi Louis XVI, la ville avait doté quatre jeunes filles et fait les frais de leurs mariages.

En 1777, M. Boëry fut envoyé à Paris pour demander en faveur de Châteauroux, un grenier à sel, et la translation dans cette ville des religieux de Saint-Lazare établis à Fontgombaud (c'était un ordre enseignant), le maintien de l'abonnement à la corvée qui jusqu'alors avait été fixé à 3,000 livres, la confirmation de l'octroi et du doublement des droits de péage.

ARTICLE DEUXIÈME.

Des droits divers dus aux seigneurs de Châteauroux au moment de l'acquisition par Louis XV.

Après l'acquisition faite par Louis XV, le duché de Châteauroux subsista malgré son incorporation à la couronne, et les droits qui appartenaient au duc et pair furent exercés par le roi, par la duchesse de Châteauroux en 1744, et par le comte d'Artois en 1776.

Ces droits étaient distingués en seigneuriaux ou honorifiques, et en droits utiles (1). Les *droits honorifiques* étaient les prééminences et les honneurs qui se rendaient aux seigneurs soit à l'église soit ailleurs, les patronages des bénéfices, etc. On peut ranger dans cette classe la foi et l'hommage suivis de l'aveu et du dénombrement que le détenteur ou l'acquéreur d'un fief servant devait au seigneur dominant. Il y avait des *droits utiles en même temps qu'honorifiques;* ainsi, du droit de justice, haute, moyenne et basse, le seigneur tirait des profits qui servaient à faire face à diverses charges, telles que la nourriture des enfants trouvés, etc.; ainsi, les offices de notaires, greffiers, procureurs, huissiers et sergents n'étaient concédés que moyennant finances. Les *droits utiles* étaient déterminés par les chartes de franchise et les autres conventions passées entre le seigneur et les habi-

---

(1) Voir La Thaumassière, coutumes locales, chap. XXVIII, XXX et XXXII.

tants, soit par la coutume dans l'étendue de laquelle les seigneuries étaient situées, soit par les lois générales du royaume. Au nombre de ces droits auxquels les habitants de Châteauroux étaient soumis vis-à-vis de leur seigneur, figuraient : 1° le droit de guet et garde qui n'était plus qu'un souvenir ; 2° le droit de bannalité (fours et moulins) ; 3° le droit de foires et marchés ; 4° les droits sur les bancs et les étaux ; 5° les droits de péage (entrées et sorties), de gasseaux, boisseaux, poids et mesures ; 6° un droit de deux sols par poinçon de vin qui entrait, se vendait ou était exposé en vente, ès ville et faubourgs de Châteauroux; 7° un droit sur les bois à chauffer et les charbons entrant dans la ville ; 8° un droit de cinq deniers par chaque pièce de drap et d'étoffe fabriquée à Châteauroux ou qui était amenée d'ailleurs pour y être vendue (on a vu que ces étoffes recevaient la marque du seigneur); 9° les droits de quinte, lods et ventes, de rachats en reliefs (1) ; 10° les droits de cens ou censives (2).

---

(1) *Quinte* signifiait la mutation de fiefs qui arrivait par vente. — *Lods et ventes :* redevance qu'un seigneur avait droit de prendre sur le prix d'un héritage vendu dans sa censive ou dans sa mouvance. — *Rachats en reliefs :* expression relative aux mutations qui arrivaient par successions collatérales, donations, legs, etc.

(2) Les habitants de Châteauroux étaient tenus de payer, chaque année, à la fête de St-Denis ou environ, chacun 20 sols tournois ; ceux qui ne pouvaient pas payer cette somme descendaient jusqu'à 12 deniers, et six d'entre eux pouvaient même constituer cette taxation.

ARTICLE TROISIÈME.

De l'administration du duché-pairie,

Les diverses redevances du duché n'étaient pas perçues par des agents. On les affermait, ainsi que les nombreux domaines qui en dépendaient, à des fermiers généraux qui eux-mêmes les sous-fermaient. Les archives de la préfecture nous fournissent une foule de renseignements sur l'administration du duché. En voici un résumé.

En 1693, sous Henri-Jules de Bourbon, Antoine Pinette était fermier de Saint-Gildas; Paul de Lassée, François Thabaud et Pierre Gaulin étaient fermiers de Déols. Sous le même prince, François Féraud et François Chindré furent aussi fermiers du duché. On trouve encore parmi les fermiers Claude Delaleuf et Jean-Michel Guymon; le bail leur fut renouvelé en 1710, sous Louis III de Condé. Pierre Perron leur succéda en 1719 sous le comte de Clermont, et Pierre Villers prit la ferme en 1729, sous le même prince. En 1735, au moment de l'acquisition du duché par Louis XV, Pierre Villers était encore fermier. L'année qui suivit cette acquisition, nous trouvons Claude Bertrand (1), fermier général du duché. L'une de ses

---

(1) En 1741, les habitants de Châteauroux adressèrent au conseil du roi un mémoire contre Claude Testard qui avait présenté au conseil une requête tendant à ce qu'il fût fait un rôle de cens sur les bourgeois et habitants de la ville, conformément à la transaction de 1466, et ils envoyèrent copie de la transaction du 19 septembre 1609 à

cautions était le même Charles Ambrelique que le comte de Clermont avait envoyé à Châteauroux pour se rendre compte de la valeur de sa terre. En 1748, Annet Rigaud, bourgeois de Paris, en était le fermier général.

L'ensemble des affaires était administré par un conseil dont, en 1695, sous Henri-Jules de Bourbon, M. de La Chapelle, docteur en droit, était le chef. Les mêmes fonctions furent remplies de 1721 à 1724, sous Louis IV de Condé, comte de Clermont, par M. de Fortias, conseiller à la cour du parlement.

La famille de Condé avait en outre à Châteauroux un intendant chargé de diriger ses affaires. De 1713 à 1728, sous Louis IV de Condé, ce fut M. Antoine Cousturier, conseiller au baillage. Dès 1715, M. Bertrand de Greuille était fondé de pouvoir du même prince et directeur de ses terres et domaines ; il était en même temps subdélégué et capitaine des chasses. Cousturier et Bertrand étaient logés au château.

En 1751, le subdélégué fit faire trois publications pour annoncer l'adjudication qui serait faite à Bourges par l'intendant, en vertu d'un arrêt du conseil, du bail des revenus et droits utiles du domaine de Châteauroux, ainsi que des forges de Clavières, au plus offrant et dernier enchérisseur.

En 1762, dans le bail général des fermes du royaume, concédé à Prévost, furent compris le domaine de

---

laquelle depuis toutes les autres s'étaient référées. Celle de 1466 est imprimée dans les coutumes locales de La Thaumassière ; la seconde est mentionnée dans l'inventaire des archives, 1er volume.

Châteauroux, les forges de Clavières et dépendances. Un sieur Potor en devint sous-fermier. En cette même année, fut dressé un état de lieux et procès-verbal de visite des nombreux châteaux et domaines du duché, par M. de Fassardy, représentant l'intérêt du roi. M. Cornuau agissait pour le sieur Potor ; et M. Bertrand de Greuille était chargé par le contrôleur général de les départager.

On trouve qu'en 1770, M. Cornuau était directeur et receveur du domaine de Châteauroux ; il habitait aussi le château.

En 1773, M. Henri Bertrand était subdélégué, et demeurait au château, et c'est ainsi que le général Bertrand, son fils, y est né le 28 mars de cette même année.

Potor était encore fermier en 1773, moyennant 60,000 livres par an. Mais M. Cochin, intendant des finances, chargé du département du domaine, ayant découvert que l'un de ses commis était l'associé de Potor, en conclut que la ferme du duché n'avait pas été portée à son prix. Il chargea le comte d'Esseville de vérifier les faits sur les lieux mêmes [1].

Jean François d'Hazaudière, comte d'Esseville, chevalier de Saint-Louis, était le proche parent de M. d'Aguesseau et de M. Cochin. Il vint à Châteauroux en 1772, sous le nom de Bertrand, et y demeura pen-

---

[1] Il fut dressé une plainte sur ce qu'on affermait le domaine à des étrangers sans admettre les habitants au concours, ce qui les privait d'un gain de 25 à 30 mille francs par an.

dant trois mois, vivant dans une auberge et cherchant des renseignements. Il les obtint, et sûr que le domaine de Châteauroux était affermé trop bon marché, puisque le fermier réalisait 33,000 livres de bénéfice par année, il rendit compte à M. Cochin de sa mission. Celui-ci demanda à Potor un état des produits. Le fermier le fournit, mais inférieur de 1,500 livres au chiffre réel.

Le comte d'Esseville obtint alors, par arrêt du conseil du 13 août 1773, la concession du domaine de Châteauroux et des forges de Clavières pour soixante-un ans, à la charge de payer au roi 140,000 livres par an et de construire un canal de Châteauroux à Orléans (1).

Il y avait au profit du roi une augmentation considérable sur le produit du duché de Châteauroux et des forges de Clavières, car le bail de celles-ci avait

(1) L'idée d'un canal prenant ses eaux dans l'Indre remontait à 1769. A cette époque, le conseil avait ordonné les études d'un projet partant de la forge de l'Ile, suivant le cours de l'Indre, jusqu'à son embouchure dans la Loire. Le comte d'Esseville avait eu connaissance de ce projet et s'était fait remettre, au moyen de ses relations avec plusieurs ministres, les plans et les mémoires. Il y avait substitué son projet qui consistait à prendre les eaux de la Bouzanne près le bourg de Jeu-les-bois, à les amener dans l'Indre au bassin de la forge haute d'Ardentes, puis de construire un canal suivant l'Indre jusqu'à Villedieu, remontant le cours de la Trégonce pour atteindre le lit de la Sauldre et se jetant dans la Loire. — Le maire et les échevins de Châteauroux, en s'opposant aux travaux, déclaraient, dans leur mémoire, qu'il y avait de graves dangers d'inondation par la réunion des eaux de la Bouzanne à celles de l'Indre. Ils étaient d'avis que le canal n'était d'aucune utilité au pays, qu'il ne pouvait que faire une grande gêne à la culture, ainsi qu'à la sortie des troupeaux qui étaient le seul revenu du pays qu'il traversait, et ils réclamaient la construction du canal suivant le cours de l'Indre.

été concédé à M. Leblanc de Marnaval, moyennant 40,000 livres par an.

Le comte d'Esseville déposa au trésor royal, 250,000 livres, à titre de cautionnement, et fut mis en possession des forges de Clavières et de Bonneau, et de la gestion du domaine de Châteauroux. Il retint des ouvriers et fit commencer les travaux du canal; il dépensa 20,000 livres en réparations et engagea 200,000 livres dans l'exploitation des forges (1).

Mais M. Leblanc de Marnaval, évincé, porta ses plaintes jusqu'au roi, qui renvoya son placet au contrôleur général, le 4 août 1774. Le 19 novembre, M. de Trudaine, intendant des finances, chargé du département du commerce, ordonna de suspendre les travaux du canal et des forges de Clavières. Le maître particulier des eaux et forêts de Châteauroux, M. Bertrand de Greuille, accusa le comte d'Esseville de malversations dans l'exploitation des coupes de la forêt de Châteauroux et de la futaie de Grandmont qui lui avait été accordée avec le bail des forges. La famille de M. Leblanc de Marnaval et lui-même, établis à Châteauroux depuis quarante ans, y jouissaient d'une grande influence. M. de Marnaval était en même temps le concessionnaire de la manufacture royale de draps. (2) Les maire et échevins de Châteauroux adressèrent, le 21 mars 1775, à M. de Trudaine, un mémoire dans lequel ils combattaient le projet du canal con-

(1) Inventaire sommaire des Archives de l'Indre.
(2) Voir l'article suivant.

cédé au comte d'Esseville. Ils étaient secondés par M. Martin Bouchet, auteur d'un travail sur la canalisation de l'Indre, inspecteur général des ponts et chaussées du royaume, dont la fille avait épousé Henri Bertrand, devenu maître particulier des eaux et forêts de Châteauroux, conseiller au bailliage royal et subdélégué de l'intendant du Berry.

Le comte d'Esseville, ainsi attaqué, prétendit, à son tour, que M. Leblanc de Marnaval, pendant qu'il exploitait les forges de Clavières, non-seulement avait fait des coupes de bois anticipées dans la forêt, mais encore en avait abattu une superficie supérieure à celle que son bail lui accordait. Il lui intenta un procès pour se faire rembourser de ses avances. Ces difficultés n'étaient pas terminées en 1780, mais une de leurs suites fut la ruine de M. de Marnaval et la chute de la manufacture royale de draps du château du Parc [1].

Quant au canal, le comte d'Esseville n'abandonna pas son projet et soutint la justesse de ses idées. Les études furent continuées, mais elles n'aboutirent à aucun résultat. D'Esseville s'était retiré à Paris avec la réputation d'un intrigant.

En 1780, l'administration provinciale décida la construction d'un canal de Berry qui ne profitait en rien à Châteauroux. Vainement les habitants de cette ville

---

[1] S'il faut en croire les traditions locales, M. de Marnaval aurait lui-même contribué à sa perte par le luxe qu'il étalait. S'étant rendu dans une ville d'eaux où se trouvaient les sœurs du roi, il aurait pris, en quelque sorte, à tâche de les éclipser ; sa chute dès lors aurait été décidée.

demandèrent-ils que l'Indre fut canalisée et que le canal passant par Bourges ne fut pas établi. Leurs réclamations ne furent pas écoutées.

Le 28 août 1784, le surintendant des finances du comte d'Artois et M. Beugnet, son intendant, firent bail pour neuf ans, à partir du 1er janvier 1786, à Nicolas Deguerle, moyennant 138,375 livres par an, outre les charges du duché, terres, domaines et seigneuries en dépendant. L'acte fut passé devant M° Griveau, notaire à Paris. M. Louis-Claude Dupin et sa femme s'étaient portés cautions. Enfin, cette même année 1786, M. Dupin et sa femme, Marie-Aurore de Saxe, eurent la ferme du duché pour neuf ans, à partir du 1er janvier de cette même année. Dupin était écuyer, receveur général des finances de Metz et d'Alsace. Il avait des appartements au château quand il venait à Châteauroux. — En 1791, M. Paul de Lassée, fermier des revenus du duché, habitait le château du Parc.

ARTICLE QUATRIÈME.

Fondation de la Manufacture royale de draps.

Louis XV pensa plus que les Condé à la prospérité de Châteauroux. Il y établit une manufacture de draps dans le but d'employer les laines du Berry. L'histoire de la fondation de cette manufacture se trouve dans la pièce officielle que nous allons rapporter. Cette pièce est un extrait des registres du conseil d'État; elle nous a été communiquée par M. Amador Grillon :

« Par arrêt du conseil du 17 août 1751, le feu roi (Louis XV) permit au sieur Jean Vaille, fabricant de draps de la ville de Lodève, d'établir à Châteauroux, au château du Parc, une manufacture de draps, tant en blanc qu'en couleur, une teinturerie, une savonnerie et tout ce qui peut être nécessaire pour l'apprêt des draps, le tout sous le titre de *Manufacture royale et privilégiée,* et lui avait accordé, à cet effet, à compter du 1er octobre de la même année, la jouissance de tous les bâtiments du château du Parc et leurs dépendances, ainsi que différents priviléges, exemptions et encouragements.

» Cette manufacture ayant été abandonnée par le sieur Vaille, Louis Delarue, fabricant de draps de la ville d'Elbeuf, lui fut subrogé par arrêt du conseil du 9 septembre 1755, sous le cautionnement des sieurs Dupin, Jean Delacour et Leclerc, auxquels il fut accordé de nouvelles grâces.

» Jean Delacour, qui avait principalement la direction de ces établissements, étant décédé au mois de mai 1765, le sieur François Leblanc de Marnaval offrit de s'en charger et ses offres furent acceptées. Il lui fut accordé, par arrêt du conseil et lettres patentes des 14 mars et 4 mai 1766, à titre d'arrentement, entre autres objets, le château du Parc et ses dépendances, aux charges clauses et conditions y énoncées ; et par un autre arrêt du conseil du 3 juillet 1767, il fut subrogé, sous le nom de Nicolas Révelte, aux priviléges desdits Jean Vaille et Louis Delarue, lesquels furent renouvelés pour quinze années à compter de la date dudit arrêt. Il lui fut, en outre, accordé de nouvelles grâces.

» M. de Marnaval n'ayant pu soutenir ladite manufacture à cause du dérangement de ses affaires, fit à ses créanciers l'abandon de ses biens, en sorte que la manufacture aurait été entièrement anéantie si, dès lors, le gouvernement ne se fut occupé des moyens de la relever.

» Le sieur Quatremère-Disjonval s'étant présenté à cet effet, traita avec les créanciers de M. de Marnaval du prix de la cession de leurs droits ; mais ayant reconnu que le château du Parc et les dépendances affectées à la manufacture provenaient de l'ancien domaine du duché de Berry et se trouvaient dans l'apanage de M. le comte d'Artois, il s'adressa au conseil du prince pour s'assurer de son agrément et de la solidité de la jouissance des bâtiments et emplacement nécessaires à l'établissement.

» Ce prince, dans la vue de conserver une manufacture de draps faisant la consommation des laines, principal objet du commerce de cette partie de son apanage, ordonna, par arrêt de son conseil du 16 décembre 1781, toutes les dispositions convenables pour assurer au sieur Quatremère-Disjonval la jouissance du château du Parc et ses dépendances. Muni de ce titre, Disjonval présenta la requête au conseil du roi, et y obtint, le 5 mars 1782, un arrêt qui, en le subrogeant au privilége de la manufacture pour la faire valoir pendant quinze années, lui accorda différentes grâces et des encouragements.

» Enfin, cette manufacture ayant été de nouveau abandonnée par Disjonval, et le comte d'Artois en étant en possession, ainsi que de ses dépendances et des constructions, en vertu du droit qu'il s'était réservé, les sieurs François et Jacques Grillon frères, de la ville Châteauroux, s'étant présentés et ayant offert de la rétablir, le prince, par arrêt de son conseil du 15 mars 1787, céda et aliéna aux suppliants, sous le cautionnement du sieur Grillon des Chapelles, leur oncle, secrétaire du roi et payeur des rentes de l'Hôtel-de-Ville de Paris, pour quinze années, à compter du commencement de la jouissance, les bâtiments, emplacements et dépendances, aux charges, clauses et conditions portées au dit arrêt. Ils devaient obtenir des bontés du roi (Louis XVI) le renouvellement du privilége, ainsi que les grâces et encouragements dont ils avaient besoin pour soutenir la manufacture.

» En conséquence, vu la requête, les arrêts du conseil et les lettres patentes, ouï le rapport du sieur Laurent de Villedeuil, conseiller ordinaire au conseil royal des finances et du commerce, contrôleur général des finances, le roi, en son conseil, subrogea les sieurs François et Jacques Grillon frères aux priviléges de Jean Vaille, Louis Delarue, Nicolas Révelte et Quatremère-Disjonval, et leur concéda de nouveau, pour quinze ans, à compter de la date du présent arrêt, le droit de fabriquer et de faire fabriquer, dans le château du Parc, des draps, ratines (1), et autres étoffes de laine, tant en blanc qu'en toutes sortes de couleurs, d'y avoir une teinturerie, une savonnerie, des machines à fouler, et tout ce qui est nécessaire pour l'apprêt des étoffes, à la charge d'avoir toujours, dans ladite manufacture, au moins quarante métiers battants pour l'entretien desquels ils auront la liberté d'employer tous les ouvriers nécessaires, sans que ceux-ci puissent être troublés par les communautés d'arts et métiers, sous prétexte du défaut de maîtrise.

» Sa Majesté permit aux suppliants de commettre la vente des différentes espèces de draps et étoffes de leur fabrique à telles personnes que bon leur semblera, tant dans la ville de Paris que dans les autres villes du royaume, et d'y avoir à cet effet, un magasin particulier, pourvu que la vente de ces marchandises fut faite en gros, sous balles et sous corde, sans détail, boutique et enseigne aux portes et fenêtres du magasin.

» Elle permettait d'associer telle personne, noble ou roturière, qu'ils jugeraient à propos, sans que, pour raison de ce les nobles pussent déroger à la noblesse, comme aussi de mettre au-dessus de la principale porte de la manufacture royale un tableau aux armes du roi, avec l'inscription *Manufacture royale du château du Parc*, et de faire graver la même inscription sur un plomb doré qui sera apposé au chef de

(1) La ratine est une étoffe ayant quelque ressemblance avec une peau de rat, de là son nom ; elle sert encore pour les gilets et culottes des laquais.

chaque pièce de drap ou étoffe de laine, avec défense à tous autres de contrefaire ladite marque, sous telle peine qu'il appartiendra, sans néanmoins que, sous prétexte de cette faculté, ils puissent se dispenser de faire mettre aux draps ou étoffes le plomb prescrit par les arrêts des conseils du 7 décembre 1785, 8 mars et 31 mai 1786.

» Sa Majesté permettait de nourrir les ouvriers dans l'intérieur de la manufacture, sans être obligé de payer, pour raison de denrées de leur consommation, autres et plus grands droits que ceux auxquels les habitants sont assujettis ; ordonnait, en outre, que les bâtiments et dépendances de ladite manufacture seraient affranchis du logement des gens de guerre, que les associés, le directeur, le contre-maître et les principaux ouvriers, tels que les teinturiers, apprêteurs ou autres, au nombre de cinq, seraient exempts de la milice, de la corvée et autres charges publiques, même de la taille, pourvu qu'ils ne fissent valoir aucun autre commerce ou exploitation, comme aussi qu'ils seraient taxés d'office au rôle de la capitation.

» S. M. accordait, par forme d'encouragement et de gratification à ladite manufacture, pendant l'espace de quinze ans, la somme de 6,000 livres pour chacune des quinze années, laquelle serait payée par la caisse du commerce, à condition toutefois qu'il y aura toujours dans la manufacture, au moins quarante métiers battants, faute de quoi ladite gratification serait diminuée en proportion du nombre qui s'en manquerait.—Seront sur le présent arrêt toutes lettres patentes nécessaires expédiées. »

« Fait au conseil du roi tenu à Versailles, le 12 juin 1787. — Signé LEMAITRE. — *Collationné.* »

La manufacture a été en pleine activité depuis la fin de 1787 jusqu'en 1795 ; elle s'est soutenue jusqu'en novembre 1799 ; à cette époque elle a cessé. La concession ne devait expirer qu'en 1802.

Les circonstances de la révolution déterminèrent la

compagnie Grillon à l'acquérir; l'acquisition fut faite en 1796. L'estimation fut portée à 130,000 francs. La compagnie Grillon s'attendait à compenser jusqu'à due concurrence les 90,000 francs qu'elle avait payés aux créanciers Disjonval en l'acquit de l'apanagiste, et dont elle devait être remboursée à la fin de la jouissance; mais, par décision du ministre des finances, elle fut déclarée créancière d'émigrés et liquidée en conformité des lois. Par cette décision et cette liquidation, elle fut obligée de payer le prix de son acquisition et de perdre une grande partie du remboursement sur lequel elle comptait. Cette différence fut une des premières causes de la suspension de ses travaux. Le désastreux traité de commerce avec l'Angleterre lui fit ressentir aussi ses funestes effets. Ses ventes furent suspendues. De 1,800 pièces de draps fabriquées en 1787, 1788 et partie de 1789, elle n'en put vendre que 200 pièces. Une telle stagnation exigea d'elle des fonds nouveaux. Les réquisitions lui enlevèrent 2 à 3,000 pièces de drap au prix du *maximum*. Ses ressources furent ainsi épuisées. Les intérêts des emprunts s'élevèrent au-dessus de toute proportion avec les bénéfices. Ainsi fut amenée et nécessitée la dissolution de la société, et avec elle la cessation de tous les travaux de la manufacture. Le local et les ustensiles restèrent à la famille Grillon.

De la famille Grillon, la manufacture passa aux mains de M. Teissereinc (1), puis à celles de son beau-

---

(1) Père du ministre actuel du commerce et de l'agriculture.

frère, M. Muret de Bort, qui en fit l'acquisition en 1816. — Depuis cette époque jusqu'en 1830, ce dernier s'occupa exclusivement de relever cet établissement, qu'il avait pris en très-mauvais état ; il y introduisit les procédés nouveaux de fabrication et mit son industrie sur le premier rang. Élu député sous le règne de Louis-Philippe, il s'associa MM. Lataille et Duchan.

Un an avant le décès de M. Muret de Bort, arrivé en 1857, la manufacture avait été vendue à M. Balsan père. A l'expiration de la société en 1860, M. Balsan associa ses deux fils, et la maison eut pour raison sociale MM. Balsan et fils. — Nous reviendrons, dans une autre partie de cet ouvrage, sur la suite de cette manufacture qui a pris de prodigieux développements.

ARTICLE CINQUIÈME
La Duchesse de Châteauroux.

Par lettres du mois de décembre 1743, Louis XV fit don du duché de Châteauroux à Marie-Anne de Mailly-Nesle, marquise de La Tournelle qu'il créa duchesse de Châteauroux. Elle était déjà en possession en février 1744 ([1]).

([1]) Le 1er mars 1744 les notables et le général des habitants de Châteauroux étant assemblés à l'Hôtel de Ville représentèrent aux maire et échevins que le roi ayant fait don à Mme de La Tournelle du duché de Châteauroux, il était à propos de députer près d'elle pour implorer sa puissante protection et lui demander des grâces qui pussent tendre au

Je transcris ici l'acte de donation, pièce curieuse et rare que mon jeune ami, M. Ulrich Richard-Desaix, collectionneur émérite, a bien voulu me confier :

LETTRES PATENTES

PORTANT DON DU DUCHÉ ET PAIRIE DE CHATEAUROUX EN FAVEUR DE DAME MARQUISE DE LA TOURNELLE.

« LOUIS, par la grace de Dieu, Roi de France et de Navarre : A tous présens et à venir, Salut. Le droit de conférer des Titres d'honneur et de dignité, étant un des plus sublimes attributs du pouvoir suprême, les Rois nos Prédécesseurs Nous ont laissé divers monumens de l'usage qu'ils en ont fait en faveur des Personnes dont ils ont voulu illustrer les vertus et le mérite, par des Dons dignes de leur Puissance, de Terres et Seigneuries titrées, qui puissent réunir en même tems les honneurs et les biens dans celles qu'ils ont voulu décorer. A ces causes, considérant que notre très-chère et bien-amée Cousine Marie-Anne de Mailly, Veuve du sieur Marquis de La Tournelle, est issue d'une des plus grandes et illustres Maisons de notre Royaume, alliée à la nôtre, et aux plus anciennes de l'Europe : Que ses Ancêtres ont rendu, depuis plusieurs siècles, de grands et importans services à notre Couronne : Qu'elle est attachée à la Reine notre très-chère Compagne, comme Dame du Palais, et qu'elle joint à ces avantages toutes les vertus et les plus excellentes qualités de l'esprit et du cœur, qui lui ont acquis une estime et une considération universelles ; Nous avons jugé à propos de lui donner par notre Brevet du 21 Octobre dernier,

---

bien et utilité de ladite ville. Ils prièrent M. le lieutenant-général et M. Guymon de La Touche, premier échevin, de vouloir bien accepter cette députation, et pour les frais ils se cotisèrent volontairement entre eux et réunirent une somme convenable. (Actes de la mairie.)

le Duché-Pairie de Châteauroux, ses appartenances et dépendances, sis en Berry, que Nous avons acquis par Contrat du 26 Décembre 1736 de notre très-cher et très-amé Cousin Louis de Bourbon Comte de Clermont, Prince de notre Sang, qui le tenoit patrimonialement de la Succession du Duc de Bourbon son père, et de ses Auteurs, pour en disposer en toute propriété par Nous et nos Successeurs; et Nous avons commandé par ledit Brevet qu'il fût expedié à notredite Cousine toutes Lettres sur ce nécessaires : en conséquence duquel Brevet, elle a pris le Titre de Duchesse de Châteauroux, et joui en notre Cour des honneurs attachés à ce Titre. Et, désirant que le Don par Nous fait à notredite Cousine Duchesse de Châteauroux, ait la forme la plus solide, la plus honorable et la plus autentique, Nous avons par ces Présentes signées de notre main, de notre propre mouvement, grace spéciale, certaine science, pleine puissance et autorité Royale, confirmé et confirmons le Don par Nous fait à notredite Cousine en notredit Brevet, et d'abondant lui avons fait et faisons Don dudit Duché-Pairie de Châteauroux, et de toutes ses appartenances, circonstances et dépendances mentionnées audit Contrat du 26 Décembre 1736 avec tous droits, profits, revenus et émolumens ordinaires et casuels de quelque nature que ce soit, tous droits de Justice, honneurs, prérogatives et prééminences dont ladite Terre et Duché-Pairie de Châteauroux est décorée, même du Droit Domanial de la Marque des Fers à Nous remis, et par Nous racheté de notredit Cousin par ledit Contrat du 26 Décembre 1736 pour du tout joüir par notredite Cousine Marie-Anne de Mailly Duchesse de Châteauroux, et en faire et disposer par elle ainsi que Nous aurions pû faire en conséquence dudit Contrat d'acquisition, et que notredit Cousin le Comte de Clermont et ses Auteurs ont joüi, et eu droit d'en joüir, et ce à compter du premier Octobre dernier. A cet effet, voulons que tous les Titres, Papiers et Enseignemens de ladite Terre et Duché-Pairie de Châteauroux, ses appartenances, circonstances et dépendances, qui ont été remis en notre Chambre des Comptes de la part de notredit Cousin le Comte de Clermont, soient remis à notredite Cousine Duchesse de Châteauroux, par les Officiers de notre Chambre des Comptes, à la garde desquels ils ont été remis ; et qu'en ce faisant lesdits Officiers et Gardes en soient et demeurent valablement déchargés, en faisant néanmoins un inventaire ou un recollement d'iceux, qui demeurera en notredite Chambre : le tout à la charge par notredite Cousine de tenir, et relever de Nous à cause de notre Couronne en plein Fief, foi et hommage ledit Duché-Pairie de Châteauroux, ses appartenances et dépendances, ainsi que le tenoit notredit Cousin le Comte de Clermont ; et en outre aux charges de reversion et de réunion, à défaut d'hoirs mâles, issus de notredite Cousine, exprimées par les Ordonnances des Rois Charles IX et Henri III des mois de Juillet 1566 et de Mai 1579 que Nous voulons être exécutées selon leur forme et teneur, pour ladite réunion à défaut d'hoirs mâles issus de notredite Cousine ; et encore à la réserve de la nomination aux Bénéfices dépendans dudit Duché-Pairie de Châteauroux, que notredite Cousine Nous a supplié de Nous réserver, pour continuer d'y pourvoir et nommer par Nous, ainsi que Nous avons fait depuis notredite acquisition. Et comme depuis icelle Nous avons par notre Edit de Février 1740, ordonné la cessation des fonctions des Officiers établis pour la Justice dudit Duché-Pairie par notredit Cousin le Comte de Clermont, érigé pour ladite Justice un Bailliage Royal à Châteauroux ressortissant nuement en notre Cour de Parlement, et trois Prévôtés Royales ès Villes de la Châtre, du Châtelet et de Saint-Gautier, ressortissantes audit Bailliage de Châteauroux, et créé les Officiers nécessaires pour l'exercice desdites Justices : que pour la Police des Bois dudit Duché-Pairie de Châteauroux, Nous avons érigé une Maîtrise particulière en la Ville de Châteauroux, et créé les Offices de Juges et autres Officiers de ladite Maîtrise ; que Nous avons de plus par les Articles 9 et 10 dudit Edit assujetti ce qui pouvoit concerner le Domaine dudit Duché-Pairie de Châteauroux, à notre Bureau des Finances et Chambre du Domaine établis à Bourges, et aux fonctions des Receveurs et Controlleurs des Domaines et Bois de la Généralité de Berry. Voulant expliquer notre volonté à cet égard, et que notredite Cousine Duchesse de Châteauroux jouisse de tous les droits, honneurs et prérogatives ci-devant attachés audit Duché-Pairie, et notamment de tous les droits honorifiques et utiles de la Justice, et Offices d'icelle, ainsi que notredit Cousin le Comte de Clermont avoit droit d'en joüir avant la vente à Nous faite; Entendons que notredite Cousine joüisse ès Bailliages et Siéges établis par notredit Edit de tout et tel droit de Justice qui appartenoit, avant notredite acquisition, à notredit Cousin le Comte de Clermont dans toute l'étendue dudit Duché-Pairie de Châteauroux, ses circonstances et dépendances, en la faisant toutefois exercer pour elle par les Officiers qui ont été par Nous pourvûs en exécution de notredit Edit, lesquels demeureront Juges Royaux pour les cas Royaux, et Juges pour notredite Cousine, à cause dudit Duché-Pairie, pour tous les cas non Royaux, esquels cas non-Royaux la Justice appartiendra à notredite Cousine. Voulons que les Offices créés par notredit Edit, qui ne sont remplis, appartiennent à notredite Cousine; que ceux qui sont remplis, lui appartiennent pareillement, et tombent, en cas de vacance, dans les revenus casuels de sondit Duché-Pairie, pour en disposer par elle ainsi qu'elle avisera, y pourvoir, et lever à son profit les droits dont les Officiers peuvent être tenus pour les conserver, le tout tant esdits Bailliages et Prévôtés par Nous établis, qu'en la Justice particuliere des Eaux et Forêts, aussi par Nous établie par ledit Edit, dont les Offices lui appartiendront de la même manière et avec les mêmes droits, sans néanmoins pouvoir à cet égard prétendre autres ni plus grands que ceux dont lesdits Officiers sont actuellement tenus. Voulons pareillement que les droits de Greffe et de Justice mentionnés en l'Article 12 de notredit Edit, appartiennent à notredite Cousine, comme faisant partie du Don à elle fait dudit Duché-Pairie de Châteauroux; à la charge par elle de faire payer les gages et menues nécessités mentionnées en l'Article 11 dudit Edit, et autres charges de la Justice. Revoquons les dispositions des Articles 9 et 10 dudit Edit de Février 1740. Et en conséquence ne pourront les Officiers y dénommés, faire dans l'étendue dudit Duché-Pairie de Châteauroux, par Nous donné à notredite Cousine, tant qu'elle, ou ses hoirs mâles issus d'elle, en seront Proprietaires, aucune des fonctions à eux attribuées par lesdits Articles 9 et 10. Nous réservant de pourvoir à leur indemnité, s'il écheoit, suivant la liquidation qui en sera faite en notre Conseil. Ordonnons que l'Office de notre Conseiller Baillif d'Epée, créé par l'Article 4 dudit Edit, et uni par iceluy sans aucune augmentation de Finance à l'Office de Baillif de Berry, en demeurera désuni, comme Nous l'en désunissons pour les cas non-Royaux seulement, pour lesquels Nous permettons à notredite Cousine d'y pourvoir ainsi que bon lui semblera. Dérogeons quant à tout ce que dessus à notredit Edit de Février 1740 lequel continuera d'être exécuté pour le surplus, en quoi il n'y est dérogé, même pour le tout au cas de réunion et de reversion dudit Duché-Pairie de Châteauroux à notre Couronne, au décès de notredite Cousine Duchesse de Châteauroux, sans hoirs mâles issus d'elle. Et attendu qu'ayant compris les Domaines et revenus dudit Duché-Pairie de Châteauroux en l'Article 494 du Bail général fait à Jacques Forceville le 16 Septembre 1738 pour six ans, Nous avons ordonné que les Fermes de Châteauroux, et Forges en dépendantes, seroient distraites du Bail lors à faire de la Sous-Ferme des Domaines de la Généralité de Bourges ; et qu'en conséquence il a été fait une adjudication des revenus des Domaines de Châteauroux et dépendances pour neuf ans à Annet Rigaut et Desforges, avec exemption de la marque des Fers pour le même tems à François Lallemant, auxquels Rigaut et Lallemant il a été passé des Baux pour ledit tems de neuf ans, à commencer au premier Janvier 1744. Nous permettons à notredite Cousine Duchesse de Châteauroux d'entretenir, si bon lui semble, lesdits Baux, ou les interrompre ainsi et quand elle avisera, en indemnisant néanmoins les Preneurs au cas d'interruption, et Nous acquittant audit cas vers eux, des indemnités qu'ils pourroient Nous demander. Si DONNONS EN MANDEMENT à nos amés et féaux Conseillers, les Gens tenans notre Cour de Parlement, Chambre des Comptes, Cour des Aydes à Paris, Trésoriers de France et Bureaux du Domaine de Paris, Bourges et autres qu'il appartiendra, que ces Présentes ils fassent lire, publier et registrer, et le contenu en icelles faire garder et exécuter selon leur forme et teneur, nonobstant toutes Loix, Ordonnances, Edits, Lettres, Réglemens, Déclarations, Arrêts et autres choses à ce contraires, auxquels Nous avons dérogé et dérogeons pour l'effet des Présentes, et aux Dérogatoires des Dérogatoires; CAR tel est notre plaisir : et afin que ce soit chose ferme et stable à toujours, Nous y avons fait mettre notre Scel. DONNÉ à Versailles au mois de Décembre, l'an de grace mil sept cens quarante-trois, et de notre Régne le vingt-neuvième. *Signé*, LOUIS. *Et plus bas*, Par le Roy, PHELYPEAUX. *Visa*, DAGUESSEAU. Et scellées du grand Sceau de cire verte en lacs de soye rouge et verte. »

Bien que cette nouvelle propriétaire de notre seigneurie ne l'ait possédée qu'une année et qu'elle n'y soit jamais venue, occupée qu'elle était à conserver les bonnes grâces du roi, nous n'en devons pas moins faire connaître sa vie.

Le marquis de Mailly-Nesle avait cinq filles, et toutes avaient intéressé la reine, parce que leur fortune n'était pas en harmonie avec l'éclat de leur naissance.

L'aînée des sœurs, Louise-Julie, avait épousé Louis-Alexandre de Mailly, son cousin. La seconde, Pauline-Félicité, reçut pour mari Félix de Vintimille. La troisième, Diane-Adélaïde, fut femme de Louis de Brancas, duc de Lauraguais. La quatrième, Hortense-Félicie, fut la marquise de Flavacourt. Enfin, ce fut la cinquième, Marie-Anne, veuve de Jean-Louis, marquis de La Tournelle, lieutenant-colonel du régiment de Condé, infanterie, qui obtint de son chef le duché de Châteauroux.

Louis XV les aima toutes les cinq. Elles charmèrent ses yeux et émurent ses sens. Il n'y eut que la marquise de Flavacourt qui préféra l'attachement de son mari et sa propre estime à l'opprobre si recherché de l'adultère royal.

Après ses sœurs, Mme de La Tournelle éprouva l'ardente passion d'une quasi-couronne. Peu lui importait, dit-on, de régner sur le cœur du roi, pourvu que ce maître acceptât son empire. Elle était avide de tous les attributs qui accompagnent la grandeur et la puissance. Plus que ses sœurs, elle avait une force et une élévation de caractère qui lui donnaient l'ambition de toucher aux destinées de la France et de laisser d'autres souvenirs que ceux de sa fragile beauté. On assure qu'elle resta fidèle à ses premières inclinations et qu'elle ne cessa pas d'aimer le beau duc d'Agénois, fils du duc d'Aiguillon, de la branche cadette de la maison de Richelieu.

Mme de La Tournelle avait commencé par se faire céder la place de dame du palais de la reine. Le 2 novembre 1742, elle prenait possession du petit appartement qu'occupait encore la comtesse de Mailly, sa sœur, à côté du cabinet du roi. Huit jours après, cette sœur était renvoyée à Paris, et le lundi suivant Mme de La Tournelle recevait le roi à Choisy. Ce fut là que la nouvelle sultane put annoncer sa victoire, en montrant avec orgueil une tabatière que Louis XV avait oubliée au chevet de son lit. La marquise prouva bien qu'elle était mieux faite que Mme de Mailly pour prendre avantage de sa dignité. Elle se garda bien d'un désintéressement ridicule, car le roi joignit pour elle, au don révocable de son cœur, des titres plus constants de rentes avec la terre ducale de Châteauroux. Le cardinal de Fleury était mort à propos pour ne pas gêner la libéralité royale.

Le comte de Maurepas, à la mort de la duchesse de Mazarin, traita durement Mmes de Flavacourt et de La Tournelle. Celle-ci n'eut pas assez de crédit pour faire éloigner son ennemi du ministère, mais elle put lui donner pour collègue le comte d'Argenson. Le contrôleur général Orri lui étant aussi dévoué, la haine de Maurepas n'avait plus rien de redoutable.

Maurepas ne pouvant traverser la passion du roi pour Mme de La Tournelle, eut l'idée de le mettre à la tête de son armée. Par des motifs différents, Maurepas et d'Argenson se trouvèrent d'accord pour le tirer de sa mollesse (1). Mais Mme de La Tournelle entendait bien ne point laisser partir son amant sans elle. Maurepas, informé de cette intention, démontra à Louis XV qu'il était impossible de se faire suivre de cette espèce de compagnie. Le roi se rendit à cet avis. Le maréchal de Richelieu conseilla à la duchesse d'avoir l'air de se soumettre, lui promettant qu'elle

(1) Mémoires de Richelieu, T. 2.

rejoindrait bientôt celui qu'on voulait empêcher de se consacrer à son culte.

Louis XV partit pour la Flandre le 3 mai 1744. Le 8 juin, la duchesse de Châteauroux, accompagnée de sa sœur, la duchesse de Lauraguais, et suivie de trois princesses, la duchesse de Modène, la princesse de Conti et la duchesse de Chartres, était installée à Lille. Paris appelait cette escouade, celle des *coureuses*. L'armée les chansonnait et n'épargnait pas le galant monarque, à qui chacun n'en cherchait pas moins à plaire. Ainsi lorsqu'on sut qu'il venait à Metz, en s'occupant de son logement, on n'oublia pas celui de la duchesse de Châteauroux, et l'on eut soin de pratiquer, entre les deux amants, des communications faciles.

Louis XV fut atteint de fièvre maligne. Dès qu'on reconnut que la maladie était dangereuse, le duc de Richelieu, d'accord avec la favorite, rendit inaccessible la chambre du malade, qui ne fut plus servi que par les duchesses de Châteauroux et de Lauraguais, aidées de quelques domestiques intimes. Deux partis se manifestèrent à la cour, celui de la favorite ou des favorites, et celui des princes qui avait pour chefs les ducs de Bouillon, de La Rochefoucauld, de Villeroy, l'évêque de Soissons, premier aumônier, et le père Pérussault, confesseur du roi [1]. Il n'est pas besoin de

---

(1) Le R. P. Sylvain Pérussault, jésuite, prédicateur ordinaire et confesseur du roi, est né en Berry (à S¹-Gaultier, à ce qu'on croit), le 18 janvier 1679. Il est mort le 30 avril 1773.

dire que le premier de ces partis voulait éloigner le confesseur. Les princes, de leur côté, se montraient indignés de n'avoir point accès jusqu'au roi. « Rien n'est plus juste, disait la duchesse de Châteauroux, que de vouloir servir le roi ; mais est-il moins juste, et n'est-ce pas le premier devoir de se soumettre à ses volontés. »

D'après les mémoires de Richelieu, la duchesse aurait cherché à traiter avec le confesseur du roi, et la conférence mérite d'être, au moins en partie, reproduite : « Parlez donc, père Pérussault, et déterminez-vous.... ne permettez pas que je sois renvoyée scandaleusement... » Le père Pérussault était fort embarrassé et ne savait que répondre : « Mais, madame, le roi ne sera peut-être pas confessé... » — « Il le sera, car le roi a de la religion ; j'en ai aussi, et je serai la première à l'exhorter à se confesser..., mais il s'agit d'éviter un scandale..., serai-je renvoyée, dites-le moi ? »

Pérussault balbutiait qu'il ne connaissait pas la vie du roi ; qu'il n'avait personnellement aucune mauvaise opinion des rapports intimes du roi avec Mme la duchesse.... Le résultat dépendait des aveux du roi.... — « S'il ne faut que des aveux, je vous confesse que j'ai péché avec le roi, tant que nous l'avons voulu, et avec habitude.... Est-ce le cas de me faire renvoyer par Louis XV mourant ? N'y a-t-il pas quelque exception pour un roi ? »

Pérussault, ainsi pressé, voulait s'évader ; mais le duc de Richelieu lui barra le passage : « Ah ! père

Pérussault, soyez donc galant envers les femmes ; accordez à présent à madame la faveur de quitter la cour sans scandale ; vos *car*, vos *peut-être* et vos *si*, nous désolent.... »

Le père Pérussault ne voulut jamais se prononcer. La duchesse de Châteauroux en vint, dit-on, à faire sur le jésuite l'essai de ses charmes et de ses caresses. Prenant de ses douces mains le menton du confesseur : « Je vous jure, père Pérussault, que si vous voulez éviter un éclat, je me retirerai de la chambre du roi pendant sa maladie ; je ne reviendrai plus à la cour que comme son amie, et jamais comme sa maîtresse. Je me convertirai, et vous me confesserez.... » Le père Pérussault, soit par adresse, soit par une louable dignité, joua toujours le beau rôle, en restant de plus en plus inflexible.

Le parti des princes détermina le comte de Clermont, qui était familier du roi, à forcer la consigne et à pénétrer jusqu'à son lit : « Sire, je ne puis croire que Votre Majesté ait l'intention de priver les princes de votre sang de la satisfaction de savoir par eux-mêmes des nouvelles de votre santé ! Nous ne voulons pas que notre présence vous importune ; mais nous désirons, à cause de notre amour pour vous, avoir la liberté d'entrer quelques moments, et pour vous prouver que nous n'avons pas d'autre dessein, Sire, je me retire.... » Louis XV le retint.

Encouragés par ce premier succès, les princes préparèrent la confession. L'évêque de Soissons, Fitz-James, la proposa au roi qui la refusa... Toutefois il était ébranlé. Il repoussa presque les caresses de Mᵐᵉ de Châteauroux, en lui disant : « Il faudra peut-être nous séparer. »

Le duc de Richelieu ne vit d'autre moyen d'éviter cette confession redoutable qu'en fermant plus étroitement la chambre du roi. — Mais la maladie empirait..... et, après une défaillance, le roi s'écria : « mon bouillon et le père Pérussault. »

On n'osa plus résister. Le roi, après s'être confessé, appela le duc de Bouillon : « Vous pouvez me servir, lui dit-il, il n'y a plus désormais aucun obstacle. J'ai sacrifié les favorites et mes favoris à la religion et à ce que veut l'église d'un roi très-chrétien et fils aîné de l'église.... »

L'évêque de Soissons s'empressa d'aller signifier aux deux sœurs l'ordre fatal de Louis XV. « Le roi ordonne, mesdames, de vous retirer de chez lui sur le champ. » Le duc de Richelieu osa dire qu'il s'opposait, au nom du roi, à la retraite.... mais Fitz-James déclara que le roi ne serait administré qu'après leur départ de la ville : « Les lois de l'église, dit l'évêque au roi, nous défendent d'apporter le viatique, lorsque la concubine est encore dans la ville. Je prié Votre Majesté de donner de nouveaux ordres pour son départ, car il n'y a pas de temps à perdre ; Votre Majesté mourra bientôt. »

D'Argenson, dont les sentiments avaient bien changé à l'égard de Mᵐᵉ de Châteauroux, lui montra, par son mépris, que les ministres lui seraient aussi durs que les princes. Elle ne songea donc plus qu'à s'éloigner.

Le maréchal de Belle-Ile fit acte d'héroïsme en lui prêtant son carrosse ; on la conduisit dans une maison de campagne à quelques lieues de Metz ; on eut même de la peine à trouver ce domicile, tous les propriétaires craignant l'animosité de la populace....

Le triomphe des princes était complet. On ôta à Mme de Châteauroux la surintendance de la maison de la Dauphine. Les favorites furent exilées à cinquante lieues de la cour. « Notre bon maître, disaient les valets, va donner à présent son royaume à M. de Fitz-James, s'il le lui demande pour son salut. »

Avant d'appliquer les saintes huiles, l'évêque avait dit ces paroles : « Messieurs les princes du sang, et vous, grands du royaume, le roi nous charge, monseigneur l'évêque de Metz et moi, de vous faire part de son repentir sincère du scandale qu'il a causé dans son royaume, en vivant, comme il l'a fait, avec Mme de Châteauroux. Il en demande pardon à Dieu. Il a appris qu'elle n'est qu'à trois lieues d'ici, et il lui ordonne de ne point approcher plus près de la cour que de cinquante lieues, et Sa Majesté lui ôte sa charge dans la maison de la Dauphine... » « et à sa sœur aussi », ajouta le moribond.

Le 15, à six heures du soir, on appela les princes pour assister aux prières des agonisants.... Les médecins s'étaient retirés.... Un empirique fit avaler une très-forte dose d'émétique, qui amena la guérison du roi.

On faisait abattre la galerie de communication qui avait été faite du logement du roi à celui des favorites, et celles-ci s'enfuyaient, insultées tout le long de la route. A La Ferté-sous-Jouarre, le peuple fut sur le point de briser les voitures. Elles arrivèrent enfin à Paris, que la reine n'osait quitter pour aller rejoindre son époux. Un courrier lui annonça qu'elle pouvait s'avancer jusqu'à Lunéville. Elle partit emmenant avec elle, parmi ses dames, Mme de Flavacourt, qui seule n'avait pas partagé les torts de ses sœurs. Arrivée à Soissons, d'Argenson lui fit savoir que le roi la voulait voir ; elle accourut et le roi lui dit : « Je vous demande pardon du scandale que je vous ai donné, des peines et des chagrins dont j'ai été la cause. Me pardonnez-vous, madame? » La reine, incapable de lui répondre, resta une heure attachée à son cou.

Louis XV, au commencement de septembre, était rétabli. Richelieu, après s'être assuré que le roi n'avait contre sa personne aucun ressentiment, se présenta devant lui. Peu-à-peu, il lui apprit les détails de sa maladie, la conduite de l'évêque de Soissons, celle du duc de Bouillon, des princes, etc. Le roi reprit son air de froideur et de dureté pour la reine... Mme de Châteauroux sut qu'elle occupait toujours sa pensée et lui écrivit une lettre d'amour qui réveilla toute sa passion. Après avoir signé la capitulation de Fribourg, Louis XV retourna le 8 novembre à Paris, moins curieux de la gloire de ses armées que de reconquérir sa maîtresse.

Cependant, Louis *le Bien Aimé* fut accueilli dans sa capitale avec ivresse. Mme de Châteauroux, pour jouir de ce triomphe qui lui faisait sans doute prévoir encore le sien, se mêla dans la foule, puis écrivit à Richelieu : « Tout injustes qu'ils sont pour moi, je ne puis m'empêcher de les aimer, à cause de leur amour pour le roi. Ils lui ont donné le nom de Bien Aimé, et ce titre efface tous leurs torts envers moi.... mais croyez-vous qu'il m'aime encore ? non, vous me faites entendre qu'il ne faut pas compter sur un retour.... »

Le 14 novembre, le roi sortit secrètement des Tuileries, et alla trouver Mme de Châteauroux dans la rue du Bac, où elle logeait, pour stipuler lui-même les conditions auxquelles elle reviendrait à la cour. Elle lui déclara que, « satisfaite de ne pas aller pourrir dans une prison par ses ordres, et contente d'avoir sa liberté et les plaisirs d'une vie privée, il en coûterait trop de têtes à la France si elle retournait à la cour. » Cette déclaration irritait les désirs du roi. Mme de Châteauroux ne cachait pas ses projets de vengeance. Elle voulait que Louis XV exilât M. de Maurepas, mais elle n'insista pas en voyant combien le roi avait besoin de ce ministre. Elle chercha aussi à faire éloigner les princes du sang, et finit par se contenter des ducs de Châtillon, de Bouillon et de La Rochefoucauld, du père Pérussault et de Fitz-James.

Ce traité conclu, « Mme de Châteauroux voulut bien, ajoute l'auteur des mémoires, accorder ses faveurs à son amant ; et comme une grande privation, un long voyage et des contradictions avaient attisé leurs feux, ils se trouvèrent si animés, que le roi la laissa avec un mal de tête violent et la fièvre, et dans une situation telle qu'elle en tomba dangereusement malade. »

Le roi ordonna à Maurepas de porter à la favorite un message royal, concerté entre elle et Richelieu. La duchesse était au lit avec la fièvre. Maurepas, introduit, après avoir été obligé de dire qu'il venait de la part du roi, parla en ces termes : « Madame, le roi m'envoie vous dire qu'il n'a aucune connaissance de ce qui s'est passé à votre égard pendant sa maladie à Metz. Il a toujours eu pour vous la même estime, la même considération, et il vous prie de revenir à la cour reprendre votre place, et Mme de Lauraguais la sienne. » Mme de Châteauroux répondit : « J'ai toujours été persuadée, monsieur, que le roi n'avait aucune part à ce qui s'est passé à mon sujet ; aussi je n'ai jamais cessé d'avoir pour Sa Majesté le même respect et le même attachement. Je suis fâchée de n'être pas en état d'aller dès demain remercier le roi, mais j'irai samedi prochain, car je serai guérie... »

Mais la duchesse ne devait plus se relever du lit où son orgueil savourait ce dernier triomphe. On a de la peine à croire à un empoisonnement, comme le pense Richelieu. On doit plutôt supposer que l'accumulation des situations douloureuses et extrêmes où s'était trouvée Mme de Châteauroux, explique sa maladie aiguë et sa mort rapide : « Onze jours se passèrent dans les transports, dans des absences d'esprit et des retours à la raison. Dans ses délires, elle maudissait les auteurs de sa maladie et se disait empoisonnée par Maurepas. Dans ses moments lucides, le père Segaud, jésuite, la confessait et disait, en sortant, qu'il était ravi, édifié des sentiments de la duchesse, et qu'il avait vu peu de femmes aussi résignées à mourir. »

Le roi appelait à son secours le ciel et la terre pour la conservation d'une si précieuse existence.

Mme de Mailly vint voir sa sœur. L'entrevue fut touchante, et la perfide ambitieuse mourut dans les bras de celle qu'elle avait impitoyablement supplantée. La mort de la duchesse de Châteauroux eut lieu le 8 décembre 1744. Elle avait à peine vingt-trois ans. Son inhumation se fit le 10 dans la chapelle de Saint-Michel de Saint-Sulpice, « une heure avant l'usage, parce que la police exigea du curé cette précaution, outre celle de commander au guet d'être sous les armes. » — La nation, suivant les mémoires cités, doit à Mme de Châteauroux d'avoir réveillé le roi de sa léthargie et de l'avoir mis à la tête de ses armées. On sait que Voltaire fut envoyé auprès du roi de Prusse pour en obtenir une diversion, au moment où Louis XV déclarait nettement la guerre qu'il faisait déjà à l'Angleterre et à l'Autriche. On a attribué l'emploi de Voltaire, en cette circonstance, à l'influence de la duchesse de Châteauroux [1].

A la mort de la duchesse de Châteauroux, son duché fit retour au domaine de la couronne.

---

[1] On a publié, en 1806, deux volumes de lettres de la duchesse de Châteauroux. Mme Sophie Gay a composé sous le titre de : *Mme la duchesse de Châteauroux* (Paris 1835) un roman plein d'intérêt.

CHAPITRE SEPTIÈME.

LE COMTE D'ARTOIS ET LES DÉBUTS DE LA RÉVOLUTION DE 1789.

L'avénement de Louis XVI, en 1774, avait été salué en Berry comme l'aurore de meilleurs jours. Ce prince, depuis son enfance, avait porté le nom de cette province. Au mois de juin 1776, le duché de Châteauroux fut détaché du domaine de la couronne pour faire partie de l'apanage du comte d'Artois (depuis Charles X). Il en fut de même du comté d'Argenton, qui avait été réuni au domaine royal par un échange avec la famille d'Orléans (1).

Les princes recherchaient alors une popularité qu'ils avaient longtemps dédaignée. En cette même année, une grande disette ayant régné dans le Berry, le comte d'Artois donna l'ordre de répandre les secours et les aumônes ; il fit faire des distributions de riz à toutes les familles pauvres qui habitaient les terres de son apanage.

---

(1) En septembre 1776, la ville avait fait de grands préparatifs pour recevoir dignement monsieur d'Anjou, intendant des finances du comte d'Artois; mais on apprit la veille de son arrivée que son voyage était empêché par un deuil de famille.

Lorsqu'on apprit à Châteauroux que M. le comte d'Artois devenait seigneur de cette ville, les habitants et les corps de justice lui envoyèrent des adresses pour lui témoigner la joie qu'ils en éprouvaient. Lorsque, à la naissance de son second fils, en 1778 (1), il lui donna le titre de duc de Berry, la joie publique éclata avec unanimité à Châteauroux et dans toute la province. Cet événement fut célébré par de grandes réjouissances.

En 1781, pour la naissance du Dauphin, fils de Louis XVI, Châteauroux, outre les cérémonies d'usage, fit faire aux indigents des distributions de vivres, de vêtements et d'argent.

On était alors au commencement de cette époque mémorable où tant d'esprits généreux se faisaient l'illusion que des changements, jugés depuis longtemps indispensables dans la constitution de la France, pouvaient être réalisés pacifiquement. On demandait la réforme des abus, la régularité dans les finances, une part accordée aux contribuables dans le vote des impôts. Une tentative fut faite pour porter remède aux

---

(1) En cette même année 1778, les habitants députèrent à Bourges auprès de l'administration provinciale pour l'intéresser à la manufacture du Parc qui était chancelante. Ces députations exigeant des frais assez considérables, ils prirent le parti de charger de leurs intérêts leurs compatriotes établis à Bourges et à Paris. Ils avaient à Bourges M. Crublier de Chandaire, président trésorier de France et les membres de l'administration provinciale originaire de Châteauroux; à Paris, M. Grillon des Chapelles, secrétaire du roi, et M. Parthon, conseiller à la table de marbre. Ils donnaient aussi procuration à ceux que leurs affaires personnelles appelaient à Paris, par exemple à M. Henri Bertrand, lorsque, en 1791, il y conduisit ses deux fils, Gatien et Louis.

mécontentements, fut la création de l'assemblée provinciale, laquelle fut suivie de l'assemblée des notables. Deux articles nous sont nécessaires pour traiter ce double sujet.

ARTICLE PREMIER.

Assemblée provinciale du Berry (1).

Louis XVI, par un arrêt de son conseil, ayant Necker à sa tête, créa, en 1778, l'administration provinciale du Berry. C'était un essai pour en former d'autres. L'assemblée devait se composer de quarante-huit membres : douze membres du clergé, douze gentilshommes propriétaires, et vingt-quatre membres du tiers-état. Ses principales attributions étaient de répartir les impositions dans la province, d'en faire le recouvrement, de diriger la confection des grands chemins et des canaux, des ateliers de charité, et de s'occuper de tous les autres objets que Sa Majesté jugerait à propos de lui confier. L'Assemblée devait se réunir, tous les deux ans, à Bourges, pendant un mois, et, dans l'intervalle des sessions, un bureau intermédiaire veillerait à l'exécution de ses délibérations. Les suffrages devaient être comptés par tête.

Le roi choisit les seize premiers membres qui durent ensuite se compléter. Ils furent : pour le clergé :

---

(1) De Girardot : Essai sur les assemblées provinciales, et en particulier sur celle du Berry. — Raynal, tom. IV, page 461 *et suivantes*. — Léonce de Lavergne : Assemblées provinciales de France avant 1789. *Revue des Deux-Mondes*, 1861.

MM. de Phelippeaux de La Vrillère, archevêque de Bourges, président; de Véry, abbé de Saint-Satur; de Séguiran, abbé du Landais; de Vélard, chanoine de Bourges et archidiacre de Buzançais. — Pour la noblesse: MM. le marquis de Gaucourt; le comte de Barbançois, seigneur de Contremoret; de Savary, marquis de Lancosme; le comte du Buat, seigneur de Neuvy-sur-Baranjon. — Pour le tiers-état: MM. Soumard de Crosses, maire de Bourges; Guymon de La Touche (1), de Châteauroux; de La Varenne, de Vierzon; Terrasse, de Château-neuf-sur-Cher; Rebicré de Lézières, de La Souterraine; Ferrand de Saligny, de Bengy-sur-Craon; Dupertuis, d'Argenton.

Voici les trente-deux membres qui devaient compléter l'assemblée: Pour le clergé: MM. Delacour de Ménard, abbé des chapitres de N. D. et de Saint-Martin de Châteauroux; de Betisy de Mézières, abbé de Barzelle; de Hercé, abbé de Chezal-Benoit; de L'Étang, chanoine de Saint-Cyr d'Issoudun; de Boisé, prieur de Saint-Hilaire, près Linières; Blanchard, prieur de N. D. de Salles; Terminet, prieur de Graçay. — Pour la noblesse: MM. le marquis du Blosset; de Sahuguet, baron d'Espagnac, comte de Sancerre; le marquis de Bonneval, seigneur de Bannegon; le comte de Chabrillant, seigneur du Magnet; le comte de Poix, seigneur de Marécreux; de Courault, comte de La Roche-Chevreux; le marquis de Bouthillier, seigneur

---

(1) Frère ainé de l'auteur d'*Iphigénie en Tauride*.

des Aix-Dam-Gillon ; le marquis de Sancé, seigneur d'Azay-le-Féron. — Pour le tiers-état : MM. Desserand, de Bourges ; Robertet, d'Issoudun ; Geoffrenet des Beaux-Plains, de Saint-Amand ; Belleau, du Blanc ; Fermé des Mornières, de Châtillon-sur-Indre ; Bernot de Longy, de La Charité-sur-Loire ; Grangier, de Sancerre ; Abicot, d'Aubigny ; Robert, d'Issoudun ; Alabonne de l'Enclave, de Saint-Benoit-du-Sault ; Bonneau, de Buzançais ; Baucheton, de Massay ; Poisle-Desgranges, de Cluis-Dessus ; Trotignon de L'Épinière, de Levroux ; Rappin de Chevenet, de Donzy ; Taillandier-Duplaix, de Saint-Hilaire, près Linières. — Plus tard, l'assemblée choisit pour secrétaire, Merle de La Brugière, secrétaire de l'archevêché ; et pour procureurs syndics Bengy, lieutenant-général au bailliage, et Dumont, procureur du roi au bureau des finances.

L'Assemblée se partagea en quatre bureaux : Impositions, travaux publics, agriculture et commerce, et réglement. Le bureau du réglement présenta le premier son rapport ; la disposition la plus remarquable portait que les opinions seraient prises par tête et en croisant les ordres, de telle sorte qu'un membre du clergé, un membre de la noblesse opinassent toujours à la suite les uns des autres. — Le rapport du bureau des impôts vint ensuite ; on ne proposa que quelques mesures de détail qui consistaient à solliciter du roi la fixation des vingtièmes à payer par la province sous forme d'abonnement, et à confier aux contribuables eux-mêmes le droit de faire dans chaque paroisse la répartition de la taille par des experts *élus;* l'Assemblée adopta ces conclusions. — Le bureau des travaux publics se bornait à exposer le pour et le contre ; mais l'Assemblée décida que les routes seraient continuées en 1779 au moyen de la corvée ; qu'on les distribuerait par tâches entre les *communautés,* et que, à la prochaine réunion, on s'occuperait des moyens les plus efficaces pour supprimer la corvée. — Le rapport du bureau de l'agriculture et du commerce termina la session.

La seconde session fut convoquée pour le 16 août 1779. Le roi avait augmenté le nombre des membres de la noblesse en leur adjoignant le duc de Béthune-Charost et le comte de Lusignan. Plus tard on y vit entrer le célèbre Destutt de Tracy. — Il y eut encore quatre sessions où l'on s'occupa surtout des routes et des chemins, des canaux, des progrès de l'agriculture, de l'abolition de la corvée et de son remplacement par une contribution, de reporter les douanes aux frontières de la France, etc.

On reconnaissait que les assemblées provinciales pouvaient rendre de grands services et l'opinion se prononçait hautement en leur faveur ; mais les événements se précipitaient ; on réclamait de toutes parts la convocation des États-Généraux. L'assemblée du Berry ne fut pas réunie en 1788 à cause de l'agitation générale, et le décret de l'Assemblée constituante qui instituait l'organisation départementale mit fin à son existence.

ARTICLE DEUXIÈME

Assemblées des notables ; élections au bailliage de Châteauroux pour les États-Généraux.

Une première assemblée des notables, qui se tint du 22 février au 25 mai 1787, consentit l'impôt territorial, l'impôt du timbre, et la suppression des corvées. Mais le parlement refusa d'enregistrer ces impôts, prétextant qu'aux États-Généraux seuls appartenait le droit de les établir. Ce fut pour traiter quelques questions préliminaires sur l'organisation des États-Généraux que Louis XVI convoqua la seconde assemblée des notables.

La grande question était de décider si le tiers-état obtiendrait une représentation égale en nombre à celle des deux premiers ordres, la noblesse et le clergé, et, si l'on délibérerait par tête ou par ordre dans toutes les villes. A Châteauroux, il y eut une démonstration significative. Les trois ordres s'assemblèrent le 26 janvier 1789. Après un discours des officiers municipaux, l'abbé Legrand, député du clergé, prit la parole et se prononça pour le vote par tête. Le marquis de Barbançois, brigadier des armées du roi, ancien capitaine aux gardes françaises, opina dans le même sens ; il ajouta, comme organe de la noblesse de la ville, qu'il était chargé de consentir à contribuer également à toutes les charges de l'État et de renoncer à toute exemption pécuniaire. Les membres des corps privilégiés firent la même déclaration au milieu de l'enthousiasme général, et les officiers municipaux adressèrent à tous leurs remerciements. — Malgré l'avis qui avait prévalu dans l'assemblée des notables, le conseil du roi avait décidé le doublement du tiers-état.

Enfin, le 24 janvier 1789 on adressa dans toutes les provinces une lettre qui annonçait la mesure décisive si longtemps attendue, *la convocation des États-Généraux*. Elle prescrivait d'assembler les trois États de chaque bailliage ou sénéchaussée « pour conférer et communiquer ensemble tant des remontrances, plaintes et doléances que des moyens et avis qu'ils auraient à proposer en l'assemblée générale des États, » et pour choisir des députés. Avant cette lettre, on reçut le réglement arrêté au conseil d'État pour les élections et la rédaction des cahiers. On distinguait les bailliages principaux et les bailliages secondaires. Bourges formait un bailliage principal qui avait le droit de député directement ; mais Châteauroux ne formait qu'un bailliage secondaire et ne pouvait que désigner des électeurs qui viendraient se réunir au bailliage de Bourges. Bourges pouvait envoyer vingt députés à l'assemblée bailliagère, tandis qu'Issoudun n'avait droit qu'à dix et Châteauroux à six. Dans les villes bailliagères, les habitants devaient s'assembler par corporations. Les députations partielles étaient engagées à résumer en un seul les cahiers particuliers ; puis à faire choix du quart des membres de l'assemblée pour se rendre à l'assemblée générale.

Le 9 mars, le tiers-état de tout le bailliage de Châteauroux fut assemblé dans l'église des Capucins. Guymon de La Touche, assesseur du bailliage, s'y rendit, assisté de Nicolas Crublier de Chandaire, procureur du roi, pour constater les nominations et recevoir les cahiers. Après la lecture des lettres, réglements et ordonnances, on nomma une commission pour résumer tous les cahiers en un seul ; elle fut composée de vingt-cinq membres : Henri Boëry, Legrand, Dupertuis, Pepin, Des Fougères, Pouradier de La Motte, Turquet de Mayerne, Souvigny, Palienne, Cirodde, d'Hérer, Vergne du Goullet, Pelletier, Bailly, Rochoux de La Bouige, Thabaut de Chantôme, Badou, Auclerc des Côtes, Greitre de Champalais, Patureau du Broutay, Lemaigre, Trotignon, Bernard-Préjoly et Prungnaud. — A la séance du lendemain, Boëry, nommé rapporteur, présenta le cahier dans lequel étaient résumés tous les cahiers particuliers. La lecture en fut faite par trois fois ; tous les articles furent adoptés successivement par acclamation.

Nous croyons ne pouvoir nous dispenser de reproduire le procès-verbal de ces deux séances. On y trouvera la liste des membres élus. Tous ces détails intéressants et curieux appartiennent essentiellement à l'histoire de Châteauroux.

« Aujourd'hui lundi, 9 mars 1789, le tiers-état de tout le ressort du bailliage royal de cette ville de Châteauroux, ayant été dûment cité, suivant qu'il résulte des exploits de Milord-Gautier, Bottard le jeune, Milord l'aîné, Acollas, Cluis le jeune, Cartier, Blanchard-Pineau, Getrat, Alely, Muron, Barret, Bottard-Vergne, Pidoux, Foulin, Bottard-Lemor et Pearron, huissiers royaux, des 20, 25, 26, 27 et 28 février derniers, posés aux officiers municipaux de cette ville de Châteauroux, Déols, Argenton, Le Blanc, Saint-Gaultier, Saint-Marcel, de La Châtre, du Châtelet, de Levroux, de Cluis-Dessus, Aigurande et Saint-Chartier, et aux syndics des bourgs et paroisses de Saint-Pierre et de Saint-Étienne de Neuvy-Saint-Sépulchre, Arthon, Ambrault, Ardennais, Bouesse, Brives, Bommiers, Baudres, Brion, Bouges, Bretagne, Bezagette, Buxières-d'Aillac, Bazaiges, Briantes, Barbançois-Villegongis, Baraize, Coings, Chezelles, Chavin, Ceaulmont, Celon, Chasseneuil, Champillet, Chitray, Chazelet, Ciron, Chambon-sur-Indre, Diors, Douadic, Dampierre, Étrechet, Feusines, Fougerolles, Gournay, Gargilesse, Abilly, Jeu-les-Bois, Ids Saint-Roch, Lourouer-les-Bois, Luant, La Pérouille, Lacs, Le Menoux, Le Pêchereau, Luzeret, La Chapelle-Orthemale, Liniez, Lingé, La Champenoise, Lys-Saint-Georges, La Motte-Feuilly, Le Pin, La Berthenoux, La Chapelotte, Le Magny, Mosnay, Mehun-sur-Indre, Montierchaume, Montgivray, Mâron, Morlac, Marçais, Montlevic, Migné, Montipouret, Mers, Maillet, Malicornay, Montchevrier, Maisonnais, Mesples, Méobecq, Niherne, Nuret-le-Ferron, Neuillay-les-Bois, Neuvy-Pailloux, Nohan, Oulches, Orsennes, Planche, Pesay-sur-Creuse, Pommiers, Préveranges, Pruniers, Rosnay, Rivarennes, Ruffec, Rouvres-les-Bois, Rezay, Saint-Martin et Saint-Vincent d'Ardentes, Saint-Maur, Sassierges, Saint-Pierre-les-Bois, Saint-Pardoux de Lourouer, Sainte-Fauste, Sarzay, Saint-Janvrin, Saint-Gilles, Saint-Civran, Saint-Lactencin, Saint-Phalier, Sainte-Colombe, Saint-Pierre de Nots, Saint-Août, Saint-Julien et Saint-Martin de Thevet, Saint-Christophe-en-Boucherie, Saint-Jean-des-Chaumes, Saint-Aubin, Sidiailles, Saint-Nazaire, Saint-Palais, Saint-Pierre de Pouligny, Tendu, Thenay, Tranzault, Velles, Viplais, Verneuil, Vic-sur-Aubois, Vouillon, Villedieu, Villers, Vic-Saint-Chartier, Vigoux et Vineuil.

» Conformément à la lettre du roi pour la convocation des

États généraux à Versailles le 27 avril prochain, et au règlement y annexé du 24 janvier dernier, et encore en exécution soit de l'ordonnance de M. le bailli de Berry ou quoi que ce soit de M. son lieutenant-général à Bourges, du 13 février aussi dernier, soit de celle rendue par M. le lieutenant-général au bailliage royal de cette ville de Châteauroux, le 23 du mois de février, à comparaître par les députés de chaque ville, bourg, village et communauté par devant mondit sieur le lieutenant-général au bailliage de Châteauroux en l'assemblée générale qui doit se tenir aujourd'hui pour y être par lui procédé d'abord à la rédaction et réunion de tous les cahiers particuliers en un seul, et ensuite au choix du quart d'entre lesdits députés, lesquels seront chargés de porter, à l'assemblée générale des trois ordres qui doit se tenir le 16 du présent mois en la ville de Bourges, ledit cahier et le procès-verbal qui constatera leur nomination et leurs pouvoirs.

» Nous, Jean Guymon de La Touche, conseiller du roi, assesseur civil et criminel audit bailliage royal de Châteauroux, faisant, à cause de la maladie survenue à M. le lieutenant-général, assisté de M. Nicolas Crublier de Chandaire, écuyer, seigneur de Saint-Saturnin et Miran, procureur du roi, et de notre greffier, et suivis de nos huissiers audienciers et autres de ce bailliage, à huit heures du matin, nous sommes transportés en une grande salle, ci-devant église aux Capucins, dont il n'existe plus de maison en cette ville, laquelle salle, vu le grand nombre des députés, nous avons fait préparer comme le lieu le plus convenable, où nous étant rendu et ayant pris séance, sont comparus, savoir :

» *Pour députés de cette ville de Châteauroux*: Guillaume-Barthélemy Boëry, avocat en parlement, président en l'élection et premier échevin de cette ville ; Jérôme Legrand, avocat du roi; Antoine-Joseph Lecapelain, conseiller en ce bailliage ; Silvain Guérineau ; Gabriel Douard de Fresne, lieutenant de maréchaussée ; Jean Bourdillon l'aîné, procureur ; François Grillon de Cré, médecin, et Philippe Basset-Mallard, procureur, suivant qu'il est exprimé par l'acte d'assemblée du 3 présent mois.

» *Pour députés de la ville d'Argenton* : Jean Crochereau du Vivier, bailli ; Jean Auclerc des Côtes, médecin ; Silvain Dupertuis, avocat ; Michel Lacoste, bourgeois ; Pierre Rollinat, bourgeois ; et Silvain Pépin, avocat, suivant l'acte d'assemblée du 3 du courant.

» *Pour députés de la ville du Blanc* : Pierre-François Turquet de Mayerne, médecin ; François-Armand Gastebois fils ; André Laurent de Validet, échevin ; et Louis-Edme Colin de Souvigny, procureur du roi en l'élection de ladite ville, suivant l'acte d'assemblée du 1er du présent mois.

» *Pour députés de la ville de La Châtre* : Jean Pouradier de La Motte, prévôt ; Antoine Des Fougères de Villandry, maire ; Jean Chicot fils, négociant ; Jean Chabenat, nommé adjoint, suivant l'acte d'assemblée du 2 du courant.

» *Pour la ville du Châtelet* : Pierre Palienne ; François d'Aubigny des Mirands ; François Robin des Chaumes ; Jacques Bourdeau, suivant l'acte du 1er courant.

» *Pour députés de la ville de Saint-Gaultier* : Pierre Fauconneau-Dufresne, bourgeois ; Étienne-Charles Badou, avocat ; Silvain Peyrot des Roches, et Pierre Déribéré-Desgardes, marchand, suivant l'acte d'assemblée du 5 présent mois.

» *Pour députés de la ville de Levroux* : Antoine Girodde de la Morinière, bailli ; Silvain d'Herer de Panday, avocat ; Joseph Batailler du Berthier, et François Gonnet, suivant l'acte du 4 du courant.

» *Pour députés de la ville de Cluis-Dessus* : Louis-Guillaume Vergne du Goullet ; Louis Poisle ; Guillaume Godin, et Étienne Vergne du Casson, suivant l'acte du 1er de ce mois qu'ils ont présenté avec leur cahier.

» *Pour députés de la ville de Déols* : Étienne Soing, Louis Lassimone, Antoine Tixier et Jean Lepot, suivant l'acte du 1er du présent mois.

» *Pour députés de la ville d'Aigurande* : Jean-Baptiste Pelletier, avocat au parlement, bailli ; Pierre Rigodin de la Pimpartière, Paul-Michel Bathias et Léonard Prévost, suivant l'acte du 5 courant.

» *Pour la ville de Saint-Marcel* : Gabriel Pineau, Jean Mercier de Génitoux, André Baudet des Perrins, bourgeois, et Louis Brissaud des Maillets, marchand, suivant l'acte du 1er de ce mois.

» *Pour députés de la ville de Saint-Chartier* : Jean Audoux de Villejauvet, Philippe Rousseau, Jean Caillaut et François Pion, suivant l'acte du 1er courant.

» *Pour députés des paroisses de Saint-Étienne et Saint-Pierre de Neuvy-Saint-Sépulcre* : Jean-Baptiste Rochoux de la Bouige, avocat au parlement ; Hyacinthe Thabaud de Chantôme ; Jacques Thabaud de La Roche et Michel Thabaud de Claverolles, procureur fiscal, suivant l'acte du 1er de ce mois. »

Pour députés de la paroisse d'Arthon : Gabriel Nicaut et Silvain Coulon.

Pour députés d'Ambrault : Cosme Bouton et Cl. Marchand, laboureurs.

Ardennais : Fr. Jourdin, fermier, et Pierre Renault.

Bouesse : Jacq. Touzelin et Jacq. Gerbault.

Brives : Jean Loiseau, syndic, et Jacq. Pigelet.

Bommiers : Cl.-Jacq. Auroux, marchand, et J. Berger, fermier.

Baudres : Roch Lemaigre, procur. fiscal de la baronnie.

Levroux et Brion : Pierre Delacou, bourgeois, et Baudres ; Pierre Gourichon, syndic, Fr. Besnard, marguiller.

Bouges : Pierre Moulinet et François Trouvé, fermier.

Bretagne : Silvain d'Herer de Pauday, avocat, et Maillet, laboureur.

Besagette : Joseph Papiot, marchand, et Jean Duris, laboureur.

Buxières-d'Aillac : Jacques Chantôme et Maurice Dezaulières, laboureur.

Baraize : Gab. Bourgeois, syndic, et Louis Cheroux.

Briantes : Silvain Apaire, syndic, et Jacques Chagnon, laboureur.

Villegongis : J.-B. Bourin, insp. des p. et ch., et L. Godin-Desrosiers, chirurgien.

Bazaiges : Jean Pathé, syndic.

Coings : Joseph Bertrand de Greuille, avocat, et Clém. Gourichon, fermier.

Chézelles : Jacq. Pinon de La Courandière, échevin, Michel Patureau.

Chavin : Pierre Guyot, syndic, et Silvain Prunget, charpentier.

Ceaulmont : René Barré, Md, Ch. Laverdat, charpentier, et S. Militon, vigneron.

Celon : J. Robinet, syndic; Léonard Rouet, laboureur.

Chasseneuil : Fr. Touzet, Silv. Faignon, laboureur.

Champillet : Pichon, syndic; P. Darguin.

Chitray : Fr. Tournois et Philippe Torcet.

Chazelet : Philippe de Beaufort, notaire; And. Malardeau, chirurgien.

Ciron : L. David, fermier et Robert de La Brosse, bourgeois.

Chambon-sur-Indre : P.-Ant. Joffroy, fermier.

Diors : Vincent Soing, fermier, et Jules Guilpain, fermier.

Douadic : Michel Ravau-Dufresne, bourgeois; R. Destreilles, marchand.

Dampierre : P. Bertrand, bailli de Gargilesse.

Étrechet : Gab. Vincent, Fr. Grenouillet, laboureur.

Feusines : Pierres Estèves, laboureur, Simon Laruelle, laboureur.

Fougerolles : Fr. Roussellat et Denis Aladenise, laboureur.

Gournay : Silv. Ballereau, marchand et Denis Hemery.

Gargilesse : Pierre Bertrand, bailli.

Abilly : Ch.-Fran. Pellerin de Beauvais, bourgeois, Pineau et J. Simon.

Jeu-les-Bois : Guil. Prungnard, et Vergne Delaveau, fermier.

Ids-Saint-Roch : Dubois et Bedouillat.

Lourouer-les-Bois : Fr. Bourdillon le jeune, proc. à Châteauroux, et J. Picard, marchand.

Luant : J.-B. Patureau, seigneur du Broutay et Etienne Trotignon.

La Pérouille : P. Caillaut et Jean Joffrion, fermiers.

Lacs : Ch. Méreau et Julien Villebasse.

Le Menoux : Léon Grosset, chen, et Pierre Dupertuis.

Le Péchereau : Et. Ballereau, tanneur, et André, vigneron.

Luzeret : Michel Lacoste et Jarry, laboureurs.

La Chapelle-Orthemale : P. Verdier, fermier, et Jos. Bertrand de Greuille.

Linietz : Louis Délibéré et Jean Leblanc, laboureurs.

Lingé : Jean Durand, fermier, et Claude Rigollet.

La Champenoise : Simon Gerbier et Cl. Pigelet, laboureurs.

Lys-Saint-Georges : L. Grajon, syndic, et Silvain Perrot.

La Motte-Feuilly : J. Darches et Simon Bleron.

La Berthenoux : Silvain Pommier et Jean Pommier, fermiers.

La Chapelotte : Gilbert Desjobert, écuyer, avocat, et Edme Selleron.

Le Magny : J. B. Baucheron Duinay, bourgeois, et Pierre Aupanetier.

Le Pin : P. Bertrand, bailli de Gargilesse.

Badecon : L. Moreau, notaire.

Mosnay : Gab. Mublot et Jean Poirou, laboureur.

Mehun-sur-Indre : J. Robinet et P. Labbé.

Montierchaume : L. Patrigeon et J. Lumet.

Montgivray : Cl. Jarny, de La Châtre, et S. Maillaud.

Maron : Jean Dreux, Pichon et Caprais-Devaux, marchands.

Morlac : N. Aloncle et de Laumay, et J. Roux, aubergiste.

Marçais : J. Renault et Barthélemy Remillac.

Montlevic : Silvain Laruelle, laboureur, et G. Auroux, marchand.

Migné : N. Pasquier, chen, et Malein-Naudin, marchand.

Montipouret : Remy Gassepieux et Ant. Rollinat.
Mers : Fr. Blanchet et Silv. Plault.
Malicornay : Silv. Gasteau et Silv. Auparet.
Montchevrier : Silv. Delouche de Pémoret et Denis Gros.
Maisonnais : Louis Ducarteron et Pierre Girault.
Mesples : Cl.-Jos. Delagrange, bourgeois, et Blaise Juillet.
Méobec : Damien Poisle, fermier, et L.-Franc. Travers des Riaux.
Niherne : J.-B. Verdy, fermier, et Silv. Coulon.
Nuret-le-Ferron : Jean Fauconneau et Jean Jary, marchands.
Neuillay-les-Bois : Fr. de Villiers, et Thomas Lamoureux.
Neuvy-Pailloux : Et. Patrigeon, fermier, et André Darnault.
Nohant : Jacq. Bernard, procureur du roi, en l'élection de La Châtre, et Jean Bonnin, meunier.
Oulches : Joseph Chabin et Thomas Marandon.
Orsennes : Jacq. Prungnaud, avocat, et Jean Bourbon.
Planches : Jean Filleron, syndic, et Franc. Goubet.
Pezay-sur-Creuse : François Lemaire et Jean Challier.
Pommiers : Mathieu Charault, syndic, et Silv. Prunget, marchand.
Prévéranges : Alex. Duhoux, ch^{en}, Claude Bonnefoy et L. Maubert.
Pruniers : Jean Daout, taillandier, et Silvain Marié.
Rosnay : Louis Laporte, marchand, et Louis Poupignon.
Rivarennes : Gabriel Chamblant et Jean Vincent.
Ruffec : Et. Bernard, bailli et notaire royal, et Ch. Vézien des Forges, bourgeois, anc. gendarme.
Rouvres-les-Bois : Jean Blanchet, M^e en chirurgie, et Et. Plat, marchand.
Rezay : Bertrand Villate de Sept-Fond et Denis Hérault.
Saint-Martin-d'Ardentes : Cyr Ledoux, ch^{en}, et Pierre Limousin, marchand.
Saint-Vincent-d'Ardentes : Et. Grêtré de Champalliers, maître des forges de Clavières, et Guillaume Blanchard.
Saint-Maur : Charles Guéry, P. Gayard et Philippe Pigelet.

Sassierges : Louis-Joseph Bertrand de Greuille, maire de la ville de Châteauroux ; Joseph Boullier, orf. à Châteauroux.

Saint-Pierre-le-Bois : Gab. Vignolet et Gilbert Chéry.

Saint-Pardoux-de-Lourouer : Mich. Pearrron et Fr. Fouratier, laboureurs.

Sainte-Fauste : J.-B. Limondin, laboureur, et René Godin.

Sarzay : Rochoux de La Bouige, bailli de Neuvy, et Pierre Simon, fermier de Sarzay.

Saint-Janvrin : P. Chaignon et Ant. Fichaut.

Saint-Gilles : Jean Ferrand et Silv. Cartier.

Saint-Civran : Damien Valadoux, marchand, et Ph. Carvenon de la Minière.

Saint-Lactencin : François Guyon, syndic, et Jacq. Dinart.

Saint-Phalier : Silv.-L. Guignard, fermier, et Silv. Triffaut laboureur.

Sainte-Colombe : P. Beaubois, fermier, et Jean Bougeret, laboureur.

Saint-Pierre-de-Notz : Silv. Bruneau, syndic, et Cl. Lézard' laboureur.

Saint-Août : Ursin Boucheron et Silv. Canteau, bourgeois.

Saint-Julien-de-Thevet : Pierre Teinturier, bourgeois, et Jean Auray, laboureur.

Saint-Jean-des-Chaumes : P. Champeaux et Etienne Aufrère.

Saint-Aubin : Etienne Guignard et Louis Remond.

Sidiailles : Jean Gobin et Pierre Aumeunier.

Saint-Nazaire : Fr. Boursier, bourgeois, et Fr. Bonneau, laboureur.

Saint-Palais : Silvain Maugenest et Gilbert Foucard.

Saint-Pierre-de-Pouligny : L.-F. Fontenette, bourgeois, J. Benoît, J. Chaput, Silv. Aubier et Antoine Cadon, laboureur.

Tendu : J.-B. Patureau du Broutay et J. Bridon, aubergiste.

Thenay : J.-Fr. Lisseau et Ant. Regnaut.

Transault : Silvain Mauduit, bourgeois, et Pierre Blanchet, fermier.

Velles : L. Geoffrion, fermier, et Pierre Lourendeau, aubergiste.

Viplaix : Gilb. Desjobert, écuyer, avocat, et Edme Selleron, conseiller du roi.

Verneuil : A. Gouru de Rivarennes et J. Selleron du Coudray, bourgeois.

Vic-sur-Aubois : N. Mathivet et Philippe Soumard.

Vouillon : Denis Ausour, marchand, et J. Lepinte, fermier.

Villedieu ; Michel Plisseau et J. Martin, marchand.

Villers : J. Patrigeon, fermier, et Fr. Chamard, syndic.

Vic-Saint-Chartier : P. Garny, bourgeois, et J. Laurent, fermier.

Vigoux : J.-B. Lefèvre et Et. Boiron, bourgeois.

Vineuil : Joseph Guérineau, médecin du roi et du comte d'Artois, et Ch. Guesnier.

« Tous lesdits députés ayant joint les cahiers à leurs dites nominations, après avoir pris et reçu le serment au cas requis, nous avons donné acte de leur comparution, et défaut pour les habitants de la paroisse de Saint-Christophe-en-Boucherie, aucun député ne comparaissant pour eux.

» Et ayant fait faire lecture par notre greffier des lettres et réglement du roi, ainsi que de l'ordonnance de M. le bailli de Berry ou de son lieutenant-général à Bourges, il nous a été, après ladite lecture, représenté d'une unanime voix par l'Assemblée que, pour la rédaction en un seul de tous les cahiers particuliers, il serait plus expédient, soit pour remplir le vœu commun, soit pour obvier aux inconvénients et aux dépenses qu'occasionneraient d'un côté une discussion qui ne pourrait être qu'irréfléchie, et de l'autre côté le séjour trop prolongé des députés étrangers, de nommer sur le champ des commissaires pour approfondir et déterminer cette opération, comme encore, pour ne donner aucun sujet de plainte ni même de suspicion, il serait convenable de prendre des commissaires dans chaque ville, bourg et communauté en proportion mesurée à la population, nous nous sommes fait un devoir, ouï sur ce point le procureur du roi, d'obtempérer à cette pétition, en conséquence avons consulté et recueilli les suffrages. — Il a été nommé pour commissaires par acclamation les personnes, savoir :

Châteauroux : Les sieurs Boëry et Legrand.
Argenton : Dupertuis et Pépin, avocats.
La Châtre : Des Fougères et Pouradier de La Motte.
Le Blanc : Turquet de Mayerne et de Souvigny.
Le Châtelet : Le sieur Pallienne.
Levroux : Les sieurs Cirodde et d'Hérer.
Cluis-Dessus : Vergne du Goullet.
Aigurande : Pelletier, bailli.
Saint-Chartier : Rochoux de La Bouige.
Neuvy-Saint-Sépulcre : Thabaut de Chantôme.
Saint-Gaultier : Badou, avocat.
Saint-Marcel : Auclerc des Côtes.

Et pour les *bourgs et communautés*, les sieurs Greitré de Champalliers, Patureau du Broutay, Boucheron, Lemaigre, Trotignon, Bernard Préjoly et Prungnaud, avocat.

« Pour faciliter le travail desdits commissaires et les éloigner de tous obstacles, il a été convenu qu'ils se retireraient dans la salle de l'Hôtel-de-Ville.

» Tous lesquels commissaires, ayant accepté leurs commissions et juré de s'en acquitter en leur loyauté et conscience, ont annoncé que pour répondre aux vues de l'assemblée, ils allaient se livrer sans relâche, et même s'il le fallait bien avant dans la nuit, au travail qui leur était confié, afin de pouvoir faire leur rapport à l'assemblée *demain à neuf heures du matin*, pourquoi ils nous ont requis de suspendre jusqu'à ladite heure la continuation de nos séances, et qu'afin que l'avertissement devint plus notoire, il fut sonné, un quart d'heure avant ladite heure de neuf heures, par la grosse cloche de l'église Saint-André, à quoi ayant égard, oui sur ce le procureur du roi, nous avons de l'aveu et du consentement de l'assemblée suspendu nos séances jusqu'à ladite heure de neuf heures du matin à laquelle heure toute la susdite assemblée s'est tenue pour convoquée, comme encore nous avons fait remettre par notre greffier aux dits commissaires sus-nommés tous lesdits cahiers pour être réduits et réunis en un seul, suivant le vœu de ladite commission, et ont tous lesdits députés présents signé avec nous, le procureur du roi et notre greffier, sauf ceux des députés qui ont déclaré ne pas savoir signer.

» Aujourd'hui, mardi 10 mars 1789, en conséquence de l'arrêté d'aujourd'hui, l'assemblée ayant repris sa séance à ladite heure de neuf heures du matin, Guillaume-Barthélemy Boëry, l'un des commissaires nommés portant la parole, a présenté le cahier dans lequel sont réduits et réunis tous les cahiers particuliers du ressort de ce bailliage et a exposé que, quoique les commissaires eussent apporté toute l'attention, l'examen et l'étude pour présenter le vœu de toutes les villes, bourgs et communautés, néanmoins tous lesdits commissaires au nom desquels il parlait, désiraient que leur travail fut sanctionné par le suffrage unanime de l'assemblée, à quoi ayant égard, et ouï sur ce le procureur du roi, nous avons ordonné que lecture serait faite, tout présentement, de tous les articles composant ledit cahier, et qu'afin de donner plus de facilité de s'en pénétrer et de faire les observations qui seraient jugées convenables, il serait lu article par article et qu'aucun ne serait fixé et déterminé qu'après l'approbation unanime de l'assemblée.

» En conséquence lecture ayant été faite dudit cahier par notre greffier, et ladite lecture ayant été répétée jusqu'à trois fois pour davantage l'approfondir et donner lieu à chaque membre de l'assemblée d'exposer les réflexions, ce qui a emporté l'espace de plus de quatre heures, tous les articles composant ledit cahier ont été d'unanime voix et par acclamations agréés et approuvés par l'assemblée, vu laquelle approbation nous avons fait de suite inscrire par notre greffier ainsi qu'il suit. »

Voici maintenant le résumé du cahier des pétitions, plaintes et remontrances du bailliage royal de Châteauroux. Les députés-électeurs, qui allaient être nommés devaient le présenter à l'assemblée générale du bailliage principal du Berry, indiquée à Bourges pour le 16 du même mois.

SECTION Ire.

Des droits de la nation.

Art. 1er.

Pour être gouverné par les délibérations durables de la nation et non par les conseils passagers des ministres de Sa Majesté, l'assemblée demande qu'il ne puisse exister de loi qu'elle ne soit consentie par les États-Généraux et revêtue de la sanction de l'autorité royale.

Art. 2.

Aucun impôt ne pourra être confirmé ni prorogé dans aucun cas et nulles circonstances, qu'il ne soit octroyé par les États-Généraux du royaume, et il ne sera que pour un temps limité par eux. Tout impôt établi ou prorogé sans le consentement de la nation sera illégal, nul, et comme tel la prestation en pourra être refusée, et ceux qui le lèveront poursuivis comme concussionnaires suivant la rigueur des lois.

Art. 3.

Les ministres seront comptables et responsables de leur gestion et administration aux États-Généraux qui pourront les dénoncer et les faire juger conformément aux lois du royaume et par les juges qu'ils auront adoptés.

Art. 4.

La liberté individuelle de tout citoyen sera assurée ; en conséquence l'usage de tous ordres ministériels ou lettres de cachet demeurera entièrement éteint. Tout citoyen ne pourra être détenu que dans une prison légale et pour causes légales pour être jugé par ses juges naturels, et dans le cas où un citoyen serait arrêté par les ordres du roi, il sera remis entre les mains de ses juges naturels dans les délais qui seront fixés par les États-Généraux.

Art. 5.

Les impôts généralement quelconques existants, ceux à à créer, et ceux qui pourraient être substitués à ceux qui existent seront supportés par les trois ordres de l'État, sans exception ni exemption pécuniaire, établis sur un même rôle, attendu que tous les sujets du roi doivent également contribuer à toutes les charges de l'État, qui met les propriétés de tous sous sa sauvegarde.

Art. 6.

Le députés ne pourront se départir du contenu aux articles ci-dessus, et aucun impôt créé ou à établir ne seront accordés qu'à ces conditions.

SECTION II.

Des vœux et demandes.

Art. 1er.

Demander qu'il soit établi des états provinciaux en Berry sur les mêmes modèles que ceux nouvellement rétablis dans la province du Dauphiné. Les états provinciaux ayant l'administration des grandes routes, n'emploieront que les ingénieurs qu'ils jugeront convenables.

Art. 2.

Que les dépenses de chaque département seront fixées, et il sera déterminé une somme pour la dépense de la maison du roi et soutenir la dignité du trône.

Art. 3.

Que la liberté de la presse soit entière, sous la condition que l'auteur demeurera responsable de sa production, tant envers le ministère public que les parties civiles qui seraient fondées à s'en plaindre. Les imprimeurs seront de même responsables des écrits anonymes pour lesquels ils ne seraient pas munis de pouvoirs suffisants.

Art. 4.

Qu'attendu que plus les places sont élevées, plus elles doivent exciter l'émulation de tous les citoyens, il n'existe plus aucune loi qui empêche tout citoyen d'y parvenir.

Art. 5.

Que les États-Généraux s'occupent de la révocation de la loi qui empêche le prêt à intérêt sans aliénation du principal, cette loi nuisant au commerce et au repos des consciences.

Art. 6.

Qu'il soit fait un tableau au vrai des dettes de l'État en distinguant les perpétuelles des viagères. Que les usuraires soient réduites à des intérêts licites, que les intérêts usuraires soient imputés sur les capitaux qui diminueront d'autant; que toutes les dettes restantes soient consolidées.

Art. 7.

Qu'il soit fait un état des grâces et pensions payées par le gouvernement; que dans cet état les causes de ces grâces et pensions soient exprimées, qu'elles soient modérées et proportionnées à l'importance des services rendus.

Art. 8.

Qu'il soit arrêté un résultat de toutes les grâces et pensions existantes.

Art. 9.

Que la somme totale des grâces et pensions en tout genre demeure fixée pour l'avenir à une somme déterminée.

Art. 10.

Que la plus forte grâce pécuniaire sur une tête soit ultérieurement fixée.

Art. 11.

Que les brigades de maréchaussée soient multipliées attendu l'importance de leurs services pour le maintien de l'ordre et de la tranquillité publique.

Art. 12.

Les États-Généraux accorderont aux non catholiques sans exception, une existence solide et un état civil sans aucune restriction, en les rétablissant dans les droits qui leur étaient accordés par l'édit de Nantes, rendu d'après le vœu de la nation et révoqué sans sa participation.

Art. 13.

Que la composition de la masse d'impôt soit formée :
1° Par le capital des dépenses arrêté ;
2° Par le montant des intérêts des dettes de l'État ;
3° Par la somme destinée à l'amortissement graduel des dettes de l'État qui sera effectué dans un temps déterminé.

Art. 14.

Le ministre des finances comptera au ministre de chaque département le montant de la somme fixée pour son entretien ; chaque ministre en rendra compte aux États-Généraux.

Art. 15.

Les sommes annuelles destinées à payer les intérêts de la dette de l'État et à son amortissement graduel seront versées dans une caisse nationale qui en rendra compte aux États-Généraux, et ces sommes ne pourront, sous aucun prétexte, être employées à d'autre usage.

Art. 16.

Déterminer la suppression de la taille et de la capitation tant des taillables que des nobles et privilégiés, ensemble de toutes les impositions qui leur sont accessoires, et y substituer un impôt qui sera également supporté par les trois ordres de l'État en proportion de leurs facultés, et aviser aux moyens d'une juste répartition qui répare les vices résultant de l'arbitraire actuel et fasse frapper l'impôt sur toutes les propriétés quelconques.

Art. 17.

Supprimer la gabelle, cet impôt étant désastreux : 1° parce qu'il frappe sur une denrée de première nécessité ; 2° parce qu'il est en raison de la population et qu'il frappe par cette raison plus directement sur les malheureux agriculteurs et artisans ; 3° parce qu'il est accablant par l'énormité de ses frais de régie ; 4° parce qu'il nuit à l'agriculture, au commerce et à la population, en ce que quatre-vingt mille hommes sont armés les uns contre les autres, les uns pour faire la fraude, et les autres pour l'empêcher ; en ce que, par les peines prononcées contre les fraudeurs, des pères de famille en grand nombre sont chaque année enlevés à leurs foyers ; 5° en ce qu'au centre d'un royaume policé le citoyen est armé contre le citoyen. Ils s'égorgent au nom d'une loi barbare qui, elle même, réduit aux fers et immole le fraudeur qui échappe au glaive de la milice du traitant ; en conséquence, qu'il plaise à Sa Majesté d'accorder une amnistie à tous ceux qui sont détenus ou poursuivis pour cause de contrebande.

Art. 18.

Supprimer les aides, dons gratuits, et tous les droits y réunis : 1° parce que cet impôt établit une inquisition qui trouble la tranquillité du citoyen ; 2° parce qu'il engendre des frais de régie très-considérables relativement à son produit ; 3° parce qu'il n'est pas uniforme et opprime plus dans telle province que dans telle autre, plus dans une ville que dans une ville voisine.

Art. 19.

Aviser à ce que les droits de franc-fiefs soient supprimés : 1° parce qu'ils ne frappent que sur les biens en fiefs qui ne sont pas plus productifs que les biens en roture ; 2° parce qu'ils ne frappent que sur le tiers-état qui ne doit pas plus d'impôts que les deux autres ordres ; 3° parce que les motifs de cet impôt ne subsistent plus depuis longtemps.

Art. 20.

Arriver à ce que les droits domaniaux soient diminués et que l'arbitraire intolérable qui règne dans leur perception soit détruit ; qu'en conséquence il soit fait un nouveau règlement.

Art. 21.

A ce que les douanes intérieures soient supprimées : 1° parce qu'elles mettent des entraves au commerce intérieur ; 2° parce qu'elles rendent différentes parties du même royaume étrangères entre elles.

Art. 22.

A ce que l'ancien régime de la distribution du tabac soit établi, attendu que celui que l'on distribue en poudre est de mauvaise qualité et nuisible à la santé des consommateurs.

Art. 23.

A ce que tous droits de péage, entrées et sorties, foires et marchés tant sur les consommations que sur les marchandises qui passent, soient supprimés, parce que ces différents droits gênent le commerce, donnent souvent lieu à des querelles et à des exactions.

Art. 24.

A ce que la milice soit supprimée et que les États-Généraux avisent aux moyens de la remplacer.

Art. 25.

Pour remplacer tous les impôts supprimés et subvenir aux charges de l'État, consentir à un ou plusieurs impôts qui puissent atteindre : 1° Toutes les propriétés territoriales ou foncières ; 2° les revenus des places ou offices ; 3° les grâces de la cour ; 4° les richesses industrielles ; 5° le commerce ; 6° les richesses fictives, telles que les fortunes capitalistes ; observer que dans le choix des dits impôts il faudra préférer ceux qui seront le moins arbitraires, qui pourront être fondés sur des bases qui puissent aisément acquérir le niveau ; qui exigeront le moins de frais de régie et qui troubleront le moins la tranquillité des contribuables.

Art. 26.

Aviser à ce que la perception des impôts soit confiée aux états provinciaux pour diminuer autant qu'il sera possible les frais de régie.

Art. 27.

A ce que les États-Généraux s'occupent de l'examen du concordat, qui n'a jamais été regardé comme loi consentie et qui n'a jamais été enregistré librement ; qu'en tout cas le droit d'annates dévolu au pape soit supprimé, et que les sommes qui sortent annuellement du royaume à ce titre soient versées dans le trésor royal.

Art. 28.

A ce que les canons soient observés et qu'en conséquence on ne puisse cumuler sur la même tête plusieurs bénéfices, à quelque titre que ce soit ; et que toutes les maisons religieuses soient supprimées ou réduites.

Art. 29.

A ce que les places qui vaqueront dans les chapitres, soient destinées dans chaque diocèse à servir de retraite aux curés âgés et infirmes, et aux vicaires devenus incapables d'exercer leur ministère, et que dans tous les chapitres sans exception de collation et de nombre de prébendes, il en soit consacré une à l'éducation de la jeunesse ; à ce que les portions congrues des curés et des vicaires soient augmentées sur les biens des maisons religieuses supprimées, et que tout casuel relatif aux baptêmes, mariages et sépulture soit interdit.

Art. 30.

A ce que le clergé soit obligé de payer ses dettes, et pour y parvenir, il recevra le remboursement des rentes tant en grains qu'en argent à lui dues, suivant la liquidation qui sera arrêtée par les États-Généraux.

Art. 31.

A ce que le nombre des fêtes soit considérablement diminué.

Art. 32.

Proposer qu'il soit établi une commission pour réformer les lois civiles et criminelles, laquelle sera choisie par les États-Généraux.

Art. 33.

Déterminer un temps pendant lequel tout procès devra nécessairement être jugé dans chaque tribunal.

Art. 34.

Établir la hiérarchie des tribunaux de manière qu'en toutes affaires on ne puisse avoir à parcourir plus de deux degrés de juridiction contentieuse ; supprimer tous les tribunaux d'exception, toutes les justices des seigneurs et y substituer des justices royales par arrondissement.

Art. 35.

Nulles causes ne pourront être évoquées ni distraites des tribunaux ordinaires, et tous privilèges de *committimus* et garde gardienne supprimés.

Art. 36.

Les plans de réforme seront présentés aux États-Généraux qui se tiendront prochainement à cet effet.

Art. 37.

Demander surtout que les États-Généraux prennent un parti prudent pour veiller à la sureté des minutes des notaires qui intéressent si essentiellement la sûreté des propriétaires et les qualités civiles des citoyens.

Art. 38.

Demander que les charges municipales soient rendues aux communautés, et électives, et que la police leur soit attribuée.

Quant aux campagnes, les États-Généraux sont priés d'aviser à ce que la police y soit sagement administrée.

Art. 39.

Que la province de Berry soit conservée dans son allodialité naturelle, que le droit de suite ou retour de bœufs soit aboli, et que chaque décimateur n'exerce pas sa dîme au-delà de sa dîmerie.

Art. 40.

Que le dernier traité de commerce entre la France et l'Angleterre soit pesé avec soin ; les députés représenteront les funestes conséquences qui en résultent pour le commerce des draps, ratines et laines du Berry.

Art. 41.

Que les biens, corvées, banalités de fours, moulins et pressoirs, et en général toutes servitudes personnelles soient supprimées, sauf l'indemnité de leur valeur ou la conversion desdits droits en prestations pécuniaires.

Art. 42.

Que les maîtrises d'arts et métiers soient supprimées.

Art. 43.

Que les auteurs de nouvelles branches de commerce utiles, de nouveaux moyens de simplifier les fabrications existantes soient récompensés.

Art. 44.

Que les maisons d'asile en faveur des personnes en faillite soient supprimées.

Art. 45.

Demander qu'il n'y ait qu'un seul poids et qu'une même mesure dans le royaume.

Art. 46.

Honorer le commerce de telle manière que la noblesse, les grands capitalistes, à l'exemple des Anglais nos rivaux, ne dédaignent point ses vastes et profondes combinaisons et les richesses qui en découlent.

Art. 47.

Proposer la vente, à titre de propriété incommutable, des domaines de la couronne, pour, le prix qui en proviendra être employé à l'amortissement d'une partie des dettes de l'État, à l'exception des bois et forêts qui seront conservés avec soin, attendu leur importance pour les besoins de l'État.

Art. 48.

La suppression et la vente de plusieurs maisons royales inhabitées et qui dépérissent.

Art. 49.

La suppression de plusieurs capitaineries royales inutiles et très-dispendieuses.

Art. 50.

La vente de tous les domaines qui échoiront au roi par droit d'aubaine, déshérence, bâtardise et confiscation, dans les délais d'un an.

Art. 51.

La rentrée dans les domaines de la couronne, aliénés ou engagés, à l'exception néanmoins des petits domaines sujets à réparations donnés à titre de rente, et dans lesquels les formalités ont été observées, dont les objets étant de trop petite conséquence n'ont pas été susceptibles de supporter les frais. Les capitaux de ces ventes seront remboursés au denier à régler par les États-Généraux; lesdits domaines seront vendus sous la sanction des États-Généraux d'après leur juste valeur.

Art. 52.

Demander que les communes soient conservées dans la possession de leurs communaux, et qu'il soit promulgué une loi qui en autorise la subdivision entre les habitants communiers, lorsque les deux tiers de la communauté en masse de propriété le jugeront nécessaire.

SECTION III.

Des vœux et demandes particulières de quelques communautés.

Article 1er.

Les villes du Blanc, Aigurande et paroisses circonvoisines, qui sont: Pouligny, Douadic, Lingé, Rosnay, Migné, partie de la paroisse de Montchevrier, partie de celle d'Orsennes, et Ruffec, adhèrent au vœu général concernant la suppression de la gabelle, mais elles demandent que dans la distribution de l'impôt supplétif, l'on ait égard à la franchise dont elles jouissent comme faisant partie des provinces de Poitou et de la Marche rédimées.

Art. 2.

La ville d'Aigurande faisait autrefois partie de la province de Berry, dont elle a été démembrée dans le XVIe siècle et réunie à celle de la Marche ; elle demande à rentrer dans la province de Berry, dont elle dépend encore pour le spirituel, pour la coutume et pour la juridiction.

« L'Assemblée du ressort du bailliage de Châteauroux a arrêté qu'en mémoire de la justice et de la bonté paternelle du roi, on lui décernera le titre de *restaurateur des lois*, et qu'il lui sera élevé un monument qui consacre à jamais cet événement glorieux de son règne ;

» Et vu qu'il est plus d'une heure et demie de l'après-midi, nous avons, sur la réquisition de l'Assemblée, mis la continuation de nos séances à trois heures précises, et averti que ladite cloche de Saint-André sonnerait demi-heure avant pour prévenir MM. les députés, lesquels ont signé avec nous, le procureur du roi et les greffiers, sauf ceux qui ont déclaré ne pas savoir signer.

» Et ledit jour de mardi, à la même heure de trois heures de relevée, l'Assemblée ayant repris ses séances, nous, juge susdit, en présence du procureur du roi, aurions exposé qu'il ne restait plus pour objet que d'élire la quatrième partie d'entre MM. les députés dont le nombre se trouve monter à trois cent vingt pour, en conformité des règlements du roi, devenir les représentants du district de ce bailliage à l'assemblée des trois ordres qui doit se tenir à Bourges le 16 du présent mois, sur quoi l'Assemblée nous a à l'instant remontré qu'il était du vœu général que les vingt-quatre commissaires, dont elle avait fait choix le jour d'hier pour la rédaction et réunion de tous les cahiers particuliers dans un seul, restassent **nommés par acclamation**, et qu'en conséquence le nombre des représentants à élire demeurera fixé à cinquante-six, nous avons sur ce, ouï le procureur du roi, donné acte de cette pétition, et ayant demandé auxdits vingt-quatre commissaires s'ils adhéraient au vœu de l'Assemblée, tous ont promis de le remplir, à l'exception toutefois des sieurs Dupertuis, de Souvigny, Lemaigre, Trotignon et Bernard-Préjoly, qui se sont excusés pour cause de maladie.

» Et de suite nous avons procédé à l'élection des soixante-un représentants à nommer pour compléter le nombre de quatre-vingts formant la quatrième partie des trois cent vingt représentants composant la présente Assemblée, et les suffrages ayant été donnés à haute voix et par nous recueillis suivant qu'il est prescrit par ledit règlement du roi, la pluralité des suffrages s'est trouvée réunie en faveur de MM. Lecapelain, conseiller, 20 ; de Greuille fils, avocat, 21 ; Guérineau, avocat, 22 ; Bourdillon l'aîné, 23 ; Duvivier, bailly, 24 ; Laurent de Validet, 25 ; Rollinat, 26 ; Chicot, 27 ; d'Antigny, 28 ; Robin-Deschaumes, 29 ; Fauconneau-Dufresne, 30 ; Perrot des Roches, 31 ; Batailler du Berthier, 32 ; Poisle, de la ville de Cluis, 33 ; Guillaume Godin, 34 ; Bathias, 35 ; Léonard Prévost, 36 ; Mercier de Génitoux, 37 ; Baudet des Perrins, 38 ; Thabaud de La Roche, 39 ; Thabaud de Claverolles, 40 ; Delacoux, 41 ; Pierre Moulinet, 42 ; Bourin, 43 ; Vézien des Forges, 44 ; Geoffroy, 45 ; Rabeau-Dufresne, 46 ; Bertrand, bailli de Gargilesse, 47 ; Louis Lassimone, 48 ; Guillaume Prungnaud, 49 ; Bourdillon le jeune, 50 ; Léon Grosset, 51 ; Ballereau, tanneur, 52 ; Pierre Verdier, 53 ; Jean Darchis, 54 ; Baucheron du May, 55 ; Moreau, notaire à Badecon, 56 ; Jean Bourbon, 57 ; Jeandaux Pichon, 58 ; Patrijon des Gravettes, 59 ; Silvain Plault, 60 ; Michel Lacoste, 61 ; Delagrange, 62 ; Étienne Piat, 63 ; Villette de Sept-Fonts, 64 ; Pierre Simon, 65 ; Silvain-Louis Guignard, 66 ; Pierre Baubois, 67 ; Garnes le jeune, 68 ; Gagneux l'aîné, 69 ; Conteau, 70 ; Boursier, 71 ; Aubin Simon, 72 ; Silvain Mauduit, 73 ; Gource de Rivarennes,

74 ; Aloncle de Lomay, 75 ; Lepintre, 76 ; Jean-Baptiste Lefèvre, 77 ; Gulmyer, 78 ; Brissaud des Maillets, 79 ; Caprais-Devaux, 80 ;

» Lesquels ont accepté ladite commission et promis de s'en acquitter fidèlement, dont et de tout ce que dessus nous avons dressé le procès-verbal dont expédition en forme, signée par notre greffier, sera remise aux députés ci-dessus nommés pour être représentée à ladite assemblée des trois ordres qui se tiendra le 16 dudit présent mois, et sera une autre copie pareille envoyée à M. le garde des sceaux de France, en conformité de l'instruction arrêtée en conseil d'État dudit jour 20 janvier dernier, lequel procès-verbal, ainsi que les pouvoirs desdits représentants, demeureront déposés à notre greffe, et vu qu'il est l'heure de neuf heures du soir, nous avons été requis par l'Assemblée de suspendre, jusqu'à demain huit heures du matin, pour signer le présent procès-verbal, à laquelle réquisition, nous, juge susdit, ouï sur ce le procureur du roi, nous avons adhéré.

» Et ledit jour, mercredi 11 mars 1789, huit heures du matin, nous avons, avec le procureur du roi, repris nos séances, et lecture ayant été faite par notre greffier du présent procès-verbal, tous lesdits représentants l'ont signé avec nous, le procureur du roi et notre greffier, sauf ceux qui ont déclaré ne savoir signer. »

Les quatre-vingts députés-électeurs du bailliage royal de Châteauroux se rendirent à Bourges pour la séance du 16 mars. Cette séance fut présidée par le comte de La Châtre, assisté de M. Claude Bengy de Dames, lieutenant-général au bailliage. Elle se tint dans la vieille église des Carmes. Le clergé occupait la droite ; la noblesse la gauche ; le tiers-état était en face. On commença par célébrer la messe du Saint-Esprit. La séance ouverte, on procéda à l'appel des électeurs et à la vérification de leurs pouvoirs. Le président, après un discours, reçut le serment des trois ordres. On décida que l'on ferait les cahiers par chambre, et chaque ordre se retira dans un local séparé. Les commissaires du tiers-état pour le bailliage de Châteauroux furent: MM. Boëry, Legrand, Descôtes, Des Fougères, de Mayerne, Patureau du Broutay, Rochoux de la Bouige et Pépin.

La noblesse fit de suite, sous l'inspiration du duc de Charost, le sacrifice de tous ses priviléges en matière d'impôt; le clergé en fit autant avec quelques réserves; mais le tiers-état qui considérait ces concessions comme l'œuvre de la nécessité ne s'en contenta pas. La rédaction des cahiers souleva les questions les plus irritantes. Le tiers-état réclama tout ce qui était déjà contenu dans les cahiers résumés au bailliage de Châteauroux. C'était partout comme un mot d'ordre. La grande question était toujours les suffrages à recueillir par tête. Cette question fut soumise le 26 à l'assemblée de la noblesse : deux membres seulement, M. Girard de Villesaison, d'Issoudun, et M. de Fassardy, de Châteauroux, se déclarèrent pour le vote par tête. Il paraît que beaucoup d'autres partageaient leur avis, le marquis de Barbançois entre autres, qui l'avait hautement exprimé dans la réunion de Châteauroux; mais, en présence de la majorité qui se prononçait dans le sein de l'ordre, ils n'eurent pas le courage de défendre leur opinion. La rédaction d'un cahier commun aux trois ordres ayant été reconnue impossible, on procéda à l'élection des députés. Ces députés ayant été élus pour la province entière, nous ne pouvons omettre de les désigner tous ; ce furent :

Pour le *clergé*, Mgr. de Puységur, archevêque, que personne n'eut osé exclure ; M. Poupart, curé de Sancerre, qui avait publié en 1777 l'histoire de cette ville ; M. Villebannois, curé de Saint-Jean-le-Vieux ; et M. Yvernault, chanoine de Saint-Ursin.

Pour la *noblesse*, le comte de La Châtre et le marquis de Bouthillier ; M. Heurtaut de Lamerville, d'une famille de robe de Normandie ; et M. de Bengy de Puyvallée, qui avait été choisi déjà comme secrétaire de l'ordre.

Pour le *tiers-état*, MM. Boëry, président en l'élection de Châteauroux ; Poya de l'Herbay, lieutenant particulier à Issoudun ; Thoret, docteur-professeur de la faculté de médecine de l'université de Bourges, qui réunit l'unanimité des suffrages ; Legrand, avocat du roi au baillage de Châteauroux ; Sallé de Chou, avocat du roi à Bourges ; Auclerc Descôtes, médecin à Argenton ; Baucheton, avocat à Issoudun ; et Grangier, avocat à Sancerre. — MM. Gaigneau de Sainsoin et Rémond furent choisis comme députés suppléants.

CHAPITRE HUITIÈME.

ASSEMBLÉES DE LA RÉVOLUTION.

Les députés dont nous venons de voir l'élection se réunirent le 5 mai (1789) à Versailles. Après de nombreuses discussions, les députés du tiers-état déclarèrent, dans la séance de nuit du 16 juin, qu'ils étaient la seule réunion légitime, attendu qu'il ne pouvait exister entre le trône et l'assemblée aucun pouvoir négatif, et s'intitulèrent *assemblée nationale :* ce fut M. Legrand, de Châteauroux, qui proposa de prendre ce titre. Les hommes éclairés de notre ville, qui avaient d'abord approuvé le mouvement général dont on espérait la régénération de la France, furent bientôt étonnés et effrayés de la marche des événements. Pour faire connaître les impressions qui en résultèrent à Châteauroux, il nous paraît indispensable de les rapporter aux divers événements survenus pendant l'assemblée constituante, pendant l'assemblée législative et pendant la Convention.

ARTICLE PREMIER.
Assemblée constituante.

Pendant la durée de cette assemblée, quatre événements principaux sont à noter dans notre ville : la peur des brigands, les dons patriotiques, la division de la France en départements et les résultats de la constitution civile du clergé.

§ Ier. — La peur des brigands.

Ce fut à la suite de la prise de la Bastille, le 14 août, qu'on jugea nécessaire, pour s'opposer aux désordres, de former une force publique. Celle-ci prit le nom de *garde nationale* et La Fayette en fut le général en chef. Châteauroux eut aussi la sienne. Ce fut au moment où il n'était encore que question de cette création qu'eut lieu par toute la France la *peur des brigands*. Cette peur des brigands produisit le plus grand effet dans Châteauroux et dans tout le Bas-Berry. Il n'y avait ni journaux, ni routes, ni communications. On ne se rendait pas compte de ce que pouvaient être ces brigands. Dans quelques localités, on croyait qu'ils étaient anglais. Malgré l'incrédulité des gens les plus raisonnables, la peur finissait par gagner tout le monde. On se munissait d'armes de toutes espèces ; on barricadait les rues, on se retranchait dans les maisons ; on préparait les projectiles les plus variés ; on faisait bouillir de l'*huile de noix* pour jeter sur les brigands, qui traverseraient la ville.

On allait aux informations. Les anciens du pays m'ont cité à ce sujet les scènes les plus bizarres : M. Douard, officier de la maréchaussée, était à Argenton ; il écrit à Châteauroux : « Mettez-vous sur vos

gardes ; les brigands vont vous arriver ; *je les ai vus.* »
M. Charlemagne, père du conseiller d'État, et ses amis, se dirigèrent vers la Marche pour se renseigner ; un curé, qui montait la garde avec ses paroissiens, les fit prisonniers. Mon grand oncle Pinaut retournait à Levroux, où il demeurait, après s'être moqué de ces terreurs imaginaires ; il revient à toute bride se disant poursuivi par les brigands, etc.

Quelle fut la cause de ce grand et universel mouvement ? Les uns en ont attribué l'idée à Duport, les autres à Mirabeau ; leur but aurait été de constituer une force révolutionnaire pour s'opposer aux troupes royales ; quoiqu'il en soit, la France fut armée en huit jours. L'armement général des villes fut imité par les campagnes. L'Assemblée nationale se vit tout à coup à la tête d'une armée si nombreuse qu'elle en fut elle-même effrayée (1). Le mouvement révolutionnaire marchait au-delà de ses désirs.

(1) Michelet, *(Histoire de la Révolution française)* donne de cette *peur de brigands* l'explication suivante : « Des rumeurs vagues annonçaient que des brigands coupaient les blés pour faire mourir le peuple de faim ; que ces brigands n'étaient pas des étrangers comme on l'avait pensé d'abord, mais des Français, ennemis de la France et de la révolution, des agents ou domestiques soldés par eux. La terreur augmentait. Le matin, on allait voir si son champ avait été dévasté ; le soir, on craignait pour la nuit. Au nom des brigands, les mères serraient contre elles ou cachaient leurs enfants. En l'absence complète d'autorité, dans ce conflit des anciennes et des nouvelles idées, chacun ne comptait que sur soi ; le père de famille se constituait le défenseur des siens ; on s'armait, on se tenait aux aguets ; on s'avançait et l'on rencontrait les gens d'un autre village qui cherchaient aussi... Le paysan montait au château pour se faire donner des armes, puis il osait davantage et brûlait les actes et les titres. »

Le comte d'Artois, qui avait l'apanage du Berry, et une foule de personnes tenant à la cour, qui redoutaient la fureur populaire, s'éloignaient précipitamment et se retiraient au-delà des frontières.

La Fayette, joignant la couleur des lis à celles de la ville de Paris *(rouge et bleue)*, présentait à l'Assemblée des électeurs la *cocarde tricolore*, en prédisant qu'elle ferait le tour du monde.

§ II. — Les dons patriotiques.

Une *contribution volontaire,* fixée par le décret du 6 octobre au quart du revenu de toutes les propriétés et de tous les traitements, avait été soumise, dans sa quotité, à une déclaration simple, volontaire, non sujette à contrôle ; il n'en résulta qu'une somme de 90 millions qui ne fut même entièrement perçue qu'au bout de trois années. Les *dons patriotiques* qui eurent lieu, depuis le 22 septembre 1789 jusqu'au 31 juillet 1790, amenèrent un supplément de 12 millions 500,000 francs. L'état des bijoux et vaisselles d'or et d'argent portés à l'hôtel de la monnaie de Paris avait constitué : en or 739 marcs à 718 francs, soit 530,602 francs ; en argent, 219,428 marcs à 55 francs, soit 12,068,540 francs.

Il s'était formé à Paris un *club* dit *des amis de la Constitution,* lequel devint plus tard le club des Jacobins. Ce club, qui avait été établi par toute la France, était chargé de recueillir les dons patriotiques. Il y en avait un à Châteauroux, qui siégeait rue des Pavillons, au coin de celle du Tripot. Pour donner une idée des sentiments qui régnaient à cette époque dans les familles, je crois devoir rapporter un récit qu'un octogénaire a bien voulu me donner par écrit :

« Il s'agissait, dans la famille, de faire un don patriotique en commun. L'offrande fut composée de six couverts d'argent, d'une grosse paire de boucles de souliers, d'une plus petite de jarretières, également en argent, et de quatre pièces de 6 livres. Ceci arrêté, on devait porter ce don au club. Une seule des parties devait y aller. Une voix m'avisant, dit : *ce sera le petit*. Je ressentis un mouvement d'orgueil. Il était question de l'armée et de la patrie, mots qui m'étaient familiers. Mon père me dit : veux-tu y aller, mon enfant ? — Je le veux bien, papa. — Mon oncle ajouta, en riant : Il faudra faire un discours, mon garçon. — Mon oncle, je le ferai, répondis-je résolument. — Ce qui jusque-là n'était qu'une plaisanterie fut cependant exécuté. Mais qui conduira l'enfant ? ma mère dit : *moi* ; elle ne voulait confier son enfant à personne. Dès le soir même, elle me conduisit au club, me tenant par la main ; elle s'avança au pied d'une tribune. La personne qui l'occupait fit asseoir ma mère, et, me voyant un petit paquet sous le bras, se pencha vers moi et me demanda avec douceur ce que je désirais. Ma mère, toujours assise, me fit monter tout droit sur son banc, et je débitai, sans hésitation ni crainte, un petit discours qu'on m'avait appris dans la journée. Après plus de soixante-dix-huit ans, je suis sûr de le rapporter intégralement : « Citoyen, je viens déposer sur l'autel de la patrie, au nom de papa, de mon oncle et de ma tante, six couverts d'argent, deux paires de boucles d'argent et quatre écus de 6 livres. » L'assemblée applaudit. Le président m'appela auprès de lui, m'aida à monter les quatre à cinq marches de l'estrade, me fit asseoir et m'embrassa. » — Ce président, d'après le souvenir de l'octogénaire, devait être M. Jaymebon.

§ III. — La division de la France en départements.

Le 15 janvier 1790, l'Assemblée nationale rendit un décret portant que la France serait divisée en quatre-vingt-trois départements, dont chacun serait subdivisé en districts ; chaque district devait être composé de cantons et chaque canton de municipalités. Ce décret, avant même de paraître, avait suscité partout la plus grande animation. Chaque ville voulait que cette nouvelle division lui fut avantageuse ; elle envoyait des mémoires et des délégués à l'autorité centrale (1). Issoudun, à cette époque, possédait 10,000 habitants, tandis que Châteauroux en contenait à peine 6,000. On ne put mettre le chef-lieu de l'Indre à Issoudun qui était trop près du département du Cher (2). Ce fut un cri de douleurs chez les Issoldunois (3). Leurs

---

(1) Voir les *Comptes-rendus de la Société du Berry*, 11ᵉ année, p. 240. Turquet de Mayerne était en mission à Paris pour obtenir que la ville du Blanc fut un chef-lieu de district.

(2) Le chef-lieu de l'Indre avait été provisoirement fixé à Châteauroux ; mais l'Assemblée électorale devait décider si le chef-lieu ne serait pas transporté à Issoudun. Issoudun, en effet, la vieille ville, la deuxième ville royale du Berry, luttait contre une rivale relativement nouvelle et moins importante, mais plus centrale.

(3) Une guerre de pointes et d'épigrammes eut longtemps lieu entre les deux cités. Aujourd'hui même, après plus de quatre-vingts ans, on saisit encore entre elles des traces d'animosités. Une complainte du temps, faite à propos de la rivalité d'Issoudun et de Châteauroux, contenait ces phrases :

Bonnes gens d'Issoudun, ne vous fâchez pas,
Le département..... vous ne l'aurez pas.

Et plus loin, à propos du local qu'Issoudun offrait pour le chef de l'administration du département :

Vous avez bien la cage, vous n'aurez pas l'oiseau.

clameurs eurent un long retentissement. C'était assurément un malheur pour Issoudun, car la préfecture, les commandements militaires, les chefs d'administration, etc., devaient donner à Châteauroux l'importance que perdrait Issoudun. Quoiqu'il n'y eut que deux routes qui traversassent le pays, on pouvait prévoir que toutes celles à créer arriveraient au nouveau chef-lieu et lui donneraient une grande prépondérance commerciale.

§ IV. — Constitution civile du clergé.

Cette constitution civile du clergé fut dans notre ville du plus déplorable effet. Elle mettait un siége épiscopal par département. Les évêques et les curés devaient être élus par le peuple et tous les fonctionnaires ecclésiastiques salariés par l'État. Un décret du 27 novembre 1790 enjoignit aux prêtres de prêter publiquement le serment de maintenir cette constitution de tout leur pouvoir. Les contrevenants étaient censés renoncer à leurs offices et remplacés aussitôt, et au cas qu'ils vinssent à s'immiscer dans leurs anciennes fonctions, ils devaient être poursuivis comme perturbateurs de l'ordre public.

Voici le procès-verbal de la nomination de l'évêque du département de l'Indre :

Aujourd'hui 6 février 1791, neuf heures du matin, en exécution de la proclamation du roi du 24 août dernier, sur les décrets de l'Assemblée nationale du 12 juillet dernier, relatifs à la constitution civile du clergé, les électeurs des districts de

Châtillon, Argenton, La Châtre, Châteauroux, Issoudun et Le Blanc s'étant réunis en l'église de Saint-André de Châteauroux, pour former un Assemblée électorale et procéder à la nomination de l'évêque du département de l'Indre, conformément aux dites lettres patentes et décrets, ont entendu une grande messe qui a été célébrée par le curé de ladite paroisse de Saint-André. Après quoi on a procédé à l'appel nominal des électeurs de chacun des six districts.

Le nombre des électeurs s'étant trouvé monter à celui de 228, M. Héraudin, curé de Chaillac, comme doyen d'âge, s'est placé au bureau pour tenir la séance en attendant l'élection du président. M. Jaymebon a été nommé par l'Assemblée pour remplir provisoirement les fonctions de secrétaire, et MM. Huard, Bertrand de Greuille et Chipault ont été choisis pour scrutateurs, comme plus anciens d'âge.

Tous se sont placés, savoir : M. le président dans un siége élevé, le secrétaire au bas dudit siége, et les trois scrutateurs près d'une table plus en avant.

M. Héraudin, tenant la séance, ayant annoncé à l'Assemblée qu'elle devait commencer par nommer son président et son secrétaire au scrutin individuel et à la pluralité des suffrages, chacun des électeurs est venu successivement écrire son billet sur le bureau des scrutateurs et le déposer dans une boîte qui avait été préparée à cet effet sur ledit bureau.

Ceux qui n'ont pu écrire eux-mêmes leurs bulletins les ont fait écrire à mesure qu'ils se sont présentés sur l'appel par les anciens faisant fonctions de scrutateurs.

Après quoi, M. le président ayant observé à l'Assemblée qu'il était une heure passée, a remis la continuation des opérations à trois heures de relevée et ce d'après le vœu de ladite Assemblée ; et en conséquence la boîte dans laquelle ont été déposés les bulletins, a été ficelée, cachetée par les scrutateurs et portée dans la sacristie de ladite église de Saint-André, dont la porte a été fermée à clé.

Ledit jour, à trois heures de l'après-midi, la séance ayant

été reprise, ouverture a été faite de ladite boîte, après toutefois que le cachet a été reconnu sain et entier.

Ensuite, tous les membres de l'Assemblée ayant repris leurs places, et le nombre des billets comptés par les scrutateurs s'étant trouvé égal à celui des électeurs composant l'Assemblée, il a été procédé par les mêmes scrutateurs à la vérification et au dépouillement des billets. Par l'événement dudit scrutin, personne n'ayant réuni la pluralité absolue des suffrages, M. le président a annoncé qu'il fallait procéder à un second tour de scrutin.

Ce fait et après que lesdits billets ont été brûlés en présence de l'Assemblée, il a été procédé, dans la même forme que ci-dessus, à un second tour de scrutin.

Les scrutateurs ont déclaré que M. Crublier de Chandaire père, a obtenu la majorité absolue des suffrages. En conséquence, M. Crublier de Chandaire a été proclamé président de l'Assemblée.

L'Assemblée s'étant réunie le 7 février, à 8 heures du matin, a procédé, dans la même forme que pour le président, à l'élection du secrétaire qui a été M. Jaymebon.

MM. Crublier de Chandaire et Jaymebon, s'étant présentés, ont déclaré qu'ils acceptaient leur nomination, et ledit M. Jaymebon a pris place au bureau au-dessous du siége du président.

Ce fait, M. le président a prononcé un discours analogue aux circonstances, dans lequel il a prouvé d'une manière pathétique combien il était intéressant de faire un choix éclairé et de nommer pour évêque un sujet digne par ses vertus et ses talents d'occuper une place aussi importante.

Ce discours ayant été vivement applaudi, un membre a fait la motion tendant à ce que ce discours fut imprimé et envoyé ensuite à toutes les municipalités du département; cette motion a été adoptée à l'unanimité.

Et de suite le président et le secrétaire ont prêté serment de *maintenir de tout leur pouvoir la constitution du royaume, d'être fidèles à la nation, à la loi et au roi ; de remplir avec zèle et cou-*

rage les fonctions publiques qui leur sont confiées et de choisir en leur âme et conscience le plus digne de la confiance publique.

Tous les membres présents ont prêté individuellement le même serment. Il a été ensuite procédé à la nomination des trois scrutateurs, qui ont été MM. Huard, Bertrand de Greuille et Chipault. La séance a été levée à une heure et remise à trois heures.

A l'ouverture de la seconde séance du 7 février, il a été proposé à l'Assemblée, par un électeur du district d'Issoudun, de vouloir bien entendre une adresse imprimée, qui a pour titre : *Adresse à l'Assemblée électorale du département de l'Indre par la société des amis de la constitution de la ville d'Issoudun.*

Cette proposition a fait naître la question de savoir si le décret du 28 mai qui porte (art. 6) que les assemblées électorales ne s'occuperont que des élections, ne formait pas obstacle à ce que cette proposition fût adoptée.

La question ayant été discutée par plusieurs membres, l'Assemblée a consenti à entendre la lecture de l'adresse dont il s'agit, et sa décision à cet égard a été fondée sur ce qu'il était dans les principes de droit et de justice d'écouter les réclamations qui peuvent être proposées par chaque électeur, sauf ensuite à les accueillir ou à les rejeter.

En conséquence, l'électeur d'Issoudun a fait lecture de l'adresse. Cette adresse a pour principal objet d'offrir à l'Assemblée électorale, de la part de la municipalité de ladite ville, l'hommage gratuit de tous les bâtiments propres à loger l'évêque qui va être nommé, ses coopérateurs et le séminaire, dans le cas où ladite Assemblée se déciderait à placer le siége épiscopal dans ladite ville d'Issoudun ; et il a été observé que l'Assemblée pouvait d'autant moins se refuser à adopter les vues bienfaisantes qui lui étaient proposées, que le décret qui fixe à à Châteauroux le siége épiscopal du département, n'est pas une loi constitutionnelle, mais un article réglementaire que l'Assemblée nationale pouvait changer à son gré.

Plusieurs électeurs du district de Châteauroux, en répondant au préopinant, ont applaudi au civisme de la ville d'Issoudun; mais ils ont soutenu en même temps que ladite pétition ne pouvait ni ne devait être accueillie, d'un côté parce qu'il est aisé de se convaincre en lisant le décret sur la constitution civile du clergé qui fixe irrévocablement le siége épiscopal à Châteauroux, que le même décret est une loi constitutionnelle de l'État et non un article réglementaire, et d'un autre côté parce que, aux termes du décret du 28 mai dernier, la faculté de délibérer sur des objets de législation ou d'administration est interdite aux Assemblées électorales ; en conséquence on a conclu à ce qu'il fut passé à l'ordre du jour.

La discussion ayant été déclarée fermée, on a été aux voix par appel nominal sur la question de savoir s'il y avait lieu ou non de délibérer sur l'objet de la pétition dont il s'agit.

A cet effet, il a été procédé par le secrétaire à l'appel. Tous les électeurs présents sont venus successivement et individuellement au bureau pour répondre par *oui* ou *non* sur la question proposée.

Calcul fait ensuite des voix par les scrutateurs, il a été décidé, à la majorité de 138 voix contre 55, qu'il n'y avait pas lieu de délibérer sur la pétition faite par la ville d'Issoudun.

La séance a été levée à *huit heures*.

Le mardi 8 février, la séance a été ouverte à 8 heures du matin. M. le Président a annoncé que l'Assemblée pouvait s'occuper de l'élection de l'évêque du département.

M. le Président a proposé ensuite la formule du serment ainsi conçue : *Je jure et promets de ne nommer que celui que j'aurai choisi en mon âme et conscience comme le plus digne de la confiance publique, sans avoir été déterminé par dons, promesses, sollicitations ou menaces* ; et cette formule, écrite en gros caractères, a été placée à côté de la boîte du scrutin.

L'appel nominal ayant été fait, chacun des électeurs s'est approché du bureau où il a écrit ou fait écrire par les scrutateurs son bulletin, et, en le déposant dans la boîte à ce destinée, a levé la main et prononcé à haute voix : *Je le jure*.

Les billets ayant été comptés par les scrutateurs en présence de l'Assemblée, et le nombre des billets s'étant trouvé égal à celui des votants qui est de 237, il a été sur le champ procédé au dépouillement desdits billets par les scrutateurs qui ont déclaré que M. René Héraudin, curé de Chaillac, sur 237 suffrages en a obtenu 188, et par conséquent a réuni beaucoup au-delà de la majorité.

En conséquence, M. Héraudin, ce vénérable pasteur, que ses vertus patriotiques et chrétiennes, la confiance et l'estime publiques ont appelé à la place d'évêque, s'est présenté au bureau du président et a accepté la nomination.

Ce fait, en conformité de l'article 24 du titre II de la proclamation du roi du 24 août dernier sur le décret du 2 juillet aussi dernier, relatif à la constitution civile du clergé, M. Héraudin a été proclamé par M. le président, évêque du département de l'Indre, séant à Châteauroux, et ce en présence du clergé et du peuple qui, ainsi que tous les membres de l'Assemblée, ont donné un libre essor aux transports d'allégresse qu'un choix aussi éclairé a inspiré généralement.

Après quoi M. Héraudin a prononcé un discours qui a été vivement applaudi.

Un membre a fait la motion tendant à ce que ce discours fut imprimé et envoyé à toutes les municipalités ; cette motion a été unanimement adoptée, et en conséquence l'Assemblée a arrêté que le discours de M. Héraudin sera imprimé et envoyé à toutes les municipalités.

Et de suite, aux termes de l'article ci-dessus, on a célébré une messe solennelle suivie d'un *Te Deum*.

La cérémonie finie et le peuple s'étant retiré, M. le président, après avoir pris place, ainsi que les électeurs, il a été fait lecture du procès-verbal de la présente séance. Après quoi M. le président a déclaré l'Assemblée dissoute.

L'Assemblée s'étant ainsi acquittée de toutes les fonctions qu'elle avait à remplir pour l'exécution des décrets de l'Assemblée nationale, le présent procès-verbal a été clos et signé de tous les électeurs qui ont su signer.

(Suivent les signatures, parmi lesquelles on remarque celles d'un très-grand nombre d'ecclésiastiques et de nobles.) (1)

Un nouveau décret du 12 mars 1791 ordonna de faire la liste des ecclésiastiques qui avaient prêté et de ceux qui avaient refusé de prêter le serment. Il y avait dans Châteauroux et dans le reste du département beaucoup de foi et de confiance dans le clergé, de sorte qu'on préférait les prêtres insermentés. Ils baptisaient les enfants dans des chambres et se livraient d'une manière clandestine aux diverses cérémonies du culte. Dans les campagnes, ils célébraient la messe dans des granges ; on disait *la messe au prêtre caché*.

L'état civil ayant été transporté aux municipalités, l'évêque élu pour le département de l'Indre, adressa aux citoyens curés du même département la lettre suivante qui m'a été communiquée par M. Ulrich Richard-Desaix :

« Citoyens coopérateurs,

» Devant nous mêmes donner les premiers l'exemple de l'obéissance aux loix, nous pensons qu'il est du devoir de notre ministère de vous prévenir que, conformément à une proclamation du ministre de l'intérieur, nous ne pouvons ni ne devons plus annoncer à l'église aucun ban de mariage, ni faire aucun acte de baptême, mariage et sépulture, sous quelque dénomination que ce soit, ces fonctions étant désormais attribuées et réservées aux municipalités. Nous vous croyons trop amis de l'ordre, et par conséquent des lois émanées des puissances supérieures, pour douter un seul instant que vous refu-

(1) Annuaire administratif, statistique, etc., de Salviac, 1846.

siez de vous y soumettre. Nous accordons de plus aux citoyens curés tous nos pouvoirs, exceptés ceux inhérents à l'épiscopat.

» Le citoyen HERAUDIN,
» Évêque du département de l'Indre. (1) »

On comprend combien de telles mesures devaient profondément blesser, dans ses convictions, ses sentiments et ses habitudes, une population aussi religieuse et catholique que la nôtre, et avec quelle facilité et quel empressement elle devait écouter les conseils et les suggestions des prêtres insermentés.

En 1790, l'anniversaire de la prise de la Bastille avait été célébré à Châteauroux par une messe dite par un prélat. A la suite avait eu lieu un grand repas champêtre. — En 1791, la même cérémonie se reproduisit. Le curé de Saint-André dit la messe et le repas fut servi dans le champ aux Pages.

ARTICLE DEUXIÈME.

Assemblée législative.

Les députés du département de l'Indre à l'Assemblée législative furent: 1° J.-B. Collet de Messine, procureur syndic du département; 2° Turquet de Mayerne, procureur syndic du district du Blanc; 3° Henri Crublier d'Opterre, lieutenant-colonel au

---

(1) L'épiscopat de Châteauroux ayant duré très-peu de temps, le peuple avait appelé Héraudin l'*évêque de neige*.

corps royal du génie ; 4° J.-P. Henri Dupertuis, ex-administrateur du directoire du département ; 5° J.-B. Rochoux, ex-administrateur du directoire du département ; 6° Auguste Vivier, ex-administrateur du directoire du département.

Il y eut deux députés suppléants : 1° Gilles Porcher, commissaire du roi, près le tribunal du district de La Châtre ; 2° François Lecomte, chevalier de Saint-Louis, officier dans le corps du génie militaire.

Tous ces noms étaient nouveaux, car l'Assemblée nationale, avant de se dissoudre, avait décidé qu'aucun de ses membres ne pourrait faire partie de l'Assemblée suivante.

L'Assemblée législative s'ouvrit le 1er octobre 1791. Parmi les événements qui produisirent le plus d'émotion dans la ville de Châteauroux et le département de l'Indre, nous devons nous arrêter sur le séquestre et la vente des propriétés appartenant aux émigrés, sur la suppression des couvents, sur la déclaration de guerre et le départ de nos bataillons, sur la déportation des prêtres non assermentés et sur les visites domiciliaires.

§ I. Séquestre et vente des propriétés d'émigrés.

Un décret du 9 novembre 1791 frappait de séquestre les biens des princes qui étaient hors du royaume et les déclarait coupables de conspiration. Tout officier qui abandonnerait ses fonctions sans avoir donné sa démission devait être poursuivi comme soldat déserteur. Un autre décret du 9 février 1792 portait le séquestre sur les propriétés de tous les émigrés. Le 14 août, un troisième décret ordonnait la vente des biens des émigrés par petites portions, *afin d'attacher les habitants des campagnes à la révolution.* Enfin, du 2 au 6 septembre, eurent lieu les massacres des nobles, des prêtres et autres personnes détenues à la Conciergerie, à la Force, au Châtelet, à l'abbaye Saint-Germain, aux Carmes, etc. Tous ces événements effrayèrent beaucoup notre ville, qui se voyait livrée presque sans défense aux révolutionnaires que les clubs de Paris ne cessaient d'exciter. On ne comptait guère, pas plus qu'à Paris, sur l'énergie de la garde nationale. La vente des biens d'émigrés ne s'opérait que faiblement, car on avait généralement de la répugnance à acquérir à vil prix les dépouilles de gens avec lesquels on avait eu de constants rapports. Dans notre pays, il y en avait peu du reste. Pour les biens du clergé et du domaine royal, il y eut un bien plus grand nombre d'acquéreurs.

§ II. — Suppression des couvents.

Le décret du 6 avril 1792 qui supprimait les congrégations d'hommes et de femmes, et prohibait les costumes ecclésiastiques, ne fut pas non plus sans produire de sensation. Il y avait beaucoup de couvents et d'abbayes dans le département. Cette loi révolutionnaire atteignait quelques personnes dans toutes les familles. Cependant, à Châteauroux, il y eut peu à regretter la suppression des Cordeliers où des désordres s'étaient introduits à plusieurs reprises. D'ailleurs, déjà avant la révolution, le couvent avait beaucoup décliné, car lorsqu'on en fit l'inventaire à la suite du décret, il n'y avait plus que six chambres habitables et trois religieux présents. Il n'en fut pas de même des dames de la Trinité qui avaient construit le local où est actuellement le lycée. C'était un ordre enseignant qui rendait de très-grands services pour l'éducation des jeunes demoiselles.

§ III. — Déclaration de guerre; départ des bataillons.

La déclaration de la guerre, le 20 avril 1792, à François Ier, roi de Hongrie et de Bohême, proposée par le roi, avait été acceptée à la presque unanimité dans l'Assemblée. Cent vingt bataillons et soixante escadrons formés d'anciennes troupes de ligne, d'enrôlés volontaires, de gardes nationaux, commandés par les généraux Luckner, La Fayette et Rochambeau, se portèrent avec enthousiasme vers les frontières. Le bataillon de l'Indre, composé de 1,200 hommes, presque tous volontaires, s'était formé à Châteauroux. La veille de son départ, il y eut un grand banquet dans un terrain où l'on a construit depuis la maison appartenant aujourd'hui à M. Raoul Charlemagne. La tente était ornée de drapeaux tricolores.

Ce bataillon fut incorporé dans plusieurs régiments (1).

§ IV. — Déportation des prêtres non assermentés ; commencement des excès.

La déclaration de la guerre et les premiers insuccès furent le signal d'excès de tout genre. Cette période se manifesta d'abord par le bannissement et la déportation des prêtres insermentés. Si notre population avait été déjà troublée par les conséquences de la constitution civile du clergé, combien ne le fut-elle pas par le bannissement et la déportation des prêtres ! L'effroi ne fit qu'augmenter lorsqu'on vit se développer la licence de la presse, lorsqu'on apprit que le 12 février, une foule d'hommes, coiffés de bonnets rouges et armés de piques, avaient traversé l'Assemblée ; que le 20 juin, le palais des Tuileries avait été envahi par la multitude, et qu'enfin le 10 août, le roi était prisonnier avec sa famille. La garde nationale, dont nous avons vu l'origine révolutionnaire, était désorganisée ; on en fit une troupe soldée. La

(1) Noms des officiers du 1er bataillon de l'Indre qui fit partie de l'armée du Rhin : Crublier de La Rivière, 1er chef ; Ruby, adjudant-major, fait capitaine le 16 juin ; Bussi, chirurgien-major ; Beaufumé, quartier-maître ; Nicolas, adjudant-sous-officier, adjudant-major le 16 juin ; Dumerin, Corbilly (mort le 15 juin), Accolas, Perrot, Mounier, Barraud, Pichon, Luneau, Raguy, capitaines ; Aulard, Rue, Duplomb, Turquet, Renaudon, Massicot, Soumain, Pinault, Boulimbert, lieutenants ; Neupveux, Huard, Lecamus, Galpy, Giraudeau, Boislinard, Tripset, Proteau, Rabier, sous-lieutenants. — Ils étaient à Bitche le 27 brumaire 1793, et à Schelestadt le 1er germinal an II.

La royauté renversée était remplacée, le 16 août, par un comité exécutif; on convoquait les assemblées primaires pour élire une Convention. Les massacres des prisons, ceux de Versailles, les visites domiciliaires, etc., continuaient la série des horreurs dont nous allons être témoins pendant le règne de la nouvelle Assemblée.

ARTICLE TROISIÈME

Convention.

Les députés à la Convention s'appelèrent *représentants du peuple*. Ce furent pour notre département : 1° Porcher de Lissonay : 2° Thabaud de Bois-la-Reine, administrateur du département ; 3° Pépin, accusateur public du département ; 4° Boudin, administrateur du district de Châteauroux ; 5° Lejeune, administrateur du district d'Issoudun ; 6° Derazay, commissaire à terrier, à Châtillon. — Il y eut deux suppléants : Néraud, juge au tribunal de La Châtre, et Vizien.

Cette Assemblée se réunit le 21 septembre 1792 ; pendant sa durée, qui fut de trois ans, il se passa à Châteauroux, une quantité d'événements que nous allons chercher à condenser en cinq paragraphes.

§ Ier. — Défense nationale.

Le procès de Louis XVI tenait la France en suspens ; mais, après l'exécution du roi, l'indignation fut générale et la Convention eut à se défendre contre les partis intérieurs et la Vendée.

I. La guerre. — La Convention prenant l'initiative ne se contenta pas de la guerre déjà déclarée au roi de Bohême et de Hongrie ; elle la déclara encore à l'Angleterre, à la Hollande et à l'Espagne. Elle décréta une levée de 300,000 hommes et elle envoya dans les départements et aux armées des représentants du peuple avec des pouvoirs illimités.

Ce fut à cette époque que partit le 2ᵉ bataillon de l'Indre. Il était composé de 900 hommes, non mariés ou mariés. Deux de nos compatriotes, qui faisaient partie de ce bataillon, devinrent généraux de brigade (1).

Le 3 avril 1793 arriva à Châteauroux Lejeune (2), commissaire de la Convention dans les départements de la Vienne et de l'Indre. Il se présenta au conseil permanent de la commune. Il s'informa du recrutement, de l'équipement, des réserves, de la fabrication des piques, des remplacements, de la vente des biens mobiliers des émigrés, du désarmement des hommes

---

(1) Ruby, engagé en 1785, avait été cinq ans caporal ; il était fils d'un paysan du hameau de Vons (commune de Saint-Maur). — Devaux, fils d'un droguiste de Châteauroux, était maréchal-des-logis en congé lorsqu'il s'engagea.

(2) Ce Lejeune fut probablement celui qui était représentant du département de la Mayenne à la Convention, car le représentant de l'Indre de ce nom avait été envoyé en mission dans le département de l'Aisne, de l'Orne, de l'Ain et du Doubs, où il fut, du reste, accusé d'avoir commis de grandes cruautés, par suite desquelles on le décréta d'accusation le 1ᵉʳ juin 1795.

suspects, de l'état de tous les chevaux non employés au commerce et à l'agriculture, et si l'on avait des plaintes à fournir contre les autorités supérieures. Il annonça ensuite que, de concert avec l'administration du département, il avait créé dans la ville de Châteauroux un comité de sûreté publique et que le mode d'organisation adopté prescrivait de prendre deux membres dans le conseil général de la commune. Il dit enfin qu'il s'était adjoint Rémy Tourangin pour surveiller les opérations du recrutement, qu'il priait le conseil de le reconnaître en cette qualité et de lui donner au besoin tous les renseignements qu'il demanderait.

En se retirant, le citoyen commissaire exhorta les membres du conseil à supporter avec courage, dans ces temps difficiles, le fardeau de l'administration. Le conseil répondit qu'il connaissait toute l'étendue de ses devoirs, qu'il avait juré de mourir à son poste, en défendant la liberté et l'égalité et qu'il tiendrait son serment.

D'après la demande du commissaire de la Convention, les citoyens Claude Peyrot et Gallas-Robin furent nommés au scrutin membres du comité de sûreté publique.

II. La levée en masse. — Les premières opérations de la guerre ayant eu des insuccès, et une coalition européenne s'étant formée, on en vint à la levée en masse. Tous les français furent soumis à la réquisition permanente pour le service des armées. On se mit à fabriquer des armes de tout genre. Des contributions furent frappées en nature pour former de grands approvisionnements. « Tandis que les jeunes gens iront combattre, les hommes mariés transporteront les subsistances ou forgeront des armes. Les femmes confectionneront des habits, serviront dans les hôpitaux ; les enfants feront de la charpie ; les vieillards harangueront sur les places publiques, afin d'exciter le courage des défenseurs de la liberté, la haine des rois, et de célébrer l'indivisibilité de la République. Les édifices nationaux deviendront des casernes, les places publiques des ateliers d'armes. Les caves seront lessivées pour l'extraction du salpêtre. Les fusils de calibre serviront à ceux qui seront en présence de l'ennemi ; les fusils de chasse seront réservés pour le service intérieur contre les ennemis de la révolution. Il y aura une réquisition illimitée de chevaux, etc. » Tels étaient les décrets et les prescriptions de la Convention.

En vertu de ces décrets, le maire et les officiers municipaux de Châteauroux se transportèrent à l'église des Cordeliers à l'effet de réorganiser la garde nationale et d'y réunir tous les citoyens. En même temps qu'on faisait exécuter la loi sur la levée de 300,000 hommes et sur la levée en masse, on engageait les jeunes gens à partir de suite comme volontaires et l'on ouvrait un registre d'inscription militaire. Dix citoyens seulement se déclarèrent prêts à partir : Leurs noms doivent être conservés : Jean-Baptiste Légeron, notable du conseil ; Barraud,

commis; Silvain Cérémonie ; Martin Desbois ; Pirodeau; Pierre Barillet; Claude Bulle; Etienne Lablanche; et Jean Régnier. Cependant une compagnie franche de trois cents volontaires se forma dans le département et partit dans le cours de l'année. Les officiers avaient été soumis à l'élection des soldats. Cette compagnie passa dans un bataillon de la Loire-Inférieure.
— Un autre commissaire de la Convention était venu dans le département dans le but de constater la quantité des armes à feu.

Ce n'était pas le tout que de décider le départ des hommes, il fallait les armer, les habiller et leur fournir de l'argent. Après les recherches faites pour s'emparer de toutes les armes à feu, on avait, au mois d'août, mis en réquisition tous les compagnons et apprentis maréchaux, serruriers, taillandiers et autres ouvriers travaillant le fer. Le travail des forges de Clavières et de Bonneau avait été accéléré pour la fabrication des piques et autres objets dont la patrie avait besoin. Des commissaires s'étaient transportés chez tous les ouvriers pour prendre leurs noms et les engager à se tenir prêts à se mettre à ces travaux. — On fit des réquisitions chez tous les fabricants de draps pour habiller les troupes. Des réquisitions semblables furent opérées pour les cuirs et le salpêtre. Sur la proposition d'un membre de la municipalité et en vertu de la loi du 13 nivôse, on décida que, les vases d'or et d'argent, non encore enlevés des églises, seraient transportés à l'administration centrale.

La guerre de la Vendée était menaçante. On ne

pouvait pas y envoyer beaucoup de troupes, de sorte qu'aux moindres succès des chouans, l'alarme se répandait au loin. Le 12 frimaire, an II de la République, un commissaire du département d'Indre-et-Loire, envoyé extraordinairement, annonçait que les brigands contre-révolutionnaires de la Vendée, battus à Granville, repoussés à Rennes, dirigeaient leur marche vers Tours. L'administration supérieure de cette ville sollicitait un prompt envoi d'une force de 400 hommes, avec armes, munitions et subsistances. Une délibération de la municipalité de Châteauroux fut prise à deux heures du matin. On décida que le département de l'Indre ne pourrait envoyer plus de 150 hommes, armés et équipés en guerre, qu'ils partiraient aussitôt qu'ils seraient réunis, et que la commune chef-lieu fournirait 40 hommes pour son contingent.

III. *Célébration des succès.* — Les succès obtenus par les armées de la République étaient célébrés avec enthousiasme dans tous les départements. Le 7 nivôse le corps municipal de Châteauroux fut réuni à onze heures du matin pour entendre la lecture d'un décret de la Convention apporté par un courrier extraordinaire et relatif à la reprise de Toulon. « Cette lecture terminée aux applaudissements universels et aux cris de *Vive la République* de tous les citoyens présents, le corps municipal, considérant qu'il ne saurait employer trop de célérité à proclamer les triomphes de la liberté sur les tyrans dans les murs de Toulon et à calmer les inquiétudes que la trahison des toulonnais avait excitées dans les cœurs amis de la révolution, arrêta que, sur le champ, tous les corps administratifs et judiciaires seraient convoqués à l'effet de promulguer solennellement, dans tous les carrefours de la commune, le décret de la Convention nationale sur la prise de Toulon. Et de suite la garde nationale s'étant armée, les membres de la société populaire s'étant réunis au corps municipal, tous se sont rendus dans les cours du département où ils ont trouvé les corps administratifs et judiciaires. Des salves d'artillerie ont d'abord annoncé aux citoyens qu'un heureux événement devait exciter leur allégresse. Le cortége ayant ensuite dirigé sa marche vers la principale place publique, l'agent national fit lecture du décret de la Convention, et la joie de tous les bons citoyens se manifesta par les cris mille fois répétés de *Vive la Convention nationale! Vive la République!* Pareille proclamation fut faite sur toutes les places publiques de la commune où elle fut reçue avec le même enthousiasme. — Les citoyens furent ensuite invités à se réunir le décadi suivant, pour célébrer, par une fête civique, la victoire signalée qui rendait à la République le territoire important du *port de la Montagne*, envahi par la trahison et reconquis par la valeur des soldats de la liberté. »

La guerre avait amené des prisonniers. Une lettre du citoyen Jourdeuil, adjoint du ministre de la guerre, annonça l'arrivée à Châteauroux de 238 soldats espagnols venant de Limoges. On recommanda des mesures pour qu'ils fussent traités avec l'humanité qui caractérise les républicains. « Quelle que soit notre haine pour les despotes et ceux qu'ils soudoient, on doit songer que les prisonniers en notre possession sont des gages précieux qui nous répondent de nos frères d'armes.»

Nous terminerons ce sujet en reproduisant le discours d'un conseiller municipal relativement à la guerre :

« Citoyens ! nous touchons à la dernière campagne. Les trônes chancellent. Les tyrans coalisés vont tomber devant la République française. Le dernier coup de mort va être porté contre les *mangeurs d'hommes*. C'est à vous à redoubler de surveillance. Suivez à la piste les complots des malveillants ; coupez la trame de ce système atroce du gouvernement britannique ! Pitt, cet ennemi du genre humain, ne manquera sûrement pas d'employer tous les moyens de corruption, soit pour arrêter la marche du nouveau gouvernement révolutionnaire, soit pour ressusciter l'infâme Vendée. Eh bien ! serrez-vous tous de plus près. Que le comité de surveillance soit permanent ! Que le grand ordre du jour soit la surveillance sur les étrangers ; qu'il n'en passe pas un seul en cette commune que vous n'ayez vérifié ses papiers et vous aurez bien mérité de vos concitoyens ! »

On arrêta des mesures en conséquence.

§ II. — La Disette.

La disette n'est que trop souvent la triste compagne de la guerre. La municipalité se trouva dans l'obligation de recourir à une foule de moyens.

I. *Mesures au sujet de la disette*. — Dans la séance du 7 juin, on exige la déclaration des grains ; on requiert les communes voisines d'en apporter au marché ; on fait des visites domiciliaires. Le 18 juin, de nouvelles mesures sont prises : on procède au recensement des grains ; on organise un bureau des subsistances dirigé par huit citoyens ; on établit qu'on ne peut acheter du blé au marché sans avoir un bon du bureau des subsistances ; on forme des numéros d'ordre pour les bons donnés ; on déclare que les citoyens étrangers à la ville ne pourront acheter que quand celle-ci sera approvisionnée ; on crée un bureau de surveillance. Le 26, pour faciliter l'approvisionnement, la ville est divisée en huit sections et l'on prend des précautions contre la foule. Le 4 juillet, on signale une émeute dans le quartier Saint-Martin au sujet de la distribution du blé ; on la dit suscitée par des étrangers. Les autorités parviennent à l'apaiser.

Dans la séance du 7 juillet, on se plaint d'abus dans la distribution du blé. On instruit le conseil des oppositions à l'établissement du *maximum*. Le 2 septembre, on publie un nouveau réglement pour s'approvisionner au marché. On demande du blé aux greniers d'abondance. La majeure partie des habitants est réduite à une demi-livre de pain par jour. Toutes les espèces de grains sont mélangées pour les changer en farine. On en est réduit à distribuer la farine par décadi.

La disette de pain augmentant, on cherche à substituer la viande au pain. On propose de créer trois foires. Un arrêté du district autorise à faire l'acquisition dans son ressort de tous les bestiaux qui pourront être nécessaires, à l'exception de ceux propres à la culture et à la reproduction, sans porter néanmoins atteinte à l'approvisionnement des armées ni à celui de la ville de Paris. On arrête que sept étaux de boucherie seront établis dans la commune ; que tous les bons citoyens seront invités à faire une souscription volontaire pour former une masse, à l'effet d'acheter des bestiaux pour aider à l'alimentation des habitants ; que les commissaires seront chargés de faire la distribution de la viande et d'en recevoir le prix. Le *maximum* pour la viande est fixé à 12 sols la livre et l'on n'en accorde à chaque individu qu'une demi-livre par jour. Aucun citoyen des communes étrangères ne pouvait s'approvisionner aux boucheries de la commune. On s'occupe d'une adresse à l'Assemblée nationale pour l'instruire des mesures que les circonstances ont nécessité de prendre et solliciter un secours provisoire pour remplacer le déficit qui s'opérera dans la vente des bestiaux en détail d'après le prix excessif qu'ils se vendent en foire. Il est accordé par jour à chaque boucher un salaire de 4 francs. Quant les circonstances le permettront, le trésorier remboursera aux souscripteurs les sommes qui leur reviendront au marc la livre pour chacune de leur mise.

II. *Fixation des salaires.* — La question des salaires vint encore augmenter les embarras de la municipalité. Les ouvriers demandaient des prix excessifs. On entendit les rapports des patrons et des ouvriers, ainsi que les conclusions du procureur de la commune. Le travail d'un paquet de laine du poids de trois livres fut fixé à 20 sols, et celui de la chaîne, du même poids, à 30 sols. En 1790, ce travail n'était rétribué qu'à 13 sols 4 deniers et à 20 sols. Les filles de journée n'étaient payées qu'à 10 sols par jour; on éleva leur salaire à 15 sols. — Les exigences croissantes des ouvriers firent de nouveau intervenir l'autorité. Les journaliers de terre et les maçons ne durent recevoir pas plus de 2 livres 5 sols par jour. Plus tard, on fut obligé de fixer les salaires d'une manière générale.

III. *Émeute*. — Pendant la disette, un événement fâcheux se produisit. Le citoyen Merceret-Blanchard, qui tenait l'hôtel de la Promenade (situé là où est actuellement la gendarmerie), fut accusé d'accaparer les grains. Une émeute populaire fut soulevée contre lui. On vint attaquer sa maison. Merceret trouva le moyen de s'évader. Ses fenêtres furent escaladées; le mobilier fut jeté sur la place et mis en pièces. La garde nationale était accourue. Deux coups de fusil furent tirés sur un individu au moment où il franchissait une fenêtre; il tomba mort. On ne voulut sans doute pas savoir qui avait tiré, car les auteurs ne furent pas mentionnés; le bruit public pouvait les désigner. L'affaire fut instruite et les meneurs furent condamnés à la prison.

Enfin de meilleurs jours vinrent reluire pour la population; la récolte s'annonçait sous les meilleurs auspices. « L'Assemblée municipale désirant jouir du plaisir de concourir à la distribution des bienfaits de la République, de voir les vieillards secourus se ranimer sous ses yeux, *le sein flétri des mères pauvres raffermi pour leurs tendres nourrissons*, arrêta la nomination de commissaires pour dresser et vérifier le tableau des personnes indigentes. »

§ III. — Les représentants en mission.

Le paragraphe précédent a fait mention du représentant Lejeune à l'occasion de la guerre ; mais ce membre de la convention signala encore sa présence dans notre ville par l'acte le plus déplorable.

I. *Le représentant Lejeune. Exécution des frères de Bigu.* — Louis-François et Charles de Chéry de Bigu, des environs de La Châtre, avaient été accusés d'avoir dissuadé les recrues de partir pour l'armée. Nous avons recueilli au greffe du palais de justice de Châteauroux ce qui a rapport à ce procès :

« D'après un procès-verbal de dénonciation fait par le citoyen Barthélemy Millard, maire de la commune de Crevant, le 1er avril 1793, les déclarations des témoins et les interrogatoires des accusés, le tribunal criminel faisant droit, sur la réquisition de l'accusateur public, et considérant que les frères Bigu ne sont pas prévenus d'avoir pris part à des révoltes ou émeutes contre-révolutionnaires à l'époque du recrutement; que, dans l'espèce, il n'y a eu ni émeute ni attroupement, considère que les accusés ne sont pas dans le cas d'être jugés d'après les dispositions de la loi du 19 mars.

» Mais, considérant aussi que lesdits Bigu sont seulement accusés d'avoir, par des propos incendiaires et contre-révolutionnaires, cherché à empêcher le recrutement de l'armée, et vu ce qui résulte de la loi du 17 mars portant que tout individu qui sera prévenu d'avoir, directement ou indirectement, empêché, par tel moyen que ce soit, le recrutement de l'armée, sera arrêté et conduit à Paris pour y être jugé par le tribunal extraordinaire, renvoie lesdits Louis et Charles Bigu devant ce tribunal, où ils seront tranférés sous bonne et sûre garde, ainsi que les pièces de la procédure. »

Cette détermination était peut-être, de la part du tribunal criminel, un moyen de se débarrasser d'une si délicate affaire ; mais le citoyen Lejeune, commissaire de la Convention, en jugea autrement, comme on va le voir par la pièce suivante :

« Vu ce qui résulte du procès-verbal de dénonciation rédigé le 1er avril par le citoyen Barthélemy Millard, maire de Crevant, contre les nommés Charles et Louis Bigu-Chéry frères, ci-devant nobles, ensemble des déclarations des témoins et des interrogatoires subis par les frères Bigu ; vu le précédent jugement, portant renvoi devant le tribunal révolutionnaire ; vu ce qui résulte : 1° de l'article 3 de la loi du 19 mars dernier, portant que le fait demeurera constant, soit par un procès-verbal revêtu de deux signatures, confirmé par la déclaration d'un témoin, soit par la déposition orale et uniforme de deux témoins ; 2° de la loi du 9 avril, présent mois, portant que les tribunaux criminels de tous les départements de la République sont chargés de poursuivre et juger, définitivement et sans recours à la voie de cassation, tous les prévenus de provocation au rétablissement de la royauté ou d'émeutes contre-révolutionnaires, et de prononcer contre les coupables les peines déterminées par la loi du 19 mars, et dans les formes prescrites par ladite loi ; vu, enfin, ce qui résulte du réquisitoire du citoyen Lejeune, commissaire de la Convention nationale dans le département, dont la teneur suit :

» Nous, commissaire de la Convention dans le département de l'Indre, après avoir examiné le procès-verbal de la dénonciation faite par la mairie de Crevant contre Louis et Charles Bigu-Chéry, ci-devant nobles, et toute la procédure qui en a été la suite ;

» Considérant que les tentatives contre-révolutionnaires dont Louis et Charles sont prévenus se trouvent appuyées par des dépositions uniformes ;

» Considérant que, dans les circonstances critiques où nous sommes, on ne peut trouver le salut de la patrie que dans l'exécution sévère et littérale de la loi ;

» Considérant, en outre, que le seul moyen de déjouer les conspirateurs est de les livrer promptement à la justice révolutionnaire, quand ils ont été reconnus, afin d'effrayer leurs complices et de déconcerter leurs complots ;

» Requérons les juges du tribunal criminel de se conformer à la loi du 9 avril présent mois, de prononcer sur Louis et Charles Bigu, dans les formes établies par la loi du 19 mars dernier, et d'ordonner l'application de la susdite loi dans les délais qu'elle prescrit, à peine d'être personnellement responsables de tout ce qui pourrait être fait de contraire aux lois ci-dessus citées ;

» Enjoignons au directoire du département de l'Indre de transcrire et consigner sur les registres la présente réquisition, et arrêtons qu'elle sera sur le champ notifiée au tribunal criminel pour sa pleine et entière exécution, et que copie sera envoyée à la Convention nationale.

» Fait à Châteauroux, le 22 avril 1793, l'an II de la République.

» Signé : Lejeune. »

Le tribunal criminel crut devoir céder et voici quelle fut sa délibération :

« Le tribunal faisant droit sur la réquisition de l'accusateur public ;

» Considérant que si, par son jugement précédent, il a ordonné que lesdits Louis et Charles Bigu seraient renvoyés devant le tribunal révolutionnaire établi à Paris, pour y être jugés, c'est qu'alors la loi du 9 avril, présent mois, qui détermine d'une manière précise la compétence, ne lui était pas connue officiellement.

» Considérant aussi qu'il est souverainement important pour le salut de la patrie de déjouer tous les complots tendant à entretenir, dans le sein de la République, les troubles et l'anarchie, et qu'on ne peut y parvenir qu'en déployant contre les conspirateurs toute la sévérité des lois ;

» Déclare Charles Bigu coupable d'avoir, par les insinuations les plus perfides, provoqué une émeute contre-révolutionnaire, en excitant plusieurs gardes nationaux de la commune de Crevant à se coaliser entre eux et avec les gardes nationaux des communes voisines, pour former un rassemblement, et en offrant de se mettre à la tête de ce rassemblement.

» Déclare également Louis Bigu convaincu d'avoir aussi, par les propos les plus incendiaires, cherché à exciter une émeute contre-révolutionnaire et provoqué le rétablissement de la royauté ;

» En conséquence, condamne lesdits Louis et Charles Bigu à mort ;

» Ordonne que, conformément à l'article 7 de la loi du 19 mars, leurs biens demeurent confisqués au profit de la nation ;

» Ordonne, en outre, qu'à la diligence du commissaire national, près le tribunal du district de cette ville, le présent jugement sera mis en exécution, comme aussi qu'il sera imprimé, affiché partout où besoin sera, à la diligence de l'accusateur public.

» Fait et prononcé à Châteauroux, le 23 avril, à 4 heures de l'après-midi, l'an II de la République française, en l'audience du tribunal criminel du département de l'Indre, tenue publiquement par nous, André Jaymebon, président audit tribunal, Claude-Robert Pays, Robert Labrosse et Louis Poisle, juges audit tribunal. »

Le citoyen de Beaufort, commissaire national près le tribunal du district, ayant reçu l'expédition du jugement du tribunal criminel qui condamnait à mort les frères de Bigu et ne trouvant pas de gendarmes, requit un garde national pour porter à Issoudun le réquisitoire à l'exécuteur des jugements de ce tribunal. — Le lendemain, il commanda un nombre assez considérable de gardes nationaux pour maintenir l'ordre et la tranquillité, en cas de besoin, pour l'exécution du jugement. — Les deux frères eurent la tête tranchée par la guillotine, en avant de la promenade Lafayette, au niveau de la rue du Pilier (1).

Exécution d'un ecclésiastique. — Deux mois après, le 11 juin, eut lieu à Châteauroux, une exécution tout aussi déplorable que celle des frères de Bigu. Ce fut celle d'un ecclésiastique tout à fait inconnu et qui persista à ne déclarer ni son nom ni sa demeure (2).

(1) Voici, au sujet de Lejeune, une anecdote caractéristique. Ce représentant, dînant chez le président du tribunal du Blanc, étala sur la table une petite guillotine et s'en servit pour couper son pain. M. l'abbé Damourette m'a assuré tenir ce fait de la fille du président, Mme Pellerin, qui en a été témoin dans son enfance. — Chez lui, ce Lejeune guillotinait lui-même les poulets qu'on servait sur sa table. (Des Chapelles, Esq. biogr. t. 3, p. 277.)

(2) On a cru savoir depuis qui il était. En 1794, le prieur de Chantôme, près Éguzon, errait dans les bois. Fort et vigoureux, il y travaillait comme aide-bûcheron ou charbonnier. Mais, craignant d'être reconnu, il vint un jour frapper à la porte de son oncle, le prieur de Dunet, M. Delage, âgé de soixante-quinze ans. Le prieur de Dunet lui fit faire des vêtements neufs, car les siens tombaient en lambeaux, et il repartit. Quelque temps après on apprit qu'un prêtre, qui avait refusé de dire son nom, avait été exécuté à Châteauroux. La famille Delage est convaincue que ce prêtre était le curé de Chantôme.

Ce malheureux, à ce que dit la tradition locale, était las de la vie ; il avait erré misérablement, et, d'après ses principes, ne voulant pas se donner la mort, il avait préféré la recevoir d'un jugement du tribunal criminel. Il paraît qu'on lui avait fait remarquer le danger qu'il courrait en se livrant à une si barbare juridiction ; loin de le redouter, il avait écrit lui-même, dans un livre trouvé sur lui, toutes les circonstances qui devaient le faire condamner. Son jugement fut très-rapidement rendu. L'exécution se fit dès le lendemain devant l'hôtel de la Promenade. Le doyen des habitants de la ville, âgé de quatre-vingt-quatorze ans, nous a dit avoir assisté à l'exécution. Il se trouvait à Châteauroux des prisonniers espagnols qui jetèrent quelques fleurs sur le passage du condamné (1).

II. *Divers autres représentants du peuple.* — *Cherrier* avait été en mission dans les départements de l'Indre et du Cher et n'y avait pas laissé de mauvais souvenirs. *Ingrau* n'eut qu'une courte mission dans notre ville. Ce fut probablement lui qui était venu dans le but de s'emparer de toutes les armes.

Le représentant Ferry, en mission dans l'Indre et dans le Cher, a pris des mesures que nous ne sau-

---

(1) Le Girondin Louvet raconte, dans ses mémoires, que fuyant la persécution de Robespierre, il arrivait du midi. Il entra par une porte de la ville de Châteauroux dans une voiture où il était caché sous de la paille. Il était muni d'un pistolet chargé, avec lequel il se serait brûlé la cervelle s'il avait été découvert. Son voiturier fut arrêté à la porte de sortie ; mais Louvet, étant bien caché, ne fut pas remarqué.

rions omettre de reproduire (¹). Il se trouvait à Châteauroux au moment où une abondante récolte succédait à la disette. Le 27 messidor, on mit sur le bureau du conseil municipal une proclamation de ce représentant aux citoyens des deux départements, à la suite de laquelle était un arrêté concernant les moissons. Le corps municipal, après avoir entendu l'agent de la commune, délibéra que toutes les *citoyennes* seraient convoquées à l'assemblée qui devait se tenir *dans le temple de l'Éternel*, le jour du décadi prochain, à deux heures de relevée, pour former la liste de celles qui se donneraient au travail de la moisson, afin d'accélérer la récolte qui *doit faire renaître la joie et plonger nos ennemis dans le plus grand désespoir*. Voici la proclamation et l'arrêt :

« Ecoutez, citoyennes, la voix de la patrie ; elle a besoin du travail de vos mains pour recueillir la riche moisson dont la nature nous a fait présent cette année. Ce serait en vain que vos pères, vos époux, vos frères redoubleraient d'efforts ; ils ne pourraient jamais suffire aux récoltes qui se présentent toutes à la fois, au lieu de venir successivement comme les autres années.

» Vous savez aussi que les habitants doivent consacrer une partie de leur temps à battre les grains nécessaires, non-seulement à la subsistance de leurs familles, mais encore à celle de la grande famille du peuple tout entier. Le moment est venu de faire cesser cette longue disette qui nous a causé tant d'embarras et de peines. Unissons-nous tous ; que personne ne se refuse à cette occupation aussi agréable que nécessaire ; que les hommes battent ; que les grains paraissent en abon-

(1) Il avait fait arrêter le maître de forges de Luçay ; mais il ne paraît pas qu'il ait été mis en jugement.

dance sur nos marchés ; que le spectacle de notre prospérité et de notre bonheur porte le dernier coup aux espérances de nos ennemis et les plonge dans le désespoir.

» Citoyennes ! vous êtes les seules de toute la République qui ne soient pas dans l'usage de moissonner ; partout ailleurs, la faucille est entre les mains des femmes ; la mère de famille porte les enfants sur le champ dont elle abat les épis ; toute la famille réunie recueille avec plus de plaisir le fruit d'une année de fatigues et de soins ; les enfants reçoivent, dès leurs plus jeunes années, l'exemple du travail, comme ils en prennent l'heureuse habitude ; et cette éducation produisit de tout temps des vertus qui honorent l'agriculture et l'élèvent au-dessus de toutes les autres professions.

» Quoi ! tandis que toutes les femmes de la République moissonnent ; tandis que celles des frontières cultivent presque seules leurs champs, relèvent de leurs propres mains nos remparts, portent et pansent les blessés, s'exposent à tous les dangers, à toutes les fatigues, les femmes des départements du Cher et de l'Indre demeureraient insensibles à l'exemple de tant de vertus ! ! ! Elles ne prendraient pas au moins la faucille ! Elles se déshonoreraient aux yeux de toutes leurs concitoyennes ; elles se montreraient indignes du nom de françaises.

» Je ne dis rien de cette foule d'oisifs des deux sexes qui embarrasse les villes, de ces gens qui n'ont d'autre occupation que de consommer niaisement le fruit du travail d'autrui. Si l'on supporte leur scandaleuse oisiveté au milieu d'un peuple qui travaille, au milieu des dangers de la patrie, au milieu des travaux d'une moisson qui réclame des bras, c'est que l'œil de la vigilance n'est pas assez ouvert, c'est que les mœurs publiques ne sont pas assez bonnes.

» Citoyennes ! vous avez entendu la voix de la patrie ; vous connaissez le devoir qu'elle vous impose ; je compte sur votre exactitude à le remplir.

» Signé FERRY. »

Arrêté :

« *Article 1ᵉʳ*. — Aussitôt la réception du présent arrêté, les officiers municipaux de chaque commune des départements du Cher et de l'Indre convoqueront les citoyennes dans le temple de l'Éternel, et leur enjoindront, au nom de la patrie, de se livrer au travail de la moisson.

» *Article 2*. — Ils formeront une liste de celles des citoyennes qui auront rempli ce devoir patriotique et de celles qui l'auront négligé. Cette liste sera affichée dans la commune.

» *Article 3*. — Le décadi qui suivra la clôture de la moisson, les vieillards des deux sexes, assistés des officiers municipaux, couronneront d'épis et de fleurs celles des mères de famille et celles des jeunes filles qui, au jugement de la commune, auront le mieux rempli leur tâche de moissonneuses. Les bons citoyens sont invités à donner à cette fête champêtre et patriotique le caractère *sentimental* qui lui convient.

» *Article 4*. — Les femmes qui n'auront pas travaillé à la moisson seront exclues des assemblées publiques, des fêtes nationales, et les bonnes citoyennes sont invitées à les exclure de leurs maisons.

» *Article 5*. — Le représentant du peuple engage *les amis de la patrie, de la nature, des vertus champêtres*, à perpétuer l'usage des travaux où toute la famille se trouve réunie. Nos mœurs et notre agriculture y gagneront, et nous aurons fait un pas de plus vers le bonheur. »

« Bourges, le 23 messidor, l'an second de la République française une et indivisible. »

» Signé Ferry. »

Pour le représentant du peuple,

Deschaud, *Secrétaire*.

Le 28 messidor, l'agent national de la commune représentait à la municipalité que la loi du 2 prairial, qui mettait en réquisition tous les ouvriers étant dans l'usage de travailler à la moisson, n'était exécutée qu'en partie ; que des citoyens, soit par insouciance ou autrement, négligeaient d'y obéir ou restaient à travailler chez les fabricants ; que tous les bons citoyens devaient travailler à cette récolte attendue depuis si longtemps et *qui devait régénérer la France*. Il demandait la désignation des commissaires pour les obliger à travailler à la récolte des blés ou des foins. — Les citoyens Devaux et Basset furent nommés commissaires.

On fixa en même temps la journée des salaires pour la moisson : moissonneur, 45 sols, nourri ; 3 livres 5 sols, sans nourriture ; faucheur 45 sols, nourri ; 3 livres 10 sols, sans nourriture ; les enfants de seize ans et au-dessous, 20 sols. — Voiture à un cheval, 10 livres 10 sols par jour ; à deux chevaux, 16 livres 10 sols ; à trois chevaux, 22 livres 10 sols. Cheval de bât, 6 livres y compris le conducteur. Bête asine, 4 livres 10 sols, y compris le conducteur.

Le représentant Michaud. — Notre département échappa à un grand péril qui fut conjuré par le représentant de l'Indre Thabaud-Bois-la-Reine. On lui avait désigné, pour commissaire, Carrier, qui expia sur l'échaffaud les horribles cruautés qu'il avait commises à Nantes. Thabaud lui persuada que le département de l'Indre n'était pas digne de son énergie. Michaud le remplaça et n'exerça aucune rigueur regrettable.

On dit que le comité de salut public lui ayant reproché de ne rien faire, il répondit : « Venez voir, citoyens, si je n'ai rien fait : les églises sont toutes décapitées. » On détruisit, en effet, non-seulement les clochers, mais encore les croix isolées et les girouettes des habitations. On a vu, à cette époque, deux ou trois cents cloches dans la cour du Château-Raoul ; une partie fut cassée pour fondre des canons ; le reste fut vendu pour le métal. La loi révolutionnaire du 1er février 1794 ordonnait la démolition de tous châteaux forts, tours et tourelles garnis de créneaux. A Châteauroux, Henri Devaux (qui fut depuis célèbre avocat, député du Cher, procureur général à Bourges et conseiller d'État) était membre de la commune ; il s'acquitta très-activement de cette mission et fit même raser presque tous les pigeonniers (¹).

On lira avec intérêt un trait honorable pour le caractère du représentant Michaud. Nous le devons à M. Wolsey-Boistard, notaire et maire à Mézières-en-Brenne. M. Desplanque, notre ancien archiviste, l'a publié dans les *Comptes-rendus de la Société du Berry*, à la suite de son travail sur la famille Turquet de Mayerne (²).

« Le représentant Michaud tenait ses audiences au Blanc, au siége de la Société populaire, dans une église. La chaire était sa tribune. De nombreux parents étaient réunis pour solliciter

(1) On raconte que le marquis de Barbançois, qui, ainsi qu'on l'a vu, avait donné, aux élections pour les États-Généraux, quelque gage aux idées nouvelles, avait témoigné à H. Devaux le regret de voir détruire les belles tours de son château de Villegongis. « Prenez des ouvriers, payez-les bien et faites-les boire, lui répondit Devaux ; ils n'iront pas vite en besogne ; ce régime ne peut durer longtemps. »

(2) Onzième année, p. 258.

l'élargissement des objets de leur affection. Tous étaient là, haletants, se regardant entre eux ; tous tremblants ; aucun n'osait prendre la parole. Le temps pressait ; la séance tirait à sa fin. Le commissaire de la Convention partait le lendemain ; l'occasion allait se perdre.

» Une jeune fille se lève, pâle, timide, presque chancelante. Elle hésite d'abord devant un semblable auditoire, mais une inspiration subite l'entraîne, inspiration sublime du dévoûment filial ! Elle se hisse sur une banquette ; elle n'entend pas les grossiers quolibets qui durent l'accueillir. Elle parle, elle parle encore,..... c'est du salut de son père qu'il s'agit..... L'Assemblée s'émeut ; on l'écoute, on applaudit. — Le lendemain, elle était dans les bras de ce père bien-aimé, qui, quelques jours plus tard, la ramenait, heureux et triomphant, au foyer domestique.

» Michaud avait été vivement impressionné..... rentré à l'hôtel de la Promenade où il était descendu, le maître d'hôtel, le citoyen Lelarge, le reçut, bonnet en main, et lui annonça que, pendant la séance de la Société populaire, il était devenu père d'un garçon, suppliant le citoyen représentant de vouloir bien en être le parrain. « Volontiers, répondit Michaud, mais à la condition que la marraine sera la jeune personne qui m'a si bien harangué à la Société populaire. »

» Mlle Turquet de Mayerne ne recula pas plus qu'elle ne l'avait fait devant la tribune. Elle accepta pour compère le conventionnel, et, pour concilier le calendrier mis au rebut avec le calendrier républicain, on choisit, d'un commun accord, le nom de *Probe*. — Mlle de Mayerne, qui devait bientôt devenir Mme Navelet (mère de l'honorable conseiller général de ce nom), avait alors vingt-un ans. »

M. Turquet de Mayerne était accusé d'avoir voté, à l'Assemblée législative, pour le général La Fayette.

Une quantité d'autres personnes étaient détenues à Châteauroux, particulièrement dans le local des Religieuses (actuellement le lycée). Elles étaient surveillées par une garde soldée par elles et composée d'hommes ayant des enfants à l'armée. Chaque gardien recevait 40 sols par jour. Parmi les détenus qui encombraient les prisons de la ville, on remarquait les plus grands noms et les meilleurs de la province : MM. de Marnaval, de Buchepot, de Barbançois, de Mailly-Beauvilliers, de Boizay, du Ligondais de Connives, Guignier du Ligondais, Duplessis du Ligondais, de La Marvallière, de Poix, de La Roche-Dragon, d'Aiguirande, de Vouhet, de Razay, Savary de Lancosme, de Gamaches, de Vasson, Grillon de Cré, de Leffe, de Rochefort, de La Faire de Château-Guillaume, de Boislinard, de Boislinard de Boubon, de La Romagère, Fournier de Boismarmin, Fournier de Châteauberteau, Collin de Laminière, de Maussabré, de Marans, de La Châtre, de La Roche-Bellusson, plusieurs prêtres, plusieurs religieuses, la supérieure de l'Hôtel-Dieu.

§ IV. — Progrès des idées révolutionnaires.

Cette période se manifesta par d'affreuses destructions et par l'établissement d'un nouveau culte.

I. *Destructions de toutes sortes.* — Ce fut en brumaire, an II de la République, que l'on vit particulièrement apparaître les appellations nouvelles, comme les *décades,* qui remplacèrent les semaines avec une période de dix jours au lieu de sept. On changea les noms de plusieurs villes comme entachés des souvenirs de la féodalité et choquant en cela les idées des démagogues ; le mot de château surtout leur était en aversion. Ainsi, on eut *Indre-libre* pour Châteauroux ; *Indre-mont* pour Châtillon-sur-Indre ; *Indre-val* devint le nom de La Châtre ; *Riche-laine* fut le nouveau nom de Levroux ; etc. Parmi les noms adoptés pour les individus nous citerons les suivants : *La Montagne, Sans-culottes, Fraternité, Marat, Bonnet-rouge.* Le bonnet rouge phrygien était devenu la coiffure des clubistes. Les femmes devaient se parer de la cocarde nationale sous peine de huit jours de détention ; on arrêta plusieurs cuisinières qui avaient été au marché sans cet insigne.

La loi révolutionnaire qui remplaçait le culte catholique par celui de la Raison est du 10 novembre 1793. Ce fut à sa suite que l'église des Cordeliers fut profanée. On brisa la balustrade en bois et la pierre de la tombe du bienheureux Bonencontre ; mais le sarcophage lui-même resta intact. Les tombeaux des familles princières et nobles furent souillés. Les dalles qui portaient des armoiries et des inscriptions furent cassées et jetées au dehors. Le sol de l'église fut recouvert de nouvelles dalles. Le grand baldaquin était surmonté des armes de France ; l'écusson fut enlevé, brisé, et les morceaux en furent dispersés. Le baldaquin fut revêtu de peintures tricolores. — Le tombeau de la princesse de Condé, qui était placé dans le chœur de l'église Saint-Martin, fut détruit à la même époque. — Les notaires furent requis, d'après la loi, de déposer, *pour être brûlés,* les titres constitutifs des droits seigneuriaux et féodaux. Les particuliers déposaient aussi les titres de leurs revenus féodaux, pour être de même sacrifiés. — On demanda également le dépôt des brevets et des croix de Saint-Louis.

D'après un décret de la Convention du 23 ventôse an II, la municipalité autorisa la démolition de l'église Saint-André. « Elle menaçait ruine depuis longtemps, et l'augmentation de la population exigeait, pour tenir le marché des grains et des denrées, un espace plus grand. (¹) »

Une foule de prêtres renoncèrent à leur état. Un ecclésiastique, Pierre Toutin, remet entre les mains des *braves* magistrats du peuple ses lettres *dites* de prêtrise, pour que la municipalité en fasse tel usage qu'elle jugera convenable : « Il veut anéantir toutes sortes de préjugés, tant nobiliaires que sacerdotaux, détruire l'ignorance du peuple, propager les lumières, les principes de la justice et de la raison. »

A cette époque, on demandait à la municipalité un grand nombre de *certificats de civisme.* Parmi des prêtres et des religieuses qui en sollicitent, on trouve des

---

(1) D'après un cahier des charges présenté par l'agent national, le 3 prairial an II, on trouve ce qui suit : 1° Les deux clochers des ci-devant Cordeliers seront entièrement abattus. Les matériaux de toutes espèces sont expressément réservés; 2° les deux dômes du clocher des ci-devant Religieuses seront démolis ou abattus, et les matériaux seront pareillement réservés : 3° les adjudicataires seront tenus de terminer leur entreprise dans le délai d'un mois; 4° la démolition des trois clochers a été adjugée, suivant les charges, clauses, obligations et réserves pour la somme de 500 livres.

noms de fonctionnaires : Boëry, juge au tribunal de district ; Jaymebon, président du tribunal criminel ; Bertrand de Greuille, accusateur public ; Selleron, juge de paix ; Chaumereau, maréchal des logis de gendarmerie. — Les demandes de certificats de résidence sont tout aussi nombreuses.

Après l'assassinat de Marat par Charlotte Corday, deux membres de la société populaire se présentèrent à la municipalité pour demander au conseil de leur indiquer une place convenable pour élever *trois tombeaux en verdure en mémoire des citoyens Lepelletier et Marat,* membres de la Convention, et de *Wilfelsheins,* adjoint du pouvoir exécutif des guerres, tous les trois martyrisés pour la cause publique. On répondit aux délégués de la Société populaire qu'on prendrait en grande considération leur demande et qu'à cet effet on convoquerait le Conseil général de la commune.

Le 2 germinal, un membre du Conseil municipal fit part qu'une grande conspiration avait été découverte contre la Convention nationale pour détruire l'unité et l'indivisibilité de la République ; qu'elle avait couru les plus grands dangers par le massacre que l'on s'était proposé de commettre pour rétablir la tyrannie ; mais que la fermeté des représentants et leur surveillance avaient déjoué ce noir complot. « L'Assemblée, jalouse de partager, dans toutes les circonstances, les disgrâces de ses législateurs, arrête qu'il leur sera fait une adresse pour témoigner *son amour* et sa reconnaissance de la fermeté qu'ils ont montrée dans ces moments difficiles et les assurer *qu'elle versera jusqu'à la dernière goutte de son sang* pour le soutien de l'unité et de l'indivisibilité de la République et la défense de ses représentants. »

II. *Fêtes républicaines et du nouveau culte*. — Le 9 ventôse an II, pour donner de la pompe à la fête du décadi, on arrêta que la municipalité ferait parvenir un réquisitoire au commandant en chef de la garde nationale pour faire trouver une compagnie du premier bataillon et une du deuxième, en armes, à deux heures, dans la cour du Département, pour en partir avec les autorités constituées et se rendre en corps *au Temple de la Raison*. « La marche se fit avec un ordre parfait. Le peuple était réuni en si grand nombre qu'à peine le temple put en contenir les deux tiers. Les discours se succédèrent les uns aux autres dans le plus grand enthousiasme, ensuite les chants patriotiques analogues à la révolution, et la cérémonie se termina par les cris mille fois répétés de : *Vive la République !* »

Le 17 ventôse, on décida que tous les décadis, deux compagnies se rendraient au Temple de la Raison ; qu'on y donnerait connaissance des lois ; qu'on y propagerait l'instruction destinée à contribuer à l'affermissement de la République, en établissant, sur les ruines de l'erreur et des préjugés, la pratique de toutes les vertus républicaines. Les armes devaient être formées en faisceaux et l'on recommandait de s'introduire paisiblement dans l'enceinte du temple.

Six fusiliers étaient commandés pour accompagner le drapeau. Les élèves de l'*école de Mars* étaient conduits à ces cérémonies; ils portaient le cimeterre romain sur lequel on voyait le bonnet phrygien, le triangle égalitaire et une quantité de flèches (1).

Le 13 prairial, M. Blanchard étant maire, se présentèrent au conseil municipal les citoyens Barbier père, Lami, Celeron, Pascaud, Cluis et Belot, commissaires nommés par la *Société populaire d'Indre-libre*, lesquels déposèrent sur le bureau un écrit intitulé : *Plan de la fête de l'Être suprême* pour le décadi 20 prairial, proposé à la municipalité par la société populaire pour y donner son assentiment. « Lecture faite dudit écrit, ouï l'agent national, le conseil considérant que le plan dont il s'agit ne présente que de bonnes vues, entièrement conformes à l'esprit des lois et au bon républicanisme; délibère que ledit plan est accueilli avec satisfaction, que le conseil donne son assentiment et *la plus fraternelle adhésion*. A cet effet, ledit plan sera transcrit sur le *registre d'ordre*; observe, cependant, que la municipalité n'a aucun fonds ni réserve pour subvenir aux dépenses que l'exécution dudit plan nécessitera. »

Nous n'avons pas trouvé, dans les archives de la mairie, ce registre d'ordre; mais nous pouvons y suppléer par la tradition. A cette époque, les temples

---

(1) L'un de ces cimeterres est conservé par M. Suard-Suard dont le père avait fait partie de cette école. — L'école en question qui était au champ de Mars à Paris, contenait près de 400 élèves dont le plus âgé avait 18 ans. Elle a pris fin avec la Convention.

étaient mis sous l'invocation d'êtres métaphysiques :
la Raison, la Liberté, l'Amour conjugal, etc. Les cérémonies, dont nos pères ont été témoins, étaient la conséquence des discours de Robespierre à la Convention, discours dans lesquels il reconnaissait l'existence de l'être suprême et l'immortalité de l'âme. Lui-même, à la suite, avait figuré dans une fête publique. Placé sur une estrade qui s'appuyait au bâtiment des Tuileries, du côté du jardin, entouré de la Convention, il remplit les fonctions de grand-prêtre du culte de la Raison. Un gros bouquet était le signe de sa dignité pontificale. Il prononça un discours métaphysique, puis il mit le feu à deux mannequins représentant l'athéisme et le fanatisme.

Des cérémonies à l'instar de celles de Paris eurent lieu à Châteauroux. On avait choisi pour déesse de la Liberté la fille d'un cordonnier, nommé Méry et qui avait le surnom de *Marquis*. On l'appelait la grande marquise. La déesse de la Raison était une demoiselle Laricherie (1). On allait les chercher en voiture découverte et on les amenait à l'église actuelle de Saint-André, devenu *le temple de la Liberté et de la Raison*.

On avait élevé une sorte de montagne de verdure

---

(1) La famille Laricherie était originaire de Pellevoisin. Le citoyen Laricherie, pendant cette époque de la Révolution, était administrateur du district de Châteauroux, et l'une de ses filles, qui avait quelque beauté, mais à qui l'on reprochait d'avoir les yeux trop fixes, était devenue la déesse de la Raison. Les deux filles de Laricherie essayèrent sans succès de fonder un établissement d'instruction à Châteauroux. Elles finirent par quitter le pays.

tout au fond du temple. Un nommé *Marin*, vieux savonnier, ayant d'abondants cheveux blancs et une barbe analogue, se plaçait au sommet et représentait *le Père éternel*. *L'enfant de l'Amour* était figuré par un bel enfant, qui est devenu chapelier à Châteauroux, où tout le monde l'a connu : c'était *M. Lami*, qui est mort en août 1870. Les déesses se tenaient sur des autels élevés aux côtés de la montagne. Des musiciens et des chanteurs se plaçaient sous la chaire ; après l'exécution des morceaux d'ensemble, on lisait les hauts faits des guerriers. La séance était terminée par le chant : *Ça ira*, etc.

On promenait les déesses en voiture, en grand cortége [1]. Elles étaient accompagnées par les femmes qui avaient des fils sous les drapeaux. Ces femmes portaient des piques ornées de banderolles où étaient inscrits les noms d'armée du Rhin, de Sambre-et-Meuse, etc. Les processions avaient lieu tous les décadis. Les madones placées aux angles des rues, ainsi que les images du Christ, furent enlevées et on les fit brûler au Rochat, dans une sablière, à gauche de l'avenue de Déols [2].

L'excès de l'égalité se glissait au milieu de ces

---

[1] M. Henri de La Bruère, qui s'était fait recevoir de la Société populaire pour éviter les persécutions que lui auraient attirées sa fortune, se trouvait auprès de la déesse de la Liberté au moment où elle montait en voiture. « Citoyen Labruère, lui dit la déesse, place toi pour me servir de marchepied. » Le pauvre M. de La Bruère s'exécuta en approchant son genou.

[2] Là où a été récemment bâtie la maison de M. Ernest Crublier de Chandaire.

cérémonies. Le nommé Vivier se plaignit à la municipalité de ce que la garde nationale, introduite sans doute dans la vue de l'ordre, gênait le mélange des citoyens et blessait les principes sacrés de la fraternité et de l'égalité. Le conseil général de la commune, après avoir discuté sa pétition et ouï l'agent national, « considérant que c'est l'un des premiers devoirs de veiller à ce que les droits sacrés de la fraternité ne soient violés dans aucune circonstance ; considérant que si l'on introduisait des distinctions dans les fêtes publiques, cela rappellerait un régime qui a fait le malheur de la France ; arrête que les compagnies en armes, étant arrivées dans la cour d'entrée du temple, les fusiliers de chaque bataillon déposeront leurs armes en faisceaux et s'introduiront paisiblement dans l'enceinte pour les reprendre au sortir de la séance, à l'exception de six fusiliers de chaque drapeau qui resteront armés pour l'accompagner dans l'intérieur. Il sera établi deux factionnaires dans la cour, lesquels seront relevés de demi-heure en demi-heure par les soins d'un caporal qui restera à la porte du temple et fournira note des fusiliers qui auront fait le service, afin que celui-ci soit partagé également dans les fêtes futures. »

§ V. — Assignats et vente des biens nationaux.

La création des assignats et la vente des biens nationaux se lient essentiellement.

1. Les assignats. — Les décrets successifs du 19 décembre 1789, du 17 mars et du 29 septembre 1790, en ordonnant la vente des domaines, soit de la couronne (au choix du roi et autres que les forêts), soit des ecclésiastiques, pour une valeur de quatre cents millions, créaient *quatre cents millions d'assignats territoriaux*, papier monnaie destiné à être reçu en payement des *domaines nationaux*. Ces domaines ou biens nationaux devaient servir d'hypothèque et de remboursement aux assignats. Mais les besoins de la guerre, la cessation du commerce, etc., obligèrent d'en créer successivement de nouveaux, et cette création devint si prodigieuse qu'on en oublia le nombre. On croit qu'elle s'était élevée au 18 juin 1796, lorsque les assignats complétement discrédités cessèrent d'avoir cours, à la somme de 40 milliards, dont 32 milliards restaient en circulation. Une si grande émission de papier-monnaie, n'ayant plus sa représentation dans les biens nationaux, devait être repoussée. Aussi, le 21 juin 1795, un décret avait établi, pour les payements et recettes d'assignats, une *échelle de proportion* calculée sur le progrès de leur émission ou de leur rentrée au trésor public. Le 1er août 1795, à la Bourse de Paris, le prix d'un louis d'or était de 920 livres en assignats, et, le 1er mars 1796, ce prix s'était élevé à 7,200 livres. — On comprend combien un tel état des finances publiques devait jeter de perturbation dans toute la France, perturbation à laquelle notre département et notre ville participaient naturellement.

II. Vente des biens nationaux. — Nous donnons ici, d'après la statistique de Dalphonse, notre premier préfet (1), qui a laissé dans notre ville les souvenirs les plus honorables, le résultat des ventes qui ont eu lieu dans le département de l'Indre :

Les ventes des domaines nationaux peuvent être divisées en trois classes : 1° Les ventes faites en vertu des lois antérieures à celle du 28 ventôse an IV ; 2° les ventes faites en vertu de la loi du 28 ventôse an IV ; 3° enfin les ventes faites en vertu des lois postérieures à celle du 28 ventôse an IV.

Les premières ventes sont au nombre de 9,255. Leur montant s'élève, en papier-monnaie, à 37,572,336 fr., et en valeur réduite en numéraire à 20,124,869 fr.

Les secondes ventes sont au nombre de 696. Leur montant s'élève en papier-monnaie à 3,559,621 fr., et en valeur réduite en numéraire à 969,996 fr.

Les troisièmes ventes sont au nombre de 314. Leur montant s'élève, d'après les différentes valeurs admises, à 25,323,195 fr., et en valeur réduite en numéraire, à 1,059,550 fr.

Ainsi, la totalité des ventes des domaines nationaux faites en vertu des diverses lois est de 10,265. Elles s'élèvent en valeurs de toute espèce, à 66,455,152 fr., et en valeur numéraire, aux époques des adjudications, à 22,154,415 fr.

Les rentes rachetées en vertu de la loi du 21 nivôse an VIII se sont élevées à 19,325 fr., et les rentes

(1) Statistique du département de l'Indre, p. 264.

transférées, en exécution de l'arrêté des consuls du 27 prairial de la même année, à 147,201 fr.

Le produit des rentes transférées ou rachetées s'est élevé à 166,526 fr.

En 1804, il ne restait plus que très-peu de domaines nationaux à vendre. Leur valeur, en les calculant à dix fois le revenu de 1790, conformément à la loi du 14 floréal an X, ne s'élevait qu'à 299,670 fr., et encore la plus grande partie de ces domaines sortait-elle chaque jour des mains de la nation par les restitutions qui s'opéraient en exécution du sénatus-consulte du 6 floréal; mais il lui restait les bois nationaux, dont les produits ont continué à s'accroître, et par l'augmentation successive que donnent chaque année les ventes, et par les améliorations dont ces biens sont susceptibles, améliorations que l'administration forestière sait prescrire et faire exécuter.

Pour ce qui est des capitaux de rentes, ce qui en restait disponible n'excédait pas 25,000 fr., et ne suffisait pas pour l'acquittement des ordonnances de remboursement expédiées au profit des hospices.

Tel est l'ensemble des ventes des domaines nationaux dans le département de l'Indre.

Dans un tableau, Dalphonse résume les ventes qui ont eu lieu dans les arrondissements d'Issoudun, de La Châtre et du Blanc. Nous nous bornerons à présenter celles de l'arrondissement de Châteauroux.

Dans cet arrondissement, le nombre des ventes antérieures au 28 ventôse an IV a été de 3,250. Le montant en papier-monnaie s'est élevé à 9,494,126 fr., et en numéraire, à l'époque de la vente, à 6,573,364 fr. — Le nombre des ventes du 28 ventôse an IV a été de 307. Le montant en papier-monnaie s'est élevé à 2,147,715 fr., et en numéraire, à l'époque des ventes, à 585,232 fr. — Le nombre des ventes postérieures au 28 ventôse an IV a été de 164. Le montant s'est élevé en papier-monnaie à 14,641,420 fr., et en numéraire, à l'époque des ventes, à 604,678. — Total de ces ventes en papier-monnaie : 26,283,261 fr., et en numéraire, à l'époque des ventes, 7,763,294 fr.

Les rentes rachetées, en vertu de la loi du 21 nivôse an VIII, ont été de 2,259 ; celles transférées en vertu de l'arrêté des consuls du 27 prairial an VIII, de 107,093.

Le montant des domaines nationaux restant à vendre, d'après la valeur fixée par la loi du 15 floréal an X, se trouvait de 64,060 fr.

Toutes les lois et tous les décrets en vertu desquels les ventes des biens nationaux ont été faites, par suite des bouleversements de la révolution, étaient assurément des spoliations; mais ces terres, divisées et répandues dans une foule de mains, ont été mises en valeur et la richesse publique s'en est considérablement accrue.

CHAPITRE NEUVIÈME.

DIRECTOIRE EXÉCUTIF.

Le Directoire s'établit à la fin d'octobre 1795 et dura quatre années. La législature se composait de deux conseils, celui des Anciens et celui des Cinq Cents. Les deux tiers des membres devaient être pris dans la Convention. Le département de l'Indre, dans la nouvelle répartition des députés à élire, fut compris pour cinq. De ces cinq, trois devaient donc appartenir à la Convention et deux pouvaient être pris en dehors. Parmi les conventionnels, il y en avait un, le député *Lejeune,* qui était inéligible comme se trouvant sous le coup d'un décret d'accusation ; mais son exclusion, si elle n'avait point été prononcée par la loi, n'en était pas moins assurée, en raison de la triste réputation qu'il s'était faite dans ses missions. Le choix se porta sur les trois membres les plus modérés de la Convention : MM. Porcher, Boudin et de Razay. Les nouveaux élus furent : MM. Peneau, receveur du district d'Issoudun, et Gérôme Legrand, juge au tribunal de Châteauroux. Les deux conventionnels, MM. Thabaut de Bois-la-Reine et Pépin, qui se trouvaient ainsi écartés, continuèrent cependant à faire partie du Corps législatif, mais choisis par le Corps législatif lui-même pour compléter les deux tiers qui devaient être conservés.

Quant à la distribution entre les deux conseils, elle fut faite pour cette fois par l'Assemblée. MM. Porcher, de Razay, Peneau et Legrand furent placés dans le conseil des Anciens, et M. Boudin dans le conseil des Cinq-Cents.

En l'an V, le département de l'Indre eut un député à fournir au conseil des Cinq-Cents et fit choix de M. Trumeau.

En l'an VI, il envoya au conseil des Anciens M. Thabaud qui en était sorti en l'an V, et au conseil des Cinq-Cents M. Henri Devaux qui ne paraît pas avoir siégé.

M. Porcher, qui était sorti du conseil des Anciens en l'an VI, y fut élu en l'an VII, et l'on nomma au conseil des Cinq-Cents MM. Boëry et Juhel, ce dernier en remplacement de M. Henri Devaux.

Les événements qui se passèrent pendant l'existence du Directoire, tout en émouvant et en agitant les esprits, ne produisirent pas, dans Châteauroux et dans le département de l'Indre, des actes de nature à être mentionnés, sauf un seul, l'insurrection dite *Vendée de Palluau*, laquelle rentre dans le sujet de cette histoire, car notre ville y employa ses fonctionnaires et ses forces, et les chefs insurgés y furent jugés.

Les passions révolutionnaires s'étaient un peu amorties. Les sept fêtes nationales (celles de la fondation de la République, — de la Jeunesse, — des

Époux, — de la Reconnaissance, — de l'Agriculture, — de la Liberté, — et des Vieillards) n'y eurent pas un grand écho. — Il en fut de même d'une nouvelle religion, appelée par son auteur (La Reveillière-Lepeaux) *Théophilanthropie*, dont le déisme faisait le fond, et qui consistait à placer des fleurs sur les autels et à exécuter des chants conformes à cette croyance. En souvenir de Guymon de La Touche, auteur d'Iphigénie en Tauride, né à Châteauroux, on faisait chanter les chœurs de cette tragédie. L'église de Saint-André servit encore, pendant un certain temps, de théâtre à ces cérémonies qui tombèrent sous les coups du ridicule. Le maire et les officiers municipaux y assistaient; on y amenait les enfants des écoles publiques.

Insurrection ou Vendée de Palluau (1). — Au moment où la guerre de Vendée expirait avec Charette et Stofflet, sous les coups du général Hoche, une insurrection s'organisa dans le Berry. Cette insurrection se rattachait, à ce qu'il paraît, à un grand plan conçu par le prince de Condé, pour se mettre en communication avec la Vendée et relever le courage de ses habitants. Le prince avait envoyé dans nos contrées des émissaires dans le but d'y provoquer des soulèvements partiels qui devaient éclater simultané-

---

(1) Voyez: *Une cause célèbre dans le département de l'Indre; dépouillement des pièces relatives à la Vendée de Palluau*, par J. Veillat. (Comptes-rendus des travaux de la Société du Berry, 3ᵉ année, p. 102 et suiv.) — *Discussion entre J. Veillat et M. le comte de Maussabré, sur le même sujet.* (Mêmes comptes-rendus, 5ᵉ année, p. 249 et suiv.; p. 272 et suiv.; 6ᵉ année, p. 331 et suivantes.)

ment au signal par lui donné. Dans le Cher, le mouvement était dirigé par M. *de Phelippeaux*, gentilhomme du Poitou, officier d'artillerie, qui avait pris le pseudonyme de *Passaplan*; dans l'Indre, c'était par un gentilhomme d'Auvergne, intime ami de *Phelippeaux*, du nom de *Duprat*, également officier d'artillerie; ce dernier prenait le titre de *général Fauconnet* (1). Duprat avait émigré en 1791 et fait campagne l'année suivante dans l'armée des princes. Dans ces conditions, il fut bien accueilli par les nobles à qui il avait été adressé, et par un certain nombre de prêtres qui cherchaient dans les campagnes un asile contre la déportation.

Le soulèvement de Palluau couva d'abord à l'état de feu sous la cendre, sans attirer sérieusement l'attention de l'autorité. Le 3 janvier 1796 seulement, l'administration de Châtillon signalait à l'administration de Châteauroux des messes clandestines célébrées de nuit par des prêtres insermentés. Trois jours après, une lettre de l'autorité de Mézières faisait connaître la fermentation qui se manifestait dans la commune de Saulnay, des messes clandestines, notamment à la Marchandière chez le citoyen Sorbiers (2). Dans ces réunions, on se rendait armé et l'on s'y

---

(1) Le Picard de Phelippeaux et Duprat avaient été tous les deux à l'école de Brienne avec Bonaparte. Tous les deux, peu d'années après, se trouvèrent à Saint-Jean d'Acre, qu'ils défendirent contre le général en chef de l'armée d'Egypte.

(2) Ex-capitaine de grenadiers royaux, âgé de 49 ans.

répandait en propos séditieux et contre-révolutionnaires. Malgré ces avertissements, l'administration centrale du département ne semble pas beaucoup s'émouvoir, et, un mois plus tard, on la voit assez embarrassée pour répondre aux explications que le ministre de la guerre lui demande sur son inertie et les dénonciations dont elle a été l'objet. Après avoir repoussé de son mieux les divers chefs d'accusation, elle déclare qu'elle a pris toutes les mesures possibles pour faire exécuter les lois, mais qu'elle n'a pu parvenir à organiser la garde nationale, qu'elle ne saurait se reposer sur la gendarmerie et qu'elle a besoin d'une force étrangère.

Cependant elle se décide à agir. Elle prescrit des recherches au sujet des vagabonds et des prêtres insermentés ; elle cite à sa barre le citoyen Audouin, notaire et président de la municipalité de Palluau, qui, sans trop de façons, décline cette assignation, en s'excusant sur son grand âge et sur les neiges qui encombrent les chemins. Elle demande compte, à son tour, aux administrations locales de leur inaction, en réfère au ministère de la police, à l'accusateur public, au directeur du jury ; elle ordonne des mouvements de gendarmerie et sollicite en même temps des envois de troupes des départements voisins.

La propagande avait pris, en mars, des proportions considérables, sous l'ardente direction d'un prêtre auvergnat, le curé Floret, qui, grâce à un séjour de trois ans dans le canton de Palluau, avait su s'y créer une grande influence. D'autre part, les trois frères de Chollé(¹), que leurs opinions royalistes avaient momentanément forcés de s'éloigner, étaient revenus à leur château de la Joubardière, près Palluau, en compagnie du général Fauconnet, qui leur avait été adressé, disaient-ils, par Auguste Le Veneur, aide de camp du prince de Condé, gouverneur pour le roi des provinces de Touraine et de Berry. Fauconnet est présenté par eux aux principales familles de la contrée comme un des plus braves champions de la royauté. Bientôt ils se mettent en communication avec le curé Floret et les autres prêtres, et groupent autour d'eux les personnages les plus agissants et les plus influents.

A la même époque, on remarquait, dans la commune de Saulnay, un *comte du Boisdais* (²), forcé, dit l'acte d'accusation, par la faim et la misère, de repasser le Rhin. Accueilli par M. de Sorbiers, il s'établissait au château de la Marchandière sous le nom de Barrault, et, aidé du curé Rachepelle, il entreprenait,

(1) L'aîné des frères de Chollé (mort dans les premières années de la restauration) ajoutait à son nom celui de *la Salle*, qui lui venait d'une propriété voisine de Montrichard. Le second était communément appelé le chevalier de la Rimbaudière ou de la Joubardière, et le troisième, connu sous le nom de Chollé-Rançay, demeurait à Villantrois, où il existait encore sous la restauration. Outre ces trois frères, la famille se composait de plusieurs sœurs. Les deux aînées, Delphine et Marthe, furent inculpées dans le mouvement de Palluau. La troisième, Marie-Louise de Chollé, mariée à M. Bertrand d'Autay, n'a pas paru dans les troubles. Une ou deux autres sœurs étaient religieuses.

(2) Selon M. de Maussabré, ce personnage serait Charles Lecomte, chevalier du Boisdais, de la paroisse de Coulange près Montrésor, gentilhomme dont la famille possédait la terre du Boisdais, paroisse d'Abilly, en Touraine.

dans cette partie du département, la même propagande que les frères de Chollé et le général Fauconnet aux environs de Palluau.

La Marchandière et la Joubardière ne tardent pas à se tendre la main, et cette dernière devient le quartier général de l'insurrection. C'est là que, sous prétexte de chasse, on réunit les principaux initiés, les deux frères Legrand (Louis et Augustin), de Valençay, qu'on retrouve partout et toujours en tête du mouvement ; les trois Renaud, meuniers de Palluau et fermiers de la Joubardière ; les curés Floret, Héraudet, Estevannes, dit *la Grand'Biaude,* puis, la jeunesse du pays, principalement représentée par le jeune Audouin, fils du maire, et par Lubin Guéry, fils du secrétaire de la municipalité, tous deux atteints par le recrutement et refusant de rejoindre leurs corps.

Dans ces réunions, où de temps en temps apparaissent, comme correspondants des départements voisins, un jeune Laneufville, demeurant à Genillé (Indre-et-Loire), Louis Leroy, notaire et assesseur du juge de paix à Montrichard (Loir-et-Cher), on se concerte, on organise les moyens d'attaque, on dépêche des émissaires, on se distribue les rôles, on fixe le jour et l'heure de l'action à laquelle, de retour chez soi, chacun prélude par de petits exploits qui défrayent les rapports des gendarmes et des agents de l'autorité. Ces rapports, en effet, ne parlent bientôt que de groupes armés parcourant les campagnes et visitant les maisons, de fusils et de piques volés, de déserteurs enlevés, d'arbres de liberté sciés ou renversés.

En annonçant les désordres commis dans leurs communes, les agents municipaux s'excusent sur l'absence de tout moyen de répression, tandis que la gendarmerie taxe ces mêmes agents de faiblesse ou de complicité. L'administration centrale du département ne sait auquel entendre, gourmande la force armée et cite devant elle les agents inculpés.

Enfin le 9 mars (19 ventôse), elle apprend que l'insurrection a pris des proportions considérables, qu'une bande de 150 hommes a fait irruption, la nuit précédente, dans la commune de Clion, où elle a abattu l'arbre de la liberté, volé les piques de la mairie, désarmé les citoyens et violé le domicile de l'administrateur du district, le citoyen Franquelin-Dubreuil. Le but de cette expédition était de se porter sur Châtillon pour y délivrer un déserteur nommé Louis Bonami, fils du vieux Bonami dit *Crève-Bouchure*, garde champêtre de Clion, qui va devenir un des héros de la Vendée de Palluau.

On avait remarqué à la tête des insurgés, disent les rapports, un homme à panache, vêtu d'un habit cendré, d'une longue veste et d'une culotte de soie et fort bien chaussé ; cet homme avait laissé dans la maison du citoyen Franquelin-Dubreuil un superbe gant de daim brodé en soie ; il avait environ cinq pieds six pouces de taille ; beaucoup de gens s'accordaient à dire que c'était le citoyen d'Hilaire de Joviac [1]. « Ces

[1] M. d'Hilaire de Joviac, propriétaire à la Jarrerie, ne figure pas dans les pièces de la procédure, ni comme accusé, ni comme témoin ; ce devait être plutôt, fait remarquer J. Veillat, le général Fauconnet dont le panache blanc fut, les jours suivants, le signe de ralliement.

brigands ont fait crier *Vive le Roi et la religion* aux citoyens connus par leur attachement à la chose publique, en leur mettant le poignard sur la gorge. » Enfin, on allait faire fouiller les châteaux de la Tremblaie, de Paray et de l'Isle-Savary.

« Le rassemblement ordinaire, disent encore les rapports, est sur la chaume de Bonne-Nouvelle, derrière Palluau, en avant des bois de Paray. On y a vu 200 à 300 individus et plus, munis de faux, piques, fourches et armes à feu, prises chez les propriétaires. Crève-Bouchure est un des plus terribles; il se barbouille toujours de noir et est à la tête des rebelles. Les prêtres sont derrière eux. »

Pendant que le lieutenant de gendarmerie Robert, parcourant les campagnes, faisait ses rapports, le général de brigade Desenfants, en résidence à Buzançais, apprend que quatre gendarmes, sous la conduite du maréchal des logis Angineau, ont été attaqués dans une auberge de Pellevoisin, où ils étaient descendus, par une vingtaine d'hommes barbouillés de poudre broyée et armés, mais que, devant la bonne contenance de leur chef et de ses hommes, les insurgés ont battu en retraite, en se contentant d'enlever de l'écurie les chevaux des gendarmes, qui ont du revenir à pied à Buzançais.

L'affaire de Clion et ce dernier coup de main, exécuté, au dire de l'instruction, par le fils Audouin, devaient enhardir les insurgés qui, plus que jamais, s'occupaient à la Joubardière des moyens d'effectuer leurs projets. On rassemblait des armes, on fondait des balles avec le plomb détaché de la couverture du château par le charpentier Massé. Les communications devenaient de plus en plus actives entre la Joubardière et la Marchandière, et les meuniers de Palluau se chargeaient de faire passer les lettres, tandis que le curé Floret s'abouchait avec les agents de Gehée et de Préaux, et excitait ces communes à se prononcer.

Tels étaient, suivant l'instruction, l'état des choses et la situation des esprits, lorsque le 12 mars (22 ventôse), on vit arriver à cheval, à la Joubardière, le bûcheur Joseph Saintier, criant aux armes et annonçant que vingt gendarmes enlevaient à Préaux plusieurs habitants de la commune et le curé qu'ils conduisaient en prison à Châtillon. A cette nouvelle, le tocsin sonne à Palluau. Fauconnet, le chevalier de la Joubardière et Chollé-Rançay, partent en armes avec les Legrand, les Guéry, Bonami (Crève-Bouchure), et plusieurs autres, la plupart ayant le visage barbouillé de noir ou de blanc. Ils forcent tous ceux qu'ils rencontrent, et notamment le nommé Royer, garde de Poiriers, à se réunir à eux, et ils arrivent dans la commune de Saint-Médard, au domaine des Fourneaux, chez le citoyen Pocquet, où ils ont appris que les gendarmes s'étaient retirés pour se raffraîchir; ceux-ci étaient commandés par le lieutenant Robert.

Bientôt la maison est attaquée à coups de fusils. La moitié des gendarmes prend la fuite. Resté seulement avec cinq de ses camarades, le lieutenant Robert se présente devant les insurgés et commande le feu. On lui riposte. Un de ses hommes, nommé Préjoly, a la cuisse cassée. Robert lui-même est blessé ; mais, malgré sa blessure, il continue de s'avancer, et à l'instant où il atteint de son pistolet la main d'un des Guéry, il reçoit un second coup de feu qui le met hors de combat. Voyant désormais toute résistance impossible, les autres gendarmes sont contraints de se rendre, et à partir de ce moment, au témoignage de l'accusation, sont protégés contre l'animation de Crève-Bouchure par Fauconnet qui, après avoir confié les blessés à la famille Pocquet, reprend avec quatre prisonniers la route de Palluau.

La bande expéditionnaire revenait triomphante à Palluau. Elle rencontre à mi-chemin une autre bande d'insurgés sous les ordres du comte du Boisdais et de M. de Sorbiers. A la nouvelle du succès remporté à Saint-Médard, à la vue des gendarmes prisonniers, les deux troupes font retentir l'air des cris de *Vive le roi! Vive la religion!* et rentrent ensemble à Palluau, où les curés Floret, Héraudet et Giraudon les félicitent et entonnent le *Te deum* et le *Salve regina* devant la porte de l'église.

Après cette cérémonie, on enferme les gendarmes dans le vieux château et on arbore le drapeau blanc. On pose des sentinelles, on allume des feux de bivouac, et c'est alors que les habitants, en décrétant l'abolition de la république, sont sur le point de déclarer leur ville capitale de la France et du roi Louis XVIII.

Cependant une scène déplorable, comme il s'en

produit trop souvent dans les moments d'effervescence, vient assombrir ces illusions. Dans leur ivresse, les vainqueurs veulent imposer la joie générale et les cris de *Vive le Roi!* à un jeune soldat nommé Sournin, connu pour ses opinions républicaines. Celui-ci s'y refuse et provoque à son tour ses adversaires. A cet effet, il rentre chez lui pour détacher son sabre de la cheminée. Au moment où il revient avec son arme, il tombe frappé d'un coup de feu et reste mort. Personne ne voulut se reconnaître l'auteur de ce meurtre.

Le jour suivant, les insurgés réunissent leurs forces et partent de la Joubardière au nombre d'environ quatre cents. Le général Fauconnet marche à leur tête, portant un panache blanc à son chapeau. Il est accompagné de M. de Sorbiers, du chevalier de la Joubardière, des deux Legrand et des jeunes Guéry, qui lui servent d'état-major, montés sur les chevaux des gendarmes.

On prend la route d'Écueillé, que l'on sait occupé par un certain nombre de volontaires républicains. Chemin faisant on s'arrête au château du Mée, chez M. Edmond de Menou, où le général Fauconnet commande en maître, requérant des armes et des rafraîchissements pour sa troupe. M. de Menou descend dans la cour avec deux dames de sa famille, et, à la vue des insurgés qui le saluent de leurs clameurs, soit concession, soit sympathie, répète avec eux le cri de *Vive le roi;* ce qui suffira pour le placer plus tard au nombre des inculpés.

De là, on se rend au château de Poiriers, chez M. de Montbel, qui doit également livrer ses armes. Le curé Floret y harangue le rassemblement et annonce que le moment est enfin arrivé de combattre avec courage pour la religion et le roi.

C'est dans ces dispositions qu'on se met en marche sur Écueillé. Arrivé à un quart de lieue du bourg, Fauconnet s'avance lui-même à la découverte et revient en disant qu'on va éprouver de la résistance de la part des troupes qui y sont cantonnées. En effet, le feu s'engage. Trop peu nombreux pour résister, les volontaires républicains ne tardent pas à prendre la fuite, en laissant trois ou quatre des leurs sur le terrain. Les insurgés entrent triomphants dans Écueillé, dont les principaux honneurs leur sont faits par un cordonnier du pays, déserteur des armées de la république, nommé Jacques Blanchet, dit *Carmagnole*, destiné bientôt à terminer d'une façon tragique le rôle qu'il a joué dans cette affaire.

Là encore, il faut se hâter de jeter un voile sur quelques déplorables épisodes, inséparables des guerres civiles. Un volontaire blessé est achevé par un furieux, pour s'être refusé au cri de : *Vive le Roi;* les papiers de la municipalité sont brûlés, et les chefs ont la plus grande peine à protéger les maisons des citoyens suspects de républicanisme.

Le lendemain (24 ventôse), après avoir entendu la messe sous la halle, la troupe insurrectionnelle évacue Écueillé, emmenant le caisson des volontaires, traverse Préaux, où elle force la maison de Joseph

Billieux, renverse l'arbre de la liberté et rentre enfin à Palluau, précédée déjà par le bruit de ses exploits.

L'ivresse est à son comble. Le comte du Boisdais, qui était resté pour commander la ville, s'avance au-devant des vainqueurs, suivi de la population enthousiaste. Des femmes en grande toilette, parmi lesquelles se distinguent mesdemoiselles de Chollé et la fille du maire, Anne Audouin, leur offrent des bouquets, des rameaux de myrte et de laurier, attachent à leurs chapeaux des cocardes blanches, qu'elles ont elles-mêmes préparées. On échange des harangues, des compliments. Les cérémonies religieuses de la veille se renouvellent. On se réunit dans des banquets, etc.

Avant d'aborder la journée du 25, qui sera le dénouement de la *Vendée de Palluau,* il faut jeter un regard en arrière et voir avec quelles dispositions d'esprit et quels moyens d'action l'administration centrale s'est préparée à la lutte.

Sa confiance était ébranlée et elle éprouvait la plus grande inquiétude, pour ne pas prononcer le mot de découragement. Cependant elle n'était pas dans l'inaction, car elle s'était adressée au ministre de la police, au ministre de la guerre, aux chefs des départements voisins. Quelques jours après, elle avait fait appel aux forces vives du pays, enjoignant aux administrations locales de recruter parmi les gardes nationales un contingent de volontaires dont elle a fixé le chiffre, et à défaut de gens de bonne volonté, d'arriver à ce contingent par la voie du sort et enfin par la force. Mais ces injonctions ne sont suivies d'aucun effet. Pas un volontaire ne se présente ; les hommes qu'on tire au sort se refusent à partir. Cependant deux exceptions sont fournies par les communes de La Châtre et du Blanc ; la première annonce quatre hommes, la seconde *que le citoyen Giberton s'est présenté seul de bonne volonté pour le triomphe des armes de la République.*

En présence de ce résultat, l'administration renouvelle ses démarches près des ministres de la police et de la guerre, écrit dans les termes les plus pressants aux administrateurs du Loiret, de la Haute-Vienne, de la Creuse et du Cher, à la députation de l'Indre, au commandant de la place d'Orléans, et lance, dans son propre département, une proclamation dans laquelle elle met en jeu toutes les cordes du patriotisme et du salut public. Enfin les administrateurs ont recours, de guerre lasse, la veille de la bataille, au pacificateur de la Vendée, au général Hoche lui-même.

Tous ces efforts, en résumé, ne sont pas restés inutiles. La défense s'est organisée tant bien que mal. Le général Desenfants concentre à Buzançais des forces pour s'opposer au passage des rebelles. L'adjudant général Devaux se tient à Châtillon avec 84 hommes d'infanterie, attendant les renforts qui arrivent de Tours.

La journée suivante va prouver que ces faibles ressources étaient suffisantes.

Retournons à Palluau, au milieu des insurgés plongés dans tout l'enivrement de leurs victoires et de leurs espérances.

La soirée et la nuit du 24 ventôse se sont passées à préparer la journée du lendemain. Des émissaires de Fauconnet ont porté dans les communes l'ordre écrit de se réunir sous le commandement de M. de Marolles, du Rabris, pour venir rejoindre à Palluau *les braves royalistes triomphants à Écueillé* (ce sont les termes du message). D'autres ont parcouru la campagne, visité les domaines, et, de gré ou de force, entraîné les paysans ; de telle sorte que, dans la matinée du mardi 25, plus de 600 hommes sont rangés en bataille, prêts à marcher sur Buzançais.

On les réunit dans un champ où le curé Estevannes leur dit la messe et les harangue pour les disposer au combat ; après quoi, sur le signal du général Fauconnet, on se met en marche par l'ancien chemin de Saint-Genou, autant pour faire de nouvelles recrues que pour éviter la rencontre d'une compagnie d'infanterie qu'on aperçoit venant de Tours et se dirigeant sur Buzançais par la grande route.

Chemin faisant, la troupe se grossit, et lorsque les insurgés eurent dépassé le bourg de Saint-Genou et les vignes d'Estrées, leur nombre s'était augmenté d'un bon tiers.

Sur leur droite, à une demi-lieue de distance environ, s'avance toujours la colonne d'infanterie, qui, loin de paraître disposée à venir les attaquer, accélère le pas vers Buzançais. Nouveau sujet d'orgueil et de confiance pour la bande insurrectionnelle qui poursuit de ses cris les prétendus fuyards.

On marche ainsi pendant quelque temps, se perdant de vue et se revoyant, suivant les accidents du terrain, et l'on arrive, à peu de distance de Buzançais, au gué Beuvrier, à 800 mètres environ au-dessous du pont d'Énard (1).

Mais, avant d'effectuer le passage du ruisseau, un mouvement d'hésitation se manifeste. On jette un coup d'œil tout à l'entour. La troupe républicaine n'est plus en vue ; on ne sait où elle a passé. On aperçoit seulement devant soi, au haut de la côte, un petit nombre de gendarmes à cheval, qui semblent n'être là qu'en éclaireurs.

Cette immobilité de l'ennemi décide les chefs, qui ordonnent d'aller en avant. La masse s'ébranle de nouveau et le ruisseau est franchi aux cris de *Vive le Roi!* On monte vivement la côte pour aller en déloger les gendarmes. Tout-à-coup, une décharge de mousqueterie éclate sur la droite. Les insurgés sont pris en flanc par les *bleus* qui étaient venus s'embusquer dans le bois voisin. En même temps, la cavalerie, aux cris de *Vive la République* et au chant de *la Marseillaise*, s'élance au galop, sous la conduite du général Desenfants, et tombe comme la foudre sur les malheureux insurgés, que l'infanterie décime par

(1) Le récit de la bataille, tel qu'il a été donné par Just Veillat, manque un peu d'exactitude. Nous l'avons rectifié d'après les souvenirs de M. de La Tramblais, qui est originaire de Clion, qui a visité fréquemment les lieux et recueilli les renseignements les plus précis sur les emplacements occupés par les deux troupes. *(Voir le plan ci-contre.)*

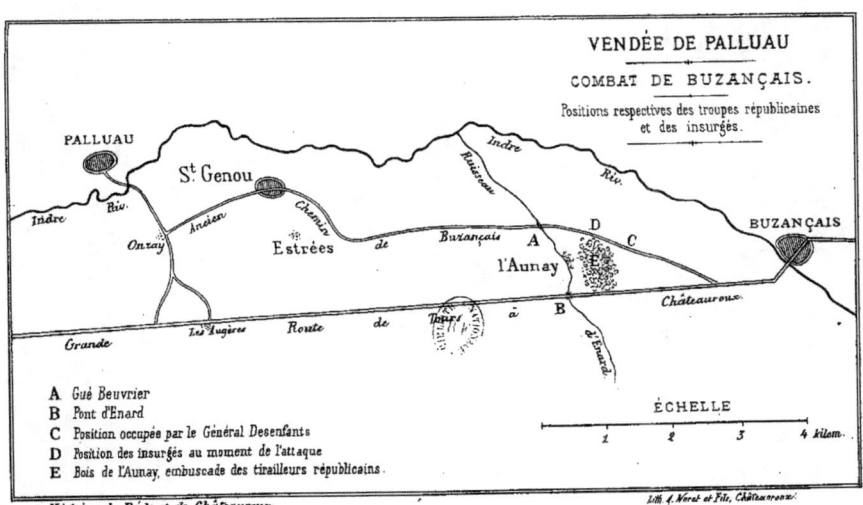

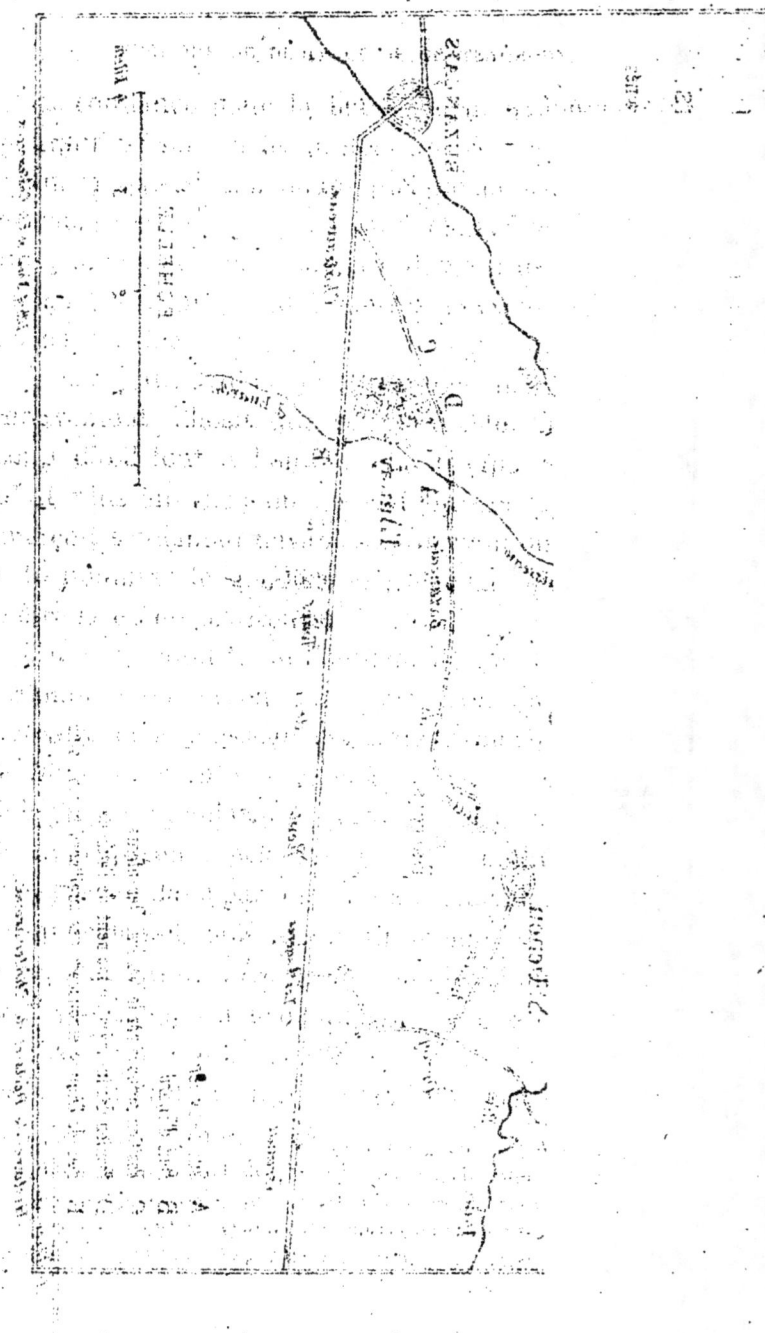

un feu des plus meurtriers. Sans tenter aucun effort et sourde à la voix de ses chefs, la masse indisciplinée des paysans se débande et se précipite, serrée entre les deux haies du chemin, vers le gué. qu'elle vient de traverser. Les chefs eux-mêmes, impuissants à contenir cette foule épouvantée, tournent bride et ne voient leur salut que dans la fuite. C'est bientôt une scène de confusion pitoyable et terrible. Ceux qui parviennent à repasser le ruisseau, jetant leurs armes, leurs *biaudes* et leurs sabots, cherchent à reprendre, au plus vite et à travers champs, le chemin de leurs villages. Un grand nombre d'entre eux, pour échapper aux poursuites, se dirigent vers la rivière de l'Indre et tentent de gagner l'autre rive ; mais ils y trouvent une mort presque certaine. En moins d'une heure, de cette formidable insurrection qui faisait trembler le département, il ne reste plus qu'une soixantaine de cadavres.

Le jour suivant (26 ventôse), c'est à peine si une légère fermentation se manifeste dans plusieurs communes trop éloignées pour connaître l'affaire de la veille et si l'on a à signaler divers désordres commis par les fuyards chez des personnes soupçonnées de républicanisme ou qui avaient refusé de prendre part à l'action (2).

(1) Cette bataille a été appelée la *journée des sabots,* parce que les paysans en avaient laissé beaucoup en fuyant.
(2) Parmi ces derniers, il faut compter M. de Préville, demeurant à Touchenoire, près Gehée, qui, la veille, avait puissamment concouru à empêcher l'insurrection dans la commune. Entendu comme témoin, M. de Préville représenta, en outre, une lettre anonyme reçue par lui

Les chefs, convaincus de leur impuissance, se dispersent et ne songent plus qu'à échapper aux recherches, ou à se faire oublier.

Le 25, à six heures du soir, un aide de camp du général Desenfants apportait une dépêche annonçant qu'à deux heures environ la lutte s'était engagée, sur le chemin de Palluau à Buzançais entre les troupes républicaines et les insurgés, que ces derniers avaient été immédiatement mis en fuite, et qu'outre les soixante morts restés sur place, on avait fait trente à quarante prisonniers ; tandis que du côté des républicains un seul gendarme avait reçu une légère blessure. — A la nouvelle de la victoire de Buzançais, l'administration de Châteauroux éprouva un immense soulagement.

Séance tenante, l'administration centrale du département de l'Indre, composée de MM. Godeau, président, Boëry, commissaire, et Barbier, secrétaire, décerne une mention honorable au général Desenfants, ainsi qu'au lieutenant Robert pour sa belle conduite aux Fourneaux, et le lendemain 26, elle adresse une proclamation aux habitants du district de Châtillon. Dans ces proclamations, on rassure les habitants des

---

plusieurs jours avant l'événement, dans laquelle on le gourmandait vertement sur son inaction, en le menaçant pour l'avenir de la colère de Louis XVIII. La comparaison des écritures établit que cette pièce était de la main de Fauconnet. Les insurgés visitèrent aussi la maison d'une dame de Boislinard, de Jeu-Maloches, où ils se contentèrent de se faire servir à souper, et celle d'un sieur Robin, de Mizeray, à l'ancienne abbaye de ce nom, qu'ils traitèrent un peu plus en pays ennemi.

campagnes et on les engage à reprendre leurs travaux habituels. La gendarmerie s'y portait en même temps et procédait à des arrestations. — Le jeune Audouin fut découvert et tué dans un bois en criant : *Vive le Roi!* Le curé Floret n'échappa aux recherches qu'en se couchant dans un lit et en contrefaisant le mort; on avait allumé des chandelles et les femmes du domaine où il s'était réfugié priaient autour de lui. — On vit alors les agents suspects des communes affecter un zèle inusité.

M. de Sorbiers, arrêté quelques jours après la bataille, encore muni d'un fusil et de cartouches, fut considéré comme un des principaux chefs sur lequel il importait de faire un exemple. Il comparut le 14 avril (25 germinal) devant un conseil de guerre tenu à Buzançais, fut condamné à mort et exécuté. — La même rigueur fut exercée, par des motifs divers, contre deux autres acteurs secondaires, dont il est à peine mention dans l'insurrection. Le premier, Jacques Philippeaux, dit *La Ramée,* fut condamné le 1er floréal suivant (20 avril) par le même conseil de guerre, comme chef de la rébellion et déserteur des troupes de la République; le second, Jacques Blanchet, dit *Carmagnole,* ex-soldat, fut condamné le 6 prairial (25 mai), comme chef, embaucheur, instigateur de la rébellion, et comme ayant participé de plus à un meurtre et à des actes de pillage. Cette dernière décision paraît tenir à ce que l'inculpé aurait servi et trahi les deux partis. — Par deux autres décisions du même conseil militaire, en date des 16 et 20 floréal (5 et 9 mai), les réfractaires Pierre Barreau et Amable Guéry, furent condamnés, le premier à six mois de détention, le second à dix ans de fers.

Quant à trente-quatre individus pris les armes à la main sur le champ de bataille, et renvoyés, après interrogatoire, devant le conseil militaire, on ne rencontre aucune trace de leur jugement.

Pendant que la justice militaire, expéditive de sa nature, épouvantait et dispersait les adhérents de la rébellion, la justice criminelle commençait une immense instruction. Les résultats de cette instruction se déroulèrent, du 15 au 27 frimaire an V, devant le tribunal criminel du département de l'Indre, présidé par M. André Jaymebon, tandis que le siége du ministère public était occupé par M. Bertrand de Greuille.

Sur trente-deux accusés jugés contradictoirement, deux, Louis Bonami, dit Crêve-Bouchure, et Augustin Legrand, furent condamnés à mort, avec confiscation de leurs biens, conformément aux lois révolutionnaires de cette époque. — A part ce redoutable verdict et la peine de six ans de fers prononcée contre le jeune Lubin Guéry, le tribunal criminel ne se montra pas très-sévère à l'égard des autres inculpés.

En effet, neuf d'entre eux, parmi lesquels Louis Legrand et le maire de Palluau, Nicolas Audouin, furent condamnés à trois ans de détention ; deux autres à trois mois ; huit autres, parmi lequels les deux demoiselles de Chollé et Anne Audouin, la fille du maire, à deux mois. Enfin le même jugement prononce l'acquittement des autres accusés, au nombre desquels on remarque la malheureuse veuve de M. de Sorbiers.

Il reste à faire connaître le jugement des 15, 16, 17 et 18 pluviôse an V, rendu par contumace contre les principaux chefs de l'insurrection qui, comme les frères de Chollé, les curés Floret et Estevannes, avaient pu éviter la main de la justice ou s'échapper de leur prison comme le général Fauconnet.

Sur les seize accusés, objet de ce second jugement, onze sont condamnés à la peine de mort; parmi ceux-ci figurent Fauconnet, les trois frères de Chollé et les curés Floret, Estevannes et Héraudet. Trois sont condamnés à quatre mois de détention et les deux autres acquittés.

Le 24 pluviôse suivant, un troisième jugement est rendu contradictoirement contre le nommé Silvain Robert, qui, arrêté après coup et convaincu d'avoir achevé un volontaire à Écueillé, entend également prononcer contre lui la peine capitale.

Louis Bonami, dit Crève-Bouchure, Augustin Legrand, condamnés à mort, et Lubin Guéry, condamné à six ans de fers par le premier jugement, s'étant pourvus en cassation le 28 frimaire an V, ce jugement fut cassé le 26 ventôse même année, un an juste après la bataille ; renvoyés devant le tribunal criminel de Loir-et-Cher, ces trois accusés furent acquittés. — Moins favorisé du sort et peut-être plus coupable, Silvain Robert ne put faire briser son jugement, qui se trouva parfaitement régulier, et qui fut exécuté le 21 floréal an V. — Quant aux contumaces, dont le nombre se grossit des trois Renaud, meuniers à Palluau, aussi condamnés à mort par défaut le 16 fructidor an VI, ils purent un à un, dans les années suivantes, purger leur contumace et rentrer dans la vie privée par un acquittement que le jugement de Blois, le temps écoulé et l'apaisement des passions leur assuraient.

Terminons par ce qui concerne le prétendu général Fauconnet. Il s'était caché à Orléans et il y fut arrêté sur la dénonciation de deux traîtres, trois mois après la bataille. On l'écroua à la prison de Châteauroux. L'instruction lui donne un autre nom, celui d'Adrien Dupain, se disant ci-devant clerc tonsuré, fils d'un épicier de Paris, et qui avait simplement servi les chouans sous les ordres de Scépeaux. Il écrivit de sa prison à l'accusateur public une lettre pleine d'emphase et lui demanda à l'entretenir secrètement. Dans cette entrevue (à laquelle assistait cependant le concierge), il raconte une vie supposée et dit comment, dépourvu de moyens d'existence, le hasard le conduisit auprès de plusieurs chefs vendéens, lesquels lui donnèrent quelque argent et l'envoyèrent chez les frères de Chollé, etc.

Duprat avait imaginé une série d'aventures pour donner le change. On avait intéressé à son sort un épicier royaliste nommé Dupain qui l'avait réclamé comme son fils. La lettre, d'une emphase ridicule qu'il avait écrite à l'accusateur public, n'était sans doute que pour mystifier la justice révolutionnaire aux mains de laquelle il se disposait à échapper; sa position était des plus critiques, car si l'on avait découvert en lui un émigré rentré en France pour fomenter la révolte, il eut été par ce seul fait mis hors la loi.

Duprat parvint à s'échapper. C'est à tort qu'on a cru que son évasion avait été favorisée par l'autorité en récompense de prétendues révélations. Elle le fut, au contraire, à ce qu'on assure, par plusieurs royalistes qui habitaient Châteauroux et principalement par la marquise de Pouligny, qui était du même pays que lui (1).

(1) Voici ce qu'on raconte à ce sujet. Duprat avait pu se procurer l'empreinte sur cire de la serrure de la chambre où il avait été renfermé. Comme il était fort adroit, il parvint à fabriquer lui-même une clef de bois qu'il fit passer à ses amis, et que ceux-ci se chargèrent de faire exécuter en fer. Le modèle fut proposé à un serrurier de Clion qui, se doutant de quelque machination dangereuse pour lui, refusa de s'en charger, en promettant toutefois le secret, qu'il garda exactement. Son confrère de Valençay fut plus hardi et fabriqua la clef désirée. Mme de Pouligny la cacha dans la croûte d'un pain ou pâté, qui s'entrouvrit au four et révéla au boulanger une ruse que l'indiscrétion de ce dernier eut rendue fort dangereuse pour ses auteurs. C'était, fort heureusement pour eux, un brave homme, qui se prêta de lui-même à faire disparaître les traces de l'accident. Le pâté fut donc apporté à M. Duprat, qui trouva dans ses flancs l'instrument libérateur dont il fit usage sans tarder. Parvenu sur le préau de la prison, il put en descendre au dehors au moyen de draps dont on avait fait une espèce de corde; on ajoute que Duprat tomba sur des tessons de bouteilles et qu'il se fit une assez grave blessure à la main. Son exemple fut suivi par trois ou quatre autres détenus. Ce fut au moment du repas du soir, le 13 vendémiaire an V (4 octobre 1796) que s'accomplit cette évasion. — Duprat fut depuis renfermé au fort de Joux par suite d'intrigues royalistes. Il s'en échappa encore. En 1814, la restauration le nomma lieutenant-colonel d'artillerie à Marseille, chevalier de Saint-Louis et de la Légion-d'honneur. Il était encore à ce poste en 1830. Il mourut quelques années après.

CHAPITRE DIXIÈME

LE CONSULAT ET L'EMPIRE.

Nous n'avons point à rappeler les événements de cette double époque, mémorable à tant de titres; nous ne ferons que mentionner ce qui concerne notre ville, ainsi que les principaux faits dont le retentissement s'y est fait ressentir.

Les triomphes de Bonaparte en Italie et en Egypte avaient produit partout le plus grand enthousiasme. L'attention de notre ville était surtout appelée sur cette dernière campagne, car le jeune Henri-Gatien Bertrand, appartenant à l'une de ses premières familles, allait en revenir général de brigade dans l'arme du génie, à l'âge de 28 ans, et en être bientôt nommé l'un des inspecteurs généraux.

Le gouvernement consulaire qui mettait fin à l'anarchie, réformait les administrations et produisait la sécurité et la tranquillité des esprits; il était accepté par Châteauroux et tout le Bas-Berry, comme par toute la France, avec la plus grande satisfaction. On se livrait à l'espérance et l'imagination était transportée par la gloire du chef qui prenait en main la direction des affaires. On applaudissait au rétablissement de la religion et à la nouvelle institution de l'instruction publique. Toutefois la coalition qui venait encore de se former contre la France imposait aux familles des sacrifices pénibles que la victoire de Marengo fit promptement oublier (1).

En vertu de la constitution de l'an VIII, le gouvernement fut composé de trois consuls nommés pour dix ans, d'un tribunat, d'un corps législatif et d'un sénat. Le gouvernement proposait les lois; le tribunat les discutait devant le corps législatif qui les admettait ou les rejetait. Le sénat veillait à leur conservation.

Voici comment durent se faire les élections. Les citoyens de chaque arrondissement communal désignaient par leurs suffrages ceux d'entre eux qu'ils croyaient les plus propres à gérer les affaires publiques. Il en résultait une liste de confiance contenant un nombre de noms égal au dixième du nombre des citoyens ayant droit d'y coopérer. C'est dans cette liste que devaient être pris les fonctionnaires publics de l'arrondissement. — Les citoyens compris dans les listes communales du département désignaient également un dixième d'entre eux. Il en résultait une liste départementale dans laquelle devaient être choisis les fonctionnaires publics du département. — Les citoyens portés sur la liste départementale désignaient pareillement un dixième d'entre

---

(1) Ce fut à cette époque que la vaccine fut introduite à Châteauroux par le docteur de Sainthorent; le duc de Larochefoucauld-Liancourt patronnait cette pratique pour laquelle on se servait d'un fluide venu de Londres.

eux. Il en résultait une troisième liste qui comprenait les citoyens de ce département éligibles aux fonctions publiques nationales. — Ces listes devaient être révisées tous les trois ans.

Le sénat conservateur était composé de 80 membres inamovibles, âgés de quarante ans au moins. La nomination à une place de sénateur se faisait par le sénat qui choisissait entre trois candidats présentés, le premier par le corps législatif, le deuxième par le tribunat, le troisième par le premier consul. — Les listes départementales étaient envoyées au sénat qui y choisissait tous les fonctionnaires principaux.

M. Porcher de Lissonnay, depuis comte de Richebourg, ancien membre de la Convention et du conseil des Anciens, fit partie du sénat dès son origine. Il fut même l'un des membres de la commission intermédiaire qui composa ce corps.

Le Corps législatif était composé de 300 membres, âgés de trente ans au moins, renouvelables par cinquième ; il devait s'y trouver un citoyen au moins de chaque département. Sa session ne pouvait durer que quatre mois. Il faisait la loi en votant par scrutin secret et sans aucune discussion sur les projets débattus devant lui par les orateurs du tribunat et du gouvernement. Toute loi était promulguée par le premier consul le dixième jour après son émission, à moins que, dans ce délai, il n'y eut recours au sénat pour cause d'inconstitutionnalité. — Le premier consul nommait et pouvait révoquer les membres du conseil d'État.

Mais le 20 floréal an X, cette question est posée à la nation : *Napoléon Bonaparte sera-t-il consul à vie?* et le 15 thermidor, même année, la nation répond : *Napoléon Bonaparte est proclamé consul à vie.* Cet acte de souveraineté populaire fut suivi le lendemain d'un sénatus-consulte organique contenant les dispositions suivantes :

« Chaque ressort de justice de paix a une assemblée de canton.

» Chaque arrondissement communal, ou district et sous-préfecture, a un collége électoral d'arrondissement.

» Chaque département a un collége électoral de département.

» L'assemblée de canton sera composée de tous les citoyens domiciliés dans le canton.

» Les colléges électoraux de département présentent deux citoyens pour la liste des sénateurs à choisir.

» Les colléges de département et d'arrondissement présentent chacun deux citoyens pour la liste des candidats au Corps législatif.

» Les consuls sont à vie, ils sont membres du sénat et le président.

» Le sénat règle par un sénatus-consulte organique tout ce qui n'a pas été prévu par la constitution et qui est nécessaire à sa marche. »

En vertu de ce pouvoir organique, le gouvernement consulaire fut créé impérial, le 29 floréal an XII.

Le tribunat fut sacrifié le 19 avril 1807 par un

sénatus-consulte qui confia la discussion préalable des lois à trois commissions du Corps législatif. — Le système électoral, modifié par plusieurs sénatus-consultes, dura pendant tout le régime consulaire et impérial.

Le département de l'Indre, pendant cette période, envoya au Corps législatif, c'est-à-dire concourut par sa présentation à l'élection faite par le sénat des citoyens dont les noms suivent : MM. Boüry, membre du conseil des Cinq-Cents ; Juhel, également membre des Cinq-Cents; Legrand, ex-membre de l'assemblée législative ; Trumeau, du conseil des Cinq-Cents. Ils furent nommés le 4 nivôse an VIII.

A cette époque, le nombre des députés de chaque département n'était pas fixé ; il fallait seulement, comme on l'a vu, que chaque département eut au moins un représentant au Corps législatif.

Le Corps législatif et le tribunat devaient être renouvelés annuellement par cinquième ; mais par une disposition transitoire, il fut établi que le premier renouvellement n'aurait lieu qu'en l'an X. — Le 22 ventôse an X, le sénat désigna le cinquième qui devait faire partie du Corps législatif. Aucun des députés du département de l'Indre ne fit partie de ce cinquième. — Un cinquième du tribunat fut également renouvelé, et M. Bertrand de Greuille, commissaire du gouvernement près le tribunal criminel de Châteauroux, fut appelé à faire partie de ce grand corps de l'État.

Le sénatus-consulte du 16 thermidor an X décida que dorénavant chaque département aurait dans le Corps législatif un nombre de membres proportionné à l'étendue de sa population, et que toute la députation de chaque département serait nommée simultanément. Les départements furent divisés en cinq séries, et le département de l'Indre appartint à la cinquième ; on tira ensuite au sort l'ordre dans lequel chaque série devrait être renouvelée, et la cinquième série ne dut sortir qu'en l'an XIII.

Le nouveau sénatus-consulte réduisit à deux membres le nombre des représentants du département de l'Indre, mais la réduction ne dut avoir lieu qu'avec le renouvellement de la série à laquelle appartenait le département. Le 29 thermidor an XII, le sénat désigna pour faire partie du Corps législatif et entrer en fonctions en l'an XIII, MM. Périgois (Charles), président du tribunal de première instance à La Châtre, et Duris-Dufresne (François), ancien militaire, domicilié à Châteauroux.

La cinquième série, à laquelle appartenait le département de l'Indre, devait cesser ses fonctions le 31 décembre 1809 ; mais la session de 1809 n'étant pas terminée au 31 décembre, un sénatus-consulte prorogea les pouvoirs des députés de la cinquième série pour toute la durée de la session de 1809, et même pour la session de 1810, jusqu'à la nomination de leurs successeurs.

Le 10 août 1810, le Sénat appela à siéger au Corps législatif, comme représentants du département de l'Indre, MM. de Béthune-Sully (Louis), propriétaire, domicilié à Chabris, et Périgois (Charles), membre sortant du Corps législatif.

Dans l'année 1808, Châteauroux fut agité par des circonstances bien différentes. D'abord l'envoi d'armées en Portugal et en Espagne soumit les habitants à une grande quantité de logements militaires, ce qui ne fut pas une charge légère pour la population (1). Ensuite, dans les querelles de l'empereur avec le pape, les catholiques qui savaient tant de gré à ce souverain du rétablissement du culte, passèrent tout à coup de la reconnaissance à la haine.

Le traité de Bayonne amena à Châteauroux Ferdinand, prince des Asturies, don Antonio, son oncle, et don Carlos, son frère. Ils se rendaient au château de Valençay. Ces princes logèrent dans la maison de M. Bertrand, père du général. On leur avait préparé des chambres séparées, mais ils préférèrent coucher dans le petit salon les uns près des autres. Ils voyageaient dans une grande voiture, comme celles du temps de Louis XIV ; elle est, du reste, conservée au château de Valençay.

Le mariage de l'empereur avec l'archiduchesse Marie-Louise fut reçu par nos populations comme un gage de sécurité et une espérance de paix. On était

---

(1) Avec des troupes de toute espèce, même d'Allemands, il passa à Châteauroux un détachement de la garde impériale. On avait pour ce corps un grand respect. Je me rappelle que mon père invita à dîner les deux sous-officiers qu'il logeait et cette politesse était même recommandée par la mairie.

douloureusement impressionné par le gouffre ouvert dans les armées pour les enfants de nos villes et campagnes; mais les réquisitions ne firent qu'augmenter dans les années suivantes. Les fils de famille qui avaient échappé aux conscriptions furent repris comme gardes d'honneur.

Nos revers imposaient aux familles de si grands sacrifices en hommes et en argent, les enfants pris dès l'âge de dix-huit ans succombaient tellement aux fatigues auxquelles on les soumettait, et le gouvernement était devenu si despotique, qu'on refusait de se rendre aux demandes de l'autorité; d'un autre côté, l'emploi des garnisaires ruinait à tel point les propriétaires ruraux que la chute de l'empereur fut considérée comme une délivrance et l'arrivée des Bourbons comme un bienfait (1).

Après la conclusion de la paix, il avait été convenu que 6,000 hommes de cavalerie anglaise, qui avaient figuré à la bataille de Toulouse passeraient par le centre de la France pour aller s'embarquer à Calais. Les anciens du pays se rappellent ce passage qui eut lieu en quatre fois, à deux jours d'intervalle. Les chevaux, qui étaient très-amaigris, bivouaquèrent au piquet sur nos promenades et en rongèrent si bien les arbres qu'on fut obligé les renouveler; les soldats restèrent près de leurs chevaux, mais les officiers

---

(1) Après l'abdication de Napoléon à Fontainebleau, M. Bertrand-Boislarge, M. Duris-Dufresne et son fils, se rendirent auprès du grand-maréchal Bertrand, leur frère, beau-frère et oncle, qui devait suivre l'empereur à l'île d'Elbe, pour lui faire leurs adieux.

furent logés chez les habitants. On était étonné de leur luxe, comparé à la simplicité des officiers français. Nous n'étions pas accoutumés à voir l'usage du thé servi avec une recherche d'argenterie que les officiers anglais emportaient avec eux.

Dans le premier de ces passages des troupes anglaises, et au milieu du désordre qui régnait à cette époque dans toutes les administrations, on dirigea de Châteauroux sur Argenton un escadron des dragons de l'Impératrice. Dès que le chef anglais l'aperçut, il envoya au chef français un officier parlant notre langue, pour lui demander quel était le côté de la route qu'il désirait prendre. « Je passerai au milieu, répondit brusquement le commandant des dragons », et aussitôt il mit sa troupe au galop, bousculant les cavaliers anglais qui ne se rangeaient pas assez vite.

CHAPITRE ONZIÈME.

LA PREMIÈRE RESTAURATION, LES CENT JOURS
ET LA SECONDE RESTAURATION.

§ 1ᵉʳ — Première Restauration.

Après la satisfaction qu'on éprouvait de la paix, d'autres impressions se faisaient jour successivement. Le public, habitué à l'activité de Napoléon, riait de voir un vieux roi goutteux toujours assis dans un fauteuil, qui portait de grosses épaulettes sur un habit bourgeois, s'intitulait roi de France et de Navarre et appelait l'année 1814 la dix-neuvième de son règne. On reprochait aux Bourbons d'avoir été ramenés par l'étranger; on était mécontent de voir les récompenses prodiguées aux hommes qui avaient combattu contre la France.

Châteauroux reçut cependant avec satisfaction le duc et la duchesse d'Angoulême.

Dans la nouvelle forme du gouvernement, le Corps législatif, sous le nom de *Chambre des députés*, resta composé des mêmes membres. Il fut décidé qu'à l'avenir, les députés seraient élus dans des colléges d'arrondissement par des électeurs payant 300 francs de contributions et qu'eux mêmes seraient tenus de payer 1,000 francs d'impôts. Pour la Chambre des pairs, le roi devait choisir dans le Sénat les membres qui, par leurs services, leur renommée ou leur situation, pouvaient sans inconvenance figurer dans le nouvel ordre de choses.

§ II. — Les Cent Jours.

Mais tout à coup le bruit se répand que Napoléon est débarqué à Cannes le 1ᵉʳ mars. Notre ville éprouva une émotion d'autant plus grande de cet événement que le général Bertrand était son major général (1). De Grenoble à Paris, Napoléon ne trouva aucun obstacle. L'impopularité du gouvernement de la Restauration avait remis en faveur celui de l'Empire. A Lyon, l'empereur rendit un décret qui dissolvait la Chambre des pairs et celle des députés, et ordonnait la réunion à Paris, dans le cours du mois de mai, sous le titre d'*Assemblée extraordinaire du Champ de mai*, des représentants des colléges électoraux de tous les départements, « afin de prendre les mesures convenables pour corriger et modifier nos institutions, selon l'intérêt et la volonté de la nation. » La Chambre des représentants fut déclarée renouvelable en entier tous les cinq ans, et composée de 627 membres élus directement par les deux séries des colléges de département

---

(1) Peu de temps auparavant, on avait vu à Châteauroux Mᵐᵉ la comtesse Bertrand avec ses enfants; elle y avait séjourné un certain temps chez son beau-père, et M. Bertrand-Boislarge, son beau-frère, l'avait conduite à l'île d'Elbe, avec ses enfants, pour y rejoindre son mari.

et d'arrondissement. L'industrie et la propriété manufacturière eurent une représentation spéciale. Le département de l'Indre avait à nommer deux représtants pour son collége de département et quatre pour ses colléges d'arrondissement. Le collége de département porta son choix sur M. le baron Thabaud de Bois-la-Reine, administrateur de la loterie, et sur M. Charlemagne, sous-préfet. M. Guérineau, président du Tribunal civil de Châteauroux, représenta cet arrondissement, M. le comte de Bondy, préfet de la Seine, celui du Blanc, M. Robin de La Ronde, procureur impérial, celui de La Châtre, et M. Tailhandier, propriétaire, celui d'Issoudun.

Le général Bertrand figurait parmi les cent dix-huit pairs nommés par Napoléon.

Tous les anciens militaires reprirent les armes, et les gardes nationaux se rendirent exactement aux postes qui leur furent indiqués. La légion de l'Indre, qui avait été destinée à la défense des côtes de l'ouest, fut envoyée à La Rochelle et à Rochefort [1].

Que d'émotions dans notre ville, comme partout ailleurs, au milieu de ces grands et singuliers événements! Le départ des anciens militaires et des gardes nationaux avait exalté les esprits, et notre population, naguère royaliste, était devenue fanatique de l'empereur; on suivait ses mouvements; on chantait, on dansait sur les places publiques. On comptait sur une grande victoire, car l'on ne pouvait supposer

---

(1) Elle s'y trouvait encore lorsque Napoléon, après sa chute, se rendit dans ce dernier port pour s'y embarquer.

que le héros de la France serait vaincu. Aussi quel coup de foudre, à la nouvelle du désastre de Waterloo ! Nous avions pour préfet M. de Mallarmé ; son rôle devenait des plus difficiles. La société de Châteauroux plaignait la famille Bertrand, qui était dans le plus grand abattement. Que deviendrait le général qui avait encore suivi l'empereur, et dont la femme et les trois enfants (Napoléon, Hortense et Henri) étaient venus le rejoindre à Rochefort ? Quelle inquiétude, quand on apprit qu'ils étaient tous passés sur le Bellérophon, qu'ils étaient prisonniers des Anglais et qu'ils devaient être conduits dans un île perdue de l'océan atlantique ! A la suite de ces événements, divers membres de la famille Bertrand furent internés : son frère, M. Bertrand-Boislarge, à Nevers ; M. Duris-Dufresne, son beau-frère, à Bourges.

§ III. — Deuxième Restauration.

D'après la capitulation de Paris, l'armée fut envoyée de l'autre côté de la Loire, sous les ordres du maréchal Davoust, prince d'Echmühl, et une ordonnance du 1er août prescrivit son licenciement. Le département de l'Indre, et surtout Châteauroux, furent encombrés de troupes. Quoique aigris par leurs revers et les mesures qu'on prenait contre eux, ces vétérans de la gloire se soumirent avec calme.

Dès que le roi Louis XVIII fut rentré en France, son premier soin fut de dissoudre la Chambre des représentants et de procéder à d'autres élections. Voici de quelle manière cela eut lieu :

Une ordonnance royale attribua au département de l'Indre trois députés : un pour le département et deux pour les arrondissements. Les colléges électoraux des arrondissements se réunirent le 14 août et celui du département huit jours après. M. le comte de Montbel fut élu député du département; MM. le général comte de Bordesoult et Bourdeau-Fontenet furent appelés à représenter les arrondissements.

Cette députation fit partie de la chambre dite *introuvable*, dont le zèle monarchique parut aux souverains eux-mêmes exagéré. Louis XVIII, d'accord avec les alliés, prononça la dissolution de cette chambre par l'ordonnance du 5 septembre 1816.

La nouvelle législature reçut du département de l'Indre, MM. le comte de Bondy et Bourdeau-Fontenet.

Les élections, malgré la promesse de la charte, étaient restées jusque-là sous le régime des ordonnances. La loi du 7 février 1817 vint mettre fin à ce provisoire. D'après cette loi, proposée par M. Lainé, tous les citoyens âgés de trente ans et payant 300 fr. de contributions étaient électeurs et nommaient directement les députés de chaque département. Pour être député, il fallait être âgé de quarante ans au moins et payer 1,000 francs de contributions. La chambre devait être renouvelée tous les ans par cinquième.

Les colléges électoraux de la seconde série, dans laquelle était compris le département de l'Indre, furent convoqués le 30 septembre 1818; notre département, réduit encore à deux députés, envoya à la chambre MM. le comte de Bondy et Charlemagne père.

Le 26 juillet 1820, deux sortes de colléges furent de nouveau établis et le double vote accordé à une certaine catégorie d'électeurs. Le député nommé par le grand collége du département de l'Indre fut M. Robin de Scévole et les députés des colléges d'arrondissement furent MM. le comte de Bondy et Charlemagne père.

Le 9 octobre 1822, le département ayant à renouveler sa deuxième série, fit choix, pour le grand collége, de M. le comte de Montbel, et pour les colléges d'arrondissement de MM. le comte de Bondy et Tailhandier.

En 1823, le ministère Villèle crut le moment opportun, pour fortifier sa majorité, de faire un appel à l'opinion, que la guerre d'Espagne venait de rendre plus favorable à la cause royaliste ; il prononça la dissolution de la chambre et à la suite la députation de l'Indre se composa de MM. le comte de Montbel, Tailhandier et Bourdeau-Fontenet.

Le 9 juin 1824 fut rendue une nouvelle loi par laquelle la chambre des députés devait être renouvelée intégralement tous les sept ans.

Le 2 novembre 1827, réunion des colléges électoraux. La majorité de la nation a cessé de marcher avec le ministère et la députation est formée de M. Crublier de Fougères pour le grand collége, et de MM. Duris-Dufresne et le comte de Bondy pour les colléges d'arrondissement. La composition de cette nouvelle chambre donna lieu, en 1828, à la création du ministère Martignac, qui, le 8 août 1829, fut remplacé par celui auquel le prince de Polignac a fourni son nom. Le 16 mai 1829, il dissout la chambre des députés. Les nouveaux délégués des colléges électoraux sont animés du même esprit que leurs prédécesseurs, et les mandataires de notre département sont MM. Thabaud-Linetière, maire d'Issoudun, pour le grand collége, et le comte de Bondy et Duris-Dufresne pour les colléges d'arrondissement.

Les conseillers de Charles X lui persuadent que la charte *octroyée* par son frère ne saurait enchaîner sa royale volonté. Les ordonnances sont rendues et la couronne de la branche aînée des Bourbons disparaît dans la tempête.

Sous le règne de Louis XVIII, ceux de nos compatriotes appelés à la chambre des pairs furent : le 18 août 1815, M. le comte de La Châtre, ambassadeur en Angleterre, et M. le marquis de Rivière; en 1823, M. le général comte de Bordesoult. — Sous le règne de Charles X, M. le marquis de Lancosme y fut aussi appelé.

CHAPITRE DOUZIÈME.

LA RÉVOLUTION DE JUILLET 1830 ET LA ROYAUTÉ DE LOUIS-PHILIPPE.

A la nouvelle de la révolution qui venait d'éclater, les députés de l'Indre, qui faisaient partie de la majorité des 221, se rendirent à Paris. Pour soutenir le mouvement de cette ville, ils conseillèrent d'établir, dans tout notre département, des gardes nationales. Celle de Châteauroux se fit remarquer par son organisation et sa tenue ; elle était commandée par M. Eugène Grillon et M. Urbain de Vasson.

Deux événements politiques sont à noter pendant le règne de Louis-Philippe ; l'un eut lieu au commencement, l'insurrection d'Issoudun, et l'autre à la fin, les troubles de Buzançais. Ils concernent Châteauroux en ce sens que les forces de cette ville y furent employées et que les jugements des coupables, surtout dans la seconde affaire, se fit dans cette ville. Un troisième événement appartient aux progrès de la civilisation ; c'est l'inauguration du chemin de fer. Après avoir raconté ces trois événements, nous donnerons la liste des députés qui représentèrent le département de l'Indre pendant ce règne, et nous dirons un mot de la révolution de 1848.

§ I. — Insurrection d'Issoudun.

Peu après la révolution, les vignerons, qui forment à Issoudun les deux tiers de la population, refusèrent de payer l'impôt des droits réunis [1]. Le général Petit, célèbre par le tableau des *adieux de Fontainebleau*, et qu'on a vu depuis gouverneur des Invalides, commandait la division de Bourges. Il s'était rendu aux portes d'Issoudun avec quelques compagnies d'infanterie et avait trouvé le faubourg barricadé. Ne voulant pas employer la force, il parlementa et se fit conduire, fort peu accompagné, à la mairie. Ses raisonnements n'eurent aucune prise sur les vignerons qui la remplissaient. On le menaça et ce ne fut pas sans peine qu'il parvint à rejoindre ses troupes. Sa prudence l'engagea à rentrer dans Bourges, espérant que cette effervescence se calmerait d'elle-même.

Mais ce qu'il regardait comme un acte de prudence fut considéré, de la part des récalcitrants, comme une grande victoire; ils se montèrent la tête de plus belle et crurent que l'heure de leur indépendance absolue était sonnée. Il fallut entreprendre contre eux une campagne en règle. Des troupes, et des gardes nationales qui alors soutenaient le moral de l'armée, partirent le même jour de Bourges et de Châteauroux et arrivèrent à la même heure devant la place d'Issoudun. Le général Petit, d'un côté, et le général Saint-Paul, de l'autre, s'apprêtaient à mettre en jeu les manœuvres de la stratégie, lorsque, à leur grand

---

[1] Au cri de : *à bas les coumis* (commis), ils brûlèrent les registres de l'octroi.

étonnement, ils ne trouvent plus de barricades, ils n'aperçoivent même aucun habitant. Tout le monde s'était renfermé dans sa maison. Il n'y avait dans cette ville, sur laquelle on avait pris tant d'inquiétude, que de bonnes gens occupés des soins de leurs ménages et de leurs enfants.

La force armée, toutefois, prit partout position. On organisa une mairie qui distribua des billets de logement. La plupart des bourgeois riches avaient déserté la ville ; leurs maisons ne furent pas exemptées des logements militaires; au contraire même, puisque leur absence laissait la place entière. On prétend que les caves, qui étaient bien garnies, furent largement exploitées.

§ II. — Événements de Buzançais.

La récolte peu abondante de 1846 avait jeté dans les esprits de vives inquiétudes. Le gouvernement prit des mesures de toutes sortes. A Buzançais en particulier, des ateliers de charité furent ouverts. Il s'y tenait des propos menaçants, surtout lorsque des troubles éclataient dans les départements voisins au sujet du prix élevé des céréales. Cette ville, jusque-là paisible, était réservée à une triste célébrité.

Le 13 janvier 1847, plusieurs voitures de blé traversaient Buzançais. Un attroupement, composé surtout des ouvriers de l'atelier de charité, s'oppose d'abord à ce qu'elles continuent leur route, puis s'en empare de vive force, les conduit dans la cour du collége et les garde en attendant qu'on pût faire la distribution du blé.

Des feux sont allumés sur la place ; le maire et le juge de paix se rendent, et essayent vainement de faire rentrer les mutins dans l'ordre.

Le lendemain, le tocsin sonne au point du jour. Au milieu des groupes agités, une voix crie : *Au moulin! allons démolir le moulin!* On se précipite vers cet établissement qui est bientôt dévasté de fond en comble; 7,000 francs sont volés. Un mobilier considérable est détruit ou emporté. On met le feu en plusieurs endroits des appartements. M. Cloquemin, fils du propriétaire de l'usine, est menacé d'un coup de hache ; il doit la vie au dévouement d'un de ses concitoyens.

De là, on se porte chez M. Gaulin ; le grenier est visité ; les appartements sont saccagés et pillés. Celui des dévastateurs qui avait voulu frapper M. Cloquemin, lève sa hache sur M. Gaulin ; le coup est encore détourné par un des assistants. Argenterie, linge, montres, pendules, tout est emporté. Le chef des insurgés arrache à M. Gaulin un sac de 800 fr.

La bande se divise : une partie se rend chez le sieur Lecomte, épicier et blatier. Vainement le brigadier de gendarmerie veut empêcher ce nouveau pillage ; il est débordé par les furieux, qui font subir à cette maison le sort des deux précédentes. Il en est de même de la maison Brillaut qui, en l'absence de ce propriétaire, est complétement ravagée.

Pendant que se passaient ces scènes de désordre, plusieurs notables de la ville, le maire et le juge de paix entre autres, rédigeaient et signaient l'engagement de livrer le blé à 3 francs et l'orge à 2 francs le double décalitre. Cet engagement, concession de la faiblesse et de la terreur, est colporté par l'ordre de la mairie chez beaucoup de propriétaires qui le signent. M. de Montenon est ainsi épargné du pillage ; M. Bonneau est obligé, pour se racheter, de donner 260 francs et une pièce de vin.

Les émeutiers, en sortant de chez M. Brillaut, se rendent chez M. Chambert. Le chef de la bande, Jacques Venin, frappe sur la table de la salle à manger avec son bâton et demande de l'argent. Le domestique Bourgeot lutte avec lui et le renverse. Alors Chambert paraît à la porte de la pièce. *Qui a frappé mon domestique?* dit-il, en dirigeant son fusil vers le groupe des malfaiteurs. Venin s'avance et abaisse le canon de l'arme. Le coup part. Venin tombe blessé mortellement. Il est porté à l'hospice, où il expire un quart d'heure après.

La mort de Venin avait exaspéré les individus qui étaient entrés dans la maison. Dans la cour, le cri : *Chambert a tué Venin, mort à Chambert!* se fait entendre de tous côtés. M. Chambert monte au premier étage et se cache dans une armoire. Il y est bientôt découvert. On l'arrache de cet asile ; on le frappe avec des masses et des cognées. Le malheureux s'élance dans la rue, les cheveux hérissés, les bras en l'air, la figure toute ensanglantée. Il entre chez le nommé Rue, bourrelier. Il traverse la boutique et va se placer dans une alcôve, entre deux lits.

Il y est à peine qu'un de ceux qui le poursuivent entre, vient le saisir, et malgré ses cris : *grâce ! grâce !* le livre aux bourreaux qui l'attendent pour le massacrer.

Alors se passe une scène d'une incroyable férocité. Le malheureux Chambert est frappé, terrassé ; il tombe baigné dans son sang, on s'acharne après lui à coup de haches, de cognées, de masses de fer. Ceux qui n'ont pas d'armes le frappent à coups de bâtons ; ceux qui n'ont pas de bâtons le frappent à coups de sabots. Un des assassins arrive lorsque Chambert est près d'expirer. Il lui porte un coup de fourche dans le ventre, puis un second au visage. L'instrument entre si avant qu'il ne peut le retirer qu'en appuyant le pied sur l'épaule de la victime.

Ce dernier crime n'a pas assouvi la rage de cette barbare multitude. Elle continue le pillage. La maison de M. d'Auvergne est envahie ; le rez-de-chaussée est saccagé. M. d'Auvergne, malade, n'obtient qu'on épargne sa chambre qu'en donnant 260 fr.

A ce moment, on apprend que le préfet de l'Indre, M. Ferdinand Leroy, arrive à Buzançais avec le chef du parquet. Les factieux abandonnent la maison d'Auvergne et se précipitent, armés de fourches, de cognées, de bâtons, dans la direction de la mairie. Ils trouvent le préfet sur la place, l'entourent, lui demandent de confirmer l'engagement pris par le maire et les notables de livrer le blé à 3 francs. Le préfet refuse énergiquement. Il circule dans les groupes, et par ses efforts parvient à arrêter la fureur de la populace. Plusieurs individus rapportèrent au préfet l'argent livré par M. d'Auvergne et demandèrent qu'il fut distribué à l'attroupement. Le préfet résista aux sollicitations et aux menaces ; l'argent fut mis en sûreté et rendu depuis à son propriétaire. Quelques femmes réclamèrent une aumône au préfet ; ce magistrat, après s'être assuré qu'elles étaient dans le besoin, leur distribua ce qu'il avait sur lui, plus une petite somme empruntée au maire. Cinquante chasseurs à cheval qui venaient d'arriver ne furent pas requis pour agir contre l'émeute. A partir de l'arrivée du préfet, la tranquillité ne fut plus notablement troublée. Le gouvernement averti envoyait en toute hâte à Buzançais un bataillon d'infanterie de la garnison de Tours.

Un certain nombre d'insurgés s'étaient répandus dans la campagne et s'étaient portés sur quelques châteaux où ils commirent de nouveaux excès. Ils vinrent même le lendemain au marché de Châteauroux où ils essayèrent de porter le trouble ; mais les troupes et la garde nationale ne tardèrent pas à les comprimer.

De nombreuses arrestations eurent lieu et l'affaire fut évoquée par la cour de Bourges. Dans les premiers jours de mars, M. le premier président Mater vint à Châteauroux présider au jugement, et M. le procureur général Didelot y porta la parole. Louis Michot, François Velluet, Baptiste Bienvenu, qui avaient joué le plus grand rôle dans l'assassinat de Chambert, furent condamnés à mort et exécutés sur la place de Buzançais.

— François Arrouy, Baptiste Brillaut-Godeau, Etienne Billaut, Jean-Baptiste Rouet-Bézard le furent aux travaux forcés à perpétuité et à l'exposition ; — Louis Fauchon, Jean-Baptiste et Laurent Bonnin à dix ans de travaux forcés ; — Jean Foigny et Giraud-Rouzet à huit années de la même peine ; — François Légeron père, Jean Légeron fils, Anne Bouchard, (femme Cotteron), Pierre Barrault, Edouard Bataille, François Monneron, Louis Deschamps, Désiré Signoret, Jacques Venin, Jean Depont, Trémine et Coulon à cinq années de travaux forcés ; — et Pierre Laumant à cinq ans de réclusion à cause de sa qualité de septuagénaire.

Tel a été le triste dénouement de cette malheureuse affaire de Buzançais, qui a laissé dans sa population, habituellement paisible, de si douloureux souvenirs. Ce n'avait été ni la misère, ni la cherté des grains qui avaient porté les ouvriers de cette ville à l'insurrection, au pillage et au meurtre. La plupart étaient sans femmes et sans enfants, jeunes et en état de travailler ; d'autres avaient de l'aisance ; un certain nombre recevaient des secours de la bienfaisance publique. Mais il paraît certain que des émissaires des sociétés secrètes de Paris s'étaient introduits dans les ateliers de charité et y avaient soufflé le feu de la révolte.

§ III. — Inauguration du Chemin de fer.

Le 15 novembre 1847 mérite d'être inscrit dans les fastes de Châteauroux. L'inauguration du chemin de fer de Paris à Limoges, dans sa partie de Vierzon à Châteauroux, a été un grand jour pour notre ville.

La loi de 1842, qui traçait le réseau principal des chemins de fer, sans déshériter complétement le centre de la France, délaissait notre territoire et nous privait de l'ancien courant commercial de Paris en Espagne, qui seul nous avait fait participer à la vie générale. Mais, grâce à M. Muret de Bort, à nos autres députés et à ceux de la région centrale, la loi de 1844, si courageusement emportée, nous a mis en possession de la voie de fer sans laquelle notre département aurait été destiné à dépérir, au lieu de nous ouvrir les trésors de la civilisation.

Notre population apprit cette nouvelle avec la plus grande joie. 230 citoyens offrirent un banquet à M. Muret de Bort, député de Châteauroux, ainsi qu'à M. Ferdinand Leroy, préfet de l'Indre, et à M. Eugène Grillon, maire de la ville, comme un gage de leur reconnaissance pour tous les efforts qu'ils avaient faits en vue d'obtenir ce résultat.

Le 15 novembre 1847, à midi, le canon annonçait l'approche du premier convoi. La ville tout entière, entourant les autorités, attendait avec émotion l'apparition merveilleuse de ce *génie de bronze et de feu*. Le train se composait de vingt-quatre voitures contenant, parmi les voyageurs, les membres du conseil d'administration du chemin de fer, M. le Préfet du Loiret, MM. le Sous-Préfet et le maire d'Issoudun, recueillis au passage, etc. Après le premier accueil fait à ces hôtes désirés, M. Molat, curé de Saint-André, appela les bénédictions du ciel sur l'œuvre nouvelle de l'industrie des hommes. Les dignes paroles qu'il ajouta à l'acte de son ministère montraient l'Église s'associant avec joie aux progrès du siècle, et rappelaient que nos efforts n'obtiennent pas de prodige dont il ne faille rapporter la gloire à Dieu.

M. Dubessey, préfet de l'Indre, a pris ensuite la parole : « Au sifflement de ces locomotives, a-t-il dit, » la population s'est éveillée, et, secouant sa torpeur » séculaire, elle marchera désormais d'un pas rapide » et sûr dans la voie des progrès, de la civilisation et » de la liberté. » — Enfin, M. Testaud-Marchain, maire de Châteauroux, a rappelé que, il y a un siècle à peine, aucune route ne traversait la contrée, et qu'un voyage à Paris était une témérité dont on citait peu d'exemples... « Nous voici aujourd'hui, s'est-il écrié, » à quelques heures de cette grande capitale, foyer » de toutes les lumières ! »

§ IV. — Députés de l'Indre pendant le règne de Louis-Philippe.

La charte ayant été revisée, une nouvelle loi électorale fut promise. Celle du 19 avril 1831 étendit les droits des citoyens ; elle attribuait au département de l'Indre quatre députés. Les quatre collèges se réunirent pour la première fois le 5 juillet, et les suffrages se portèrent sur MM. le général comte Bertrand, pour l'arrondissement de Châteauroux ; Thabaud-Linctière, pour l'arrondissement d'Issoudun ; Duris-Dufresne, pour l'arrondissement de La Châtre, et Edmond Charlemagne, procureur du roi à Châteauroux, pour l'arrondissement du Blanc.

Le 25 mai 1834, la chambre des députés ayant été dissoute, les colléges électoraux firent choix, le 21 juin, de MM. Godeau-d'Entraigues, pour l'arrondissement de Châteauroux ; Thabaud-Linetière, pour l'arrondissement d'Issoudun ; Muret de Bort, pour l'arrondissement de La Châtre, et Ed. Charlemagne, pour l'arrondissement du Blanc.

La Chambre fut encore dissoute le 3 octobre 1837, et le 4 novembre furent nommés, pour l'arrondissement de Châteauroux, M. Ed. Charlemagne, qui, ayant donné sa démission de procureur du roi, devenait éligible dans cet arrondissement, et MM. Heurtault du Metz pour l'arrondissement d'Issoudun, Muret de Bort pour l'arrondissement de La Châtre, et Lescot de La Millandrie pour l'arrondissement du Blanc.

Une nouvelle dissolution eut lieu le 12 juin 1842. Le 7 juillet, élection de MM. Muret de Bort, pour l'arrondissement de Châteauroux ; Heurtault du Metz, pour l'arrondissement d'Issoudun ; Delavau, pour l'arrondissement de La Châtre ; Lescot de La Millandrie, pour l'arrondissement du Blanc.

Enfin, cette chambre fut dissoute le 6 juillet 1846, et, le 1er août furent appelés à nous représenter : MM. Muret de Bort, pour l'arrondissement de Châteauroux ; Thabaud-Linetière, pour l'arrondissement d'Issoudun ; Delavau, pour l'arrondissement de La Châtre, et Lescot de La Millandrie, pour celui du Blanc.

Pendant le rège de Louis-Philippe il n'est survenu à Châteauroux aucun événement politique méritant d'être retracé.

Bornons-nous à noter qu'en 1832 surtout, notre ville fut cruellement éprouvée par le *choléra*. Développé dans les Indes, le miasme cholérique s'était mis en marche pour dévaster le monde. Au nord, au sud, à l'est et à l'ouest il avait étendu ses ravages. Il atteignit l'Europe occidentale et se déclara à Paris le 26 mars. Peu après il éclata à Châteauroux où il fit de nombreuses victimes. Des familles presque entières disparurent.

En 1840, le duc et la duchesse de Nemours passèrent à Châteauroux. Ils descendirent à la Préfecture et admirent à leur table les principaux fonctionnaires.

§ V. — Révolution de 1848.

Cette révolution tout à fait inattendue survint le 24 février. Elle amena des événements dont la date est encore trop récente pour qu'ils puissent être racontés avec impartialité. Nous nous bornerons à dire que, sous la république qui venait de s'établir, MM. Fleury, Eugène Grillon, Rollinat, Ed. Charlemagne, Delavau, Henri Bertrand et Bethmont (devenu membre du gouvernement provisoire et ministre du commerce), furent élus députés.

Nous ne pouvons non plus nous dispenser de parler du rôle joué par notre garde nationale lorsque, aux événements de juin, le général Cavaignac, devenu chef du pouvoir exécutif, fit un appel à toutes les forces de la France. Au premier avis, le jour de la Fête-Dieu, l'artillerie de la garde nationale de Châteauroux, bien équipée et disciplinée, composée d'une centaine d'hommes, sous les ordres de M. Bonnichon, partit immédiatement pour Paris et s'arrêta à Choisy-le-Roi. Le lendemain, les autres compagnies partirent et s'y arrêtèrent également, ainsi qu'une quantité d'autres gardes nationales du centre.

Toutes ces troupes se mirent en rapport avec le général Cavaignac qui leur envoya un aide-de-camp pour les amener autour de l'Assemblée, où elles furent reçues par M. de Falloux. Cet honorable réprésentant leur annonça que l'émeute venait d'être réprimée et les remercia de leur zèle pour le rétablissement de l'ordre. La garde nationale de l'Indre fut casernée au petit Luxembourg; le lendemain elle se rendit aux Champs-Élysées où le général Cavaignac passa une revue générale des gardes nationales des départements. Le même soir, elle retournait dans ses foyers.

Un peu avant les élections pour l'Assemblée législative, M. Ed. Charlemagne, ayant été nommé conseiller d'État, fut remplacé par M. le marquis de Barbançois (1).

---

(1) Les députés de l'Indre, sous l'empire, ont été M. Delavau, et M. le comte de Bryas, remplacé après sa mort par M. Raoul Charlemagne.

Aujourd'hui, sous la république du 4 septembre 1870, MM. Balsan (Auguste), le comte de Bondy, Bottard, Dufour et Clément représentent notre département.

FIN DU TOME PREMIER.

TABLE DES MATIÈRES

TOME PREMIER

	Pages
Dédicace	V
Préface	VII
Considérations préliminaires	1

PREMIÈRE PARTIE
HISTOIRE DE DÉOLS ET DE SON ABBAYE

CHAPITRE Ier

Histoire légendaire de Déols	13
Légende de Denis Gaulois	14

CHAPITRE II

Léocade et sa descendance	20
§ Ier. — Léocade	20
§ II. — Descendance de Léocade	30
§ III. — Réflexions sur ces époques	33

CHAPITRE III

Siècles de barbarie	38

CHAPITRE IV

Maison de Déols	40
§ Ier. — Launo	40
§ II. — Ebbes le Noble	42

CHAPITRE V

Fondation de l'abbaye de Déols	46

TABLE DES MATIÈRES.

CHAPITRE VI

Pages

Série des abbés de Déols..................................... 53
  § Ier. — Bernon 53
  § II. — Eudes ou St-Odon 56
  § III. — Frobert... 58
  § IV. — Raynard... 59
  § V. — Ranulph 59
  § VI. — Dacbert... 59
  § VII. — Roch... 60
  § VIII. — Hugues.. 61
  § IX. — Eumène 63
  § X. — Raymond 65
  § XI. — Guermond... 67
  § XII. — Aldebert... 70
  § XIII. — Gérald.. 71
  § XIV. — Hugues II.. 71
  § XV. — Jean II, de Poitiers............................... 72
  § XVI. — Gerbert.. 74
  § XVII. — Girard Morail................................... 76
  § XVIII. — Jean de la Roche............................... 77
  § XIX. — Gérard d'Épineuil................................ 78
  § XX. — Raoul du Puy 81
  § XXI. — Jean II de la Roche.............................. 83
  § XXII. — Jean du Mont 86
  § XXIII. — Évrard de Nozerolles........................... 88
  § XXIV. — Jean d'Yvernaut................................. 89
  § XXV. — Guillaume de Ceris............................... 90
  § XXVI. — Geoffroy de Ceris............................... 92
  § XXVII. — Hugues de Cros et Robert....................... 92
  § XXVIII. — Simon de Ceris................................ 93
  § XXIX. — Évrard de Léron................................. 94
  § XXX. — Louis de Comborne................................ 95
  § XXXI. — Jean Lobe ou Loubè.............................. 95
  § XXXII. — René de Pric................................... 98
  § XXXIII. — Adrien Gouffier............................... 98
  § XXXIV. — Jacques Loubbe................................. 99
  § XXXV. — Georges d'Amboise............................... 100

TABLE DES MATIÈRES.   III

	Pages
§ XXXVI. — Jacques Leroy	102
§ XXXVII. — De Piou	106
§ XXXVIII. — Réflexions sur les abbés de Déols	110

CHAPITRE VII

Richesses de l'abbaye 111

CHAPITRE VIII

État de Déols aux diverses époques 116
  Article Ier. — État ancien de Déols 116
    § Ier. — Étude de l'abbaye de Déols 117
    § II. — Fontaine de l'abbaye 123
    § III. — Églises 124
      I. Église de Saint-Étienne 124
      Tombeau de Saint-Ludre 125
      Tombeau de Saint-Léocade 130
      II. Église Saint-Germain 133
      III. Église Sainte-Marie 134
    § IV. — La tour de l'horloge 136
    § V. — Rues, places, etc. 136
    § VI. — Monnaies de Déols ou de la maison de Déols 139
  Article II. — État moderne de Déols 144
    § Ier. — Études de la commune, nature de son sol, culture et impositions *(titre omis)* ... 144
    § II. — Pont actuel ; routes qui y aboutissent 146
    § III. — Population ; industries 147
    § IV. — Orphelinat de Déols 149
    § V. — Feu de la Saint-Jean 152

CHAPITRE IX

De l'abbaye de Saint-Gildas 153
  § Ier. — Origine de l'abbaye 154
  § II. — Possessions de l'abbaye 156
  § III. — Abbés de Saint-Gildas 158
  § IV. — Attaques que l'abbaye a eu à subir 161
  § V. — Vestiges de l'abbaye de Saint-Gildas 162

TABLE DES MATIÈRES.

DEUXIÈME PARTIE
HISTOIRE DE CHATEAUROUX
PREMIÈRE SECTION

	Pages
HISTOIRE POLITIQUE	169

CHAPITRE 1er

Fondation de Châteauroux et suite de la maison de Déols.. 170
- § Ier. — Raoul Ier dit le Large, etc. 170
- § II. — Raoul II le Chauve........................... 175
- § III. — Eudes, dit le Grand et l'Ancien 178
- § IV. — Raoul III, dit le Prudent...................... 188
- § V. — Raoul IV, dit l'Enfant 189
- § VI. — Raoul V, dit Thibaut 190
- § VII. — Raoul VI, dit le Vieux....................... 191
- § VIII. — Ebbes II................................... 193
- § IX. — Raoul IX 196
- § X. — Réflexions sur la maison de Déols 198
- § XI. — Liste des fiefs mouvants de la baronnie.......... 202

CHAPITRE II

Minorité de Denise.. 205
- § Ier. — Henri II, roi d'Angleterre, s'empare de la tutelle de Denise... 205
- § II. — Apparition de Philippe-Auguste ; siége de Châteauroux... 209
- § III. — Pourparlers entre Henri II et Philippe-Auguste.... 212
- § IV. — Rupture de la paix........................... 216
- § V. — Suspension forcée des hostilités.................. 219
- § VI. — Henri II, abandonné par Richard, meurt à Chinon . 221
- § VII. — Avénement de Richard ; mariage de Denise........ 222

CHAPITRE III

Maison de Chauvigny.. 225

TABLE DES MATIÈRES. V

	Pages
§ Ier. — André Ier de Chauvigny	225
§ II. — Guillaume Ier de Chauvigny	242
Confirmation d'une transaction passée entre Guillaume Ier de Chauvigny et les bourgeois de Châteauroux	253
Lettre de Guillaume Ier à Louis IX	257
§ III. — Guillaume II de Chauvigny	261
§ IV. — Guillaume III de Chauvigny	266
§ V. — André II de Chauvigny, dit le Sourd	273
Notice sur André de Chauvigny, vicomte de Brosse	275
§ VI. — Guy Ier de Chauvigny	278
§ VII. — Guy II de Chauvigny	279
§ VIII. — Guy III de Chauvigny	290
§ IX. — François de Chauvigny	302
§ X. — André III de Chauvigny	303
§ XI. — Réflexions sur la maison de Chauvigny	308

CHAPITRE IV

Maisons de Maillé de La Tour-Landry et d'Aumont.. 313

Article Ier. — Maison de Maillé de La Tour-Landry	319
§ Ier. — Hardouin de Maillé dit de La Tour-Landry	325
§ II. — Jean de La Tour-Landry	327
§ III. — François de La Tour-Landry	330
§ IV. — Charles de La Tour-Landry	333
§ V. — Jean II de La Tour-Landry	334
Article II. — Maison d'Aumont	335
§ Ier. — Jean d'Aumont	341
§ II. — Pierre d'Aumont	342
§ III. — Jean II d'Aumont	344
§ IV. — Antoine d'Aumont	351
§ V. — Réflexions sur les maisons de Maillé et d'Aumont.	353

CHAPITRE V

Maison de Condé 355

§ Ier. — Henri II de Condé, premier duc de Châteauroux....	357
I. Vie de Henri II de Condé	358
II. Érection de la terre de Châteauroux en duché-pairie.	369
III. Sécularisation des abbayes de Déols et de St-Gildas, et du prieuré de Grandmont	376

§ II. — Louis II de Bourbon, (le grand Condé), deuxième duc de Châteauroux............................... 380
    I.   Esquisse de la vie du grand Condé................. 381
    II.   Claire-Clémence de Maillé-Brézé.................. 390
§ III. — Henri-Jules de Bourbon, troisième duc de Châteauroux.. 408
§ IV. — Louis III de Condé, quatrième duc de Châteauroux. 411
§ V. — Louis IV de Condé, cinquième duc de Châteauroux. 412
§ VI. — Réflexions sur la maison de Condé................. 415

CHAPITRE VI

Louis XV et la duchesse de Châteauroux............. 418
  Article Ier. — Événements ou faits plus ou moins importants qui ont eu lieu à Châteauroux, pendant la possession de Louis XV.................. 418
  Article II. — Des droits divers dus aux seigneurs de Châteauroux, au moment de l'acquisition de Louis XV................................. 422
  Article III. — De l'administration du duché-pairie.......... 424
  Article IV. — Fondation de la Manufacture royale de draps. 430
  Article V. — La duchesse de Châteauroux............... 436
             Lettres patentes........................ 437

CHAPITRE VII

Le comte d'Artois et les débuts de la Révolution de 1789.. 454
  Article Ier. — Assemblée provinciale du Berry............ 456
  Article II. — Assemblées des notables ; élections au bailliage de Châteauroux, pour les États généraux... 460

CHAPITRE VIII

Assemblées de la Révolution........................... 490
  Article Ier. — Assemblée Constituante.................... 490
    § Ier. — La peur des brigands......................... 491
    § II. — Les dons patriotiques........................ 493
    § III. — La division de la France en départements........ 495
    § IV. — Constitution civile du clergé................... 496
  Article II. — Assemblée Législative...................... 503

	Pages
§ Ier. — Séquestre et vente des propriétés d'émigrés	504
§ II. — Suppression des couvents	505
§ III. — Déclaration de guerre ; départ des bataillons	506
§ IV. — Déportation des prêtres non assermentés; excès	507
ARTICLE III. — Convention	508
§ Ier. — Défense nationale	508
I. La guerre	509
II. Levée en masse	510
III. Célébration des succès	513
§ II. — La Disette	515
I. Mesures au sujet de la disette	515
II. Fixation des salaires	517
III. Émeute	518
§ III. — Les représentants en mission	519
I. Le représentant Lejeune ; exécution des frères de Bigu	519
Exécution d'un ecclésiastique	523
II. Divers autres représentants du peuple	524
Le représentant Ferry	524
Le représentant Michaud	528
§ IV. — Progrès des idées révolutionnaires	531
I. Destructions de toutes sortes	531
II. Fêtes républicaines et du nouveau culte	535
§ V. — Assignats et ventes des biens nationaux	539

CHAPITRE IX

Directoire exécutif	544
Insurrection ou Vendée de Palluau	546

CHAPITRE X

Le Consulat et l'Empire	568

CHAPITRE XI

La première Restauration, les Cent Jours et la deuxième Restauration	577
§ Ier. — Première Restauration	577
§ II. — Les Cent jours	578
§ III. — Deuxième Restauration	580

CHAPITRE XII

La révolution de juillet 1830 et la royauté de Louis-Philippe 584
  § Ier. — Insurrection d'Issoudun 585
  § II. — Événements de Buzançais 586
  § III. — Inauguration du chemin de fer 591
  § IV. — Députés de l'Indre pendant le règne de Louis-Philippe 593
  § V. — Révolution de 1848 595

FIN DE LA TABLE DU TOME PREMIER.

CHATEAUROUX — TYPOGRAPHIE ET STÉRÉOTYPIE A. NURET ET FILS — 297.

ERRATA

Pages	Lignes	
3	6	*Proprements,* lisez *proprement.*
9	15	Supprimez *aussi.*
13	note	*Cænobium,* lisez *Cœnobium.*
13		*Deurys, Burgium, Biturigum,* rétablir ainsi : autrement dit : *Bourg-Dieu* ou *Bourg-Dieux, Bourg de Dioux.* En latin, *Dolis, Burgi-Dolum, vicus dolensis, cœnobium seu monasterium-dolense, Burgus Dolensis.*
14	27	*gauche,* lisez *Gaule.*
15	note	*Dolensum,* lisez *Dolensem.*
33	24	*Indépendence,* lisez *indépendance.*
67	6	*donnerait,* lisez *donnerait-on.*
76	5	*où était,* lisez *où il était.*
83	17	*Guillaume,* lisez *Girard.*
84	20	Denise ne fut pas inhumée en l'église de l'abbaye. Voyez la rectification, page 249 (sépulture de Denise).
89	25	*de,* lisez *du.*
92	17	*Villandrado,* lisez *Villandrando.*
92	21	*Hugues de Cros et Robert,* lisez *Hugues de Cros — Robert.*
93	note	1re ligne, à la fin, *et,* lisez *de.*
111	12	*Bazaiges,* lisez *Bazelac.* — *Barriau,* lisez *Barriou.*
128	5	» du commencement de la ligne, à reporter après le mot *ainsi.*
134	8	*rapporté,* lisez *rapportée.*
136	col. 2, ligne 3.	*Coret au moine,* lisez *court (cour) aux moines.*
141	note	Supprimez la dernière phrase : *sur deux il a trouvé,* etc. Elle n'a aucun rapport avec Déols.
143	11	*Ebbe,* lisez *Ebbes.*
144	9	titre omis, après la ligne 9, § 1er, lisez : *Étendue de la commune, nature du sol, culture, impositions,* etc.
145	1re	*produit,* lisez *contingent.*
145	14	*celui,* lisez *celui d'entre eux.* — Supprimer le *filet.*
147	1re	*antérieurement au XIXe siècle,* mettez *en 1756.*
149	26	*du montoir,* lisez *dites de montoir.*
151	4	*à l'âgé,* lisez *à l'âge.*
151	11	au lieu *de 10,* mettez *100.*

ERRATA.

Pages	Lignes	
156	12	*aux l'églises,* lisez *aux églises.*
156	23	*Wulgrin,* lisez *Vulgrin.*
161	(titre)	*a eues à subir,* lisez *a eu à subir.*
167	8	*entre les seigneurs,* lisez *entre ces seigneurs.*
172	12	*Aymoin,* lisez *Aimoin.*
182	18	*Hachim,* lisez *Hachem.*
189	27	*Brussœi,* lisez *Brussiæ.*
195	8	*des fondations,* ajoutez : *de l'abbaye de Varennes.*
203	25	*Luans,* lisez *Luant.*
224	4	*denise,* lisez *Denise.*
227	11	*des rois,* lisez *des deux rois.*
231	20	*Brosses,* lisez *Brosse.*
239	28	*qui nous a livré,* lisez *que nous a livré.*
242	14	*clop,* lisez *Clop.*
246	15	*tours,* lisez *fours.*
252	dernière ligne de la note, *franechise,* lisez *franchise.*	
263	27	*Bailly,* lisez *Bailli.*
271	8 et 9	*Armand de Vid,* lisez *Arnaud de La Vie.*
289	24	*Roannais,* lisez *Roannez.*
295	23	*Marigny,* lisez *Magny.*
298	19	supprimer *ceux.*
298	20	après *l'Ourouer-les-Bois,* mettez une *virgule* et après 1477, un *point.*
300	1re	ligne de la note, *chonique,* lisez *chronique.*
312	10	*de Jean d'Aumont,* lisez *du baron du Bouchage.*
315	27	*pu'il,* lisez *qu'il.*
319	18	*l'yslete,* lisez *l'Islette.*
319	21	après *gueules,* au lieu de , mettez *et.*
321	21	*avaient,* lisez *et avaient.*
321	29	*soulz,* lisez *soubz.*
322	17	*compris,* lisez *comprins.*
322	31	*Le Fay,* lisez *Fée (le Fay).*
322	34	*jutices,* lisez *justices.*
329	26	*feu,* lisez *feue.*
330	6	*au,* lisez *aux.*
333	1	*Latour,* lisez *La Tour.*
337	4	*la Tour,* lisez *La Tour.*
337	6	*viuvit,* lisez *vivoit.*

ERRATA.

Pages	Lignes	
337	24	*Trelhard,* lisez *Treilhard.*
342	note	au lieu de *De la Tramblais,* lisez *De la Villegille.*
346	10	*avaient,* lisez *avait.*
350	5	*Michelle le Gaillard,* lisez *Michelle Gaillard.*
352	9	*directetement,* lisez *directement.*
353	12	*de terre,* lisez *de la terre.*
353	14	Supprimez *de la terre.*
364	note	ligne 10. *Nancay,* lisez *Nançay.*
367	11	*maires,* lisez *maire.*
411	2	*dont il en eut,* lisez *dont il eut.*
415	11	1836, lisez 1736.
418	18	*extroardinaires,* lisez *extraordinaires.*
418	30	1617, lisez 1721.
421	7.12	*Dupré Saint-Maur,* lisez *Dupré de Saint-Maur.*
432	15	*et ses,* lisez *et de ses.*
434	5	*des conseils du,* lisez *du conseil des.*
455	21	supprimez *fut.*
456	21	*intermédiaire,* lisez *intérimaire.*
458	15	*Bengy,* lisez *de Bengy.*
463	16	*Lys-Saint-Georges,* lisez *le Lys-Saint-Georges.*
463	22	*Nohan,* lisez *Nohant.*
463	33	*Vic-Saint-Chartier,* lisez *Vic-sur-Saint-Chartier.*
466	5	*Génitoux,* lisez *Génétoux.*
468	16	*Lys-Saint-Georges,* lisez *le Lys-Saint-Georges.*
472	31	*oui,* lisez *ouï.*
473	27	*les,* lisez *ses.*
486	22	*Génitoux,* lisez *Génétoux.*
486	32	*Villette,* lisez *Villatte.*
499	31	supprimez *à.*
507	20	supprimez *La.*
508	16	*Derazay,* lisez *De Razay.*
531	17	Supprimez la virgule après *La Châtre*
538	note	au lieu de *Henri,* lisez *Henry.*
538	note	1°, ligne 2, *auraient,* lisez *aurait.*
572	2	*commissions,* lisez *commissaires.*
587	2	*se,* lisez *s'y.*
588	22	*à,* lisez *a.*

www.ingramcontent.com/pod-product-compliance
Lightning Source LLC
Chambersburg PA
CBHW060401230426
43663CB00008B/1347